全国服务外包职业能力考试系列教材

服务外包综合教程

（中级）

◎ 丛书主编　张云飞
◎ 本书主编　王　颖

中国言实出版社

图书在版编目（CIP）数据

服务外包综合教程．中级 / 张云飞，王颖主编．
—北京：中国言实出版社，2014.4
ISBN 978 - 7 - 5171 - 0395 - 0

Ⅰ.①服…　Ⅱ.①张…②王…　Ⅲ.①服务业-对外承包-教材　Ⅳ.①F719
中国版本图书馆 CIP 数据核字（2014）第 077139 号

责任编辑：兰文萱

出版发行　**中国言实出版社**
　　　地　　址：北京市朝阳区北苑路 180 号加利大厦 5 号楼 105 室
　　　邮　　编：100101
　　　编 辑 部：北京市西城区百万庄大街甲 16 号五层
　　　邮　　编：100037
　　　电　　话：64924853（总编室）64924716（发行部）
　　　网　　址：www. zgyscbs. cn
　　　E - mail：zgyscbs@263. net
经　　销　新华书店
印　　刷　北京嘉实印刷有限公司
版　　次　2014 年 5 月第 1 版　　2014 年 5 月第 1 次印刷
规　　格　787 毫米×1092 毫米　　1/16　24.5 印张
总 字 数　580 千字
总 定 价　68.00 元　　ISBN 978 - 7 - 5171 - 0395 - 0

前|言

　　服务的外包是全球经济发展的大势所趋。继上个世纪制造业全球大转移之后，服务外包如今已成为不可逆转的新一轮全球产业革命和产业转移趋势。世界企业组织形式和生产模式的变革改写了世界经济格局以及世界大企业的排行榜，而服务外包为企业在这场激烈的角逐中获得胜利提供了重要的手段和方法。它包含了企业转变观念、培育核心竞争力、简化组织机构、重建企业文化，以及提升员工素质等多方面有益的经验和启示。对我国的很多行业来讲，通过服务外包获得全球市场的参与权是一个机遇，在这个过程中，提高核心竞争力并取得更多的话语权是我国服务外包发展的关键所在，而人力资源的素质诉求则是提高核心竞争力的关键。

　　我国人力资源丰富，人才储备雄厚，这为服务外包产业的发展提供了强大的人力资源支撑。伴随着产业规模的迅速扩大，我国服务外包人才无论是从数量上还是人员素质上都不能满足产业快速发展的需求。针对服务外包行业人才需求呈现多元化、多层次的特点，我们努力探索与构建服务外包产业的人才培养体系，大力培养具备国际视野和市场开拓能力，又熟悉企业经营管理的高层次人才，这成为推进我国服务外包产业进一步发展的有力保障。《服务外包综合教程（中级）》正是基于这样的背景而开展的探索性成果。

　　作为行业性专用教材，本书在《服务外包综合教程（初级）》的基础上对服务外包相关内容进行了深化，考虑社会需求和岗位应用实际需求，结合教学团队多年的教学经验，精心设计了9个章节的内容，从服务外包发展与主要应用、外包战略与供应商选择、服务外包与职业发展、外包组织建设与领导力、服务外包关系及管理、服务外包项目管理和执行、服务外包合同及商务谈判、服务外包会务及文档管理、人力资源管理外包等方面进一步进行了深入详细的分析和探讨，并引用了大量的案例作示范性分析，以帮助读者掌握案例分析方法。通过案例分析，可巩固所学内容，加强实际运用的能力。教师可根据实际教学需求，从不同途径选编一些案例供学生分析、讨论。

　　本书由苏州工业园区服务外包职业学院常务副院长王颖担任主编，张杨、谭冠兰、李瑞丽、曹纪清、宋翠玲、贺丽花、谢丹、朱辉、孙建、武红阵、徐林玲、鲁石、沈婧、孙卫兴、李伟、宁春林参与编写和统稿工作。

　　本书在编写过程中得到了苏州工业园区服务外包职业学院课程教学团队、全国服务外包考试管理中心的大力支持与协助，在此一并表示感谢！

　　由于编者水平有限，书中难免存在不足和疏漏之处，敬请广大读者批评指正。

目|录

第一章

服务外包发展及主要应用

学习目标

1. 熟悉服务外包概念，了解服务外包理论基础；
2. 掌握服务外包的三种类型：ITO，BPO，KPO；
3. 理解软件和信息技术服务外包的概念、市场、应用；
4. 了解软件开发的 CMMI 成熟度模型；
5. 理解业务流程外包的知识及应用；
6. 理解知识流程外包的概念及内容。

引　言

　　经济全球化的趋势势不可当！托马斯·弗里德曼所著的《世界是平的》让所有国际视野的企业家聚焦在一种新型产业模式上，那就是服务外包。伴随着全球产业结构的调整，服务外包产业蓬勃发展，正成为新一轮的全球经济发展的新增长点和重要推动力，世界经济正在重新洗牌，谁将成为新经济的赢家？服务外包产业的发展将对这一轮的趋势起着举足轻重的推动作用，不论是发达国家还是发展中国家，都在新的发展阶段展开新的竞争。

第一节　服务外包发展综述

服务外包是指企业为了让有限的资源专注于自己的核心竞争力，以信息技术为依托，利用外部专业服务商的知识劳动力，来完成原来由企业自己做的工作，从而降低成本、提高效率、增强对市场环境的快速反应能力，并优化自己核心竞争力的服务模式。

服务外包是相对生产外包而言，传统的跨国公司在降低运营成本和提高效益的目标驱动下，选择把低附加值的生产流程进行外包，构成国际"OEM"模式。随着网络技术的发展，企业的一些服务性工作（包括业务和业务流程）开始通过通信技术和计算机操作，在全球范围内寻找新的合作伙伴来完成服务类的业务内容。当然，服务外包仅仅只是一种企业的商业模式，它还构不成一个独立的行业，并强烈受其他产业的成熟度和产业结构影响。在服务外包中，服务是对象，外包是模式。服务不同于有形产品的加工，需要利用高新技术来实施，而得到的最终表现形式也复杂多样。

一、服务外包理论基础

1. 国际分工理论

服务外包的产生和发展与劳动分工理论有着密切的联系。企业之所以能够将自己的业务发包到另一个企业或者另一个国家的其他企业，其根本原因是，利用别人的优势来降低自己的成本，也就是说，发包企业在审视自己的优势时发现，如果自己承担各项业务的全部过程，则有可能在自然条件或生产条件上不具备优势，所生产的产品成本会比较高，在市场上则会缺乏竞争力，利用国际分工理论就可以将这些不具备优势的业务转移到具有比较优势的国家或企业进行生产，这样就可以达到降低运营成本，提高企业国际竞争力的目的。

服务外包可以看作是国际劳动分工的延伸，是深化社会劳动分工、专业化不断提高的结果。在现代市场环境下，企业不仅在内部进行劳动分工，产生不同的职能部门，也需要企业把这种劳动分工延伸出去，在企业外部寻找劳动分工的合作伙伴，这样使企业的边界变得越来越不明显，各个企业的资源在企业间进行整合和再分配。在这种新型的劳动分工下，企业通过服务外包把非核心的业务剥离出去，集中力量发展核心业务，把非核心的业务外包给更专业的公司，以提高市场反应的速度，这已经成为企业的内在需求。

2. 企业核心竞争力理论

任何成功的企业都有自己的核心竞争力，企业核心竞争力是企业保持优势的力量和源泉。企业核心竞争力是超越具体产品和服务、超越具体职能部门和业务单元的一种竞争力，并且这种竞争力不受单一产业变幻莫测的周期特征制约，能使企业面对多变的环境处变不惊且行动迅速。在市场竞争日益激烈的今天，企业不仅需要保持，更要不断开发和改进其核心竞争能力，这需要企业投入更多的精力来经营。

目前，企业借势发展趋势越来越明显，所以企业优势越来越依赖企业外部资源，企业竞争力中有50％或更多来自企业外部资源或业务伙伴，公司能利用外部资源的范围、深度和能力也成为企业在发展核心竞争力方面最关注的焦点。与此同时，许多成功的经验告诉我们：企业采取服务外包，可以更有效地专注于关键领域，把更多精力放在培养自己的核心竞争力上，从而使企业获得巨大的成功。实践证明，服务外包能使企业扩展业务并专注于其核心竞争力的发展。

3. 社会交换理论

社会交换理论的创始人霍曼斯认为，社会的交流是双方关系的交流，由自愿的交换组成，为了共同的利益，在两个或两个以上的个体之间进行资源的交换。社会交换要素包括：信任、约定、冲突和机会主义。所以，社会交换理论使得服务外包的机遇与风险并存。

企业和外包服务商之间的外包关系，应该有更高的相互信任、公平和承诺。只有相互信任，双方才可以共享收益、共担风险，为构筑双赢的关系而努力工作，并最终达到保持长期合作关系的目的。总之，相互信任、相互约定、共享收益、共担风险，并因此营造出相互匹配的企业文化是建立成功服务外包合作关系的重要基础。

由于实施服务外包的企业，在资源、技术、运作管理等方面与外包服务商之间存在一定的差距，因此，企业将自己的劣势业务部分交给了外包服务商。在合作的开始阶段，双方根据合同或市场机制来约束对方的行为。然而，随着社会交换过程的进展，双方将逐步建立起以"信任"为基础的关系，从而走向互惠互利的合作伙伴关系。因此，双方在做出行动选择时，不仅要考虑到自己的利益，也要考虑对方的利益，有时可能需要满足对方需求，来实现自己的目标。在这种情况下，服务外包企业在找到自己合适的外包服务供应商的同时，外包服务供应商也得到了一定的收益。双方诚信互惠的合作态度，不仅使外包服务供应商获得了良好的声誉，而且企业也通过服务外包企业弥补了自己的不足之处，双方之间的合作关系越来越密切，沟通渠道越来越畅通，从而使双方建立互惠互利、信息共享、共担风险、共享收益的合作伙伴关系。这时，双方之间关系的优势可能已经超过了利益优势。因此，利用社会交换理论，企业可以更好地处理外包产生的关系。因为，企业可以和其他外包服务商进行对比，来考察该外包服务商的服务质量、水平、价格等，最终来确定是否选择该外包服务商或者建立长期合作关系。在这种情况下，外包服务商为了能获得业务或长期业务，就会努力地提高自己的服务质量，和企业进行有效的沟通，尽量缩小和其他外包服务商之间的差距，最终来扩大自己的影响力。

二、国际服务外包市场分布

服务外包是基于信息网络技术，其服务性工作（包括业务和业务流程）通过计算机操作完成，并采用现代通信手段进行交付，使企业通过价值链重组、优化配置资源、降低成本、增强企业的核心竞争力。

服务外包由于其独特的运作模式，在现代社会中，也给了服务外包多个称谓："白领外包"，这个称谓是区别于生产外包的"蓝领外包"，由于服务外包的工作场所往往是在一些网络技术设备先进的专业写字楼，工作内容是技术开发与支持其他服务活动的外包业务，所以业界也把服务外包俗称为"白领外包"。

"职能外包"是指服务外包合同多通过签订较长期限（不少于三年）的方式交由第三方专业公司提供技术开发与支持业务，所以服务外包也被称为"职能外包"。

最早的服务外包集中在计算机、信息技术及软件开发等相关服务领域，这部分服务外包被称为信息技术外包（Information Technology Outsourcing，ITO），ITO 是服务外包首先发展的外包形式，也是当前服务外包市场份额最大的部分，现在 ITO 的市场份额约为 60%。该类业务主要包括：软件开发服务外包、信息技术服务外包、信息系统运营维护外包等。随着互联网技术的发展和宽带能力的提升，服务外包逐渐延伸至一系列企业管理事务中，于是，企业可以将某个业务流程环（Process Outsourcing，BPO），当前其市场份额约为 40%，业务内容包括：企业业务流程设计服务、企业内部管理数据服务、企业运营数据服务及企业供应链管理数据服务等。由于在业务流程外包中，有些业务是位于发包商流程价值链高端的、高知识含量的外包业务，所以，从中又分出一个服务外包分支，即知识流程外包（Knowledge Process Outsourcing，KPO），其业务包括知识产权研究、产品研发外包、数据检索与分析管理、工程设计服务、网页设计、动画模拟服务、律师助理业务服务、远程教育和出版、药物和生物技术研发、网络管理和角色辅助系统等及相关企业咨询与企业培训等的服务内容。

全球服务外包在快速发展，但在短期内，国际服务外包的国际格局还不可能发生很大的改变。美国、欧洲及日本仍是服务外包的主要发包国，占据了国际服务外包的绝大部分份额。大多数发展中国家仍处于接包国的地位，在国际服务外包产业中更多的话语权和定价权还有待继续改善。然而，从长远来看，随着印度、中国、巴西和其他新兴国家在国际服务外包产业的崛起，发展中国家接包国地位正在发生转变。如：IT 外包在印度凭借其优越性，带来了很多转包业务的发展。随着国际服务外包市场的扩张，许多发展中国家依靠人力资源的优势，加入接包国行列。如：柬埔寨、越南、肯尼亚、委内瑞拉和其他国家。在 Gartner 2010 IT 外包 30 强中，发展中国家占了大多数，并且把澳大利亚、加拿大等 7 个发达国家挤出了榜单。2010 年第四季度的 TPI 指数，欧洲、中东和非洲国家的服务外包合同金额达 131 亿美元，环比增长 80%，亚太地区，服务外包合同金额达 4.3 亿美元，环比增长 113%。这表明，在国际服务外包产业中，发展中国家将成为主力。

中国和印度正日益成为世界上两个最大的服务外包基地，承接从美国、欧洲和日本等世界发达国家的服务外包业务。以中印为代表的发展中国家将成为主要的服务外包业务接包基地，并都重视国际服务外包业务的参与。除此之外，国际服务外包还受到来自爱尔兰、菲律宾以及俄罗斯等发展中国家的竞争，这些经济体凭借自身的成本优势或者是技术人才优势、甚至是凭借区位优势在全球外包市场占有了一席之地。当然，无论从经济实力，还是从发展速度来看，中印两国都是当之无愧的全球服务外包承接大国，印度的服务外包发展水平更高，而且，开始通过反外包的形式成为很多发展中国家的发包方，巴西就是印度发包的受益者。随着全球服务外包业的日益发展和完善，新兴经济体将成为吸引发达国家制造业和服务业外包重要力量。

三、我国服务外包政策

2006 年，国家商务部、信息产业部和科技部实施了旨在推动我国服务外包产业发展的"千百十工程"，计划在"十一五"期间，在全国建设 10 个服务外包基地城市，推动 100 家著名跨国公司在中国开展外包业务，培育 1000 家颇具实力的服务外包企业。

2009 年 3 月，教育部、商务部《关于加强服务外包人才培养促进高校毕业生就业工作的若干意见》，对符合条件的技术先进型服务外包企业，每录用员工从事服务外包工作并签订劳动合同予以补贴；财政部、商务部《关于做好 2009 年度支持承担国际服务外包业务发展资金管理工作的通知》，为服务外包企业培训国际认证予以补贴；工信部《关于支持服务外包示范城市国际通信发展的指导意见》，为服务外包产业提供通信服务保障，确保服务外包企业和园区通信安全、稳定、畅通；人保部《关于服务外包企业实施特殊工时制度有关问题的通知》，服务外包企业可实行特殊工时制度。

据商务部统计，2008 年至 2012 年，中国服务外包企业承接离岸服务外包执行额由 46.9 亿美元增长至 336.4 亿美元，年均增幅超过 60%。占全球离岸外包市场份额由 2008 年的 7.7% 增长至 2012 年的 27.7%，跃升至全球第二大服务外包接包国。

2012 年，我国服务外包产业对国民经济增长的贡献超过了 0.7 个百分点。根据国际服务外包产业发展"十二五"规划，未来几年我国国际服务外包业务将保持 40% 左右的增速，2015 年将达 850 亿美元；另据商务部估算，届时我国服务外包产业总规模将超过 3 万亿元人民币。结合当前我国国民经济增长速度放缓的现实，服务外包产业对国民经济增长的拉动作用将会进一步增强。

根据 2013 年 2 月国办函〔2013〕33 号《国务院办公厅关于进一步促进服务外包产业发展的复函》，2013－2015 年，中央财政继续安排示范城市各 500 万元资金，用于服务外包公共服务平台建设。资金支持范围增加示范城市建立服务外包信息安全及知识产权保护体系、国际市场品牌推广、开展产业研究等。积极推动服务外包企业提高技术创新和集成服务水平，通过国家科技计划（专项）等引导和支持企业开展集成设计、综合解决方案及相关技术项目等研发。

在中国，这些关于服务外包政策的制定，也有力地推动了中国服务外包业的发展。以信息技术外包、业务流程外包和知识流程外包为主的新型服务外包在全球正在迅速发展。把握服务外包产业的发展趋势，吸引离岸服务外包业务向中国转移，有利于推动中国现代服务业发展和外向型产业结构升级，有利于提升中国经济的发展质量，更有利于全球经济实现全面协调的可持续发展。

第二节　软件和信息技术服务外包应用

一、软件和信息技术服务外包的概念

软件和信息技术服务外包是指企业专注于自己的核心业务，而将其 IT 系统的全部或部分外包给专业的信息技术服务公司。发包企业以长期合同的方式委托信息技术接包方向本企业提供部分或全部的信息功能。常见的软件和信息服务外包涉及通信网络的管理、数据中心的运作、信息系统的开发和维护、备份和灾难恢复、信息技术培训等。软件和信息服务外包一般简称为软件外包。

二、我国软件外包市场发展及意义

近年来，服务外包产业呈现出良好的发展势头，成为全球产业结构调整的重要助推力。根据 IDC 预测，到 2015 年服务外包市场规模将达到 1 万亿美元，发展潜力巨大。全世界软件外包业务主要来自欧洲和美国，其中美国发包的软件项目约占全球的 40％，日本约占10％。目前，软件外包的接包市场主要有印度、中国、爱尔兰、菲律宾和俄罗斯等国家。

（一）我国软件外包市场发展

我国软件与信息服务外包产业发展迅猛，仅 2011 年前三季度的服务外包执行金额就达 200 亿美元，其中国际服务外包执行金额 145 亿美元，同比增幅均在 60％以上。服务外包企业数量超过 1.5 万家，从业人员达到 286 万人。目前，我国在软件业、金融业、通信业、制造业、生物医药等服务外包领域已形成一定的优势，未来外包市场潜力很大，将拥有巨大的软件外包市场。Gartner 公司的报告预测，到 2015 年前后中国可能将成为全球最大的外包市场。

中国服务外包研究中心指出，随着服务外包新兴行业和领域的发展，中国服务外包将从低端业务领域向高端业务领域拓展延伸，以金融服务外包、通信服务外包等为重点的 BPO、KPO 高端领域将成为中国服务外包产业发展的重点。2010 年我国软件与信息服务外包产业规模中，ITO 业务规模为 1550 亿元人民币，占产业总规模的 56.4％，同比增长 31.6％；BPO 业务规模为 1200 亿元人民币，占产业总规模的 43.6％，同比增长 40.1％。图 1-1 描述了 2007－2010 年（分别对应横坐标上的 Y1 至 Y4）中国的软件与信息服务外包 ITO 业务规模，单位为亿元人民币。

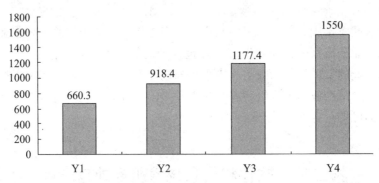

图 1-1　2007－2010 年中国软件与信息服务外包 ITO 业务规模

（二）我国发展软件外包产业的意义

相对于部分高能耗、高污染，消耗土地资源的制造业，服务外包产业的信息技术承载度高、资源消耗低、环境污染少、附加值高，是一种非常典型的绿色经济，具有先天的可持续发展优势。对于中国而言，服务外包已经成为经济转型升级和绿色经济的引擎。目前，服务外包发展迅速，遍及全球，在强化企业核心竞争力、降低成本、整合资源、提高企业绩效等方面具有明显的优势。

1. 软件外包对发包方（买方）的意义

（1）强化组织核心竞争力

通过软件外包，组织资源可以在商业战略和组织部门中得到重新分配，非 IT 业务的占有资源将得到加强，从而强化组织的核心竞争力，对市场的反应能力更加有效。

（2）获得业务专长

通过把 IT 相关业务外包给更专业的第三方，对于 IT 人才不足的组织可以获得更好更新的技术，与 IT 有关的难题将得到解决。

（3）降低成本，提高绩效

专业 IT 厂商提供的专业化服务将大大提高信息技术服务的效率，降低软件项目的成本，提高软件系统的质量，缩短软件系统的开发周期，从而提高顾客的满意度。

2. 软件外包对供应商（卖方）的意义

（1）促进外包行业发展

软件外包活动形成了软件外包业务产业，促进了 IT 供应商建立各个行业的解决方案，有利于专业 IT 供应商的成长。

（2）提高供应商服务效率

由于供应商的规模化经营，能够持续降低信息技术服务的成本，提高服务效率。

（3）培养国际化视野的人才

从事软件外包工作的员工可以学习和培养国际化的思维和工作方式，提高其语言表达能力，遵守科学的生产流程，成为熟悉国际市场和技术的职业人士，对将来的职业发展大有帮助。

三、软件和信息技术外包应用

软件信息技术外包应用主要在软件开发外包和 IT 服务外包两个方面。

（一）软件开发外包

软件开发是根据用户要求开发软件系统的过程，软件一般选用某种程序设计语言来实现，通常采用专业的软件开发工具进行开发。软件分为系统软件和应用软件。软件开发包括项目管理、需求分析、概要设计、编码、设计评审、配置管理、软件工具、测试和验收等。

1. 软件开发外包服务模式

（1）人员派遣服务

软件开发公司提供经验丰富的 IT 专家参与发包公司的项目组，在客户公司进行软件开发。

（2）离岸开发中心

软件开发公司提供设备和开发人员，发包客户提供行业专家，通过双方的合作，高效快捷地进行软件开发，实现公司利润最大化。

软件开发公司也可提供全部的离岸开发组，配合本地的技术支持，实现开发软件客户对低成本的需求。

2. 软件开发外包常见的内容

现代的软件开发工程是将整个软件开发划分为几个阶段，将复杂问题具体按阶段加以分解。这样，在软件开发的整个过程中，可以对每一阶段明确监控点，从而提高开发过程的可见度和保证开发过程的正确性，另外，作为软件开发外包是从整个开发过程中选择某一阶段进行外包。

（1）软件编码外包

一个软件开发项目通常要经历软件需求分析、设计、编码和测试等阶段。软件开发的关键是进行软件需求分析和设计，而编码阶段则可以通过软件服务外包方式外包给其他公司来完成，比如美国的软件开发则外包给印度的软件公司完成软件编码工作。

（2）软件测试外包

软件的测试工作是一个复杂过程，有单元测试（小模块测试）、系统测试（块与块的联系整合）与总体功能测试。通过软件测试外包，可以由专业测试编程工程师完成测试任务。

（二）IT 服务外包

IT 服务，是指在信息技术领域服务商为其用户提供信息咨询、软件升级、硬件维修等服务。具体业务包括 IT 产品维护服务、IT 管理系统服务、IT 专业技能服务和 IT 的集成服务等。

随着云时代的到来，IT 服务的内容更加广泛，从单一项目的 IT 服务，开始向 IT 行业整体解决方案和 IT 综合服务发展。IT 服务过程包括从 IT 服务商为用户提供 IT 咨询开始，到定义 IT 需求，再到挑选合适的 IT 服务商和服务产品，实施 IT 项目，检测验收与评估 IT 服务效果，以及后期维护与升级。为此，企业会选择把 IT 服务解决方案进行外包。

1.IT 服务外包原因

（1）专业的人做专业的服务

IT 服务外包公司能提供专业的 IT 服务，拥有比自己公司更高效、更专业的 IT 策划与管理团队。

（2）节约资源，减少投入

对于每个企业，对 IT 服务的需求是不确定的、不稳定的，必定造成资源的浪费，但 IT 服务外包公司能产生规模效益，个性化提供 IT 服务。

（3）节约时间

通过 IT 服务外包，企业不再需要准备足够的 IT 资源来完成组织目标，可以通过外包直接使用。

2.IT 服务模式

（1）单一 IT 服务外包

如果公司已经有部分 IT 运营人员，则可以把一些复杂的 IT 工作或太单一的 IT 业务外包给 IT 服务外包商，如网络的建设、硬件设备的维护、单项软件的开发等，企业可以按项目、时间、设备等方式进行计费，提供服务。

（2）IT 维护外包

公司的 IT 维护往往是日常工作不多，但有了问题又很棘手，所以，公司会选择 IT 维护商，当 IT 系统有故障时，就会得到及时的维护服务。

（3）IT 资源整体外包

IT 服务商为客户提供全套的 IT 系统规划、采购、实施、运营维护、咨询、培训等整体服务，客户企业可以不成立 IT 部门或聘用 IT 技术工程师，目的是降低企业运营成本。

（4）IT 行业信息咨询

帮助客户满足 IT 需求，并准确了解 IT 行业的前沿技术动态。

四、软件和信息技术外包流程解析

软件外包项目因为涉及全球协作，存在文化差异，所以沟通难度更大，客户对项目监控力度增大，对团队成员的开发流程要求更高，涉及信息安全和知识产权等法律问题等，所以对于软件外包，发包方与接包方更需要遵循既定的规范和流程来管理外包项目，包括选择合适的接包方，采用合适的发包方式，签订外包合同以及遵循国际标准的软件过程规范来管理外包的项目等。

（一）软件外包全生命周期流程

发包方经过对自身业务需求的分析，在决定把业务外包出去之后，软件外包流程大致还要经过招投标管理、项目过程实施与控制，成果验收与结项，以及交付后的运维服务等阶段，见图 1-2。

图 1-2　软件外包全生命周期流程

发包方首先需要制作《外包项目竞标邀请书（RFP，Request for Proposal）》，并将其分发给候选接包方。候选接包方在要求的期限之内将填写完的 RFP《应标书》提供给发包方。《应标书》的主要内容包括技术解决方案、开发计划、接包方的技术能力、软件过程能力、人力资源能力、基础设施能力和项目报价等。发包方对候选接包方进行综合的评估，最终确定最合适的接包方，并完成合约的谈判和签订。

国际软件外包的合约一般包括《技术服务协议（TSA，Technical Service Agreement）》和《工作任务描述书（SOW，Statement of Work）》两部分，前者包括特约条款、知识产权、对第三方声明的供应商义务、双方的职责范围、供应商雇员管理、保险和合同终止等内容；后者则描述了外包项目的范围、需求内容、进度要求、变更管理、合同报价与结算和项目成功标准等。

双方签订合约之后，软件外包就进入了实施阶段。对于软件外包项目而言，实施阶段的项目内部流程一般遵循软件能力成熟度模型集成（CMMI，Capability Maturity Model Integration），具体内容将在下一个部分重点介绍。在项目实施阶段，发包方会定期检查接包方的项目进展状态，包括实际进度是否与计划的相符、接包方的投入是否充分、工作成果的质量是否合格，这些信息一般从接包方定期提供的项目周状态报告和里程碑报告等文档中可获取到。

外包项目实施的最后阶段，接包方按照既定的项目计划，将待验收的工作成果准备好，包括部署好软件产品系统，并将必要的材料提前交付给发包方等。一般由双方共同确定验收的时间、地点、方法和参加人员等。当所有的工作成果都通过验收后，接包方将其交付给发包方。双方指定的负责人签字确认，发包方将合同余款支付给接包方，外包项目正式结束。

（二）软件能力成熟度模型集成

在最近十几年中，CMMI 对全球的软件产业产生了非常深远的影响，目前已经是事实上的软件外包准入标准。CMMI 不仅仅是对产品质量的认证，更是一种软件过程能力改善的途径。遵循 CMMI 的过程可以帮助发包方和接包方双方都更容易理解对对方的期望，CMMI 已经成为对离岸供应商选择的重要条件之一。CMMI 模型包含了信息技术工程行业的数百个最佳实践，按成熟度级别分为二十二个不同的过程域。通过这些过程域的实施，信息技术企业可以按照国际标准规范自身的管理，从而持续增强服务交付的能力，提高在软件外包市场的综合竞争力。

1. 模型结构

CMMI 模型分为五个成熟度等级（见图 1-3），每一较低级别是达到较高级别的基础，为组织的过程成熟度能力提供了一个阶梯式的改进框架，指明了一个组织在软件开发方面需要管理哪些主要工作、这些工作之间的关系、以及以怎样的先后次序，一步一步地做好这些工作从而使组织走向成熟。五个成熟度等级分别说明如下：

（1）CMMI 一级，初始级（Initial），基本没有过程可循，项目工作处于混乱状态。

（2）CMMI 二级，管理级（Managed），企业在项目的层次上有一系列的有效过程规范。

（3）CMMI 三级，定义级（Defined），企业能够根据把项目级的管理体系与过程特点进行标准化与制度化，在不同类的项目上实施并得到成功。

（4）CMMI 四级，量化管理级（Quantitatively Managed），企业的项目管理不仅形成了一种制度，而且实现了量化的管理。通过量化技术来实现过程的稳定性，实现管理的精度，降低项目实施在质量上的波动。

（5）CMMI 五级，优化级（Optimizing），企业能够充分利用量化的手段对企业在项目实施过程中可能出现的问题进行预防。能够主动地改善过程，根据组织与项目实际情况，实现过程的优化。

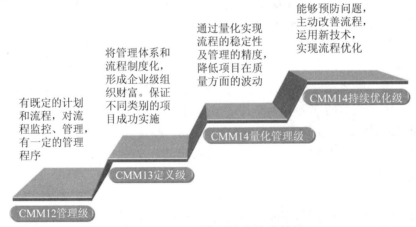

图 1-3　CMMI 模型的成熟度等级

对应于某个成熟度等级，有若干个过程域（Process Area，PA）组成，比如 CMMI 成熟度三级共有 18 个 PA。每个 PA 有一个目标，这个目标又分为具体目标（Specific Goal，SG）和通用目标（Generic Goal，GG）两种。每一个目标下设有多个实践（Practice）支持目标的实现（见图 1-4）。SG 下的实践称为具体实践（Specific Practice，SP），

GG 下的实践则称通用实践（Generic Practice，GP）。SG 是指在执行或实现某一个过程域的时候需要达到的目标，即过程域的目标；SP 是指在执行或实现某一个过程域的时候需要执行的所有实践活动。在实际的软件过程活动中，SP 主要体现为关键的工作任务，比如，在项目需求开发过程中的需求调研和需求分析等任务。GG 指的是在完成该过程域 SG 之前首先需要达到的目标，GP 是为了达到通用目标而必须做的一系列步骤与活动，如通用目标二级的活动包括制订方针计划、提供资源、分配责任、提供培训、管理配置、识别与安排人员活动、监控项目、质量保证、向上级汇报等。

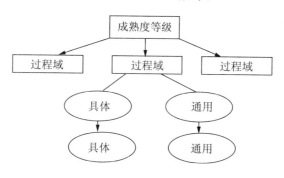

图 1-4 CMMI 模型结构

组织成熟度水平提供了一种在给定的一个或一组应用专业领域预测组织未来绩效的方法。组织成熟度水平是一个定义的、不断演化的过程改进平台，达到每一成熟度水平即意味着组织过程能力的提高。

2. 过程域

过程域是 CMMI 将业界已经证明了的在某个方面的一系列最佳实践（Best Practices）组织在一起，这些最佳实践的集合就是该方面的过程域。下面对最常见的 CMMI 成熟度三级的 18 个过程域进行简单介绍。

（1）需求开发（Requirements Development，RD）

需求开发的目的是建立及分析客户、产品及产品组件的需求。需求开发的主要活动有客户需求获取、需求分析和需求评审等。

（2）需求管理（Requirements Management，RM）

需求管理的目的是建立和维护用户和软件项目间的关于该软件如何实现用户需求的共识。该过程主要管理项目的需求变更、需求的双向追踪以及需求与项目工作的一致性。

（3）项目计划（Project Planning，PP）

软件计划的目的是建立合理的计划用作项目开发与控制。项目计划包括估算、建立进度计划和建立集成的项目计划等系列活动。

（4）项目监控（Project Monitor and Control，PMC）

软件项目控制的目的是为软件项目的过程提供足够的能见度，在发现与项目计划严重偏差时，能够采取适当的纠正行动。

（5）过程与产品质量保证（Process and Product Quality Assurance，PPQA）

软件过程与产品质量保证的目的是为了客观地核实软件项目的实施行动与开发中的产

品是否遵从于定义的项目需求、过程描述、标准及规程。

（6）配置管理（Configuration Management，CM）

配置管理贯穿软件生命周期，目的是建立和维持软件项目的产品完整性。配置管理的主要相关活动有版本管理、基线管理、变更控制和发布管理等。

（7）度量与分析（Measurement and Analysis，MA）

度量与分析的目的是开发及维护一个度量能力，以用来支持管理信息的需求。度量分析的活动有收集数据和分析数据等。

（8）风险管理（Risk Management，RM）

风险管理的目的是在潜在的问题发生之前识别它们，并采取相应的措施，实施风险处理活动以缓解风险一旦发生带来的负面影响。

（9）技术解决（Technical Solution，TS）

技术解决的目的是根据需求来设计、开发及实施系统的解决方案，主要包括概要设计、详细设计、数据库设计与代码实现与单元测试等活动。

（10）检验（Verification，VER）

检验的目的是确保被选择的产品符合它们具体的需求。在实际项目过程中，一般对应于对产品及交付物的测试与评审活动。

（11）验证（Validation，VAL）

验证的目的是演示并验证一个产品或者产品组件在被部署在计划的环境中时是否满足用户期望的使用功能。在实际项目过程中，一般对应于用户对产品及交付物的确认或验收测试。

（12）决策与方案（Decision and Resolution，DAR）

决策与方案的目的是使用正式的评估过程对识别出来的多种可选方案进行评估、分析，最终决策一个最优方案的一个系统的结构化方法。

（13）产品集成（Product Integration，PI）

产品集成的目的是把产品的组件组装（Assemble）为产品，确保集成后的产品功能完整，并最后交付产品。对应于实际软件项目中的系统集成、构建和集成测试等活动。

（14）集成项目管理（Integrate Project Management，IPM）

集成项目管理的目的是根据组织级的过程标准，裁剪并定义项目的过程标准，并管理项目人员在项目中的活动。

（15）组织过程定义（Organizational Process Definition，OPD）

组织过程定义的目的是定义、建立并维护组织的标准过程及其财富库，这个活动在组织中由 EPG（Engineering Process Group，工程过程组）负责。

（16）组织过程焦点（Organizational Process Focus，OPF）

识别与定义过程改进的需求和目标，在项目中实施有关过程并对其进行评估。不断改进组织的过程，这个活动在组织中由 EPG（Engineering Process Group，工程过程组）负责。

（17）组织培训（Organization Training，OT）

组织培训的目的是建立人力资源的技能与知识，使得他们能够有效地完成相应的角色和职责。

（18）供应商协议管理（Supplier Agreement Management，SAM）

供应商协议管理的目的是管理与之存在一个正式协议的供应商，以从他们那里获取到期望的产品。

CMMI强调组织的过程能力的持续改进，重点关注软件的开发过程管理。各信息技术公司在实施时要根据自身情况，结合行业和具体项目的特性，定制出合适的软件项目外包管理流程，才能真正发挥作用。

第三节　业务流程外包应用

一、财务外包

财务外包是全球流行的公司财务解决方案，是财务工作专业化分工的产物。早在1991年，埃森哲与英国石油就达成一个财务外包协议，英国石油将北海油田几乎所有财务业务都交给了埃森哲这家公司。

财务外包（Financial Outsourcing），是近年来在西方国家发展较快的一种财务管理模式，是企业将财务管理过程中的某些事项或流程外包给外部专业机构代为操作和执行的一种财务战略管理模式。财务外包根据其外包形式可分为传统财务外包和现代网络财务外包。

（一）财务与会计外包的三层结构

企业财务工作可设置为三个层次。操作性的交易处理业务属于底端第一层次，这类业务包括现金、薪酬管理和核算、存货、固定资产、发票处理、应收账款、应付账款、账户调节、银行对账、纳税申报、财务报告等业务。成本计算和管理会计类业务属于第二层次，这类业务专业技能要求较高，主要包括成本会计、内部审计、预算和预测、业绩评价和管理报告等。财务政策的制定和财务管理属于第三层次，这类业务包括会计政策的选择、财务数据的分析、信用控制、资金管理和税收筹划等。第一、第二层次占了财务与会计业务80％的工作量。在整个金字塔结构中，第一层次的各种业务属于典型的外包范围。第二层次和第三层次财务决策通常保留在企业内部，因为这些功能需要企业管理层的决策判断和核心技能。

当前财务外包已经成为许多大企业的一种战略，企业将不擅长管理或不具有比较优势的部分财务业务外包给那些在该方面居于行业领先水准的专业机构处理，保留自身的核心竞争力。如将财务资金管理外包给银行等金融机构管理、将应收账款外包给收账公司去管理等。第一层次的各种业务外包已经非常普遍。随着外包活动的深入人心，财务外包逐步涉入第二层次和第三层次的预算、成本会计、内部审计和财务数据的分析、信用控制等业务外包，这类业务属于企业决策至关重要的领域，紧贴企业的心脏。将第二层次和第三层次的财务业务外包实际上是企业借助于"外脑"来提高财务与会计工作的科学性和专业度，这类外包往往以合作外包的模式进行，发包商与承包商之间建立更高水平的持续的、灵活的合作关系。随着信息技术的发展，企业营运模式的改变，在未来还会有更多的财务功能外包出去。

（二）财务外包模式的发展

财务外包演进过程主要呈现以下几个阶段：首先是购进式外包，这是财务外包的雏形；其次是基于成本考量的选择性外包，这类外包的目的是降低成本，增长利润，决策多以效率为指导，以成本比较为工具；再次，是基于企业核心能力的资源外包，这类外包决策的目的是有效提升和培育核心能力，成本节约让位于持久的竞争优势。

1. 购进式外包

这是财务外包的雏形。在财务工作中，第一层次的简单的、大量的、重复性、不需要更多创造力的实务性记账工作是普遍外包的。发包商与承包商之间的关系类似于传统的"买—卖"关系，双方强调的是交易关系，承包方只是按企业的要求完成业务工作。在购进式外包中，发包方和承包方签订的多是短期合同，主要表现为代理记账、纳税申报、工薪核算等基础账务处理外包业务。购进式外包作为一种新的会计解决方案，已经被越来越多的中小企业所接受，成为一种新的社会性会计服务项目。

2. 选择性外包

选择性外包是指对几个有选择的职能进行外包，外包数量少于整体的80％。企业管理者为提升企业核心竞争力，从成本约束和战略管理角度看待财务外包，将不擅长管理或不具有比较优势的部分外包给那些在该方面居于行业领先水准的专业机构处理。选择性外包模式涉及第二层次的财务业务外包，在这个阶段，企业和外包商之间的信任程度增加，双方合作的态度比较积极，双方都希望可以从对方那里得到更多的有价值信息，合作双方愿意共同面对并解决困难。

3. 整体性外包

整体性外包是指将财务职能的80％或更多外包给外包商。在整体外包中，企业并不将财务职能的全部职责都外包给供应商，企业会保留一部分以满足管理者财务职能战略管理需要，并负责管理与供应商不断发展的外包关系，监督和审定供应商的技术决策。财务管理职能必须与公司战略保持一致性。公司战略随企业环境发生变化，财务管理职能也必须做出变化。这种一致性要求由企业内部人员来完成。

二、金融外包

金融外包也发展非常迅速，已经成为国际外包的重点发展领域，仅离岸金融外包的市场规模就已达2100万亿美元。如今，金融外包已经逐渐潜入金融业的各个领域，除了金融平台、软件系统的开发和维护外，信用卡业务、商业银行ATM业务等也逐步外包。同时，云计算、移动互联、金融电子商务等新技术的应用，推动了金融行业资源整合与金融服务创新的步伐，进一步促进了金融外包发展的深度与广度。

近年来，随着离岸外包和整个经营过程外包BPO业务的崛起，外包安排的日渐复杂，金融企业从外包中获得的利益大大提高，金融外包也成为国际外包市场的主流。截至2010年，我国在岸服务外包收入为366.3亿，金融业的发包量为51.3亿，其中金融IT外包市场规模为74.57亿元，同比增长率为21.03％。

（一）金融外包的定义

金融外包（Finance Service Outsourcing）是指金融企业持续地利用外包服务商（可以是集团内的附属实体或集团以外的实体）来完成以前由自身承担的业务活动。外包可以是将某项业务（或业务的一部分）从金融企业转交给服务商操作，或由服务商进一步转移给另一服务商（即"转包"）。目前，金融外包覆盖了银行、证券、保险等各类金融机构以及各种规模的金融机构。如2003年，美国运通、GE Capital等都向海外大规模外移了客户呼叫中心与软件开发业务；2004年5月，美洲银行在印度增设了第一个离岸"清算/后勤办公室"。有调查指出，目前世界800家大银行、保险公司、投资银行及证券经纪商都已经开始了外包活动，并已经将一些具有简单重复性与烦琐分析的业务向外转移。

（二）金融外包的分类

根据外包业务的特性，金融业务外包可以分为以下三类：第一类是后勤支持服务类业务外包；第二类是专有技术性事务外包；第三类是银行业务的部分操作环节外包。其中，专有技术性事务外包具有专业上的特殊性，银行本身不是这方面的专家，而利用第三方的服务可以获得更高的服务质量。

1. 后勤支持服务类业务外包

后勤支持服务类业务外包是指将远离金融服务核心业务，对金融服务业务增值较少，同时外部资源丰富，专业服务市场发达的业务外包，这类业务外包的成本远低于自制的成本。这类业务主要有：

（1）后勤保障外包

目前国内绝大多数银行都开始把这部分业务外包给专业性的公司来进行操作。主要包括职工餐饮、清洁卫生、安全保卫、邮件发放、水电安装、设备修理、法律服务等多项业务，这类业务金融机构大都外包给物业管理公司。后勤保障外包使得金融机构不仅能享受专业一流服务，而且节省了大量人力资源和费用。

（2）事务性部门外包

我国目前大部分金融机构将这部分业务外包给专业性公司。主要包括信用卡的账单打印、日常业务数据的录入、呼叫中心和数据处理等业务，这类业务琐碎繁杂，技术含量不多，因而多为外包业务。比如我们收到的纸质信用卡账单多为银行外的专业企业承包。

（3）库款押运外包

我国许多银行已经进行了库款押运外包。通过专业押运公司押运库款，能有效降低押运费用，共同分担现金押运风险。

（4）个人信用调查外包

有些银行已经尝试将这部分业务外包。我国目前的个人信用体系尚未完全建立，国内已经有一些专业的咨询公司提供部分服务，有些银行也在试行，比如北京某银行将二手房、耐用品等多项个人信贷业务提供个人信用调查服务外包给北京某投资管理公司，将个人住房消费信贷业务的信用调查外包给北京某商业顾问公司。

2. 专有技术性事务外包

这类业务属于金融服务机构的非核心业务，这类业务的特点是与客户低接触，已经被标准化或日趋标准化。这类业务有：

（1）信息技术外包

对于银行的信息系统建设，除最核心的部分外，大部分都可以考虑外包，例如数据中心、网络管理、终端用户设备现场管理，应用服务运营管理等，如人民银行在建立国家现代化支付清算系统（CNAPS）时就采用公开招标的办法从美国 IBM、AT&T、日本 NTT DATA 通讯公司等 9 家入围公司中选择了 NTT DATA 公司作为合作伙伴。国家开发银行从 2004 年 9 月开始，将总行的信息系统服务器维修外包交给了惠普公司，并收到了良好的成效。

（2）人力资源外包

人力资源外包是国际金融服务机构在外包实践中非常流行的。采用人力资源外包可以通过合理的运用外部资源，促使企业对内部资源进行最合理、最有效的配置，从而发挥企业外部资源和内部资源的协同作用，建立企业竞争优势。

（3）内部审计业务外包

内部审计外包即将内部审计业务全部或部分地外包给具备专业资格的外部服务提供者来实施。将内审业务外包是一种日益受到重视的商业战略，也是银行把自身内部非核心业务的一部分承包给外部服务提供者。根据美国内部审计协会的数据，以美国银行业为例，目前已实行内部审计业务外包的银行比例为 23%，有意愿今后实行审计外包的银行比例为 31%。

3. 银行业务的部分操作环节外包

这类业务属于支持性的核心业务，同时还具有很强的特殊性。

（1）信用卡业务外包

发卡外包是目前金融 IT 外包行业中较为成熟的领域。与传统借记卡业务不同，贷记卡业务对发卡银行的系统建设、运营管理、业务拓展、风险控制等方面都有着更高的专业化要求。由于系统建设前期投入较高，后期运营中也存在较大成本，因此中小型商业银行及其他发卡机构一般选择将发卡系统外包。如 2004 年初，光大银行将信用卡外包给了美国第一资讯公司，服务内容包括信用卡机具维护、市场营销策划、个人资信调查、制卡、人员招聘、培训考核、透支催账等，开创了国内信用卡系统外包开发的先河。

（2）商业银行 ATM 业务外包

ATM 是自动取款机的英文缩写。ATM 的出现，在很大程度上弥补了有限的银行资源与较大的客户需求之间的矛盾，为传统银行业务在时间和空间上的扩展提供了巨大的帮助。ATM 业务外包是指，在 ATM 运营中，运营商（第三方中介机构或 ATM 生产厂商）提供 ATM 机具、软件、选址、安装、运营管理和维护等服务，而由银行提供加钞和清算等服务的经营模式。

（3）标准化贷款业务

国外很多机构将标准化贷款业务如按揭贷款等业务外包。在美国，80% 的按揭贷款都是通过承包商发出去的。我国在这方面已经开始尝试，如某银行将部分个人贷款业务外包给某信用担保有限公司。

三、人力资源外包

人力资源已成为现代经济社会的第一资源。随着全球化和信息化为特征的新经济时代的到来，企业面临更激烈的竞争，要求企业积极进行组织和管理方式的变革和创新，努力朝着柔性化、扁平化、虚拟化的方向发展。为提高企业运营效率、赢得行业竞争优势，企业人力资源外包应运而生，并很快发展成为 BPO 中最热的外包类型。

人力资源外包是指企业根据自己的核心竞争力，将流程性的、事务性的人力资源管理日常工作，选择部分或全部业务内容，通过合同付费形式委托代理给专业的人力资源管理机构运营，以降低人力成本，实现效率最大化。

（一）人力资源外包的分类

1. 按人力资源流程范围分类

（1）部分人力资源流程的外包

部分人力资源流程外包，是指企业将人力资源管理的部分流程外包，如企业将员工外部招聘、员工人事管理、薪酬发放、员工福利管理等特定流程进行外包。大型企业为防止大量的业务流程外包会带来的系统风险，一般会选择将人力资源流程部分外包。

部分人力资源外包的工作复杂程度较低，流程仅涉及局部流程的管理，但是无法满足高端客户需求。

（2）全面人力资源流程外包

全面人力资源流程外包，涉及人力资源的所有领域，其中有流程式的长期外包，比如薪酬发放、员工的档案管理，其中还包括项目式的中期外包内容，如企业招聘、员工培训，还有一些是企业需要时进行咨询及规划设计的项目，如工作分析、招聘计划、培训计划、薪酬设计、绩效管理等内容。

全面人力资源外包工作的复杂度高，不仅涉及局部流程管理，还需提供各局部流程管理的整体协调，能进一步提升人力资源外包的服务价值。全面人力资源外包对服务外包商的要求更高，要求服务外包商不仅在人力资源业务流程领域专业水准，更要求服务外包商具有支持客户企业人力资源战略规划咨询的能力。

2. 按人力资源外包地域分类

（1）人力资源本土外包

人力资源本土外包，是指在本国境内的企业客户将企业内部的部分或全部人力资源管理职能外包给本国境内的人力资源服务商管理的外包服务。这种外包情况下，客户企业和服务均在本国境内，并且在境内提供服务，这种外包业务只是改变了企业之间的行为，对一国的对外经济不产生影响。

（2）人力资源离岸外包

人力资源离岸外包，是指在境外国家或地区的企业客户将部分或全部人力资源管理职能委托给本国外包商管理的服务外包形式。离岸外包形式比本国外包更复杂，其主要原因涉及双方合作国家的人力资源相关法律、服务委托代理成本及人力资源管理的模式等。

3. 按人力资源管理职能分类

按照人力资源职能分类，包括招聘管理外包、人力行政事务外包（人事代理）、薪酬福利管理的外包、绩效管理外包、劳动法律咨询服务、HR 管理咨询服务等。

4. 按人力资源外包模式分类

（1）人力资源业务咨询式外包，包括人力资源战略规划咨询服务、人力资源工作分析咨询服务、人力资源管理规范咨询服务、人力资源绩效考核咨询服务等。

（2）人力资源项目式外包，包括人力资源培训外包、人力资源招聘外包等。

（3）人力资源流程式外包，包括人力资源薪酬福利外包。

（二）人力资源外包市场

当企业人力资源管理上升到企业战略层面时，企业人力资源管理已经不再是过去的人事档案管理和招聘雇员的简单工作，人力资源部门在公司中的地位已经与企业战略规划紧紧关联，并且对公司运营的成败起着十分重要的作用。这些变化带来的结果是，公司内部可能并没有足够多的时间和精力来开展每项人力资源工作，尤其是一些事务性、基础性的日常工作，于是人力资源外包业应运而生。世界 500 强公司中有 95％以上通过实施人力资源管理外包降低了人力资源管理成本，同时提高了人力资源管理的水平和工作效率。另外，当前人力资源外包只在其中的某些领域较为流行，并不是所有的人力资源的首选方案。如表 1-1 所示，Accenture（埃森哲公司）调查总结了企业人力资源各业务进行外包的程度。

表 1-1　人力资源各相关事务被外包的程度

人力资源事务	无	小部分	大部分	全部
员工管理/规章遵循	76％	16％	4％	2％
招聘	41％	40％	14％	2％
薪资	63％	12％	11％	12％
绩效评估	84％	9％	3％	0％
退休金/退休	45％	16％	19％	12％
医疗/福利津贴	48％	18％	18％	10％
员工关系	80％	11％	6％	0％

（资料来源：Ellen Balaguer and Christian Marchetti，步入成熟的人力资源与学习培训外包：显著的商业利益推动其广泛应用，www.accenture.com）

可以看出，在人力资源外包方面，招聘、退休金/退休、医疗/福利津贴、培训资源、培训技术、培训交付以及培训内容开发是人力资源最常被外包出去的业务活动。

北美地区是世界上业务外包发展最早的地区，北美地区有强大的经济基础和发达的技术力量，在 20 世纪 70 年代，由于石油危机的冲击，北美企业首先意识到企业外部运营环境的复杂多变，加之国家政策越来越要求社会和企业提高人民的福利保障制度，要求企业比以前更要关注员工的安全与健康，使企业开始考虑把企业事务性的人力资源工作以外包的形式交给企业外部更专业的公司运作。随后计算机网络技术的迅猛发展，也为企业人力资源流程外包运作模式提供了技术基础和保障。尤其是进入 21 世纪，北美的人力资源外包市场发展已经相当成熟。例如在美国，也出现了市场份额大、人力资源外包业务完备的跨国公司。

随着跨国公司生产外包企业在中国的发展，跨国人力资源外包的公司也开始进驻中国。在短短十几年的发展中，中国人力资源外包呈现高速的成长性和巨大的市场空间，得到越来越多企业的采用。一方面，选择人力资源外包的企业越来越多，由原来的跨国公司、外资企业发展到中国的中小型企业，都选择人力资源外包业务进行外包；另一方面，外包的内容越来越全面和复杂，由简单的人事档案管理、招聘、培训等发展到薪酬核算与发放、员工激励、高层猎头等战略业务。

（三）人力资源外包项目

人力资源管理业务通常包括员工需求分析、工作分析岗位描述、招聘、培训、薪酬调查、薪资的管理和发放、劳动关系、员工档案管理、绩效评估、社会福利缴纳、员工职业发展规划、人力资源管理信息系统建设等多方面的内容。一般来讲，人力资源管理的各项职能都可以外包。企业既可以把招聘、培训、福利等事务性的人力资源管理工作外包，也可以把人力资源规划、人力资源战略等战略性的工作外包出去。

1. 人力资源外包项目分析

在现实中，每个企业人力资源外包的项目都是有所不同的，企业在选择人力资源外包项目时要考虑多方面的因素，既要考虑企业的战略规划、核心竞争力、还要考虑外包的风险和外包后对业务内容的控制。一项对美国500家公司的调查结果表明，美国、英国以及大多数欧洲国家主要人力资源管理职能中，外包程度较高的分别是福利、培训和薪酬发放，分别占所有被调查企业的75％、65％和62％。企业选择福利外包是基于考虑福利的政策性、社会性，需要与更多部门去沟通申报，需要花费更多的时间和精力去完成企业员工福利申请与缴纳；培训工作本身具有非连续性，并需要更多的培训资源来完成本业务；薪酬发放需要花费更多时间核算薪酬，并具有每月的高重复性，所以基于这些工作的复杂性、重复性并对企业价值不明显，所以优先选择外包。

企业选择人力资源外包后，原来的人力资源职能由企业内部管理转向企业外部管理，人力资源部门可以精减人员，降低人力资源成本，并可通过外包得到外部更专业专家的帮助，同时，在应对不断发生修改的劳动法、医疗、退休制度、养老制度等人力资源管理时，也呈现出独特的优势。

2. 人力资源外包项目内容

（1）员工招聘外包

员工招聘是企业人力资源工作的重要内容，是企业引进人才的重要手段。有效的招聘是通过一系列烦琐的招聘程序，为企业筛选合格的人才的途径。然而企业在招聘过程中，很多精力都花费在招聘渠道、筛选简历、组织笔试、面试等环节上，在现代企业中，由于所需人才的复杂性，也使招聘环节更复杂，如何通过科学评价与合理配置来确保优秀的人才在合适的岗位上，才真正成为招聘环节的重点。

企业选择招聘外包，可以把发布招聘信息、进行初级阶段和低端岗位人员招聘筛选工作交由专业招聘机构进行，而企业可在企业人力资源规划、岗位分析等方面花费更多精力去分析和研究。

招聘外包常用的方式是招聘网络机构服务、人才中介及高级人才猎头服务等。

（2）员工培训外包

企业培训分为岗前培训和在岗培训。随着企业业务内容的复杂化，企业越来越重视培训工作，尤其是对一些高新技术的掌握，员工培训是企业发展的动力。

企业采用员工培训外包，有利于充分利用外包企业优秀的培训师资、专业的培训技巧和先进的培训平台，既可大大减少培训成本，又可得到更专业的培训效果，并对培训结果考核方面更具有实效性。

员工培训外包常采用依赖专业的培训机构或高校来进行，也有一些企业培训采用通过网络培训的方式进行。

（3）劳动关系管理外包

劳动关系管理常见形式是人事代理，包括对员工人事关系的处理、员工档案管理和劳动合同管理，在我国各地市的劳动力人才市场等都承担了劳动关系管理外包的角色。劳动关系管理外包除人事代理外，还包括企业劳动法律咨询服务和人力资源管理制度设计咨询等咨询业务的代理。

（4）绩效考核外包

现代企业对员工绩效考核越来越重视，但企业内部自行进行绩效考核往往存在绩效考核的主观主义、形式主义，最终达不到绩效考核的目标。采用绩效考核外包，将企业绩效考评工作交给人力资源第三方进行，既可体现考核的公平性，又可充分利用专业人力资源考评机构的考评技术，考评结果也容易被员工接受。

（5）薪酬福利外包

薪酬福利核算与发放，企业每月完成一次，任务内容虽相对固定，但企业薪酬核算方面编制项目都比较多，涉及基本工资、岗位工资、绩效工资、奖金、福利及缴纳的各类公积金、社会保险等。信息收集渠道涉及员工本人、员工所在部门及部门上级单位。薪酬福利的发放涉及财务部门，公积金、保险等的缴纳涉及社保中心等机构，个人所得税的代缴涉及税务部门。每月度，企业人力资源部门都需与这些组织与部门进行业务操作。薪酬福利核算外包有助于人力资源管理人员从日常琐事中"解脱"出来，既可减少公司管理薪酬专员工作岗位的人数，降低人力资源管理成本，又可提高人力资源管理效率。同时，公司薪酬核算是由第三方公司（非利害关系方）公正执行，有助于消除公司内部员工对其结果的质疑，并能消除公司薪酬机密信息泄露给内部员工造成的影响。而薪酬核算中操作失败风险，如计算及发放差错、遗漏等，转由第三方承担。

（四）人力资源外包风险规避

1. 人力资源外包的风险

在企业由人事管理转向人力资源管理的过程中，企业充分意识到人才的重要性，所以选择人力资源外包优势与风险并存。由于人力资源外包是不同利益主体方合作完成的模式，所以企业在选择人力资源外包时，对预期的效益要与可能存在的风险同步考虑。

（1）法律方面的风险

由于人力资源外包还是一个新生事物，中国尚无完善的法律、法规规范外包主体和外包合作者之间的权利和义务，使得外包服务的安全问题、服务商的规范经营和专业化程度让人担忧，服务商的诚信度大打折扣。尤其是在人力资源外包方面，通过招聘、薪酬福利管理、培训、人事关系管理等业务内容的外包，使企业掌握的大量信息、机密等内容存在不安全的局面，而这些问题的解决还很难从法律角度找到合适的保障。

（2）选择外包服务供应商的风险

在人力资源发包方与接包方之间存在严重信息不对称问题，使企业在选择外包服务供应商方面存在风险。企业选择人力资源外包的目的是为了降低企业运营成本，但在选择接包方时又往往增加企业外包的交易成本。

（3）管理失控的风险

选择人力资源外包后，企业往往对外包业务注重结果而不愿或不方便过多干涉外包后的业务处理过程，选择接包的人力资源企业会存在未按计划行事，而这些结果往往导致企业管理与监督失控。

（4）来自内部员工方面的风险

如果企业原来有完备的人力资源岗位，当企业选择人力资源外包后，这些岗位的人员会面临离岗、甚至被辞退，所以，这些员工会首先反对企业进行人力资源工作业务的外包。

（5）来自安全和保密方面的风险

人力资源外包后，涉及与人力资源岗位相关的数据信息内容将通过网络形式交由另一个企业去完成，在此过程中，必然涉及安全和保密方面的风险。所以企业在选择外包时，要综合考虑各种影响因素，比如，对于基层人员的招聘，由于需求量较大、也最繁杂，这种业务可以外包；对于国家法定的福利如养老保险、医疗保险、失业保险、住房公积金等事务性工作也可以外包；企业需要的一些高层管理人员，也可以外包给猎头公司去猎取。但是，有一些职能，如薪酬管理，这属于企业内部机密，一旦外包出去泄露给竞争对手，可能将对企业造成极其不利的影响。

当然，企业采用人力资源外包的模式已经成为一种趋势，考虑到企业会面临的人力资源外包风险，企业也需要主动对人力资源外包风险进行控制。

2. 人力资源外包风险控制

为使外包业务能在动态的市场环境下健康良好地发展，发挥最大的优势，就要对整个人力资源外包过程进行风险有效控制。

（1）分析预测风险

对人力资源外包工作进行充分的 SWOT 分析，认真分析企业选择人力资源外包的优势、劣势、机会和威胁，进行风险预警。

（2）建立风险监控机制

选择人力资源外包，进行有效的合同管理与过程监控，对于发现风险苗头，及时控制局面。监控的常用方式是建立双方同意的风险报告制度，确定对监控不合格的处罚手段，并尽量简化监控手段。

（3）风险的转移与规避

人力资源外包项目中，有些项目比如招聘外包、培训外包可与外包服务商进行短期合作，达到预期效果后，再开展长期合作；对于薪酬福利外包等不易采用短期合作的内容，可采用局部合作，然后扩大合作业务内容这种逐步外包的方式，这样在某种程度上减少合作风险，并在风险发生时，容易脱身。另外，在合作条款中，要尽量详细说明提供服务的内容、时间和完成标准及监控保障。同时，支付给外包服务供应商的报酬可以采用业绩分红的形式。

四、供应链管理业务外包

伴随着经济的发展，全球产业模式发生了深刻的变化，技术的进步在推动了生产力发展的同时，市场的变化也随之加剧，进而促进了企业之间的激烈竞争。传统形式的"纵向一体化"的运作模式已经不能适应市场的技术更新更快、投资成本低、竞争全球化的制造环境。供应链管理的业务外包模式正是在适应这些变化的基础上，企业将自己的业务集中在拥有核心技术、能够增加最大附加值的环节，而将自己不具备优势的业务外包或独立分离出去，它体现了在新的竞争形式下，通过不断发掘而强化自身核心竞争力。

（一）供应链管理业务外包概念

供应链是围绕核心企业，通过对物流、信息流和资金流的控制，从原材料采购开始到中间产品的制造和最终产品，最后到销售环节即产品与服务送达最终用户的过程，将供应商、制造商、分销商、零售商、直到最终用户连成具有整体功能链状结构的模式。通过图1-5展示供应链的结构，可知供应链是一种结成的管理思想和方法。

供应链管理是从层次与整体的角度把握最终用户的需求，通过企业之间的有效合作，获得从时间、成本、效率、柔性等方面的最佳效果。包括从原材料到最终用户的所有活动，是对整个链条的过程管理。

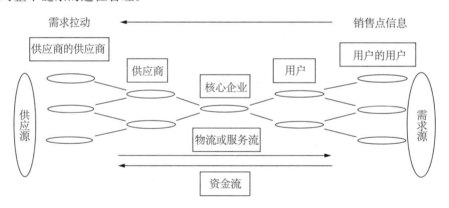

图 1-5　供应链的结构模型图

现代基于供应链管理的物流管理是在配送管理、物料管理、后勤管理等概念的基础上进行的延伸，针对供应链中的企业，需要实现链条中企业之间的一种相互配合、相互协调来实现整个连接效率、合作的最优化。

面对多变的市场竞争环境，需要企业之间的联合，同时需要企业借助于核心竞争力的竞争，在此基础上，就需要企业从自身情况出发，专注于自身的核心领域、核心业务，有利于在某一领域、某一业务形成自身的优势，在此条件下，必然需要将自身的非核心业务进行外包，以便实现自身的非核心业务外包给接包商（具有核心竞争力的接包商企业），亦即所谓的业务外包。

企业进行非核心业务的外包，同时结合供应链管理思想，从供应链中的节点企业之间进行选择，从中选择在此项业务上最具有竞争力的企业，进行外包。在供应链思想的指导下，企业选择业务外包的模式，可以在一定程度上实现对资源的优化配置，供应链中的其它节点企业集中精力发展核心业务，以最低的付出、最优资源完成承担的业务，亦称为供应链的增值过程。基于供应链管理业务外包的模式，符合当今时代发展，因为当代企业的竞争，不是单独的竞争，而是企业与企业之间形成的供应链之间的竞争，这就要求供应链条中所有节点企业的整体提高，同时供应链条中的核心企业也可以达到更大程度的提高，因此，供应链中的企业实施业务外包是提高企业核心竞争力的有效手段。

（二）供应链管理业务外包的优势

供应链管理的核心思想是链条中每个企业专注于本企业的核心业务，将非核心业务进行外包，从而实现高效、节省的运作流程。服务外包的需求与供应链管理思想的结合，是现在越来越多的企业选择外包的原因，并越来越受众多企业的青睐。供应链管理思想下的企业业务外包的优势可以从以下几个方面来分析：

1. 降低和控制成本，节约资金成本

在供应链条的服务提供者这个环节中有许多的服务供应商，它们具有的优势是可以提供更高效、更低成本的技术与知识来完成此项服务，这样可以实现整个供应链条的高效、低成本的运行，对于企业本身和供应链上的服务商来讲，是一个双赢的局面，服务商具有的优势，便于服务商之间实现规模经济，在规模经济模式下，获得更好的效益。供应链条中的企业降低和控制成本的方法为：企业通过将某项业务进行外包，避免自身在设备购买、技术研发方面的人力、资金的投入，这样可以节省资金，同时高质量完成外包项目。选择外包的企业将非核心业务外包之后，可以集中资金与人力来优化原有企业的业务流程，同时可以进行不必要流程的删除，取得进一步优化，实现企业资本的节省。

2. 分散风险

供应链管理的目标是实现链条中企业之间的相互协调、合作，通过业务外包，企业可以分散由政府、经济、市场、财务等因素的变动给企业带来的危机，单一企业具有的资源、人力、技术、能力等方面的因素较其他企业具有劣势，通过外包，可以实现与接包商企业之间的相互合作，在合作模式下，企业的风险也进行了相应的分摊，使企业自身具有更好的优势来适应外部多变的环境。

3. 使用企业不拥有的资源

如果企业没有有效完成业务所需的资源，而且不能盈利时，企业将从供应链中寻找其他的节点企业，借助于节点企业的资源完成此项业务，即企业进行业务外包。这是企业面临外包的原因之一，但是企业必须同时完成成本与利润的分析，确认在长期环境下这种外包能否给企业带来收益，此点也是企业是否选择业务外包的决定因素。

4. 提高企业核心竞争力

供应链管理的核心思想是围绕链条中的核心企业与其他企业之间建立的合作伙伴关系，企业可以集中资源与人力来完成企业的核心业务，通过企业之间的优势资源与能力共享，实现相互补充，达到整体最优化。

（三）供应链管理业务外包形式

外包的基本出发点，是将企业非核心业务进行外包，集中资源、优势于核心业务，结合供应链管理的思想，企业对供应链的哪部分内容进行外包，在很大程度上取决于企业生产活动的特征与性质，同时取决于企业在供应链中所处的位置。企业常采用的外包主要有：

1. 研发外包

供应链企业在生产研发方面不具备优势，此时企业可以选择相关的研究所、高等院校进行校企合作，将重大技术项目选择外包，或直接获得他们的研发成果和技术。而企业专门负责新研发产品的生产与销售等环节，使得企业可以集中资源、人力等发展核心业务。

2. 生产外包

供应链中的核心企业，在竞争激烈的市场中，想要获得更多的收入，需要从降低成本入手，这也是企业获得利润的关键。核心企业将生产环节外包给上游的供应商或者下游的服务提供者，采用生产外包，降低生产成本。此种外包形式一般是选择在劳动力国家或地区实施。越来越多的企业采用生产外包，不再建造更多的厂房，而是专注于自身的产品研发、设计和销售环节。

3. 物流外包

作为生产制造型企业，产品销售到最终消费者手中的物流环节，一般属于企业的弱势环节，所以，企业常选择把物流业务进行外包，发包商企业可以摆脱物流的束缚，改善现行的物流运作模式，降低自身在物流业务方面的资金、人力的投入，同时可以使企业在物流方面获得前所未有的服务，这也是越来越多的第三方物流公司兴起的原因。

4. 营销外包

作为供应链中的核心企业（生产型、制造型企业），其核心业务是进行生产、制造，而销售环节需要的人力、资源、技术相对薄弱，企业会选择把销售业务进行外包，企业只需要确定自身产品销往的目标市场，销售环节其他内容移交给销售公司来完成，通过外包，借助于专门的销售人员来解决销售中存在的问题，可以为企业提供更多的客户源，进而获得较好的销售效益。

5. 智力资源外包

作为外包的一个新领域，此种形式即雇佣外界的人力来解决部门中不好解决的问题。此种形式一般为客户提出一个咨询、诊断、分析、决策方案、技术改造等，以改善工作现状，达到提高经济效率的目的。

（四）物流服务外包

在供应链中实现了物流、信息流、资金流的衔接与流通，物流贯穿于整个链条，实现供应链节点企业之间的衔接。

物流服务外包是指企业将生产所需的物流服务交给其他合作企业来完成，由其提供全面的解决方案，以降低企业由于资源不足，而需要追加资源投资、人力投资方面的成本与费用。在某一特定时期内，物流服务商按照合同的形式为发包方提供物流服务，通过客户管理和控制物流，实现降低物流成本，高效利用资源的目的。

1. 物流服务外包的模式

物流服务外包在西方国家已经形成一套完整的、规范的做法，其成功的经验可以为其他国家和地区提供帮助。下面就物流服务外包采用的不同模式进行阐述。

（1）一般物流服务外包模式

　　一般物流服务外包模式是指在同一地区产业中的企业以单个企业为单位，将物流业务委托给物流企业运作，通过签订合同的形式为对方企业提供一定时期内的物流服务。这种物流服务外包的模式具有外包性、专业性、信息共享性的特点，给企业带来所希望的增值效益。

　　一般物流外包存在着一个外包的程度问题，可以从原材料采购到销售配送的所有环节都进行外包，也可以只选择外包一部分业务，具体情况以企业自身的情况而定。依据供应链管理理论，企业将自己的非核心业务外包给专门的第三方物流企业，这样从原材料采购到生产、到产品的销售、售后服务等每个环节的职能，均由在此领域具有专长或具有核心竞争力的专业物流公司相互协调和配合来完成，此种做法利于提高中小型企业的竞争力。具体的模式如图1-6所示。

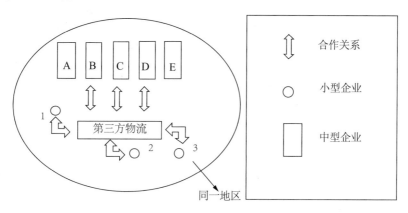

图1-6　一般物流服务外包示意图

（2）联合物流服务外包模式

　　单个中小型企业在自营物流业务方面缺乏统一性，物流运作达不到规模经济的效果，中小型企业进行单独业务外包时也不能达到很优惠的对等性，单个企业在实力和品牌方面都不具优势，与第三方物流企业进行洽谈时缺乏谈判的主动性，很难享受到大企业在外包中享受的价格、服务方面的优惠。此时可以选择联合的物流外包模式，通过共同出资组建一个物流配送企业，形成一定的规模效应，以规避上述的问题，从而实现中小企业降低物流成本，并从中获益的目的。

　　此模式是对物流规模较小的企业进行横向一体化合作，将企业的物流部门进行剥离，组建成一个第三方物流企业，并为这些公司服务，从而获得规模化优势。组建而成的第三方物流企业除了为这些企业服务外，还可以承接物流业务。此种模式的特点是：准外包性、运作规模性、经营专业。其模式如图1-7所示。

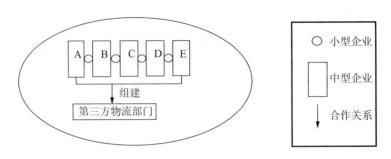

图 1-7　联合物流服务外包示意图

（3）整体物流服务外包模式

是指中小企业的物流业务，均由自身组建的物流中心或物流园来提供一体化的物流服务运作模式。在共同建立的物流中心或物流园聚集了不同功能的第三方物流企业和不同类型的物流设施，可以实现功能化、规模化、综合化的服务，物流中心为这些企业提供服务，同时这些企业是物流中心存在与发展的前提条件。其模式如图 1-8 所示。

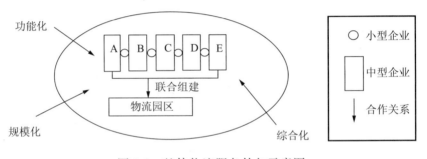

图 1-8　整体物流服务外包示意图

2. 物流外包的优势分析

在当今竞争日趋激烈和社会化分工的大背景下，物流外包给专业的第三方物流供应商，可以有效降低物流成本，提高企业的核心竞争力。具体来说，将物流业务外包能够带来如下的优势，具体表现为以下六个方面：

（1）专注于核心业务的发展，规避资源有限的问题

企业专注于核心业务，而把非核心业务外包给专门的公司，使得自身在低成本的消耗下，获得高额的利润，并引导着行业朝着有利于自身发展的方向发展。

（2）借助于新技术，实现以信息换库存，降低成本

第三方物流公司能以一种快速，更具成本优势的方式满足这些需求，而这些要求的服务通常一个企业很难实现。

（3）减少固定资产投资，加速资本周转

企业采取自建物流设施，需要投入巨大的资金去购买设备、仓储等物流专业设备。这些资源的购买对于资金缺乏的中小型企业有很大的压力，而此时选择外包不仅可以减少物流设施方面的投资，同时还可以减少固定资产的投入，加速资金的周转。

（4）以低成本的付出获得高质量的服务、专业化的服务

通过将物流外包给第三方物流公司不但可以引入资金、技术，同时也可以给自己带来可借鉴的经验。物流方面的专家不一定属于委托企业，但却可以成为企业所使用的一份有效的外部资源，通过物流外包，更可以为企业获得所需要的智力资本。

（5）降低风险，实现风险分担

对于物流外包，委托公司可以与合作公司建立起战略联盟，利用其战略伙伴的资源优势，缩短产品从开发、设计、生产到销售的时间，减轻由于技术和市场需求的变化带来的产品风险。其次，由于战略联盟的各方都发挥了各自的优势，这有利于提高新产品和服务的质量，提高新产品开拓市场的成功率。最后，采用物流外包策略的企业与其战略伙伴共同开发新产品时，风险共担，从而降低了由于新产品开发失败给企业造成巨大损失的可能性。

（6）提高企业运作的柔性

企业选择外包的原因之一是提高柔性的需要。企业可以更好地控制其经营活动，并在经营活动和物流活动中找到一种平衡，保持两者之间的连续性，提高其柔性，使实行物流外包的委托企业由于业务的精简而具有更大的应变空间。

（五）第四方物流与逆向物流外包

随着经济全球化发展，"清洁生产—绿色通道—合理消费"的可持续性环保模式的发展，再结合现代供应链管理循环系统，进行物流系统优化时，一个完整的物流系统，第四方物流、逆向物流是一个不可或缺的部分。

1. 第四方物流

（1）第四方物流的概念

第四方物流是专注于解决物流规划、物流技术方面的业务，为具有这方面需求的企业提供相应的解决方法。第四方物流具有自身的特点，它独立于现存的物流系统，同时与原有的物流系统之间不存在直接的利益关系，作为独立的第四方企业而存在的，亦可以称为：第四方物流为其他物流服务者提供补充性的、有关企业方面的资源、能力、人力、技术等，并对之进行管理，从而提供一体化的物流解决方案。

第四方物流创造一种协同的环境，从而使协同后的整体效果大于各个部分的简单相加，这种商业实践鼓励个体组织为了达到整体的最优而实现共享资源和信息。

（2）第四方物流的工作方式

①正向协作的工作方式。此种工作方式具有特殊性，它需要借助于提供物流服务的第三方与第四方物流组织，依赖于二者之间的相互合作，以此来实现物流方面的规划任务、技术、资源、人力资源方面的整合，借助于双方的资源和市场而提出解决方案。第四方物流的特点有：第一，比第三方物流提供了更广泛的物流服务；第二，第四方物流与第三方物流建立联盟形式，并工作于第三方物流组织内部，例如在第三方物流中出现的工作小组或项目小组，他们不是以独立的第四方物流的形式出现。

②在"解决方案整合"工作方式中，第四方物流为客户运作和管理提供综合供应链解决方案，从而对企业的资源、能力、技术等提供综合的一体化规划。该方案实现了供应链企业之间价值的传递。

③"行业创新"的工作方式。第四方物流为同一行业中的多个客户发展，集中执行一套同步化和合作的供应链解决方案。行业解决方案的形成将给企业带来巨大的收益。然

而，这种工作方式十分复杂，对任何一个企业来说都是一个挑战。第四方物流将通过在物流系统中运筹战略、技术和运筹执行来提高行业的物流效率。

2. 逆向物流外包

（1）逆向物流外包概念

逆向物流一般是指不合格物品的返修、退货以及周转使用的包装容器从需方返回到供方所形成的物品实体流动。目前，理论界对于逆向物流的概念表述较多，较专业、准确地概括为：与传统供应链反向，为价值恢复或处置合理而对原材料、中间库存、最终产品及相关信息从消费地到起始点的有效实际流动所进行的计划、管理和控制过程。

从以上对于逆向物流的理解，现在对于逆向物流外包进行相关的解释与分析，逆向物流外包模式即第三方逆向物流的模式，由逆向物流服务的供方与需方以外的中间商提供逆向物流服务的业务模式，中间商以合同的形式在一定期限内按照企业要求进行退货或废旧物品的运输、再包装、保管、维修、再配送等业务。

（2）逆向物流的工作方式

①自营模式的工作方式。逆向物流的自营模式是指企业建立独立的逆向物流体系，并承担本企业产品的回收、再造、处理等相关方面的成本和责任，管理逆向物流的信息系统、回收处理设施及相关人员等方面的运营模式。

企业自营是一种高度专业化的模式，人员的配置只是处理有限种类的产品，设备的利用率不高，产品种类和数量的限制可能会导致规模不经济，这会使企业减少回收处理中心的数量，回收处理中心数量的减少又会导致产品运输成本的增加，而运输成本又占据了物流成本的绝大部分，从而导致高昂的物流成本。当逆向物流不是企业的核心竞争力时，特别对实力不强的中小企业来说，自营模式分散了企业的资金和人力，会给企业带来很高的财务风险，总之，自营模式成本较高、风险也较大。

②联营模式的工作方式。逆向物流的联合经营模式是指生产相同产品或者类似产品的生产企业为了达到单独从事逆向物流活动更好的效果进行合作，通过建立相互的契约来形成相互信任，来共同分担相互之间的风险，形成共同收益的伙伴关系。通过建立逆向物流系统，形成优势互补，要素双向或多向流动的中间组织为企业提供逆向物流服务。

联营模式存在的主要问题为，对于企业来说，信息反馈不够及时准确，会给企业逆向物流成本核算、及时性带来困难，但此种运营模式可以提高逆向物流效率，降低逆向物流成本。联盟企业中的一些非物流企业在经验、技术、设备方面具有局限性，很难实现物流合理化希望追求的规模化，对于物流潜能的进一步发挥具有限制性。

③外包模式的工作方式。逆向物流的外包模式是生产企业通过协议形式将其回流产品的回收处理中的部分或全部业务，以支付费用等方式，交由专门从事逆向物流服务的企业负责实施。

不同的企业可以选择不同的逆向物流运作模式，对具有一定生产规模，产品种类少但批量大的企业适合选择自营模式，而对于那些产品种类多但产量很少的中小企业适合选择联营或外包模式，一方面可以减少逆向物流的成本，另一方面也可以避免相应的风险。

五、客户关系管理外包

（一）客户关系管理概念

彼得·德鲁克在《管理实践》（1954年）一书中指出："企业的目的就是为了创造和维持客户。"这是对客户关系管理给出的一个比较有见地的定义。但是，现在的客户关系管理还包括了科技、软件、对内外营销、数据库、多接触点、多渠道营销、企业解决方案和社交媒体。

基于此，IBM将CRM分为关系管理、流程管理和接入管理三类，涉及企业识别、挑选、获取、保持和发展客户的整个商业过程。

因此一般情况下，客户关系管理就是围绕改善客户服务所进行的一个长期的经营策略。无论是否与其产品或服务相关，它为企业提供全方位的沟通与处理技巧，从而提高客户满意度，达到增加企业收入的最终目的。

国内目前关于客户关系管理常用的定义是：CRM是一个不断加强与顾客交流，不断了解顾客需求，并不断对产品及服务进行改进和提高以满足顾客的需求的连续过程。其内涵是企业利用信息技术和互联网技术实现对客户的整合营销，是以客户为核心的企业营销的技术实现和管理实现。

所以，客户关系管理就是企业树立以客户为中心的发展战略，以信息技术为主要手段，开展的包括判断、选择、争取、发展和保持客户的全部过程。

从企业的角度来看，客户关系管理的作用包括以下六个方面：

（1）帮助企业营销部门鉴别和瞄准最佳客户，管理市场营销活动，并生成高质量的销售团队。

（2）通过优化和简化现有的流程，协助组织改善电话销售、账户及销售管理。

（3）允许形成个性化的客户关系，提高客户满意度，实现利润最大化；确定优质客户，并为他们提供最高水平的服务。

（4）为员工提供客户的必要信息，帮助员工了解客户的需求，与客户群和分销伙伴之间建立有效联系。

（5）客户关系管理旨在提供更好的客户服务，使客户成为长期稳定的消费者，更有效地销售产品或服务，从现有客户当中争取新客户，给销售人员提供帮助。

（6）客户关系管理是与客户建立关系的一个过程，其中涉及技术、个人营销技巧、战略规划、客户服务内部业务流程，通过市场营销与客户建立合作伙伴关系，提高生产力，增加利润率。

（二）客户关系外包

随着越来越多的企业开始重视客户服务，客服热线在企业中开始扮演非常重要的角色，但是，很多企业并没有足够的人员来及时处理这些信息。企业开始将这一部分非核心业务交由专业的呼叫中心去做，客户关系外包由此产生。在国外，许多企业都会进行客户关系外包。

1. 客户关系外包的概念及作用

在国外，许多企业将非核心业务或只能以较高成本进行处理的与客户相关的业务，交给外包公司管理，即客户关系外包。企业将与客户相关的业务外包的原因通常是自己的员工无法及时处理客户的问题及信息，同时，管理成本相对较高。在外包模式下，企业无须亲自参与客户服务的相关流程，而外包商也无须了解企业的经营战略，只需为客户提供针对性的解决方案，从而大大提高了服务效率，减轻了企业负担。

2. 客户关系外包的利弊

对于中小企业或小型企业而言，现在虽然有众多类型的客户关系解决方案，不少企业选择外包它们。然而，在决定外包这一项重要的业务组成部分之前，企业必须考虑它的各种正面和负面影响。

（1）客户关系外包的优势

①外包型客户关系方案的实施通常只需要几天到几个星期，而自建型的客户关系解决方案通常需要花上几个月的时间。

②外包型客户关系解决方案的费用通常要比自建型的低20%－50%，这是因为公司不需要去购买相关的软件许可证，这也可使得咨询费和IT工资最小化。

③小型和中小型企业很少有必要雇佣信息技术人员来实施CRM解决方案，而外包型客户关系解决方案则由服务供应商提供升级和维修服务。

④外包型客户关系解决方案只与公司的需求相关，因此，企业只需要付出相关服务的费用。

（2）客户关系外包的缺点

由于呼叫系统应用程序不能进行自定义，所以对于那些需要应用关于客户信息的较大数据库的企业来说就会比较棘手。当企业把信息交给外包商时，就会增加企业的安全风险。

（三）呼叫中心的产生与发展

1. 呼叫中心产生的背景

一般认为呼叫中心的产生源自1973年美国Rockwell公司的一项发明——自动呼叫分配器（ACD），当时的美国大陆航空公司运用这一系统来进行电话订票。但其实具有基本功能的现代呼叫中心在20世纪60年代就出现了，当时PABX（Private Automatic Branch Exchange，自动用户小交换机）开始被用于处理大量的客户信息。

呼叫中心就是工作人员在配备了大量电话设备的办公室里，利用计算机技术来协助管理电话，为客户提供信息的场所。这个场所集中提供客户联系和客户服务功能。

2. 呼叫中心的产生与发展

（1）呼叫中心的初步发展阶段

世界上的第一个呼叫中心是在英国的"伯明翰新闻和邮件"中心。早在1965年的时候他们就已经安装了GEC PABX4 ACD。20世纪70年代初，PABX系统开始研发ACD技术，使得大型呼叫中心有了发展的可能。随着更多人性化服务需求的提升，很多的服务行业如客房预定中心、全球客户服务支持中心实际上已经拥有了呼叫中心功能的系统。只是因为技术的不成熟，各呼叫中心规模不大，没有形成产业。

（2）呼叫中心的大规模发展阶段

经历了70年代和80年代的缓慢发展，呼叫中心在技术和设备上有了一定的积累，因此到了20世纪90年代开始进入大规模发展的阶段。世界各地纷纷开始筹建呼叫中心。根据相关调研数据，亚洲、非洲、南美以及欧洲的呼叫中心已超过两万，美国的呼叫中心包括约 4200 家公司，其年度总收入约 16 亿美元，其中产业集中度最大的 50 家企业创造了超过 50％的收入。

（3）呼叫中心的成熟期

尽管全球经济处于一个相当长的停滞时期，但呼叫中心外包产业却一直是在大幅增长。大量呼叫中心的建成，对呼叫服务员的需求不断增加。2011 年，我国的呼叫中心从业人员已经突破百万，而美国有 3％左右的劳动力人口都在呼叫中心工作。呼叫中心在现代社会中的作用和地位不断提升，现在人们更倾向于把呼叫中心称为联络中心或客户服务中心。

IDC 的相关调查表明，目前呼叫中心全球总产值处于逐年快速增长阶段，从 1998 年 230 亿美元到 2003 年 586 亿美元，五年时间几乎翻倍，而 2011 年的增长率更是达到了 21％。一般我们可以将呼叫中心分成三种不同的类型：咨询类呼叫中心、系统集成型呼叫中心和外包服务型呼叫中心。外包型呼叫中心是这三类中占比最大的部分，其发展速度与规律和全球呼叫中心的发展速度与规律基本保持一致，选取同样的时间点我们可以看到，1998 年是 170 亿美元，2003 年就迅速增长到 420 亿美元。2011 年增长最快的分别是医疗保健服务和金融行业的呼叫中心，而这两个行业的快速增长也在于它们将呼叫中心进行了外包。每年 21％的增长速度使得全世界每年由呼叫中心达成的销售额已高达 6500 亿美元。

随着呼叫产业的飞速发展，更多系统的硬件设备，便利的软件系统和完善的集成系统由开发商研发出来，而专业的人才也由外包服务商或专门的呼叫中心管理培训学院层出不穷地培养出来，同时还有大量的呼叫中心年会或期刊杂志等，使得呼叫行业成为了社会服务体系中一个占比大、不可或缺的行业。

3. 我国呼叫中心的发展

目前，我国的呼叫中心尚处于起步阶段，各行各业纷纷开始筹建自己的呼叫中心，但离形成一定规模还有一段距离。国内最早的、具有呼叫中心职能的非 119 莫属。早在 20 世纪 80 年代就出现了 119 这个号码，虽然那时并没有呼叫中心这个概念，也没有计算机技术的普遍应用，但从它的职能以及形式来看，这已是初具形态的呼叫中心了，而且，它也符合我们对呼叫中心的定义。

90 年代盛行一时的 BP 机，使得呼叫中心开始走入大众的视野。但那时的寻呼业务只是接收呼叫，而没有建立客户信息和数据库，也没有为客户提供更多的服务，因此不能算是完整的呼叫中心。而在那时虽然有不少公司也在研发属于计算机和通信范畴内的产品，但是，也没有 CTI（Computer Telephony Integration，计算机电话集成）这一概念。

2000 年前后，随着固定电话的稳定增长以及手机业务的突飞猛进，以中国电信、中国移动和中国联通为首的通信行业开始大规模建设 10000、10086、10080 这样的统一客服号码呼叫中心。统计数据表明，2000 年，中国移动的客户就已经达到了 6000 万，与此对应的坐席数则为 13000 个，其市场规模为 20 亿人民币；中国电信的固定电话用户超过一亿，坐席代表的需求量约为一万，市场规模达 15 亿元人民币。根据以上两组数据，仅电信部门呼叫中心的市场规模就超过了 35 亿元人民币。紧随其后的便是银行业，每家银行都开始筹建自己的储蓄卡呼叫中心和信用卡呼叫中心。随着产品中心市场向客户服务市场的转型，400－、800－这样的客服中心受到越来越多企业的关注，不少企业都开始有了自己的客服热线。21 世纪初，不少海外大公司都开始将客户服务部门向外转移，离岸外包的兴起，使得欧美企业开始把呼叫中心建在劳动力成本较低的中国。而根据《2008 年度亚洲呼叫中心产业基准报告》，呼叫中心在我国的飞速发展期是在 2007 年到 2008 年，无论是从数量上还是功能上，都表现出了多元化的趋势。呼叫中心，这个新型的行业在国内开始逐步形成并完善。

4. 呼叫中心的建设

无论是自建型呼叫中心还是外包型呼叫中心的建设都需要考虑多方面的因素，包括选址、规划、方案设计、资源申请、机房的装修设计以及办公区的装修和实施设计。

（1）选址

通过一系列的测评，当企业决定要自建呼叫中心时，需要考虑的第一件事情便是选址。呼叫中心的选址需要考虑的因素有很多。根据筹建的呼叫中心规模的大小确定对呼叫服务员人数的需求。通常呼叫中心属于劳动力密集型行业，因此，选址时需要充分考虑当地是否有充足的劳动力资源。同时，由于大部分呼叫中心从业只需要负责简单的接听客户电话、接收订单和信息咨询这些重复性劳动，因此，这些低收入的劳动力稳定性会比较差，流失率相当高，而雇员的及时补充在此时就显得非常重要。而像外来帮助平台（External Help Desk）那样需要专业坐席员的呼叫中心，会面临寻找合适劳工的困难。不过一旦找到合适的人选后，由于相对较高的工资和福利，人员流动性会比较小。

（2）规划

是采取房屋租赁的方式还是新建的策略，需要企业根据规划来进行投资成本的估算。多大的面积可以保证客户服务的正常运作？每年呼叫服务员人数会有多大幅度的增长？数据备份中心选在离呼叫中心多远的地方？这些是在呼叫中心筹建之初就应该考虑的问题。

（3）方案设计

由于劳动力密集以及工作内容简单重复这一系列比较显著的特征，使得呼叫中心环境对空间的设计有着特殊的要求。如何降低多人在狭小空间同时说话所带来的噪音影响；如何消除呼叫服务员长时间面对电脑带来的眼睛疲劳；如何减轻重复劳动带来的压抑和枯燥；如何改善长时间坐立不动带来的身体不适；功能区域配套是否完整等，这都是在进行方案设计时需要特别关注的地方。

呼叫中心经过战略层面的规划和运营管理层面的指导，可以迅速地明确系统需求，考虑呼叫中心的需求一般可从用户业务需求模式和用户系统功能需求两个方面入手。

（4）资源的申请

所需资源则包括了线路资源（包括中继线路、宽带线路、电源线路）和码号资源。这些资源是呼叫中心的经络和血管，由它们串联起整个呼叫中心的运转。

5. 呼叫中心的管理

一个高效运营的呼叫中心应该有明确的组织战略和企业文化，高效的流程管理和人员管理，具体的绩效考核指标和方式，使得客户服务中心的机能得到全面的发挥，从而维护客户稳定率，提升客户忠诚度。这就要求企业不仅是在呼叫中心建设初期关注其建设及运营，整个的管理思路还应贯穿于所有环节，从而使客户服务中心能够持续发展，为企业带来真正的核心价值。

呼叫中心内部组织结构构建可以参考图 1-9：

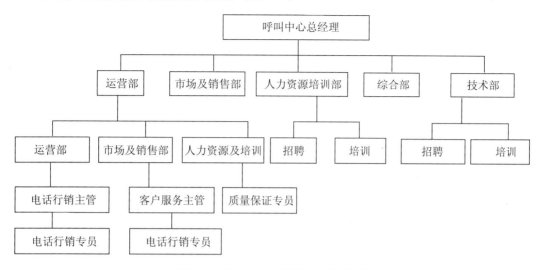

图 1-9　呼叫中心内部组织结构图

每个岗位的从业人员都应明确地知晓相应的岗位职责并进行岗位培训。表 1-2、表 1-3 是某呼叫中心公司入职培训安排及内容。

表 1-2　呼叫中心入职培训内容一览表

课程	内容	课件	时间
公司简介/公司制度/企业文化培训	1. 公司业务状况 2. 市场地位、客户范围 3. 竞争优势与产品特色	公司制度	半天
呼叫中心管理制度	1. 呼叫中心平台管理制度 2. 培训制度	部门制度	半天
内部管理流程、本岗位工作流程培训、用嗓知识	1. 工作描述与岗位职责 2. 工作流程 3. 用嗓知识	部门流程	半天
绩效考核制度	1. 考核的目的与方法 2. 考核的标准 3. 电话监控方法	部门制度	半天
呼叫中心系统软、硬件操作培训	1. 呼叫中心硬件使用规范 2. 呼叫中心软件使用指南 3. 紧急情况处理	使用规范	
电话服务技能与技巧培训	1. 客服文明礼貌用语 2. 客服规范用语 3. 客服技巧 4. 用户投诉注意事项	客户服务部	一天
工作现场实习与演练	1. 呼叫监控与专门帮助 2. 经验分享 3. 进行专门的线上监控和线上指导	进行线上监听	五天

表 1-3　呼叫中心职业培训内容

培训项目		培训目的	培训内容
基础培训	公司简介	了解公司的企业文化及发展方向	1. 公司发展介绍以及历史前景
			2. 公司具体是做什么的
			3. 部门是做什么的
			4. 员工是做什么的
	呼叫中心行业介绍	了解呼叫中心，建立对公司技术和呼叫中心行业发展的信心	1. 呼叫中心是做什么的
			2. 呼叫中心的发展历史及现状
			3. 呼叫中心的发展前景
	团队建设	树立团队意识，使大家融入并热爱呼叫中心的大家庭。了解呼叫中心工作的重要性	1. 掌握团队的概念
			2. 了解团队角色分配
			3. 掌握如何融入团队的方法
			4. 认识了解目前所从事的工作
个人发展	客户服务人员职业生涯设计	明确岗位职责和任职条件	1. 职业描述及定义
			2. 职业等级
			3. 职业能力特征
		客户服务人员职业生涯设计	1. 职业生涯设计对于职业成功的重要性
			2. 职业生涯设计的一般原则
			3. 客户服务人员的职业发展道路
服务培训	基础话务	掌握普通话声、韵、调的发音，并能够合理地运用语气语调。在服务中自然、熟练、灵活、合理地运用服务规范语言	1. 普通话语音规范训练
			2. 基础话务用语
	电话礼仪	了解电话服务礼仪的概念、含义及内容	1. 电话礼仪的作用
			2. 电话服务的礼仪
			3. 电话礼节中的"宜"与"忌"
			4. 客户服务人员的语言表达
			5. 电话客户服务人员对声音质量的要求
			6. 保持专业友好声音形象的方法与原则
			7. 客户服务人员声音形象的塑造
	服务意识	明白客户服务的内涵。了解为什么要做到客户满意服务，明白客户不满意的后果及优质服务带来的好处，树立服务意识。明确我们客户服务目标是什么	1. 服务价值
			2. 服务意识
			3. 服务态度
			4. 服务方法
			5. 服务沟通
			6. 服务素养
			7. 服务品质
			8. 服务团队
			9. 服务追求

培训项目		培训目的	培训内容
服务培训	基本技能	灵活运用常用的交谈技法。合理地运用沟通技巧。掌握电话回访的规范	1. 坐席代表电话沟通方法
			2. 坐席代表的倾听方法
			3. 坐席代表的语言表达方法
			4. 如何进行电话回访
			5. 电话销售基本方法
	客户管理	了解怎样建立和维护客户关系	1. 客户关系的维护
			2. 客户情绪管理
			3. 优质客户服务的特征及技巧
			4. 客服服务的基本准则
			5. 不同类型客户的应对策略
	岗位职责	了解工作职责和呼叫中心日常相关规范	1. 岗位职责
			2. 管理规范
压力缓解	客户服务人员压力缓解与心情调适	了解怎样缓解工作压力，调适心情	1. 压力与工作压力的定义
			2. 工作压力的症状
			3. 客户服务人员工作压力的来源
			4. 压力的缓解与心情的调适
软件使用	软件使用	熟练掌握座席软件常规操作	1. 故障申告与排除
			2. 坐席端工具的常规操作及维护技巧
			3. 呼入/出操作流程
			4. 坐席代表工作疑点答疑
业务培训	营销培训	专业、高效解决问题	1. 营销业务基本常识
			2. 具体业务培训
			3. 一对一演练
		掌握基本的用户沟通方式，熟悉系统的简单操作	从营销接业务进行外呼，考核标准完全参照营销对新入职员工的考核

第四节　知识流程外包应用

一、知识流程外包概述

知识流程外包（Knowledge Process Outsourcing，KPO）是服务外包的高端部分。知识流程外包是指服务商以技术专长为客户创造价值，内容包括研发、分析、咨询、策划、培训等企业高端业务。知识流程外包并非是企业的非核心业务，而是企业核心业务在全球范围寻求解决方案的一种模式，是比业务流程外包更高端的知识工作外包。

相对于传统的业务流程外包（BPO），KPO将基于本领域内的流程外包从而使企业获得高附加值，因此提升了传统的BPO基于成本所带来的利益。KPO的核心是通过提供业务专业知识而不是流程专业知识来为客户创造价值。KPO将业务从简单的"标准过程"演变成要求高级分析和准确判断的过程。据估计，低端外包服务全球业务累积年增长率有26％，高端外包服务全球业务累积年增长率为46％。

二、研发外包

研发外包（R&D Outsourcing）是指企业把研发工作交给外部更专业的企业、科研组织或学校完成。在科技迅猛发展的今天，研发与创新已经成为全球广泛关注的焦点问题。企业在创新过程中，可利用内部和外部相互补充实现创新，将企业价值链上研发这一环节外包给更专业的企业，以达到合理利用资源，增强企业竞争力的目的。

采用研发外包的方式可以分担风险、节约成本、缩短研发周期，使产品快速上市抢占先机，越来越多的公司倾向于从外部寻求技术来源。新产品的设计和开发，软件开发和信息服务，制造业、新药的技术开发和临床试验等研发活动，都已经融入全球化经济链条的技术创新模式中，并成为技术创新领域的研究热点。

（一）研发外包的形式

公司不拥有专门的研发中心，而是通过外包实现技术竞争优势。它有以下几种形式：

1. 项目委托

企业只研发关键技术，其他技术则委托给高等院校、研究院或国外有此研发能力的机构，自己做的是考评、选择研究院所，并提供相应的研究开发经费。

2. 联合研发

与国内外相关研究机构就某项课题进行联合研发，实现优势互补。政府、企业、大学和科研机构以社会经济发展为战略目的，协同其各自拥有的资源（资本、劳动力、技术），对科学技术和相应的产品（或服务）共同开发。一般采取以下方式：项目委托、联合研发、建立培训中心、建立联合研究中心。目前，政府正积极提倡产学研相结合的方式，并已取得了一定的成效，这些模式极大地提高了企业的技术创新能力，有效地促进了科技力量向经济主战场的转移，促进了科技与经济紧密结合，取得了显著的经济效益和社会效益。

3. 设立信息中心

借助研发聚集的地区（如北京中关村或美国的硅谷），设立公司的信息中心，专门负责研究与本公司相关的高科技企业和研究机构的动向，然后向其购买符合本公司战略需求的高新技术。

（二）研发外包的动因

在现代企业中，越来越多的企业家认识到他的利润可以来源于顾客对其品牌的忠诚度，可以来源于他优于其他企业的供应链管理，而不光是靠企业不断的产品研发，研发给企业带来利润的同时也给企业带来很多的难题，这使得企业家不得不权衡是不是一定要由企业自己来完成研发这个工作。研发外包正成为企业提高创新能力和建立外部知识产权网络的重要手段之一。

研发外包的动因可以从两个角度来分析，一是发包方，二是接包方。从发包方角度看，研发外包可节约研发成本，分担研发风险，提高企业的核心竞争力，并在获得企业外部资源补充和技术支持的情况下，缩短产品研发周期，利用外部研发技术和研发人员，获得更多的研发产品和技术。从接包方来看，研发外包可从接包企业得到更多的利润，并通过不断研发提高自己的研发技术和管理方法，承接离岸研发外包也可加速本国企业的国际化步伐。

（三）研发外包的内容

目前市场上的研发外包主要有以下两种形式：

1. 完全研发外包

研发的过程包括：市场调研、产品概念形成、产品规划、产品开发、测试、发布、大规模生产等。如果采用完全外包就是将研发的整个过程全部外包给其他企业、大学与研究所，企业直接享用其他单位的研发成果。如手机完全可以贴牌生产，该公司不开发手机的任何部分，而是使用其他厂商开发的芯片、电路、手机外形，直接组装。

2. 部分研发外包

企业自主进行新产品的开发过程中，系统或模块的设计工作的一部分，将由其他单位完成。如手机贴牌生产，企业或设计手机外形，或设计电路或芯片，其他部分外包给其他单位完成。汽车行业目前采用的"组装生产线"的产品发展模式，这是相对于传统的"一竿子到底"的产品开发模式而言，改变了过去汽车行业将其研发集中在研发中心集中完成的模式，可以将某些研发过程外包，并确保不同的企业研发的成果可以组合成所需产品。

所以，企业需要认真考虑将哪些研发业务进行外包，按照技术生命周期的不同，可以把技术分成新兴技术、关键技术和基本技术。新兴技术目前还不成熟，但将来很可能成为企业的核心竞争力；关键技术是企业的核心竞争力；基本技术是必不可少的技术，但在同行业中已经很普及。关键技术企业必须自主研发，如果一个企业无法掌握核心技术，则缺乏核心竞争力，即便企业能够一定程度上专注于打响产品品牌、提高产品质量，但终究会在企业以后的发展道路上一直受制于人；而对新兴技术，企业要注意分析该技术将来是否会成为本企业的关键技术，如有可能转换成关键技术则企业应该进行自主研发，否则企业将遭受巨大的损失。IBM 在 80 年代把其操作系统和处理芯片外包给了 Microsoft 和 Intel，造就了 IT 业的两个巨头；基本技术可以根据投入产出分析确定是自主研发还是外包。一个企业，尤其是高新技术企业，如果企业一直采用研发外包，虽然该公司可以节省很大的成本，但其自主开发能力弱，高度依赖外部，绝对不利于企业的长远发展。因此，企业应该有选择性地选择研究外包业务。

三、咨询服务

咨询服务是指咨询受托人（顾问或咨询机构）根据委托方（客户）的要求，以专业的信息、知识、技能和经验，运用科学的方法和先进的手段进行调查、研究、分析、预测，客观地提供最佳或几种可供选择的解决方案或建议，帮助解决各种疑难问题的一种先进的智能化信息服务。咨询服务是依赖于专业的知识背景、实践经验和创新型人才，充分开发和利用信息资源，利用现代信息技术和咨询的科学方法，为客户解决复杂问题的一种有组织的智力活动。

（一）咨询服务的类型

根据咨询对象和咨询活动的不同特点，可以将咨询服务划分为以下几个主要类型：

1. 政策咨询

为某一国家、地区或大型企业和机构提供带有政策性、全球性和综合性的重大决策问题的咨询服务。政策咨询的服务范围从社会、政治、经济、科技、文化等领域表现出的长期发展战略规划、综合性跨行业、跨部门的问题以及国家重大决策、政策和其他重大建设项目，涉及的专业领域往往超出某一门学科的范围，需要集中许多学科的专家、学者的力量共同研究。政策咨询是科学决策的重要保证，一直深受全世界各国重视。著名的美国兰德公司、英国伦敦国际战略研究所、中国国务院发展研究中心都属此类咨询机构。

2. 管理咨询

以企业经营管理为主体的咨询服务，亦称企业诊断。它针对企业管理的主要问题和薄弱环节，提出各种优化方案，供企业领导者决策参考，以提高企业的经营管理水平，其最终目标是提高企业经济效益和竞争力。管理咨询业务一般包括战略咨询、管理体制咨询、市场开发咨询等综合咨询，还包括生产管理咨询、人事管理咨询、财务管理咨询、质量管理咨询、营销管理咨询、信息技术咨询等专题咨询。针对管理咨询具有实践性、诊断性的特点，一般采用相关的管理专家，深入企业经营管理的各个方面和全过程，全面了解和掌握企业经营管理状况，对所存在的问题提出基本评估和改进方案。美国安德森咨询公司、德国系统工程公司等属此类咨询机构。

3. 工程咨询

专门为各种工程建设项目提供咨询服务。工程咨询项目以尽可能避免工程决策失误为目的，通常是对一个建设项目从项目评估到建成投产的全过程咨询，一般情况下要参与可行性研究、设计、招标和施工阶段的咨询服务，包括向现场派驻常任代表，或直接参与工程建设监理工作。国艾特金斯咨询公司、中国国际工程咨询公司等均属此类咨询机构。

4. 技术咨询

咨询人员和咨询机构利用自己掌握的技术知识、信息和经验，为解决客户遇到的技术疑难问题所开展的咨询服务。技术咨询目标具体，技术性强，咨询方式多样。其业务内容主要是技术问题诊断、技术经济分析、技术可行性研究、技术发展预测、技术选择和评估、技术推广和培训等。技术咨询以技术应用为出发点，其影响则渗透到社会和经济方面，是促进技术转移、科技创新和技术进步的一个重要方式。

5. 专业咨询

就某一特定专业领域的问题进行咨询服务。专业咨询通常是针对客户提出的某一专项问题进行方案设计，其特点是涉及面较窄，专业性较强，专业咨询项目包括环境咨询、财务咨询、会计咨询、法律咨询、医疗咨询、心理辅导、生活辅导等。专业咨询服务一般应由相应领域的专家来承担，咨询机构大多是规模比较小、业务方式灵活多样，除采用答复咨询等形式外，有时也通过组织专门的培训课程或编辑出版各种书籍进行宣传指导。随着社会信息化需求的快速增长，专业咨询服务蓬勃发展，已成为现代咨询业的主流。

（二）咨询服务业市场

从全球范围来看，发达国家都有比较发达的咨询服务业，咨询服务业最发达的是美国，尤其是在战略决策咨询方面，世界上最负盛名的战略咨询机构都来自美国，如兰德、麦肯锡、波士顿、高盛、摩根大通等，这些咨询机构有的着重于国家战略分析研究，有的主攻企业管理和发展战略，有的主要研究企业并购、投资和技术咨询，为美国经济发展甚至世界经济发展发挥了重要作用。德国和日本的制造业能称霸全球也得益于发达完善的咨询服务，特别是技术咨询。

我国的咨询服务业正处在起步阶段，呈现出向区域中心城市集聚发展的趋势，一般集聚在具有雄厚经济实力的大城市，如北京、上海、深圳、香港等。现代咨询服务业在中心城市内部同样呈现向城市的商务中心区集聚的趋势，发挥着产业集群的功能。

四、培训外包

培训外包，是指企业把全部或部分培训工作委托给有资源、有能力的公司完成，企业只需提供需求和资金，项目的事务性执行工作全部由外包公司承担。这样，企业可以节省人力、物力，可以充分发挥培训公司的专业优势。培训职能是否适合于外包？在全球市场的竞争压力下，多数公司试图减少培训预算，压缩培训时间，节约内部资源，来获得竞争优势，培训外包无疑是最好的方式之一。由于大部分企业的培训功能低，如 IT 技能培训、基层管理人员培训、安全培训、计算机操作的培训，这些培训是很容易开展的，所以这部分业务适合外包，可以通过外包的形式降低培训成本、节省内部资源、更加专注于战略性的决策。

（一）培训外包优势

企业导入培训外包服务，就是根据企业的实际需求，为企业量身定制适合的培训课程，并根据企业发展的不同阶段，为企业设计企业培训整体解决方案，培训接包机构可以提供专业培训外包服务，相当于企业外设的培训中心，由培训行业资深专家深入企业内部，与企业一起探寻如何进行员工培训需求分析、制订年度培训计划、设计培训课程、进行培训时间的安排、培训实施和培训考核。这样，企业不须再设立一个独立的培训部门和人员招聘，只需派专人定期检查培训外包工作就可以，这大大节省了培训管理成本，并实现了企业培训工作专业化。

（二）培训外包的分类

1. 主题式培训外包

主题式培训，根据公司业务需求，围绕培训的目的（主题），紧密结合企业的实际情况，为企业量身定制个性化的培训解决方案，为企业提供更有针对性和有效的管理培训服务，解决企业具体问题和满足企业业务需求。培训外包接包方通过系统研究企业的需求，从专业的角度针对企业提出的实际问题，为企业协助推动实施、指导企业化解矛盾、规避风险、提高绩效。主题可以根据企业的实际情况确定，如：基础管理年、成本管理月、质量管理月、文化管理年。也可根据企业存在的主要瓶颈问题进行专题设计突破。如：现场管理改善、服务水平提升、领导团队建设、销售能力提升、员工满意度提升、执行力塑造提升、主管技能提升等。

2. 年度式培训外包

年度式培训是根据培训需求分析，结合客户战略目标和人力资源战略，拟定培训战略规划和年度培训计划。一家专业的咨询机构可帮助客户以低成本组织实施其内部师资无法完成的培训课程，保证培训计划的达成。

（三）培训外包的程序

1. 组织培训需求分析，培训外包决策

在做培训外包决策时，组织应首先完成培训需求分析。然后再考查培训外包的成本，之后再决定是否需要由内部进行培训。

2. 合理选择培训外包的内容

外包决策应根据现有员工的能力以及特定的培训计划的成本而定。例如，公司如果正处于急速发展期且急需培训员工时，则可以适当考虑外包某些或全部培训活动，当该公司处于精简状态时，可以将整体或部分培训职能外包。

3. 起草项目培训计划书

培训外包决策做出之后，应给服务提供商起草一份项目计划书。此项目计划书应具体说明所需培训的类型与水平、参加培训的员工及培训应解决的问题。起草项目建议书应征求多方意见，努力满足企业培训的要求。

4. 选择合适的服务提供商并寄送项目培训计划书

起草完项目培训计划书后，要寻找一个适合的外包服务供应商并签订合同。一旦将公司的人力资源培训的职责委托给公司外部的合作伙伴，就意味着要对他们的专业能力、文化的兼容性和表达能力有一定程度的信心。外包活动双方的这种高度匹配能确保质量，也能确保有效对接、顺畅沟通、合理成本以及最终成功。

5. 评估并确定培训服务供应商

在与培训服务商签订有关培训外包合同之前，可以通过专业组织或从事专业培训活动外包的专业人员来了解、考察该服务商的证明材料。在对可选择的全部对象都做过评议之后，再选定一家适合自己的服务商。

6. 外包合同的签订

与培训服务商签订合同是整个外包程序中最重要的一个环节。在签订合同之前，认真安排公司法务审查合同，并请专业的会计或财务人员审查合同以确定财务问题及收费结构；且合同必须注明赔偿的条款，如培训无效或不符合企业的时间要求等。签订合同也最好让企业里一名最善于谈判的成员一起去谈判，以确保公司的利益。

7. 及时有效地与培训外包服务供应商进行沟通

有效及时的沟通是确保培训外包成功的关键。沟通应该是直接和连续的，应当搜集并分析员工对每项外包培训计划质量的反馈。

8. 监督和控制培训质量

培训活动外包之后，还要定期对服务费、成本一级培训计划的质量等项目进行跟踪，以确保培训计划的效果。这需要建立一种监控各种外包培训活动质量和时间进度的机制。

当前，培训外包的市场正趋于完善与成熟，并为企业的培训任务提供更多的培训菜单，甚至帮助提醒企业的培训项目与培训任务的开展。

案例与分析

【案例一】

医疗信息化外包

某医疗信息化外包供应商 A 公司专注于医院信息化建设，成功开发了临床信息系统、麻醉信息系统、数字化病区和数字化手术室等整体解决方案，主要客户涉及国内外的各甲级医院。近年来，随着其医疗信息化外包业务的急剧增长，A 公司的产品实施与项目管理工作遇到了极大的挑战。而医疗信息化行业的高标准从客观上也推动其需要建立一套符合业界标准的产品与项目过程标准，公司管理层也希望对现有过程体系标准进行改进，从而增进产品和项目的质量、减少人员的流动，从而提高客户满意度、降低成本。

能力成熟度模型集成（CMMI）目前是信息技术外包领域买方选择供应商的重要标准之一。对于供应商来说，通过 CMMI 的认证意味着其对信息系统产品和项目过程进行管理和改进的能力。2011 年 4 月，A 公司着手启动 CMMI 的实施工作。最终，CMMI 咨询师指导 A 公司按照 CMMI 模型的要求，建立了一套适合医疗信息化外包行业特点的组织标准过程（Organizational Standard Process，OSP）体系，提升了 A 公司的产品和项目管理水平、培养了产品实施队伍，提高了客户的满意度。获得 CMMI 认证后的 A 公司也在医疗外包行业赢得了更多的外包单子。

分析思考：

请分析为什么要在 A 公司实施 CMMI，它对 A 公司能带来什么价值？

【案例二】

薪酬外包

A 集团在全球 36 个国家有近 200 个分支机构，员工总计达 15 万名。中国区员工数为 10000 人以上，分布在 14 个以上的城市。作为汽车行业的伙伴，A 集团开发并制造零件、模块和系统。驾驶者的安全与舒适是公司工作的中心。在中国区，每个月总有那么几天，A 集团在全国 10 个公司的超过 18 名人力资源薪酬专员会忙得不亦乐乎——他们忙于从各部门搜集大量的薪资数据，还要按照不同系统的要求把数据导入到人事系统中，这通常需要等待 1 个小时以上的运算时间，此外，还要花上大量时间核对计算结果的正确性，最后要按照财务部的要求，手工制作薪资发放清款单和成本中心统计报表，从而确保工资在发薪日当天发到超过 10000 名员工的银行账户中。最为关键的是以上过程中不能有一点差错。

A 集团公司在充分考虑自己的核心能力后决定把中国区各公司的员工薪资运算以及一些事务性的工作外包给 B 人力资源外包公司，然后将该方案扩展到亚太区的其他国家或地区。

通过双方项目小组共同的努力，项目在 4 个月内成功地完成并上线，并达到以下目标：

建立全国通用的薪资平台，本平台系统既提供标准化的薪资运算流程，又能与各地的个税处理和福利计算对接；计算好的员工薪资福利直接与银行机构、税务机构和财务控制系统接口；本薪资平台系统能实现员工/经理的自助服务，并为企业提供即时的人力成本分析。

分析思考：

1. 本公司为何把薪酬核算进行外包？
2. 分析本公司薪酬外包的好处。

【案例三】

医疗保险理赔业务外包

某保险A公司将医疗保险理赔业务外包给B公司。发包方A公司成立于2002年，是中国加入WTO后，首家获准成立的中外合资保险公司。承包方B公司成立于1998年，是中国第一家专注于金融（信用卡/银行/保险）后台领域的BPO企业，专门为中国和北美的信用卡发卡机构、银行和保险公司等提供一站式的后台流程外包服务。

A公司将寿险理赔业务流程外包给B公司，合作的范围包括案件扫描、医疗账单处理、小额案件审核等功能为一体的理赔流程全新外包解决方案。首次将非标准的医疗账单实现了标准化处理，并通过独有的全国医保信息数据库和服务交付的综合IT平台，保证了理赔业务处理的高效率和高质量，从而成为中国首家推出并成功实施理赔外包的服务商。整个理赔流程建构在B公司拥有自主知识产权的BPM流程管理系统Process Power上，通过核心的执行引擎最优化并预先模拟出流程，将物理件处理系统、数据处理系统、电话外呼系统紧密结合，在统一的活动监控下进行，更好地服务客户。由于规模效应而使得生产成本降低的理赔外包实现了更快捷、更准确、更便宜的效果。通过将医疗理赔业务流程的外包，A公司的医疗理赔结案时效从11天缩短到6天，运营成本降低30%以上，档案全部影像化，A公司的理赔处理能力大大增强，不仅反应速度大幅加快，服务质量也飞速提升，从而使得客户满意度显著提高。

分析思考：

1. A公司将医疗保险理赔业务外包给B公司的原因？
2. A公司将医疗保险理赔业务外包后的效果如何？

小　结

服务外包分为信息技术外包（ITO）、业务流程外包（BPO）和知识流程外包（KPO）。本章主要对服务外包的三种模式的发展与应用进行了阐述。

信息技术外包（ITO），是当前信息技术产业发展的主要趋势。软件和信息服务外包涉及通信网络的管理、数据中心的运作、信息系统的开发和维护、备份和灾难恢复、信息技术培训等内容。在软件外包的生命周期流程的实施阶段一般要遵循软件能力成熟度模型集成（CMMI）。由于软件外包是在两个不同利益主体方完成的协议合作，在外包过程中尤其要注意对软件外包的风险管理与防范。

业务流程外包（BPO）的发展迅猛。财务外包指企业将财务管理过程中的某些事项或流程外包给外部专业机构代为操作和执行的一种财务战略管理模式。财务外包有三种模式：购进式外包，基于成本考量的选择性外包和基于企业核心能力的整体性外包。金融外包是指金融企业持续地利用外包服务商来完成以前由自身承担的业务活动。金融业务外包分三类形式：后勤支持服务类业务外包、专有技术性事务外包和银行业务的部分操作环节外包。企业的财务或金融信息因涉及众多的商业秘密，所以企业在选择进行金融或财务外包时，制定好保护商业秘密的防范措施是关键；人力资源外包是企业根据自身需要，把人力资源业务内容的一部分或全部外包给专业的人力资源机构运营的模式。人力资源外包市场已经渐趋成熟，主要的人力资源外包项目包括员工招聘外包、员工培训外包、劳动关系管理外包、绩效考核外包、薪酬福利外包等流程外包；企业在供应链管理的思想下，选择把核心技术、能够增加最大附加值的环节集中企业力量进行发展，而把不具备优势的业务内容进行外包，从而增强企业的核心竞争力。物流外包是供应链外包的主要形式；作为连接企业与客户不可或缺的载体，呼叫中心在客户关系管理中扮演着各种各样的角色。对企业而言，规模化的呼叫中心能降低客户服务的成本，提升服务质量，尤其是外包型的呼叫中心，专业的服务为企业打造良好的服务品质和企业形象。尽管呼叫中心在客户关系管理中还存在不少问题，如效率不高、客户数据信息利用率不高等，但不可否认的是，越来越多的企业和人才正积极投身到这个行业当中来，尤其是专业人才，如客户关系管理人才、信息技术分析人才的加入，使得呼叫中心与客户关系管理的关系越来越紧密。

知识流程外包是服务外包的高端部分，是指服务商以技术专长为客户创造价值，内容包括研发、分析、咨询、策划、培训等企业高端业务。研发外包是指企业把研发工作交给外部更专业的企业、科研组织或学校完成，主要形式有项目委托、联合研发与设立信息中心。咨询外包服务是指咨询受托人（顾问或咨询机构）根据委托方（客户）的要求，以专业的信息、知识、技能和经验，运用科学的方法和先进的手段进行调查、研究、分析、预测，客观地提供最佳或几种可供选择的解决方案或建议，帮助解决各种疑难问题的一种先进的智能化信息服务。咨询服务的主要类型包括政策咨询、管理咨询、工程咨询、技术咨询和专业咨询等。培训外包，是指企业把全部或部分培训工作委托给有资源、有能力的公司完成，企业只需提供需求和资金，项目的事务性执行工作全部由外包公司承担。培训外包包括主题式培训外包和年度式培训外包。

习　题

1. 请阐述服务外包的概念，以及服务外包的三种模式。
2. 请简述 CMMI 的模型结构对软件外包有什么作用？
3. 软件外包中常见的风险有哪些？如何预防？
4. 什么是财务外包和金融外包？
5. 财务外包和金融外包的内容有哪些？
6. 人力资源外包项目有哪些？人力资源外包有哪些风险，如何规避？
7. 基于供应链管理的业务外包的概念是什么？
8. 物流外包的模式有哪些？它们的优势分别是什么？
9. 什么是客户关系外包？呼叫中心的人员管理应注意哪些方面？
10. 什么是知识流程外包？简述研发外包、咨询外包、培训外包的内容与形式。

第二章

外包战略与供应商选择

学习目标

1. 了解企业实施外包战略的各种动因；
2. 了解企业实施外包战略的风险及风险防范机制；
3. 掌握外包商选择标准；
4. 掌握企业外包战略决策的层次与标准。

引　言

近年来，外包已经成为企业获取竞争优势的重要战略工具之一。越来越多的研究也重视外包的战略性考虑。外包的优点是降低成本、集中于核心能力、柔性和互补能力，而外包的缺点是机会主义行为、竞争力的丧失、学习和创新的有限性、协调费用的增加、业务之间接合的难度等。因此企业进行外包的时候，通过组织控制减少外包的风险并确保外包的益处是确定外包战略，提高外包绩效的关键。

第一节　企业实施外包战略的动因

一、外包动因的解释理论

目前，从外包动因上进行理论解释，主要有劳动分工理论、比较优势理论、交易成本理论、价值链理论、核心竞争力理论、企业再造理论和现代契约理论等，这些理论从各个角度对企业外包战略的形成进行了解释。

1. 劳动分工理论

亚当·斯密（Adam Smith，1776 年）通过其著作《国富论》，提出了"看不见的手"，创立了"古典"学派，被誉为自由市场经济之父，他还详细阐述了劳动分工对提高生产率的好处：（1）劳动分工能够提高每个劳动者的生产熟练程度；（2）工作转换时间得到最大程度的节省；（3）众多机械发明与投入生产，简化和减少了劳动的复杂性。从这个角度去理解，业务外包可以看成是在不同企业之间劳动分工的延伸，公司把部分业务包给外部的接包商，简化了生产的复杂性，降低了管理的难度，还有助于提高接包商的专业化服务能力。

一旦外包业务产生规模效应，则更能刺激外包的发展，原因在于承包商在向发包企业提供产品或服务时可以采用标准的生产设备及程序，从而使其平均成本曲线向下倾斜。所以，一方面社会分工是外包产生的一个必要条件，使外包的存在具有合理性和可发展性；另一方面，外包又深化了国际化的分工和合作，实现了全球资源的有效配置。

2. 比较优势理论

大卫·李嘉图（David Ricardo，1817 年）提出了比较优势理论。他以英国和葡萄牙进行贸易为例指出：如果一国与别国相比有相对优势，并实行专业化生产，无论它与别国相比是否有绝对优势，它总可以通过贸易获利。用企业取代国家来举例：企业甲与企业乙相比在 X 和 Y 业务（或职能）上都有比较优势，如果甲把 Y 业务外包给乙，甲和乙都实行专业化生产，这样双方都可以通过外包交易获利。近年来中国、印度、菲律宾等发展中国家作为接包国，从美、日、欧等发达国家和地区承接了大量外包业务，通过双方要素成本的差距达到了合作共赢的目的。

3. 交易成本理论

交易成本理论最早是由科斯（Coase，1937 年）提出来的。交易成本是基于信息的不对称性、有限理性和机会主义而产生的。在此基础上，威廉姆森（Williamson，1991 年）提出了资产专用性的概念。高的资产专用性需要外包伙伴间大量的信息交换和事前的沟通，将会导致高的交易成本。此外，由于资产专用性高，造成客户缺乏，难以形成规模经济。因此，高的资产专用性业务应该在公司内部运作，不应该外包。而低的资产专用性可以采用业务外包，因为低的资产专用性意味着与外包伙伴之间无须太多的沟通和信息交流，而且外包伙伴可以接到很多相同的业务，形成规模经济，显然能降低成本。资产专用性是交易成本的最重要因素。

从格巴夏尼（Gurbaxani，1991 年）看来，企业之间进行商品和服务交易的途径主要有三种：通过市场、通过内部组织、通过中间组织（介于市场和组织内部之间的各种混合的形式，包括战略联盟、战略外包、虚拟组织等）。这意味着，当企业在生产过程中需要某种中间产品时，可以选择去市场购买，也可以通过企业内部以扩大组织规模的方式生产，或是通过中间组织来获得。但是无论采取何种交易方式，都会产生成本费用。因此，他将生产总费用分为市场协作、制造费用和内部管理费用三个部分，从生产总费用最低这个角度对外包做出了一定合理的解释，提出保持生产总费用的判别标准是最低外包或内部制造，即三项费用之和最低。

4. 价值链理论

价值链理论是由迈克尔·波特（Michael E. Porter，1991 年）提出的动态的企业战略理论中重要的一环。该理论主要着重于公司价值链的分析，认为企业创造价值的过程构成"价值体系"，可分解为一系列互不相同但又相互关联的增值活动，每一项经营管理活动就是这一体系中的一个"价值链"。价值链的各环节互相联系、互相影响，一个环节的运行质量直接影响到其他环节，并对价值链整体造成极大的损伤，并可能对价值体系产生很大影响。

价值链在经济活动中是无处不在的，上下游关联的企业与企业之间存在行业价值链，企业内部各业务单元的联系构成了企业的价值链，企业内部各业务单元之间也存在着价值链联结。价值链上的每一项价值活动都会对企业最终能够实现多大的价值造成影响。波特的"价值链"理论揭示出，企业与企业的竞争，不只是某个环节的竞争，而是整个价值链的竞争，而整个价值链的综合竞争力决定企业的竞争力。用波特的话来说，"消费者心目中的价值由一连串企业内部物质与技术上的具体活动与利润所构成，当你和其他企业竞争时，其实是内部多项活动在进行竞争，而不是某一项活动的竞争"。因此企业可以把相对薄弱环节和业务外包给擅长的企业来行使，从根本上提高价值链的活动质量。用木桶理论解释，企业可以把最短的木板交给其他企业制造，提高该木板的高度，从而提高"容量"。

5. 企业再造理论

哈米尔和钱匹（M. Hamner 和 J. Champy，1993 年）提出了企业再造理论，其核心是对业务流程，包括从原料到产品的各项活动的彻底改造。衡量企业再造成功的标准，是供应链周期缩短 70%、成本降低 40% 等指标。企业再造的关键是，除了保留和加强能创造高附加值和高市场占有率的核心业务外，一切非核心业务或与直接的价值创造无关的服务都应外包给效率最高或较高的组织进行管理。所以，外包是企业再造的有效手段。采取外包策略是成功进行企业再造的重要方式。通过确认公司的核心业务和竞争优势，专注于核心业务的发展，不断提升竞争优势，实现企业再造。

6. 现代契约理论

依据现代契约理论的有关观点，可以认为企业与专业服务供应商之间的合作是一种契约关系。在这种合作关系之中，信息不对称的情况普遍存在，因此，这种契约属于不完全契约。现代契约理论有助于研究在信息不对称情况下，如何规范合作伙伴的行为问题。现代契约理论对最优契约的存在性研究有助于企业与服务供应商分析如何设计双方的契约。现代契约理论认为，存在一种在现实的约束条件下的最优契约，该契约要满足以下条件：一是要求委托人与代理人共同承担风险；二是能够利用一切可能利用的信息，即在经济行为者隐藏行为和隐藏信息时，要利用贝叶斯统计推断来构造一个概率分布，并以此为基础设计契约；三是在设计机制时，其报酬结构要因信息性质不同而有所不同，委托人和代理人对未能解决的不确定性因素和避免风险的程度要十分敏感。

关于契约执行的机制问题，现代契约理论认为有自动实施与法律强制实施两种方式。其中在契约自动实施过程中，声誉起了很大作用。在一个重复博弈中，企业或者服务商的某一次行为可以影响其他合作伙伴的未来行为。尤其是对于服务商，其他企业可以从他的行动判断其履行外包协议的能力，了解其信用情况，并由此决定与他的合作关系。比如，一个物流服务供应商履约的情况被该行业的其他企业或用户时刻观察着，当知道他有不履约行为时，很多企业就远离这个服务商了。

二、企业实施外包战略的动因分析

1. 增强外包企业核心竞争优势

核心竞争力理论认为，企业获取竞争优势的关键是培养独特的、无法模仿的先进技术，企业核心竞争力来自企业在长期的发展过程中积累形成的各种技能的有机融合。这种融合不是杂乱无章的堆砌或排列，而是各种技能和学识的"和谐"组合，这是一种综合能力。核心竞争力论认为衡量企业能力高低的一个重要指标就是核心技能的存储水平，只有那些储备了相当多的先进技能，并能将其巧妙运用到不同业务中去的企业，才会在竞争中立于不败之地。科斯的交易成本理论则从经济的角度看待外包的价值性。若交易成本小，则外包创造大的价值，则应该实施外包。

企业专注于核心竞争优势，就要明确并保留其主流业务，出售或外包其他非核心业务，革新整个组织结构，实现组织再造。在这一过程中，要尽量控制公司的规模，减少烦琐、不必要的中间环节，这样企业内部信息和响应能力的传递就会得到大幅度提高，相关运营成本也会得到大幅削减。对企业而言，专注核心竞争优势的发展所起到的"瘦身效果"配以柔性化机制的创造，才能确保公司对各种内外部信息灵活反应的能力。

外包服务对企业培植核心竞争能力的作用，最开始表现为一种"由内到外"式的过程。原来一些运行于企业内部的支持性或辅助性应用（最具代表性的是企业的信息系统），对于企业而言不可少，甚至对于核心业务是至关重要的或者是战略性的，然而并非是构成企业核心竞争力的要素。例如，任何一个公司都有自己的薪酬管理系统，但即使企业建成了一个应用质量高于其他公司很多的薪酬管理系统，也不可能在任何意义上构成企业的核心竞争力。对于这样的应用，如果存在一个外在的服务供应商以出租的方式提供更廉价、更灵活和更有效率的系统，企业就完全没有必要花费宝贵的资金或人力资源进行企业内部的自主开发和系统维护，而是将应用的过程从企业剥离出来，外包给服务供应商，企业直接得到应用的结果。

一旦企业选择了正确的服务供应商并结为合作伙伴，外包服务对企业培植核心竞争能力的作用则表现为一种"由外到内"式的过程。一个企业的薪酬管理系统不构成它的核心竞争力，但对于一家专注于提供薪酬管理服务的服务供应商而言则相反。没有任何一个企业精于企业内部活动的每一方面，比如员工培训。大多数情况下，同一种应用，由专业化的合作伙伴提供的服务无论在效率还是质量方面都要优于企业自己的内部管理。通过服务供应商的服务，企业得到改进后的应用结果，对企业培植核心竞争能力产生两种形式的作用：直接作用和间接作用。直接作用可能表现在改进后的应用结果提高了企业运作效率，成本得到控制等方面；间接作用可能表现在企业将通过外包而节约的资源投入到强化核心竞争能力的活动中，如减轻了 IT 系统的管理工作，使得内部的 IT 人员有时间去开发一些可以增强企业核心竞争力的流程或者系统，在市场上获得更大的竞争优势。

核心竞争力是企业在生产经营、产品研发和服务过程中形成的不易被竞争对手效仿的能带来超额利润的独特的能力。因此，将非核心业务外包出去，有条件将有限的资源集中在能使企业获得竞争绝对优势的核心竞争力上，能够使企业内部资源盈利率实现最大化的利用效率。

充分利用有限的资源投入到核心业务中。许多公司除了核心业务外还有许多其他的不同业务，这些业务会消耗企业大量的人力、物力和财力等资源，而其投资回报率却并不高，甚至有时会削弱企业的实力。企业可通过将非核心业务外包，而把企业的资源放在最有价值的核心业务上，能有效改善辅助业务对核心业务的支持作用，创造出更有竞争力的产品，以便获取最大的投资回报，增加整体盈利。

2. 有效降低企业成本

专业的外包供应商，即许多外部资源服务提供者，在特定领域拥有比本企业更有效、更低廉的业务技术和知识，并且愿意通过接包这种方式获利。专业外包商提供的服务可以帮助本企业避免在设备、技术、研究开发上的巨额投资，从而把资金专注于核心竞争力的培育。

降低成本是外包的最根本目标。如果垂直一体化公司变为横向一体化的跨国公司，直接在他国建立分支机构以及生产终端产品，那么外包的结果就是削减了工资成本而提升了利润。一般情况下，外包商在其业务范围内，都能够更高效、更低廉地去完成该类业务活动，外包商利用其优势资源提供的产品和服务成本必须会低于本企业的自制成本。此外，企业通过外包可以避免在非核心业务领域进行的技术开发、人员配备和设备投资的过度投入、增加运营成本，并能够有效利用外部优势资源进行可用资源的再配置，拓宽了企业的边界，专注于提升产品或服务的竞争力，降低了成本。成本比较优势理论正是这一现实的精辟提炼。

人力成本是运营成本的重要组成部分，外包会显著地带来人力成本的降低。在信息技术应用越来越广泛、系统越来越复杂的背景下，一方面大多数企业出于自身的局限性，造成员工的流失，无法保证业务的流畅性与衔接性；另一方面组织的臃肿以及管理费用的巨大支出，促使企业外包劳动力资源。而专业的外包商，拥有比本企业更有效完成业务的技术和知识，能够为本企业提供具有良好培训和发展机会的劳动力，同时被外包的企业在节省了人力成本的同时，也不必为这些人才再流失而担心。

企业追求利润最大化的途径有两方面：一方面增加营业额；另一方面降低运营成本。虽然两者具有相同的含义，但有时降低运营成本体现的经济效益高于增加营业额。如果企业不采取外包战略，还要考虑其涉足不专长领域带来的机会成本，通过外包非核心业务，不仅能够极大节约宝贵的资本、资源，达到事半功倍的效果，而且能够有效避免涉足不专长领域所产生的机会成本。

3. 顺应 IT 潮流的发展

IT 行业的迅速崛起和互联网的普及应用，为电子商务的发展奠定了良好的基础；互联网拥有的公共标准图形用户界面、低廉的成本、高效率的运行和庞大的网络资源共享给企业带来了新的利润增长点。传统运作的商务模式被 IT 技术彻底改变,潜在竞争者能够迅速进入市场;生产、经销和消费的空间与时间骤然缩短,等等。IT 技术正在向各行各业不断渗透,伴随着电子商务规模日益扩大,企业不得不重新定位供应链管理,重新考虑业务外包的范围。

当前,业务外包内容越来向 IT 技术服务领域聚集,IT 服务的外包金额也呈递增趋势。无论是信息化行业,抑或非信息化行业,都在分享信息技术与网络经济创造的巨大商机。各大跨国公司不断更新自己的网站主页内容,推出个性化的网站消费界面、不断增加产品的域名申请数量、积极为顾客提供更加快捷和方便的在线交易功能,等等,充分利用网络经济给企业带来的实惠。

为了更好地专注于自己的核心业务,增强自身的竞争优势,从大型跨国公司开始,将这些 IT 技术进行外包,而不是自行建设 IT 基础设施。将非核心业务 IT 服务交给专业 IT 公司打理,会更好地促进与客户之间的关系,实现真正意义上的虚拟化运营。

4. 提升服务价值

顾客服务是企业管理活动的重要组成部分,企业为顾客所提供的服务水平将直接影响其生产活动、成本和市场份额。过去人们常常认为只有服务性行业才要重视服务的存在,关心服务带来的效果,而进入 21 世纪后,管理理论和实践出现了重大的经营哲学革命,即从"服务企业化"向"企业服务化"理念转变,无论是制造商、经销商还是零售商,所有企业都清醒地意识到,提供给顾客的有形产品、技术只能让顾客产生满意度,只有创造高质量的服务价值才能确保顾客对企业本身的忠诚度。

业务外包作为创造服务价值的领域之一,在进行业务外包决策时,当企业决定是否就一项业务采取外包时,管理者必须清晰认识顾客期望得到的价值与外包能否改善并创造较高的顾客服务价值两者之间的关系。事实证明,不仅外包给企业的运营成本下降、业务绩效提升、员工士气旺盛,等等,同时也使顾客对外包方式创造的高质量服务价值感到满意。在服务行业中,在顾客可能并不知道其所享受的服务是通过企业外部合作实现的前提下,服务本身的外包效果可能让顾客体会得更加直接、具体和真切。

呼叫中心就是很好的例子。呼叫中心的建设是一笔巨大的投资,而专业的呼叫中心运营商,能够高质量地接受企业的服务委托,帮助企业实现成本最小化和利润最大化的目标。通过呼叫中心运营商建立的呼叫中心,使企业在避免巨大的投资的同时得到更多的利益。专业的外包商还会通过提升运营性能、增加客户满意度、降低成本等措施,致力于不断提高客户满意度、提升顾客价值,为客户提供更加快速和精确的服务。

5. 增强运营灵活性

现代市场环境瞬息万变,产品的生命周期变短,不确定性大大增加,企业经营活动的设计安排必然随市场变化而不断调整。通过采用供应链管理模式,核心企业可以与外包企业对各自面对的市场建立快速反应机制,将需求的变动通过供应链进行高效传递,及时发现不适应的环节并迅速进行业务流程重组,快速响应市场。这样企业变得更有灵活性,更加能够适应不断变化的外部环境。当新的市场机会出现,若单个企业自己投资进行扩建、改建或重建生产线组织生产,除了要付出巨大投资外,还要承担丧失市场时机的风险,因为基本建设期很可能就是丧失市场时机的风险期。风险分散理论告诉我们，不要把鸡蛋放到同一个篮子里，因此，企业实行外包战略，就可以把生产投资、研发技术和零部件所要承担的风险分散到其他企业上，大大降低经营失败所带来的风险。供应链管理模式的优势在于：由于供应链上信息流具备实时、准确、高效、集成和共享的特点，供应链上各节点企业在信息流上所获取的商品信息具备了时间和数量上的逻辑吻合关系，使得相关企业能够做到在必要的时间、以必要的数量和必要的质量向上下游企业提供必要的商品，有效消除重复、杜绝浪费与减少不确定性，最大限度地减少不必要的采购、储存、运输等一系列活动，并能在真正意义上实现零库存生产。

外包在提供某种商品和服务方面能够带来更大的灵活性，并有效地降低了市场风险。当某个企业将一部分业务活动外包后，其付出的费用是小额且浮动的。能否将制造企业的零部件生产外包出去，引起了人们的争论。过去，许多制造企业都自己生产最终产品所需的各种零部件，这种做法几乎是当时企业的行为准则，特别是中等规模的制造企业。今天，许多公司都将零部件的生产外包出去，并关闭了原来的生产车间。

6. 担负了风险分担的职能

和早期的战略外包不同，今天的外包战略价值主要体现在：集中精力于自身的核心竞争能力；获得和使用外部知识或运作技术；降低产品成本；降低产品开发的风险；缩短新产品开发生产周期。这也是随着时代和经济的发展，外包战略的价值性也在不断更新、变革的结果。

通过外包，企业之间可以建立战略联盟，利用战略伙伴们的优势资源，缩短产品开发、设计、生产、销售的时间，减轻在较长时间里由于技术或市场需求的变化所造成的产品风险。采用外包战略的公司在与其战略伙伴共同开发新产品时，实现了与他们共担风险的目的，从而降低了由于新产品开发失败给公司造成巨大损失的可能性。由于战略联盟的各方都可以利用企业原有的技术和设备，因而，将从整体上降低整个项目的投资额，从而也就降低了各企业的投资风险。在外包过程中，战略联盟的各方都利用了各自的优势资源，这有利于不断提高新产品或服务的质量，从而增加了新产品开拓市场的成功率。

三、企业实施外包战略的注意事项

（一）明确外包与购买的差异

从交易费用理论的角度解释外包和外包标准，最严重的缺陷是认为外包就是从市场购买相应的低费用产品。但外包不是购买产品，外包业务及其产品具有一定的专用性，能够对企业核心竞争力、核心产品和核心技术有一定的促进和提升作用，并能通过稳定的合作关系有效地控制市场风险和不确定性。总体上来看，外包与购买有两个明显而重要的区别。

1. 与购买产品相比，外包与企业核心竞争力的关联程度更紧密

外包可以为企业生产高质量、具有产品独特属性、竞争力强的核心产品或服务提供了有力支持，而购买仅仅是从市场购买通用性产品或服务，缺少企业特点，与核心竞争力关联度不高。

2. 外包具有专用性

专用性包括专用性投资和具有相应的产品专用性，这是外包与购买的本质区别，也是

企业与外包商建立伙伴关系的基础。专用性投资和产品专用性意味着外包商和用户企业必须投资专用性设备，获得专用性知识，生产专用性产品，这是企业专业知识和外包商特殊技术的组合，专用性投资是生产专用性产品和对外包商进行控制的前提和必要条件，也是外包过程的第一步。

（二）争取外包业务的政府支持

外包也离不开信息技术和有关国家（地区）政府的支持。业务外包的的合作伙伴间通过一个虚拟网络，传递信息和实施管理和控制。信息技术特别是互联网的发展，从根本上改变了企业管理模式和运行方式，成为业务外包能够跨越时空障碍的一个必要条件。另外，国家（地区）政府的支持既包括发包方所在国家（地区）的支持，也包括承包方国家（地区）的支持。前者主要是指放松对本国企业开展外包业务的种种限制，而这些限制往往出于担心本国相关行业员工失业和有关技术泄露以及政治考虑等。后者是指潜在的承包方所在国家要从政策、基础设施等软硬件方面改善投资环境，做好承接外包业务的种种准备，这样既可吸引众多的外包投资项目，同时也为本土专业服务商提供了发展空间。

就中国的服务外包市场来看，我国商务部于 2006 年 8 月启动了"千百十"工程。从目前形势来看，随着服务外包政策陆续到期，商务部等有关部门已经在研究到期政策的延续性，并抓紧研究制定新的产业政策。据了解，商务部将从服务外包全产业链的人才培养、开拓国际市场知识产权保护等多方面入手。在全球金融危机的形势下，发达国家为了缩减成本将更多的业务外包，客观上促进了中国服务外包产业的发展，给中国经济增长带来了动力。发展服务外包产业，不仅有利于经济增长，更有利于促进中国对外贸易转型升级。

第二节　企业实施外包战略的步骤

在实施外包的过程中，主要存在两大关键性因素，这两大因素共同决定外包是否成功：一是企业是否能够真正识别自身的核心能力，并专注于核心能力的发展；二是在普遍存在信息不对称的市场中，企业是否能找到合适的外包服务承接商，并能实行有效的监督与管理。

一、外包业务的选择

首先，企业高层管理者主要需要确定服务外包的需求并制定相应实施的内部方案，即选择合适的需要外包的业务。企业的最高决策层必须全面审视并采取主动的态度，用前瞻性的视角推动服务外包的变革。

（一）识别需要外包的业务

业务外包能够使企业专注核心业务，允许管理者将资源集中于核心竞争力的开拓和发展。但是对企业的核心能力和非核心能力进行区分并非易事。一般认为，企业的核心能力是企业能力精髓所在，它是不断为顾客提供突出价值、提升满意度的业务过程的组合。但企业在某一业务上短期的突出业绩并不意味着该项业务就一定是核心业务，核心业务带来的价值必然是长远的、有发展潜力的，可以通过各业务部门长期业绩状况进行分析识别。在识别了本企业的核心能力之后，也就明确了非核心的能力，从而确定了业务外包在理论上可能的最大范围。但是，在实施过程中，某些非核心能力大多要与其他的资源结合起来，落实到具体的功能或业务中去，单纯将此类业务外包，使之脱离整个运营框架必然缺乏现实基础。因此，非核心的、与企业整体关联度较低的业务才是真正需要外包的业务。

对于企业而言，进行业务外包的中心目标是使公司对外包业务的适应性和控制性达到最大化。基于这一目标，企业决策者应该审视以下几个问题：

1. 业务是否为企业提供了一种核心竞争优势？这仍然是战略——商品比较法的第一步。即从众多业务中找出企业的核心业务，该业务为企业提供一种战略优势，使其与竞争对手区分开来。

2. 核心业务可以进一步分解，找到企业的核心业务，并不意味与核心业务有关的一切都必须留在企业内部，需要进一步考虑业务的可分解性。一般而言，一项业务可以分解为功能及系统两方面。战略性功能是企业的核心竞争力，必须在企业内部得到长久的保留、支持以及强化。支持战略性功能的信息系统则有两种处理办法：（1）如果该系统与其支持的业务融为一体，很难分开，则应该继续保留；（2）如果系统与其支持的业务可以分开，而且竞争对手们已经开发了类似系统，使企业即使投入很多资源也不能超越竞争对手时，企业应该考虑寻求外包资源。

3. 外包非核心业务是否一定节约成本？降低成本是企业采用服务外包的驱动力之一。但是，除非经过认真细致的成本核算以及仔细推敲的合同设计，否则不能断言业务外包一定会为企业带来费用的节约。

4. 内部部门能比外部供应商提供更有效的服务吗？许多企业的内部信息技术部门拥有与外部供应商相同甚至更强的技术和经济规模，但缺乏比供应商更规范的行为准则，导致效率低下。企业如果采取有效的激励机制，通过鼓励内部 IT 部门与外部供应商的竞争，超过一半的内部 IT 部门能找到降低 20%—50% 成本的办法，而且内部 IT 部门比供应商更熟悉公司的业务及需求，同时，企业也避免了已有资源的浪费。这一研究发现对于已经建立起内部 IT 部门的企业具有启发作用。

（二）充分认识外包风险

在进行外包业务选择时，首先要从自身核心能力识别和信息不对称这两方面的因素出发，把握外包战略存在着的三种潜在风险。

1. 技术丢失或泄露

一些企业单纯地认为只要与外包商签订了合同并在需要的时候提供相应的技术支持，外包商就能够提供符合要求的产品。事实上，外包商也是企业，以盈利为目的，存在委托代理问题。一些外包商偷工减料，为降低成本并没有按照企业所提供的质量标准生产产品。更为严重的是，在合同中知识产权限定不明确的情况下，有些外包商可能采用企业提供的技术为其他企业提供产品，导致技术丢失或泄露，给企业带来意外损失和很多不必要的纠纷。为防止这种结果出现，企业在实施外包战略时，应明确彼此的责任和义务，对涉及知识产权保护的项目在合同中予以严格限定，并通过定期监督对外包商采取不同程度的控制。

2. 交叉技术的发展受阻

交叉技术的形成来自企业里不同部门的技术人员相互协作，通过头脑风暴等形式对一些问题的解决提供创造性思想，这些技术对企业凝聚力的增强和创新的进一步发展具有巨大的推动作用。而实施外包战略后减少了技术人员相互协作共同攻克难题的机会，导致交叉技术的发展受到削弱。虽然外包商与企业是两个不同的、相互独立的法律实体，相互间的外部交流有一定的难度，但企业可以采取适当的措施使企业内的技术人员与外包商方面的专家经常保持合作，但这些交叉技术不但会得到增强，本企业员工的创新能力也会得到提高，对员工的相互协作能力和团队凝聚力也大有裨益。

3. 对供应商失去控制

外包会造成企业技术丢失或泄露，非核心业务的外包也需要核心竞争力的支持。若企业的核心竞争力不能在某一领域形成绝对优势，而外包商在外包实施过程中逐步掌握了企业相关的专业知识和技能，他们就有可能绕过企业把产品直接销往市场，甚至会把这些知识和技术转手卖给企业的竞争对手，给企业带来不可估量的间接损失。为了避免发生这类状况，有些企业在实施外包策略时要求控制供应商的关键生产设备，一旦双方发生不可调解的矛盾，企业就拆除关键设备，使外包商无法生产，最后双方皆受损。市场的竞合性强调竞争，更强调合作的重要性，最终的解决办法还是企业与外包商建立良好的合作关系，双方相互信任，坦诚交流，为了长远利益不断向前迈进。

如果上述三个方面的风险成为了现实，就会给企业带来致命的打击。因此，企业在进行外包决策时，必须对该战略的潜在风险有充分的认识。潜在风险的控制的前提在于外包商的谨慎选择。企业的领导层将听取来自内部或外部专家的意见，这支专家队伍至少要覆盖法律、人力资源、财务和要外包的业务等领域。在综合各方面的意见后，要写一份详细的书面材料，其中包括服务等级、需要解决的问题以及详尽的需求等。一份写得很好的建议书将对以后与服务商的联系以及外包业务的获利和控制都起到非常重要的作用。

二、外包商的选择

企业在识别了核心能力后，规避外包过程中的风险，最关键的环节就是对外包商的选择。随着企业外包战略的迅速发展，企业对外包商的选择标准也越来越高，越来越全面。需要注意的是服务商是否真正理解了你的需求，以及它是否有足够的能力解决你的问题。除此之外，外包商的财政状况也是需要考虑的重要问题。合同中要规定外包的价格和评测性能的尺度，还要定下服务的级别以及违规的处罚条款。通常外包具有长期合作的特征，因此要求签约的双方不能把外包当作一种"零和游戏"，而要积极合作谋求"双赢"。并且要保持经常性的联系，这样才能保证合作的愉快。签约阶段是实施业务外包过程中最重要的一环，据调查，企业与外包商之间关系出现不愉快，其主要的原因就在于合同不够明确。

在进行业务外包决策的时候，管理者们往往会发现有许多事情要比获得最低的报价更为重要。公司需要找到一个能够与自己一起解决问题的合作伙伴，而不是一个单纯的交易对象，因此在确定服务供应商的过程中，应该从多个方面来考察可能的合作伙伴。

1. 价格因素

价格是考察对方重要的一个标准。外包商的报价应该是有竞争力的，选择外包的主要动机之一就是降低成本，如果外包商的报价太高，导致成本太大，那么外包就失去了降低成本的根本目的；但某个外包商的报价明显偏低，他很可能要么不能提供合理的、高质量的服务，要么是对项目范围缺乏清晰的认识。还有些外包商会打出所谓的底线价格来提高中标的机会，但需要引起警惕的是，将来该外包商很可能征收高额的额外服务价格来弥补低价带来的利润损失。总之，公司要综合考量，确保各个外包商的价格在可比的前提下，对报价进行权衡，列出备选外包商的名单。另外，通过对备选外包商进行调查、分析，完成信息的收集。而信息的收集以及与外包商谈判等过程中都会发生相应的交易成本。因此，各个外包商的报价和交易成本成为选择的重要依据。

2. 经验因素

外包商是否具有丰富的行业经验是企业调查分析的重点。如果选择行业经验丰富的外包商，尽管其给出的报价可能偏高，但其能为企业预防和处理可能出现的问题甚至于争议和纠纷。专业的外包商应该熟悉其服务对象所在的行业，这会在谈判中构成对企业的吸引，提高中标的机会。要做好经验方面的考察，首先要求公司检查一下备选外包商以前是否承包过类似的项目。例如在人力资源外包方面，某一外包商以前承包过人力资源招聘、薪酬设计等工作，但其工作内容中从未涉及过培训领域，如果公司想将培训外包给该公司的话，就要慎重考虑。其次，公司还要仔细审核外包商团队主要工作人员的资历，包括从业年龄、教育背景和拥有的技能水平，这也是衡量外包商项目经验的重要指针，团队经验直接决定公司的经验，外包商经验是考查对方的主要指标。

3. 服务水平

优秀的外包商应该只有高质量的服务水平。高质量的服务水平应该包括专业化水平、职业化程度、对客户提出问题的响应速度和技术手段先进四个方面。

专业化水平高的外包商要具备良好的专业技能、先进的管理理念、强烈的责任意识、更高的执业素质和水平；职业化程度高的外包商拥有敬业、协作、创新、规范及责任心强的专业团队，其服务人员对客户提出问题要做到响应迅速、反应积极、反馈及时；同时，高水平的外包商要具备先进的技术手段，能为客户提供技术可靠、操作可行、结果可信的高效、优质服务。

4. 经济实力

经济实力是外包商顺利完成外包业务的经济保障，也是评价外包商综合实力的重要指标。外包商的经济实力包括资金实力和经营现状。资金实力主要指注册资本、流动资金的多少，能否保证外包服务中的资金流动；经营现状是赢利或亏损情况。外包商财务状况是公司在甄选时需要重视的问题之一。不利的财务状况轻则影响外包合同的履行、延误市场时机，重则导致外包战略的失败。任何尝试外包战略的企业，当然希望其选择的外包商的财务具有良好的稳定性，财务状况稳定可以确保企业持续的生产和运营，并且保证在需要时，外包商有足够的财力支持。

5. 品牌价值

企业在选择外包商时，不应仅仅听那些潜在的外包商自我评价，更应积极走访那些曾经和外包商合作过的单位以及他们的推荐人，详细探询他们和该外包商的合作感受、外包商是否按时完成所承诺的所有服务、是否达到预期的完成质量、是否在额外服务上漫天要价、是否具有合作精神、员工的素质怎样等问题。在调查时，可以借助访谈或问卷的形式尽可能收集真实有效的信息，调查了解外包商在该领域的服务名声。

6. 服务范围

不同的外包商有不同的服务范围，这取决于业务的性质、规模的大小、难度的大小、技术含金量的高低，以及自身的服务特长。对外包商而言，通过"做自己擅长的事情"，帮助企业达成外包预期目标。所以，公司一定要根据自己的外包内容和预期的目标选择不同级别的外包商，做到有效、高效服务。

7. 信誉和质量

任何企业在选择外包商时都离不开对其信誉和质量的考量，它将对整项工作的完成乃至对企业的正常发展起到决定性作用。比如，有些外包业务具有较高的技术水平，一旦泄露给竞争对手，必将对企业产生极其不利的影响。因此企业在对涉及企业机密等敏感领域时，要选择信誉好的外包商，这类外包商具有良好职业操守的团队去做。只有这样，服务质量才可能有保障，能够从方案的可行性、创新性、高效性、后续性上得到体现。

8. 企业兼容性

企业兼容性是指外包商要有和企业相称的、容易融合的文化，因为外包合同一旦签订就意味着两者就要保持一段时期甚至相当长时期内的紧密合作关系。如果两个单位的管理风格和企业文化完全不相容的话，沟通和合作过程会有太多的坎坷，合作关系也难以维持。因此，企业应当对备选外包商的管理层进行比较深入的访谈，和他们的员工多次交流，准确把握这个企业在文化层次上的特点。选择企业战略一致性、企业文化兼容性作为企业兼容性的指标。企业战略是企业对未来发展的一种整体谋划，涉及企业与环境的关系、企业使命的取定、企业目标的建立、基本发展方针和竞争战略的制订等，决定着企业的发展方向。若是作为长期合作伙伴，外包商发展战略与企业同步有利于合作关系的进一步加强与深化。就企业文化而言，它是组织内部的一种共享价值观体系，其包含的价值观念和行为准则在很大程度上决定了成员的行为，决定了企业凝聚力的大小。作为一种无形的约束，只有相近文化体系的企业才能良好的合作，如果文化差异大，冲突会不断出现，合作关系将难以维持。

9. 网络技术

高效的外包服务离不开网络技术的支持，外包商需要建立完备的网络平台，包括计算机系统网络和开展各地服务的网络。这两个网络将成为外包服务商核心竞争力的主要标志，也是评价外包商的重要指标。

对于企业而言，应根据外包的目标，结合自身实际情况有选择地参考其中某一项或者几项标准来选择适合自己的外包商。一般而言，大型外包商在主要标准上都优于中小型外包商，但会给出较高的报价，如果选择一家大的外包服务商，它在某一领域中有相当的地位，从业经验丰富，但可能需要排队，或者可能委派一些新手来为你服务，影响了外包战略的实施进度和结果。而如果企业选择中小型外包商，也许他们完成工作的时间要稍微长一点，但是他们会工作得更加努力投入，也许最终会成为一个好的服务伙伴。所以选择外包商既要遵循科学的标准，多方面收集信息，又要具有独立性、可比性、灵活性、动态性，尽量选择适合自己企业本身的外包商。

对外包商经营规模的选择也会给企业带来不同的影响。公司可以选择外包服务行业的领头者，利用它们广泛的社会关系和熟练的外包服务经验，也可以选择一些处于成长期的中小型外包商。和大型外包商相比，中小型外包商由于是外包服务市场的后进者而拥有更先进的服务系统和服务理念，但苦于缺乏服务经验和客户资源，它们恰恰可以被公司塑造成为提供理想的外包服务模式的合作伙伴。这些正在成长的中小型外包商由于更需要维护客户关系而愿意分担更多的风险，并且其面对的客户相对较少，在提供有竞争力的报价的同时，也更有利于集中资源提供更优质的服务而不易把客户信息泄露给竞争对手。对企业决策者而言，也不必盲目追求大型外包商提供的服务，适当的时候根据企业具体情况可以选择这类正在成长的规模较小的服务商作为合作伙伴，使其承担其力所能及的部分支持性外包服务。

三、外包商的管理控制原则

1. 互惠互利的原则

任何成功、长远的交易都要建立在互惠互利的基础上，因此企业应重视服务供应商的关系管理。很多企业仅着眼于企业内部核心竞争能力的提升，而置供应商的利益于不顾，这会导致合作的进程受阻。这些企业的决策者往往基于买方市场的现实性，想当然地认为只要企业有购买服务的需求，就会有服务供应商找上门来，企业无须下太多的功夫去关心与供应商之间的关系。这种理念缺乏当今所倡导的"合力创造价值"的合作精神。在 21 世纪，随着资源在全球范围内调配，企业与供应商的合作决不是简单的"买"和"卖"的交易型关系，而是双方彼此的贡献可以融合成一种新能力并产生综合效益。企业应以长远战略来对待业务外包战略——既要实现利益最大化，也要兼顾外部服务供应商的持续发展，以达到双赢，从而创建由价值驱动的、协作式的互利互惠关系。

2. 长期合作的原则

长期合作并不是鼓励企业与服务供应商签订长期契约；相反，在有些情况下，签订短期契约更能保障企业对外包服务进行控制的灵活性。长期合作有赖于企业与服务供应商之间建立起相互信赖的关系。信赖关系的建立不仅可能降低交易成本，还能便于信息的交流，并最终使企业的竞争力得以加强。企业间的信赖可以分为基于认识的信赖（Knowledgebased Trust）和基于威慑的信赖（Deterrencebased Trust），前者是指企业从以前的交往中认识和培育了相互的信赖感，后者则是指各企业都意识到存在一种威慑，即任何不诚实的行为都将招致代价昂贵的惩罚。在合作关系中，对机会主义行为的控制机制有两种：契约（Contract）和信赖（Trust）。契约可以对参与者的合作投入及在合作过程中的行为做出详尽的规定，合作投入和合作行为都具有数量和质量方面的规定性，契约能对其可量化的部分实施监控，但对其难于量化的部分则无能为力。所以，合作契约可以抑制机会主义倾向，但不能有效地消除它。而信赖则被认为是防范机会主义倾向最有效的手段，基于信赖的合作最重是要是能够使合作参与者都以积极主动的姿态增加投入，积极配合，以求在做得足够大的"蛋糕"上分到更大的一块。

3. 实时控制，持续改进的原则

很多企业犯了"以包代管"的错误，把业务外包看成放弃对业务的管理。"以包代管"使得企业陷入过度依赖服务供应商、甚至受制于服务商的泥沼，这就是丧失对业务的控制权所带来的恶果。企业对服务外包的执行情况仍应保持实时控制，并通过持续改进，建立

一套服务外包效果评估指标体系，对服务的质量、响应速度、满意率以及费用等指标加以考核，并向服务供应商提出反馈意见，以保证外包的服务业务得以持续不断的改进，进而逐步提高企业的服务供应商关系管理水平。

4. 保持沟通的原则

在企业于外包商合作双方的过程中，急功近利和不信任态度会导致外包战略的失败。在外包战略实施的过程中可能会遇到种种问题，包括合同不能解决的问题。这时企业一方面要戒除自己的焦急心态，保持客观冷静，以免影响系统质量；另一方面也要注意与外包商及时沟通和协调，消除不必要的误会，营造良好的合作气氛，有商有量共同解决问题。若是互相指责、互相推诿，则会造成双方关系紧张，在问题不大的情况下，所提供的服务最后结果不太令人满意；而如果遇到大的问题会造成合作关系中止，使双方都蒙受损失。

5. 超前的原则

当双方建立服务外包合作关系后，就要未雨绸缪，认真细致地考虑未来会发生的变化、潜在问题，并在问题出现之前提出解决方案，从而保障服务外包顺利实施。双方在实时控制，持续改进和保持沟通的基础上，假设一些如诸如何处理客户投诉、服务质量下降、应变能力降低等可能出现的问题，共同探讨此类问题的解决方案。

第三节 企业外包的风险防范与战略决策

外包是一项复杂的活动，涉及企业业务流程的评价与重组，除了供应商的选择这一重要因素之外，核心能力辨识、合同的设计、协作组织设计、交流与学习机制设计等多方面的内容。在这个复杂的过程中，任何阶段控制不好都有可能发生问题而产生外包风险，甚至导致外包的失败，所以就有必要建立一些有效的适合本企业的外包风险防范措施，使风险在每一个环节的可能性降至最低，从而能够保证决策目标最大化。

一、企业外包的风险防范

企业将非核心业务外包，会带来技术丢失或泄露、交叉技术发展受阻等风险，并且易使企业失去对外包商的控制，给企业的正常生产带来很大影响。在外包战略的实施中，作为发包方的企业不对接包方生产经营过程进行干预，只能通过结果来进行控制，但在中间过程中可能存在与发包方要求或者品牌形象不符的行为。技术的丢失与泄露是企业实施外包战略所面临的最大的风险，尤其是在研发外包战略中，随着研发能力越来越强，技术开发利润率萎缩，外包提供商很有可能独立地开发产品，成为外包企业有力的竞争对手。此外，外包企业也有可能因日益依赖外包提供商的技术创新，而失去自己的创新动力。因此，需要从以下几步入手，进行外包的风险防范：

1. 准确界定企业核心竞争力

企业必须找出自己的核心竞争力，并使之得到持续发展。这不仅是业务外包的重要前提，也是在长期经营过程需要不断加强和改进的重要内容，更是引领企业未来技术发展的方向标。核心竞争力的准确界定及后续预测能够使企业明确在以后的运营中，哪些可以外包，哪些不可外包。核心竞争力界定不准确将使企业将资源投入到那些无关的业务活动中，而关键的活动被作为非核心业务外包出去，势必影响企业的未来发展。

2. 定期与供应商进行交流和沟通

外包也不是放弃责任，不是对外包商的依赖，不是简单的"买"和"卖"的交易，而是一种合作共赢，共创新领域的行为。外包扩大原有企业的生产边界，使相关责任和风险外移，但并不意味着外包商就一定能够并且愿意为企业担负责任与风险。作为企业必须建立一种有效的机制，在外包阶段始终要保持对业务进展程度的检查和评估，并及时与供应商保持交流、沟通，确保对供应商的外包业务性能进行随时监督，并将结果及时与原企业进行交换。

3. 建立有效的合同机制

合同是合作的基础，在企业业务外包的初期，就要与外包商明确合同双方的权利与义务来防范外包过程中的风险；在业务外包实施阶段，双方又要充分沟通、协调，及时解决外包过程中的各方面问题。另外还应通过建立"程序自治"机制来对供应商进行约束。所谓"程序自治"就是在每项业务实施过程中，设立一个程序性的阶段，使实际供应商在每个阶段中享有充分的自主性，而在程序间受到可计量结果的责任约束。

4. 消除与供应商之间的文化差异

前面提到，企业兼容性是选择外包商的重要参考标准，但企业只能尽可能地选择兼容性高的外包商而无法完全消除两者之间的差异。离岸外包的发展，牵涉的是不同企业之间的合作，并且这种合作是跨国的，文化的差异所带来的摩擦和冲突不可避免，因此需要对跨文化进行管理。只有在双方充分的沟通与相互理解，建立信任关系的基础上，才能加强各方的合作与协调，从而保证外包战略的顺利实施。

5. 共同参与的双赢机制

对于企业而言，更换外包商的选择成本、风险都比较高；对外包商而言，丢失任何一个大客户可能危及其在市场中的生存，甚至令其在行业中丧失信誉。所以两者合作时，应在平等互利基础上建立良好的共同发展机制来共同开拓市场。企业在产品的升级换代、新型产品的开发过程中，客观上也需要供应商在资金技术上跟进，两者的利益是紧密结合的。企业和供应商之间应该形成联合竞争、协作竞争的双赢模式，在实现优势互补的基础上，不断地寻求各自的发展方向。只有这样，双方的合作才能长久，双方才能不断地学习和创新，从而在外包项目中真正获益。

除了上述提到的几点风险防范措施之外，企业还应重视产品的生命周期、技术的发展趋势等因素。这类因素的共同特点是：在外包的初期表现的并不明显，但随着外包业务的深入，其中的不确定因素将逐渐显现，外包风险也将随之加大。这就要求企业的决策者让外包商参与，共同对事物的未来发展做出预判，将外包的风险尽可能降到最低。

二、企业外包战略的决策

按照企业内部各个业务的重要程度，划分层次等级，是成功实施外包战略的前提。层次的划分可以帮助决策者更好地对核心业务与非核心业务，以及两者之间的关联度进行清晰界定。

（一）企业外包战略的决策层次

从外包角度出发，根据业务对企业核心竞争力的贡献程度，企业业务可分为四个层次：核心业务、潜在核心业务、重要性业务、支持性业务；从决策的角度出发，分为战略层次、战术层次和一般层次。实质上，公司必须做出跨越三个方面的决策，如表2-1所示。

表 2-1 外包决策的层次及特征

外包决策层次	外包特点	与供应商关系
战略层次	1. 与核心业务、潜在核心业务相关 2. 弥补自身能力不足，增强对市场的响应 3. 有失去核心技术、竞争优势的风险	1. 长期合作伙伴关系 2. 双赢机制，共同应对市场竞争，共享利润 3. 技术上可相互支持
战术层次	1. 与重要性业务有关 2. 目的是提高财务绩效或非财务绩效 3. 即使失败也不会危及企业生存	1. 较长时间的合作 2. 重视沟通与协调 3. 有限的技术支持 4. 利润分配上有一定差距
一般层次	1. 与支持性业务相关 2. 降低成本，提高效率 3. 主要满足临时性需求	1. 临时性、不稳定关系 2. 沟通、协调少

1. 战略层次上的外包决策

主要涉及企业的核心业务与潜在核心业务。对这些业务实施外包战略风险很大，稍有不慎，就有可能失去核心技术，丧失竞争优势。但有时从弥补自身技术、能力等方面的不足方面进行考虑，也可以进行外包。但外包战略的实施，往往只能是这部分业务中的某些方面，从而使技术泄露与丢失的风险降到最低。在与外包商的合作方式上，该类业务外包应采取长期战略伙伴关系，克服"肥水不流外人田"的传统观念，共享利润，并在技术上相互支持，实现双赢。

2. 战术层次上的外包决策

主要是指对重要性业务的外包决策，目的是提高财务绩效或非财务绩效，这类业务即使失败也不会危及企业生存。提高财务绩效能够降低生产成本、库存成本和管理成本，将有限资源集中在核心业务上；非财务绩效包括分散风险，精简机构，加速企业流程重组等方面。某著名电脑生产商约70%以上的利润来自新推出的产品，因此，该公司将核心资源集中在研发和营销方面，而将生产外包以追求更低的成本结构，提高财务绩效。对于该类战术层次上的外包，因为，其与供应商的合作时间较长，应注重双方的定期协调与及时沟通，适当的时候给予一定的技术支持，但在利润分配上存在差距。

3. 一般层次上的决策

主要涉及支持性业务，可以降低成本、提高效率该类业务外包往往是为了满足临时性市场需求变化的需要。在这一层次的业务外包上，公司与之间存在临时性的、不稳定的关系，沟通协调较少。

（二）企业外包战略的决策标准

除了极少数个别情况，一般企业对于既定的目标做出相应的决策需要综合考虑多个评价因素，而不能只根据一个特性来进行决策行为。因此，可以考虑从方案的可行性、方案的可接受性、方案的可靠性三个方面对决策进行评价。方案的可行性是指通过对内部、外部的各种资源条件的衡量来判断方案采用的困难程度；方案的可接受性是指通过对成本和汇报的比较来判断它对实现目标能起多大的作用；方案的可靠性是从方案被选择后所带来诸如方案在企业内造成的影响，决策执行以后的环境态势，环境中其他主体对决策的反应、市场环境的变化、与供应商长期合作的可能性等风险进行衡量。

1. 可行性标准

可行性标准是衡量一个方案的可行程度的准则，需要通过对内部、外部的各种资源条件来进行衡量，包括企业是否有足够的进行决策、执行决策的经济资源条件，企业的员工能否接受外包，客户的认可度，以及外部的外包环境氛围是否有利于外包活动的开展等，这些条件都会关系到一个具体方案的可行性。在企业外包决策中最重要的一个可行性标准就是外包商问题，即能否找到合格的供应商直接与方案采用的困难程度相关联。

2. 可接受性标准

可接受性标准是指所选方案对实现目标能起多大的作用，着重对价值大小的衡量，即衡量收益和成本。在收益上，需要对以下方面进行衡量：

（1）降低经营成本

"降低经营成本"是企业实施外包战略的首要动因，也是绝大多数企业外包决策的出发点。当企业面临不同方案之间的取舍，其成本节约的程度成为一个不可或缺的标准。但成本项目很多，包括生产成本、管理费用、销售费用、财务费用等，在不同的外包决策中有可能仅仅是通过降低某一项或几项来降低整体的成本水平。

（2）对核心竞争力的贡献

通过将非核心业务外包，可以使企业免于把其大量的资源花在自己并不擅长的领域，从而集中资源提高核心竞争力，充分满足顾客的需求。和降低成本一样，增强核心竞争力也是企业实施外包战略的重要原因。特别是最近几年来随着对核心竞争力的关注，"对核心竞争力的贡献"在可接受性标准中占据了日益重要的位置。

（3）获取先进的技术

在这样一个竞争激烈，以技术或知识为基础的经济体系中，企业要想获得生存与发展，就要拥有一项或更多的具有竞争优势的技术。一旦这些技术转化为竞争优势的能力，就能够让企业从中获利。为了争取更多的竞争优势，企业需要进行技术开发，但是现在技术开发已经变得越来越昂贵，并且还可能不会带来任何战略效用。因此，就需要通过外包来解决复杂化的技术和昂贵的开发成本，试用最小的投入获得最大的收益。近年来，随着信息技术的飞速发展，那些企图提高自身技术水平、获得世界先进技术企业的纷纷选择实施外包战略。比如，澳洲某银行在 1997 年与某 IT 企业签订了一份长期的外包合同，由 IT 企业负责维护银行的 IT 系统，并帮助其开拓网络银行、电子银行等新业务。可以想象，如果没有外包商的介入，单凭银行内部的信息部门的能力是很难达到这一目的。

（4）提高产品质量

处在行业领头地位的大型外包商往往在技术、方法、人员方面有着广泛的、大量的投资，而且通过向不同的客户提供服务获取大量的技能。与这些外包商合作，能够利用其广泛的市场资源，并且获得高水平服务，提高产品质量。借助其服务和产品的专一性，充分利用这种专业知识与专业化的服务，企业不仅节约了自身开发产品的成本，而外包商也为企业提供了优质的产品，使得企业与外包商之间实现共赢。对于中小型外包商而言，为了自身的成长及市场开拓，必然会从企业长期发展的战略地位着想，不断学习、引进先进的技术，努力提高和优化产品的质量，树立起良好的市场口碑，为做大做强奠定基础。

（5）集中优势管理资源

任何企业都存在着资源的使用边界，即资源是有限的、稀缺的。资源稀缺决定着企业在生产上不能"大而全"。外包带给企业一次重新部署、调整结构和优化配置企业内部资源的机会。通过资源的合理配置，企业可以把已外包业务部门的原工作人员转移到那些在企业中更具增值性、附加值更高的活动中去，集中优势管理，最大限度地增强企业的核心竞争力。

（6）解决技术瓶颈

没有一家企业可以解决所有的问题，即使它攻克了企业发展过程中的所有难关，对时间的敏感程度也是难以把握的，往往会遭遇技术瓶颈，影响产品的开发、新技术的研制、产品的更新换代。外包是企业从外部环境中筹集其企业发展所必需资源的一种可行的选择，通过外包为解决技术瓶颈提供了可能。从根本上来说，外包开拓了企业发展的思路，使得企业能够超常规发展。

（7）实现企业战略转型

试图做到"大而全"的面面俱到的经营方式会不可避免地分散企业经营层的注意力，对企业的经营效率和发展产生持续性的阻碍作用。而单纯忽视甚至放弃非核心业务，又会让企业失去对相关非核心业务内部功能的控制。因此把企业的非核心功能外包给外部的优质供应商，进行企业内部业务的重组、功能的调整，有助于成功实现企业的战略转型。

（8）解决管理瓶颈

外包不仅可以解决技术瓶颈，有时可以有效地解决企业在管理上出现的问题，但这并不意味着转嫁管理责任。当企业中的某个环节出现问题时，可以通过外包引进先进的管理理念，指导企业经营管理，帮助企业走出困境。值得一提的是，当企业内部出现管理瓶颈时，首要的是检查清楚问题发生的原因，如果实现其期望值所要求必备的条件都没有很好的理解的话，那么外包并不能解决现有的管理问题，反而可能使事情恶化。

固然，企业在考虑业务外包带来一定收益的同时，也要考虑相关的成本因素，如生产成本、管理费用、人力成本、维护费用等。除了常见的外，在企业外包的过程中，同样会带来一定的额外成本，如契约成本和机会成本。在签订契约前，企业需要收集有关外包业务产业环境的信息，列出备选外包商的名单，并对内部环境进行仔细的评价；在签订契约的过程中，需要就契约的细节问题同目标供应商进行详细的谈判；在契约签订后的实施过程中，需要进行维护和控制契约内容得到有效的执行，并加强对外包商的控制，减少由于外包商的机会主义行为而导致的成本。外包商的机会主义行为常常会使企业丧失对一些产品和服务的控制权，此时供应商则会借机要求提高价格，或者降低服务水平，从而增加了企业生产活动的不确定性。

3. 可靠性标准

可靠性标准与风险紧密相连，这些风险往往事先无法预测或估计，对风险的衡量就是考察可靠性问题。可靠性标准主要包括：

（1）与供应商长期合作的可能性

作为一条重要的可靠性标准，"与供应商长期合作的可能性"是企业在进行外部决策时必须考虑的。因为外包增加了企业正常生产的不确定性，常常潜在着失去外部产品的质量和价格的控制权的风险。因而，企业在决策前、决策后都必须十分关注外包商的行为，加强与外包商的定期沟通与交流，增加长期合作的可能性。

（2）丧失学习与创新机会的可能性

外包除了可能造成企业技术的泄露、对外包商有一定的依赖性外，甚至会伴随着控制权丧失等诸多问题，许多对企业外包战略持批评态度的学者和企业家指出：外包实践很可能只是短期内获得竞争优势，而丧失了不断学习、不断创新的机会，进而也丧失了构建未来核心能力的机会。所以，在评价企业外包的可靠性时，必须对外包可能丧失的学习机会和创新机会有一个清楚的估计。

（3）未来的灵活性

一个决策可能会影响到其他决策选择方案的变动范围或者未来决策的活动空间。企业外部决策对企业未来灵活性的可能影响也是一项重要的可靠性标准。例如，某企业准备购买一台能以很高效率处理目前重要和经常性的工作的专用设备（但是几乎不能做其他工作），如果此时另一企业可以为其提供该项工作的外包服务，那么该企业为了长期灵活性而放弃购买此专用设备也是一个值得考虑的备选方案。

（4）其他外部因素的变化

评估可靠性的标准除了以上的三条外，还有来自产品、原材料、技术等方面可能发生的变化。对产品来说，一个替代品是否存在，并且在多大程度上会影响到现有产品市场。此外，技术发展的不确定性则是影响方案选择可靠性的一个不可低估因素，特别是当出现剧烈技术变革的今天，更是需要对此有充分的估计，并且采取相应的对策。

（三）外包决策模型

影响外包战略决策的因素很多，如财务状况、企业战略目标、企业核心竞争力、竞争环境、技术状况等。外包战略决策的主要任务是确定何种业务可以或需要外包。通过对这些影响因素的整合、总结，可以归纳为三个主要影响因素：核心竞争力、资产专用性和技术。

1. 核心竞争力低的业务适合外包

根据核心竞争力理论，核心竞争力是企业在关系自身生存和发展的关键环节上所独有的、持久的、比竞争对手更强的某种优势、能力或知识体系；核心竞争力是企业创造或提升持续竞争优势的重要源泉。从核心竞争力方面，可考察某业务对企业核心竞争力的重要程度，即对企业的重要程度。企业业务是某种能力与知识的载体，对能力与知识含量的多少，决定了该业务在企业中的地位，也决定了该业务与核心竞争力的关联程度。关联程度高，说明该业务对核心竞争力的贡献大，就要集中更多的资源与精力在此业务上，不能轻易外包。

2. 资产专用性低的业务适合外包

前面提到了资产专用性以及科斯的交易成本理论，它是决定交易成本的最重要因素。因为低的资产专用性意味着与供应商之间无须太多的信息交流与沟通，交易成本低，外界可利用的专业资源较多，对业务可以采用外包形式；而高的资产专用性，说明外界可供利用的资源少，外包时需要大量的沟通与信息交换，导致高的交易成本。同时，由于供应商的客户很少，不易形成规模经济，生产成本也高。因此，高的资产专用性应采取内制方式，而不是外包。

3. 技术成熟且集成度低的业务适合外包

技术也是进行外包决策时需要考虑的一个重要因素。技术成熟度和技术集成度使技术因素可分为两个方面。技术上不成熟的业务选择外包存在相当大的风险，容易导致丧失学习和创新的机会，因此，技术成熟度决定了外包企业能否精确提出它们的需求。技术集成度决定了企业的业务能否较容易地独立出来外包。对于外包业务来说，技术成熟且集成度低的业务适合外包，因为外包可起到降低成本的效果，且风险又不大。

前述提到外包的目的涉及降低成本，增强企业的核心能力，提高竞争优势等。因此，以核心竞争力、资产专用性和技术为主线，建立三维外包战略矩阵模型，如图 2-1 所示，帮助决策某业务是内制还是外包。

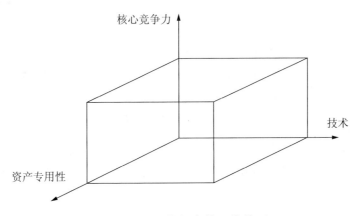

图 2-1　企业外包决策三维模型

为进一步帮助进行外包决策，按待决策的业务相对于企业核心竞争力关联度的大小，将三维矩阵截剖，得到不同的决策结果，如图 2-2 所示。

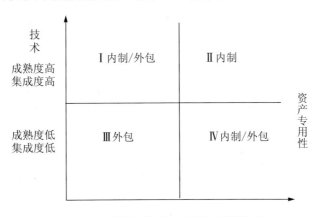

图 2-2　技术与资产专用性决策模型

以图 2-2 为例，业务与企业核心竞争力关联度低，不属于核心业务。在Ⅰ区间中的业务的资产专用性低，说明外部有许多供应商在做该业务；技术成熟度与集成度高，说明企业有能力去做该业务，所以可视情况采取内制和外包两种不同的形式；Ⅱ区间的业务技术成熟度与集成度均高，说明企业在此项业务上技术成熟，较先进。同时，其资产专用性高，交易成本高，暂时不利于外包；Ⅲ区间的业务，其技术成熟度与集成度均低，企业如果自己制造的话会耗费大量人力、物力和财力。另外，该业务的资产专用性低，说明外部有许多供应商可供选择，因此该类业务最适合外包，如许多公司将文件处理服务外包给美国的施乐公司；位于Ⅳ区间的业务，由于资产专用性高，外包有可能面临较高的交易成本，可结合实际情况采用内制或外包形式。

关于核心竞争力与技术、核心竞争力与资产专用性的模型分析，可以仿照上述进行，这里不做赘述。

案例与分析

【案例一】

A 公司的人事外包服务内容

服务项目	服务相关内容明细	质量承诺
员工入职/离职	员工个人材料催收、收集情况的登录签收、办理员工录用、离职的相关手续	收到客户录用或离职通知后，三个工作日内及时通知员工准备相应的资料
社会保险	社会保险开户/转入	督促员工提交材料，材料交齐后赶上第一个缴纳期开始缴纳
	社会保险基数的审核/计算/申报/缴纳/收取保险凭证	按月落实，保证每月准确对账
	养老/工伤/失业/医疗/生育保险政策咨询和领取或享受	保证及时提供员工所在城市最新的保险领取和享受政策，保证员工利益
	社会保险转出	实际截止日提前两天客户通知截止、及时转出保险手续
住房公积金	开户/转入	督促原公积金转入到账
	基数审核/计算/申报/缴纳/收取缴费凭证	按月准确对账
	公积金贷款及支取指导和办理	提供各地及最新贷款及支取指导和政策
	公积金转出	准确对账转出，保证及时到达新账户
工资发放	计算工资项和个人所得税	通过 HRO 系统运行，保证数据计算准确无误
	发工资	
	办理工资卡建卡、挂失和补办	保证发放准确，并及时纳税
社会保险理赔	帮助员工做工伤定级及工伤理赔等事宜	协助员工办理 2 份鉴定手续及相关索赔事宜
	为员工做社会医疗保险的报销手续，开分割单、医保咨询等	全力协助员工进行理赔，并及时告知所需要准备的相关材料

服务项目	服务相关内容明细	质量承诺
服务方式	全国范围内"一对一"服务模式	各地指定的员工服务"一对一"各地外包员工 客户服务主任"一对一"企业 HR 总部
系统自助查询	完全代为录入、建立数据库、及时更新内容 随时随地都可查询全国所有员工的各种信息 员工更方便地了解自己的社保情况 网上代发工资条,保密性更强了	为外包协议中有此项服务需求的客户提供自助系统查询以下信息:公司下属员工及本人的履历信息、历史及社保信息、历史及当前工资信息、变动历史及办理证件进度等
免费电话查询	800 - 820 - 5100 电话查询	通过 800 免费电话,外包员工可在工作时间随时了解和咨询有关个人的社保、档案、薪资信息,让员工得到最直接的信息咨询帮助,同时提出您的宝贵意见和建议
短信服务	通过短信方式通知社保和员工的信息	社保启动和正常缴纳/薪资发放和及时到账/员工生日祝贺等重要通知

资料来源:http://hro.51job.com/osnews/HomePage

分析思考:

1. 人事工作中哪些业务适合外包?

2. A 公司的人事外包经验可否复制到其他公司?

【案例二】

M 公司整体物流外包案例

发包方:

从 1898 年清末的香港广生行到今天的现代化化妆品公司,M 公司历经数代人的努力,走过了百余年的历史,以自行开发、生产、销售化妆品、个人护理用品、家庭保护用品以及洗涤类清洁用品为主营业务,拥有诸多中国驰名品牌,占有很高的市场份额,2005 年主营业务收入达 20 亿元人民币,营销网络遍及全国,是国内最早、最大的民族化妆品企业。

接包方:

D 物流有限公司作为专业的第三方物流供应商,为企业客户提供个性化物流解决方案。它利用遍布全国的区域分发中心(RDC)在 24 小时之内把客户产品送到其销售终端或客户手中(新疆、西藏除外),受到客户的好评。公司业务范围涉及运输、仓储、拆零、分拣、包装、配送和整体物流方案设计。2005 年度被中国物流与采购联合会评为 AAA 级物流企业、2004 年度"中国物流百强企业第 33 强"、2004 年度"中国民营物流企业前10 强"。

外包内容及实施过程：

D 物流同 M 公司合作五年，双方成为战略合作伙伴，开创了整体物流外包的先河。在对 M 公司的物流运作系统各个环节进行全面考察的基础上，D 物流有限公司的物流咨询和运作专家对 M 公司的总体物流成本进行深入分析，确定 M 公司物流系统中：继续维持的部分、可以改善的部分和必须放弃的部分，然后对整体的物流系统从人员、管理、设施和流程方面进行全面整合。

D 物流承担的业务包括：负责每年数万吨、价值 20 亿元的货物运输与中转；在数万平方米的仓库里面管理着四五千种产品和数万个批次的家化产品；准确地根据家化的订单及时发往全国数千目的地。

外包效果及评价：

M 公司通过物流外包获得明显效益，包括：库存大幅度下降，资金周转速度更快，两年降低成本 25%；物流人员大幅度精简；加强了对销售和市场的规范；市场反应也更加迅速，生产和销售的力量更加集中，市场竞争力加强。

此外，在与家化成功进行合作中，可以得到如下经验和启示：

1. 公司内部高层的认可与支持。企业物流的外包由于涉及企业诸多方面的运作模式以及利益的调整和分配，一般很难由中层和基层来推动。物流外包必须由公司高层来认识并推动，并且物流是否外包、外包的进度控制应以提升公司核心竞争力为原则。

2. 匹配的供应商才是最好的。具体说，双方整体战略匹配、双方资源互补、供应商的运作能力的匹配性。在上述基础上对物流供应商严格筛选。

3. 明确识别自身的需求。也就是说，什么业务可以作为整体外包的切入点？什么时间可以外包？外包程度如何把握？相关业务如何调整？如何量化服务要求以考核供应商？这都需要严谨而细致的准备与策划。

4. 采取分阶段措施规避风险。这包括：（1）试运作阶段；（2）分区域外包；（3）先易后难地进行外包。

资料来源：中国服务外包网，http：//chinasourcing. mofcom. gov. cn

分析思考：

1. 请分析 M 公司的这种营销模式。

2. 谈谈物流外包风险应当如何规避。

【案例三】

N 银行的 IT 外包案例

N 银行（以下简称"N 行"）于 1994 年 3 月成立，在关系国家经济发展命脉的基础设施、基础产业和支柱产业重大项目及配套工程建设中，发挥着长期融资领域主力银行的作用。作为政策性银行，N 行资产达三万多亿元，全国有 34 家分行和机构，而员工 4000 多人。N 行是一家批发银行，没有零售业务，在这种模式下人力资源非常有限，资源的合理使用成为一个非常重要的课题。如何把有限的资源最有效地用在企业发展和市场营销方面，成为 N 行的基本管理策略之一。面对该问题，N 行采用将网络外包给国内通信商，硬件外包给某国际著名 IT 企业，核心业务系统和决策管理系统外包给国外软件公司，有关的系统集成和开发则交给国内 IT 公司。IT 外包战略使得 N 行的人民币及外币的结算业务、资金支付、IT 三大部门总共仅有 100 多人，总行 IT 人员只有 30 人左右。通过 IT 外包，N 行在三年内实现了设备的更新，使 N 行的员工成为最大的受益者，与此同时，N 行充分利用专业化 IT 公司在系统建设及维护上的丰富经验，腾出精力集中技术人员从事管理工作，从而收到了很好的效果。

一、存在问题

N 行在 IT 外包上的成功再次印证了 IT 外包战略的优势及必然发展趋势。然而，N 行在引入外包的同时也引进了一些问题。其中包括：①达不到外包的目的。外包公司对 N 行情况不熟悉，两者的磨合期有多长，能否成功跨越磨合期，这些风险会直接影响 N 行的业务。②怎样调动现有 IT 人员的积极性。IT 外包需要借助外部的力量。IT 人员如果不支持，会对整个 IT 业务的运行产生消极的影响。③如何保证银行数据的安全。虽然 N 行的 IT 外包，仅限于 PC 服务器以下的桌面端系统，没有涉及核心系统，但是银行的数据安全至关重要，数据的泄露会给银行带来毁灭性的灾难。

二、解决方案

在控制 IT 外包风险上，N 行采用了对产生风险的各个环节进行控制的理论，首先从 IT 外包实施环境抓起。N 行实施的不仅仅是信息技术的外包（ITO），甚至已经发展到业务流程外包（BPO），实现了业务系统和流程的标准化。而为了配合此项战略的实施，N 行把信息技术部门和后台操作部门归并到一起，组成营运中心，从而在外包之初就把分行推行不下去或管理不到位等推行外包的天然障碍给解除了。其次，N 行以合同方式对承包方进行控制，在不违背有关法律、法规的情况下，要求外包公司严格履约。再者，N 行与外包公司签订协议，实行技术人员的劳务买断，在一定程度上掌握技术人员的管理权。

三、评价

通过 N 行的 IT 外包成功案例我们可以看出，IT 外包优势确实存在，并且极大地促进了企业发展，给企业带来巨大利润。然而，即使是具有良好政策制度的 N 行，在引入 IT 外包的同时，也不免面临 IT 外包带来的推行困难、安全难控、沟通失真等问题。针对 N 行在合同制订上的漏洞，一般理论不再适用。当我们无法通过纸质约束来降低企业面临的风险时，就需要把主要精力放在供应商的选择上，通过选择良好的合作伙伴来降低 IT 外包可能带来的风险。而在供应商的选择上，受大多数文献中绩效评分法的启发，我们可以将影响供应商选择的各种因素按重要程度进行分类，并对竞标的供应商进行打分，从而确定最佳合作伙伴。而在影响供应商选择的因素上，除了大多数文献考虑的承包商的资质、管理能力、技术实力、后续服务等因素外，我们还应注重供应商诚信，本着互利双赢的目的寻求合作伙伴。

资料来源：浅析企业的 IT 外包战略——基于国家开发银行的案例分析，价值工程，2010（11）

分析思考：

1.IT 外包有什么特点？

2.请对 N 银行的 IT 外包做出评价。

小　结

企业进行外包的时候，通过组织控制减少外包的风险并确保外包的益处是确定外包战略，提高外包绩效的关键。从企业实施外包战略的动因来看，主要为了增强核心竞争优势、降低成本、虚拟化运营、提升顾客价值和增强运营灵活性五个方面。在实施外包的过程中，主要有两个因素决定外包是否成功，一是企业是否能够真正识别自身的核心能力；二是在普遍存在信息不对称的市场中，企业是否能找到合适的外包服务承接商，并能实行有效的监督与管理。自身核心能力识别和信息不对称这两方面的因素导致了外包战略存在着先进技术的丢失、不利于交叉技术的发展和对供应商失去控制三种潜在的风险；随着企业外包战略的迅速发展，企业对外包商的选择标准也越来越高，越来越全面，可以从价格、经验、水平、经济实力、名声、服务范围、信誉和质量、企业兼容性、网络这几个方面去衡量。

外包是一项复杂的活动，涉及企业业务流程各个阶段，控制不好就有可能发生问题而产生外包风险，甚至导致外包的失败，所以，就有必要建立一些有效的适合本企业的外包风险防范措施，包括准确界定企业核心能力、定期与供应商进行交流和沟通、建立有效的合同机制、消除与供应商之间的文化差异、共同参与的双赢机制，使风险在每一个环节的可能性降至最低，从而能够保证决策目标最大化。就决策来看，公司必须做出跨越三个方面的决策，即战略层次、战术层次和一般层次，并且可以从方案的可行性、方案的可接受性、方案的可靠性三个方面对外包战略进行评价。

习　题

1. 企业实施外包战略有哪些动因？你认为哪种动因是最重要的？
2. 企业实施外包战略的风险防范机制有哪些？谈谈你对外包风险防范的看法。
3. 从外包商选择标准来看，对于金融服务外包项目，怎样选择合适的外包供应商？

第三章 | 服务外包与职业发展

学习目标

1. 认识服务外包行业的主要特点；
2. 掌握服务外包人才的主要特征；
3. 了解我国服务外包人才的职业发展状况；
4. 把握我国服务外包人才培养政策、培养途径，借鉴国外服务外包人才培养经验。

引 言

职业发展的本质是人的发展，在促进服务外包产业发展的众多因素中，人的发展是关键。我国服务外包产业在发展过程中逐渐呈现出人才数量、质量、结构与企业需求不匹配的情况，诸如人才短缺、结构不合理、人才能力较弱、人才流失严重、人才供给不通畅等问题，人才已经成为制约我国服务外包产业发展的瓶颈。为此，如何培养优秀的服务外包人才、提升人才的职业发展能力成为热门话题。本章主要围绕服务外包产业与服务外包从业人员的职业发展进行学习。

第一节　服务外包产业主要特点

服务外包产业从不同的角度分析有不同的特点，这里所说的服务外包的主要特点是针对服务外包产业自身的特质而进行分析的，一般来说，具有以下六个方面的特点：

一、外包业务专业化

服务外包是企业为了将有限资源专注于其核心竞争力，以信息技术为依托，利用外部专业服务商的知识劳动力，来完成原来由企业内部完成的工作，从而达到降低成本、提高效率、提升企业对市场环境迅速应变能力和优化企业核心竞争力的一种服务模式。用通俗的话来说：做你认为最好的，而把其他业务及服务交给更专业的人去做。

1. 强化核心竞争力的需求造就了外包业务的专业化

随着国际竞争的加剧，越来越多的企业认识到核心能力是企业竞争的基石，而外围业务的剥离将有助于企业将更多力量放在培育和增强其核心竞争力。因此，企业的外围业务的成为接包方竞争的对象，只有那些具有专业化的接包方才有可能在竞争中获胜。在此需求下，接包方的专业化程度越来越强，推动了服务外包产业发展。

2. 降低成本的企业内在需求促进了外包业务的专业化

哥伦比亚大学学者 Bajpai 进行了一项对外包的调查，70％的被调查公司开展外包的首要原因是降低成本，其他的原因依次为提高产量、利用海外劳动力、获得更好的技术和系统以及提高服务水平等。降低成本是企业经营最为内在的需求，只有专业化的服务才能控制成本，降低成本。

3. 国际产业转移与国际分工促成了外包业务的专业化

随着全球一体化经济发展，国际产业在全球不同地区间转移，国际分工成为必然。各国各地区的企业根据自身优势、区域优势，逐步形成自身的发展特色，奠定了服务外包专业化的基础，为外包业务的开展准备了条件。

二、外包产品高附加值

调查数据显示，制造业来料加工的增值部分大约是总规模的 2％—3％，最高不超过 5％，在中国服务外包的毛利率 8 至 10 倍于传统制造业。

1. 产品附加值

产品附加值指通过智力劳动（包括技术、知识产权、管理经验等）、人工加工、设备加工、流通营销等创造的超过原辅材料价值的增加值，产品附加值有高附加值和低附加值之说。高附加值产品指智力创造的价值在附加值中占主要比重，具有较高的价值增长与较高经济效益，产品拥有高额利润。而低附加值产品是指智力创造的价值在附加值中占次要比重。

2. 服务外包产品附加值

服务外包产品具有高附加值的特点。我们以"微笑曲线"理论来说明这个问题。微笑曲线（Smiling Curve）是宏碁集团创办人施振荣先生，在 1992 年为了"再造宏碁"提出了有名的"微笑曲线"（Smiling Curve）理论，如图 3-1 所示。

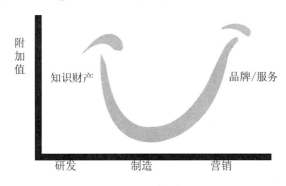

图 3-1　微笑曲线

微笑嘴型的一条曲线，两端朝上。在产业链中，附加值更多体现在两端，即"研发"和"营销"，处于中间环节的"制造"附加值最低。微笑曲线左边的"研发"，属于全球性的竞争；右边的"营销"，主要是当地性的竞争。当前制造产生的利润低，而研发与营销的附加价值高，因此产业未来应朝微笑曲线的两端发展，也就是在左边加强研发创造智慧产权，属于服务外包的 ITO、KPO 范畴，在右边加强客户导向的营销与服务，属于服务外包的 BPO 范畴。

三、外包服务知识密集

服务外包产业整体属于知识密集型产业，外包服务过程需要从业者拥有多方面的知识。我们可以从以下两个方面认识外包服务知识密集的特点：

1. 从服务外包层次看知识密集的特点

现代服务外包整体具有高附加值、高科技含量、高知识品位等特点，其业务的相对知识密集程度和技术含量高低还存在着差异。按照知识密集程度，服务外包可分为高端、中端和低端服务外包。通常，研发设计服务、知识产权等咨询服务属于高端服务外包，信息系统服务、人力资源服务等属于中端服务外包，报表业务、简单的数据录入与处理等服务属于低端服务。我们可以简单得出结论，越高层次的服务外包，其知识密集程度越高。

2. 从知识密集型服务业（KIBS）看知识密集的特点

"知识密集型服务业"是 Knowledge Intensive Business Services 的简称，也缩写为"KIBS"或"知密业"。它最早于 1995 年由欧盟提出，是指称那些技术密集、人才密集及知识密集为一体的、高附加值的服务业。目前在欧美发达国家，在 GDP 中服务业的比重已经超过了 70％。而"知密业"则是服务业中比重最大、增长最快的一块。服务外包行业整体属于知识密集型产业，需要从业人员具有多方面的复合型知识。美国商务部将知识密集型服务业界定为提供信息服务、财务咨询、研发与技术服务、网络服务、环境保护、生物科技、节能技术、运输仓储、传媒、进出口贸易、通信、国际化服务等组织。经合组织（OECD）则将知识密集型服务业分为运输仓储及通信类、金融保险不动产类、工商服务类、社会及个人服务类等。从分类可以看出，知识密集型服务业很大程度上包含服务外包产业，反过来讲，服务外包产业具有知识密集的特点。

四、外包能源消耗低

美国著名记者托马斯·弗里德曼在他的畅销书《世界是平的》中说："在这个因信息技术而紧密、方便的互联网时代里，全球市场、劳动力和产品都可以被整个世界共享，一切都有可能以最有效率和最低成本的方式实现。实现的途径，就包括服务外包。""最低成本"意味着能源消耗低。

1. 服务条件的低能耗

与制造业相比，服务外包行业不需要占用很大的土地资源，不需要建大工厂，没有大型耗能设备。服务外包只需要办公室、互联网、相应工作平台，工作环境生态化、人性化，属于绿色产业。

2. 服务过程的低能耗

外包的服务过程以产品设计、研发、营销、策划等为主，不产生大量碳排放，污染小，属于低碳经济。

3. 服务产品的低能耗

服务产品往往以非实物形式存在，往往以软件程序、产品设计图、营销方案、策划方案、咨询服务方案等形式体现，与制造业相比，能耗基本可以忽略。

五、外包服务跨域化

托马斯·弗里德曼将外包列为铲平这个世界的十大"推土机"中最强有力的一台。世界正逐渐走向平坦，政治的分立阻碍不了经济的一体，跨域经济社会活动成为必然。

1. 地域的跨域

在全球化经济背景下，国内市场和国际市场的界限逐渐模糊，外包流程分解的地域范围更趋全球化。目前国际上开始用"全球分包"（Global Sourcing）这一比较中性化的概念取代外包和离岸外包。

然而，当今世界"全球化"并不彻底，如劳动力在各国之间流动仍存在很多限制和障碍，各国之间的工资率存在一定的差异。在资源配置全球化不彻底的条件下，在不同发展水平的国家间势必会形成以劳动报酬差异为导向的"成本洼地"，企业必然会将部分业务向劳动力丰厚成本较低的国家和地区转移，促成了外包的全球化，跨地域外包特点非常明显。

2. 文化的跨域

文化的跨域表现在多个方面，也会带来众多冲突。从地域范围讲，不同国家、地区间区域文化、观念理念、语言障碍等方面存在文化差异，而服务外包特点决定了外包合作势必在不同的文化中进行，形成了文化的跨域；从企业角度讲，不同的企业开展服务外包合作，存在价值观、战略决策等企业文化差异，不同的企业要开展合作，必须在不同的文化中相互适应，当然，在合作中也会相互影响各自的文化；从员工的角度分析，员工的宗教信仰、个人爱好、生活习惯也存在差异，在服务外包工作中相互影响，相互融合。总之，文化跨域是大势所趋，相互磨合是解决文化跨域的基础，相互学习是形成文化认同的前提。

3. 思维的跨域

思维的跨域是文化跨域的延伸，不同的文化有不同的思维方式，不同的思维方式导致不同的结果。服务外包的解决方案在不同的文化中思维，会产生不同的解决方法，正如俗语说"条条大路通罗马"。思维的跨域为我们带来了思想的碰撞，我们要在思维的跨域中学会换位思考。

六、外包平台信息化

信息技术特别是网络技术的发展，使服务外包从可能成为现实。信息技术的进步，不仅改变了许多服务的提供方式，而且使信息更加便于收集、甄别、处理、储存和传送，降低信息处理的传递成本，刺激直接建立在信息技术基础上的服务外包加速发展。

1. 信息化使得服务外包成为可能

互联网在从 WEB 1.0 发展到 Web 2.0，再发展到 Web 3.0 的过程中，逐步走向开放、协同和智能化。互联网和信息技术的发展，为服务外包的发展提供了新的平台和新的手段，使得贸易变得便捷化、全球化，跨国交易成为可能，全球先进的服务手段和服务方式在贸易中交流和推广，企业的核心业务在信息化平台中跨国贸易，快速发展，服务外包的边界得到拓展，经营手段发生革命性的变革。信息化使得服务外包成为可能。

2. 信息化促进了服务外包的发展

建立在信息化平台上的服务外包大幅降低了市场的交易成本，企业市场占有率和业务规模在离岸外包的形势下得到扩张。企业合作伙伴的选择范围不再局限于区域，而是扩张到全球，信息化打破了区域壁垒，让服务外包变成现实，让全球变得平坦。服务外包在离岸外包和在岸外包的基础上，信息化促进了服务外包向"众包"的方向发展。"众包"指的是一个公司或机构把过去由员工执行的工作任务，以自由自愿的形式外包给非特定的（而且通常是大型的）大众网络的做法。众包的任务通常是由个人来承担，但如果涉及需要多人协作完成的任务，也有可能以依靠开源的个体生产的形式出现。我国的"人人猎头""拍拍赚""易到用车""微差事"等，都属于众包的案例，这些都是在信息化发展到一定阶段产生的新的外包形式。所以说，信息化促进了服务外包的发展。

第二节　服务外包人才特征

人才问题正成为当前我国服务外包领域炙手可热的话题之一。在 2012 年 5 月 28 日与中国（北京）国际服务贸易交易会平行举行的中国服务外包人才培养国际论坛上，教育部副部长鲁昕表示："近年来，我国服务外包产业发展迅猛，但与之相对应的却是人才短缺，这已成为一对矛盾，制约了服务外包产业的发展。"

服务外包产业到底需要什么样的人才？服务外包人才具有哪些典型特征？这是我们讨论人才需求的前提。

一、人才结构的金字塔特征

服务外包人才结构呈"金字塔"形状，主要由三部分组成：第一部分为高端人才，处于塔尖，主要从事系统分析、架构设计、技术研发、高端咨询和解决方案设计外包服务；第二部分为中端人才，处于塔中，主要从事系统设计、项目管理、数据库管理等外包服务；第三部分为低端人才，处于塔底，主要从事程序开发、数据处理、分析、测试等外包服务，见图 3-2。

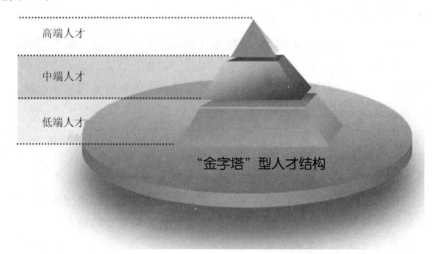

图 3-2　服务外包人才金字塔结构

1. 高端人才

高端人才主要负责开拓市场，参与国际服务外包竞争，是外包企业的领军人物和决策的制定者和组织愿景的构建者。他们熟悉客户语言和文化背景，精通国际服务外包行业规则，了解国际企业运作管理模式，对世界前沿的技术动态和发展趋势有较高的敏感度，并热切关注整个服务外包行业的发展方向。我国的服务外包企业规模较小，很难直接接触原发包市场，尤其是利润率较高的欧美市场，缺乏熟悉国际服务外包市场的高端人才是主要原因。高端人才的培养需要时间、需要市场、需要实践，需要时间的打磨、项目的积累、经验的积淀。

2. 中端人才

中端人才即企业中的项目经理、中层骨干等人才。他们具有很强的沟通和团队领导能力，具备丰富的管理知识和实践经验，对行业发展动态和市场也很熟悉，了解客户需求，能够对项目进行系统分析、模块化分析，协调各种资源并掌握项目进度和质量控制。我国的外包企业规模、外包订单规模都相对较小，每一个订单都需要有管理人员直接组织实施，使得我国服务外包产业所需的管理人才数量不断增长。精通外语、善于管理、掌握技术的具备复合型特征的中端人才成为国内外包企业最为短缺的人才。

3. 低端人才

所谓的低端人才，是相对于中高端人才而言的一线技术人才，技术人才是外包企业的基础，他们是外包业务真正的实施者。由于服务外包产业涉及的行业比较广泛，金融、物流、软件等行业都有所涉猎，这使得外包技术人才的能力需求因为所处行业不同而各不相同。他们年轻有朝气、有初步产品开发经验和基本行业知识，能与团队成员和项目经理共同完善设计方案，有较强的专业技术能力和表达能力，他们是未来服务外包产业的生力军。

二、知识储备的多样性特征

随着国际服务外包行业的技术水平逐渐提高，知识密集型服务外包兴起，许多企业不仅将数据输入、文件管理等低端服务转移出去，而且还将风险管理、金融分析、研究开发等技术含量高、附加值大的业务外包出去。这就要去服务外包从业人员需要具备多方面的知识，以满足客户的不断增长的需求。

1. 专业知识

专业知识是指一定范围内相对稳定的系统化的知识。对于从事专业技术的人来说，自然需要熟悉和掌握基本的专业知识体系。

以软件服务外包为例，人才必须具备以下三种知识储备：一是熟练使用或开发软件及信息网络的知识；二是软件服务外包领域的基础知识，如外包业务开展过程中的基本原则、交付工具的使用等；三是项目涉及专业领域的知识，如承接金融信息化外包业务的人才，就需要具备金融管理方面的知识，如国际结算、外汇管理、金融衍生产品等知识。

2. 行业知识

服务外包面向行业解决实际问题，可以面向本行业，也可以是面向其他行业。因此，行业知识包括本行业的相关知识和跨行业的相关知识。本行业的相关知识是专业知识的补充和完善，是站在行业的高度对专业知识的更高层次的把握。跨行业的相关知识是在本行业之外，面向发包行业的相关知识，是为更好地解决客户实际问题的必备知识。

如知识流程外包中的产品设计外包，从业人员不仅要懂得产品设计这个行业的知识，如时下流行色、造型设计技巧、产品发展动态等行业知识，也需要掌握发包方所处行业的相关知识，如行业发展动态、行业技术前沿、客户心理需求等知识。

3. 文化常识

服务外包来源于全球产业分工，依赖于全球经济发展，全球分包已经成为服务外包的特征，如前所述，服务外包的跨域特征鲜明。不同文化之间开展了广泛的外包合作，要求从业人员了解和掌握基本的文化常识，避免因禁忌不同带来的合作障碍，因习惯差异带来的沟通不畅，因价值观差异带来的不愉快。因此，掌握基本的文化常识，是开展良好的外包合作的基础，是推动合作走向纵深的润滑剂。

知识储备的符合性要求从业人员必须加强各类知识的学习，并逐步形成知识系统，以应对更高层次的服务外包需求。

三、职业技能的复合性特征

服务外包属于知识密集型和技术密集型产业，要求既具备有一定的理论基础，又具有良好的实战操作能力的复合型人才，职业技能的复合性是服务外包人才的一大特点，要求从业人员不仅具有专业技能，还必须具有专业技能之外的职业核心能力。

（一）专业技能

1. 外语应用能力

服务外包岗位中的跨文化的语言是服务外包双方沟通交流的主要载体，直接影响双方的交流效率和效果。服务外包从业人员须运用外语处理外包业务中的一般性外语技术资料，具备用外语与客户进行基本信息表达与交流的能力；在外包项目运营过程中，能够与发包方进行业务沟通和项目协调的外语技能，能够正确理解服务外包项目中的有关外语资料，根据外包项目撰写电子邮件及有关技术报告等。

英语等国际通用语言是服务外包从业人员必须掌握的语言，除此之外，目前市场上对于"小语种"的需求较大，如果从业人才在掌握一门国际通用语言的基础上，再掌握一门"小语种"，将更具有竞争力。

2. 信息技术应用能力

服务外包基于信息网络技术，信息承载度高，其服务性工作（包括业务和业务流程）通过计算机操作完成，并采用现代通信手段进行交付，要求从业人员熟练掌握计算机应用软件、网络、企业管理信息系统等工具和环境，具备较强的计算机基础知识和应用能力。

3. 专业技能

服务外包不同的行业、不同的专业、处于不同的人才层次的人员需要不同的专业技能。

低端从业人员处于工作一线，他们的工作分工处于分工末端，专业化特性强，需要专门技能完成本职工作。

中高端从业人员还需要一定的服务外包营销能力：能识别和分析国际市场服务外包机会，选择目标市场，并根据目标市场的特点制定相应的营销策略；一定的战略规划能力：能对服务外包创业项目面临的环境进行正确全面的分析，并根据分析结果对项目运营做出正确的战略选择与规划；一定的服务外包企业家才能：具备一定的创新意识、冒险精神、胆识、眼光、敬业、诚信、学习、勇于承担责任、团结协作、组织管理等方面的企业家才能；一定的公共关系处理的能力：具备公关意识，能依靠有效的沟通与关系处理及相应的传播媒介，处理好与服务外包客户、政府、社区、媒体等之间的关系，能帮助服务外包企业树立良好的企业形象、企业文化，具备一定的危机公关处理能力。一定的服务外包分析及预测能力：能在工作和生活中遵循市场经济的规律，并能运用经济学相关原理及方法对国际市场进行分析，做出基本合理的判断。

（二）职业核心能力

职业核心能力是专业技能之外的基本能力，它适用于各种职业，能适应岗位不断变换，是伴随人终身的可持续发展能力。德国、澳大利亚、新加坡称为"关键能力"，在我国大陆和台湾地区，也有人称它为"关键能力"；美国称为"基本能力"，在全美测评协会的技能测评体系中称为"软技能"；香港称为"基础技能""共同能力"等。

1. 职业核心能力的内涵

1998 年，我国劳动和社会保障部在《国家技能振兴战略》中把职业核心能力分为 8 项，称为"8 项核心能力"，包括与人交流、数字应用、信息处理、与人合作、解决问题、自我学习、创新革新、外语应用等。

从其内涵和特点划分，职业核心能力可分为方法能力和社会能力两大类：

方法能力是指主要基于个人的，一般有具体和明确的方式、手段、方法的能力。它主要指独立学习、获取新知识技能、处理信息的能力。方法能力是劳动者的基本发展能力，是在职业生涯中不断获取新的技能、知识、信息和掌握新方法的重要手段。职业方法能力包括"自我学习"、"信息处理"、"数字应用"等能力。

社会能力是经历和构建社会关系、感受和理解他人的奉献与冲突，并负责任地与他人相处的能力。它是指与他人交往、合作、共同生活和工作的能力。社会能力既是基本生存能力，又是基本发展能力，它是劳动者在职业活动中，特别是在一个开放的社会生活中必须具备的基本素质。职业社会能力包括"与人交流"、"外语应用"、"与人合作"、"解决问题"、"革新创新"等能力。

2. 服务外包中职业核心能力的应用

服务外包行业具有跨地域、跨行业、跨文化的特点，对从业者的职业核心能力提出了很高的要求。学习和提升职业核心能力，不是为了适应岗位的不断变化，而是为了在服务外包跨域的环境中，能够更好地适应岗位需求。

"与人交流"、"与人合作"、"解决问题"、"革新创新"等社会能力在服务外包业务洽谈、客户沟通、营销策划、争端解决、方案创新等方面发挥着重要作用。无论人才处于"金字塔"结构的哪一层次，社会能力不可或缺，没有职业社会能力就没有合作，没有合作就没有服务外包。可见，职业社会能力在服务外包中具有影响性甚至是决定性的作用。

"自我学习"、"信息处理"、"数字应用"等方法能力主要侧重于个人提升的角度。服务外包从业人员需要不断加强学习，以"复合型"人才为目标，不断提高知识技能水平，才能更好地开展外包服务。

四、沟通交流的国际化特征

服务外包行业的全球化特征非常明显。因此，对从业人员的全球化视野提出了较高的要求。全球化视野形成的前提，是对各国企业和组织的不同的文化背景、思维习惯、行为模式进行深入的了解。而要想深入了解，首先要求的就是跨文化的沟通与交流能力。

具体而言，服务外包行业人才沟通交流的国际化特征体现在以下方面。

1. 在国际化视野下沟通交流

国际化视野能够从宏观上将国际的、跨国的文化尽揽眼底，具有与国际对接、交往和沟通的能力。具有国际化意识和胸怀以及国际一流的知识结构，视野和能力达到国际化水准，在全球化竞争中善于把握机遇和争取主动。

2. 在掌握国际惯例中沟通交流

国际惯例是国际习惯和国际通例的总称，世界通行的做法，在效力上是任意性和准强制性的混合，是在国际交往中逐渐形成的不成文的法律规范。国际贸易惯例是为某一地区、某一行业的人们所普遍遵守和接受的，偶然的实践不能成为国际贸易惯例，这是国际贸易惯例的客观特征。这里的普遍遵守和接受并不要求人人都理解和接受，而只要从事这一行业的大多数人都已经知道和接受即可，就可以推定其他人理应知道这种惯例的存在。

因此，掌握国际惯例，尽早融入国际习惯，能够减少服务外包中的障碍，促成服务外包的发展。

3. 在跨文化下沟通交流

跨文化沟通能力指管理者在不同的文化里，能有效地与来自不同国家和文化背景的人沟通的能力。

有效的跨文化沟通的目标是实现文化认同，实现沟通各方对彼此文化予以足够的理解、承认和尊重，保证组织事业在不同的文化背景中蓬勃发展。为了实现这一目标，在实际沟通过程中，沟通各方对对方文化要有一种宽容、积极的态度。积极的心态在于保持自己的文化特色和优势，但又不侵犯对方文化。学习沟通对象的文化、习惯、价值观、思维方式和心理特点等，正视文化的差异，保持积极沟通的心态，寻找机会亲身体验不同文化的差异，必将促进有效的跨文化沟通。

五、个人素养的职业化特征

个人素养是在个人素质的基础上，通过训练和实践而获得的技巧或能力。个人素养体现在生活中的就是个人素质或者道德修养，体现到职场上就是职业素养。个人素养是个人素质的体现，二者相辅相成。我们在研究个人素养的时候，先从个人素质谈起。

1. 能力素质模型冰山理论

能力素质模型冰山理论认为，支持一个员工获得业绩的"能力素质模型"由 6 个要素构成，如图 3-3 所示。

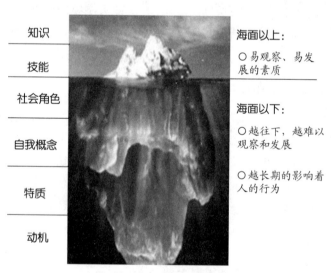

图 3-3　能力素质模型冰山理论

（1）知识：一个人在某一特定领域拥有的事实型与经验型信息。

（2）技能：结构化地运用知识完成某项具体工作的能力。

（3）社会角色：一个人基于态度和价值观的行为方式与风格。

（4）自我概念：一个人的态度价值观和自我印象。

（5）特质：个性身体特征对环境和各种信息所表现出来的持续反应。

（6）动机：一个人对某种事物持续渴望进而付诸行动的内驱力。

"能力素质模型冰山理论"认为，知识和技能只是浮在水面上的冰山一角，较容易发现和测量，而社会角色、自我概念、特质和动机（职业素养的四大要素）则是冰山的底部，尽管难于被发现，却对表面的行为有很大的直接的影响。越往冰山的底部，其可察觉程度就越难，对绩效的影响却越长远。驱动一个人取得良好绩效的不仅仅是冰山下面的部分，具备必要的知识结构，掌握一定的职业技能也是必要条件。

2. 素质要求的差异性

以 ITO 人才素质要求为例：对于初级软件工程师来说，理解力、记忆力、推理和判断的能力是最关键的；对于团队负责人来说，信心、毅力、忍耐、直觉以及合作精神都是需要具备的。项目经理层级的人员就要具备灵商（SQ）了，所谓的灵商就是要有顿悟力、直觉思维能力、价值观、生命取向以及格局观察力；逆商（AQ）是技术总监或者部门经理必须具备的，适应力、抗挫力、减压力、逆境转划顺境的心态都是不可或缺的。到了 CEO 层面的人，那么他们生命的价值不是用时间而是用深度维度来衡量，如图 3-4 所示。

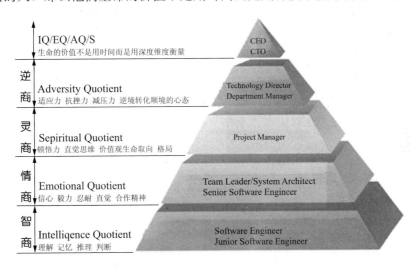

图 3-4　ITO 行业对不同层级人才的素质要求

3. 服务外包从业人员必备的职业素养

（1）像老板一样专注

作为一个一流的员工，不要只是停留在"为了工作而工作、单纯为了赚钱而工作"等层面上。而应该站在老板的立场上，用老板的标准来要求自己，像老板那样去专注工作，以实现自己的职场梦想与远大抱负！

（2）学会迅速适应环境

在就业形势越来越严峻、竞争越来越激烈的当今社会，不能够迅速去适应环境已经成了个人素质中的一块短板，这也是无法顺利工作的一种表现；相反，善于适应环境却是一种能力的象征。

（3）化工作压力为动力

压力，是工作中的一种常态，对待压力，不可回避，要以积极的态度去疏导、去化解，并将压力转化为自己前进的动力。人们最出色的工作往往是在高压的情况下做出的，思想上的压力，甚至肉体上的痛苦都可能成为取得巨大成就的兴奋剂。

（4）善于表现自己

在职场中，默默无闻是一种缺乏竞争力的表现，而那些善于表现自己的员工，却能够获得更多的自我展示机会。那些善于表现自己的员工是最具竞争力的员工，他们往往能够迅速脱颖而出。

（5）低调做人，高调做事

工作中，学会低调做人，你将一次比一次稳健；善于高调做事，你将一次比一次优秀。在"低调做人"中修炼自己，在"高调做事"中展示自己，这种恰到好处的低调与高调，可以说是一种进可攻、退可守，看似平淡，实则高深的处世谋略。

（6）设立工作目标，按计划执行

在工作中，首先应该明确地了解自己想要什么，然后再去致力追求。一个人如果没有明确的目标，就像航船没有罗盘一样。每一份富有成效的工作，都需要明确的目标去指引。缺乏明确目标的人，其工作必将庸庸碌碌。坚定而明确的目标是专注工作的一个重要原则。

（7）做一个时间管理高手

时间对每一个职场人士都是公平的，每个人都拥有相同的时间，但是，在同样的时间内，有人表现平平，有人则取得了卓著的工作业绩，造成这种反差的根源在于每个人对时间的管理与使用效率上是存在着巨大差别的。因此，要想在职场中具备不凡的竞争能力，应该先将自己培养成一个时间管理高手。

（8）自动自发，主动就是提高效率

自动自发的员工，善于随时准备去把握机会，永远保持率先主动的精神，并展现超乎他人要求的工作表现，他们头脑中时刻灌输着"主动就是效率，主动、主动、再主动"的工作理念，同时，他们也拥有"为了完成任务，能够打破一切常规"的魄力与判断力。显然，这类员工才能在职场中笑到最后。

第三节　我国服务外包人才职业发展状况

在我国产业结构调整，经济增长方式转型升级的背景下，我国服务外包产业逐步发展壮大，服务外包从业人员快速增长。2007 年，我国服务外包从业人员达到 42.7 万人，2011 年，服务外包从业人员已经达到 318 万人。服务外包产业的发展为人才的成长提供了空间。

一、服务外包人才现状

1. 人才数量增长

"十一五"以来，我国服务外包的整体规模、企业数量、从业人员数量都大幅度增长。"十二五"开局之年，我国企业承接服务外包合同执行额 323.9 亿美元，同比增长 63.6%，其中，承接国际（离岸）服务外包合同执行额238.3亿美元，同比增长65%，比上年提高22个百分点，相当于2007年的11.4倍，占全球的23.2%，比上年提高6.3个百分点，成为仅次于印度的第二大离岸服务外包承接国。2011年，全国服务外包企业16000家，相当于2007年9.2倍；从业人员318万人，相当于2007年的7.4倍，见表3-1、图3-5。

表3-1 2007－2011年我国服务外包企业数量、从业人员、离岸合同执行金额

年份	服务外包企业数量（家）	服务外包从业人员（万人）	离岸合同执行金额（亿美元）	离岸合同执行金额年增长率（%）
2007	1731	42.7	20.94	—
2008	3301	52.7	46.9	123.97
2009	8948	212	101	115.35
2010	12706	232.8	144.5	43.07
2011	16000	318	238.3	64.91

资料来源：IDC

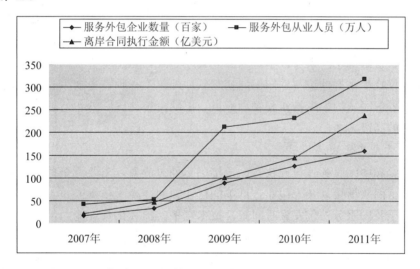

图3-5 2007－2011年我国服务外包企业数量、从业人员、离岸合同执行金额

2. 人才结构不合理

人力资源既是我国开展服务外包的优势，也是制约服务外包发展的主要因素。我国虽然人力成本低，人力资源总量大，但许多从业人员难以胜任外包项目，特别是欧美的服务外包项目，主要原因是我国大中专毕业生的外语能力和基本商务技能普遍较低。在传统应试教育的影响下，中国学生在学习了十多年的外语后，仍不具备外语应用能力，在外包项目中难以与海外公司沟通。国内本科生素质相对较高，第二专业技能不足。毕业生不能适应企业的岗位需求，需要企业"回炉"培养，对于利润日趋微薄、人员流动率高的服务外包企业来说，这已经成为企业负担和两难的选择。

随着我国人才供应总量的增长，我国服务外包人才的结构开始发生变化，大批高校毕业生充实了行业的人才储备，服务外包领域的人才结构由"橄榄型"向"金字塔型"转变，具有国际市场运作经验和管理能力的高端人才特别是项目经理的缺口明显加大。

二、服务外包人才需求

目前服务外包产业面临人才短缺、结构性矛盾突出，招人难、留人难的问题，人才需求主要体现在数量和质量两方面。

1. 人才总量缺口较大

到 2013 年，全球的服务外包收入将从目前的每年 800 亿美元增长到每年 1200 亿—1500 亿美元。而在 10 年之后，全球的服务外包市场将达到 150 万亿美元的规模，这对中国的服务外包来说是一个巨大的商机。从服务外包的人才总量上看，我国人才缺口较大，"十一五"期间我国服务外包人才缺口每年约为 50 万人，并且以每年 20% 的速度递增。"十二五"期间这一缺口数量或许将突破 260 万人。以苏州为例，按照苏州市"十二五"时期服务外包离岸执行额年均增长率保持在 40% 以上的目标，每年需要增加大学生 5 万人左右充实服务外包产业。各类服务外包人才需求缺口较大，实用复合型人才供求矛盾突出，尤其是熟练的程序架构师、分析师等高层经理级人才不足。苏州工业园区由于毕业生普遍缺乏外语沟通能力、团队协作经验和实践操作能力，企业只能以高成本招聘有工作经验的人才，某种程度上企业负担增加。现在企业定单不发愁，只是缺少合格人才。目前，外包人才的缺口从结构层次来看，不是局部的人才短缺，而是全方位的供应不足。国内软件外包行业不仅缺少掌握外包基础知识的初级软件外包工程师，也缺少具有外包项目实战经验，能带领外包团队的中级技术和管理人员，更缺少精通国际外包行业规则，具有国外市场开拓能力的高级人才。

2. 高端人才尤其短缺

从国际经验和中国服务外包现状看，承接国际外包业务，需要有全球的战略眼光，能够带领大型技术团队承接复杂外包业务订单的行业领袖、高级技术人才、管理人才和国际营销人才。由于我国服务外包发展时间短，技术水平、国际化管理能力与印度等国家相比差距较大，尤其是高端人才的缺乏，成为制约我国服务外包产业高端化、规模化、国际化发展的瓶颈。中高端的人才的缺乏和目前中国服务外包发展现状有一定的关系。我国服务外包发展时间短，技术水平、国际化的管理能力比较低。从企业的角度上看，企业规模、本土企业实力相对来说是也较弱，难以吸引和积累高水平的人才。而人才引进需要投入较大的财力、精力和时间，对企业来说是不小的负担。

3. 人才能力有待提升

一是外语能力较弱。毕业生的外语水平不能满足企业承接境外业务的要求，小语种的缺乏也影响了与发包方的直接交流。二是技术能力不强。目前，国内培养的技术型人才主要局限在计算机语言领域，掌握商业智能、大型数据库技术的等中高端开发型人才相对缺乏，制约了软件外包高端业务发展。三是适应服务外包发展需求的复合型人才偏少。语言与技术、技能与素养往往不能在人才上有效融合，形成了矛盾。

4. 人才稳定性不强

苏州、成都、合肥的企业普遍反映，人才招聘难、留人难。成都服务外包行业平均流动率约为 12％。中国企业尚未能建立一种培养人才、保留人才的激励机制。据调查，国内大多数企业设置有人力资源部门，但是能在招、用、育、留等环节中充分发挥人力资源调节器作用的企业却不多。大多数企业，一味强调降低成本，忽视人才结构的科学配置，无法将人力资源优化配置。另外，国内企业在培训经费方面投入较低，占销售收入 0.5％以下的企业达 54.12％，低于国际知名企业 8％－10％，而且缺乏服务意识、评价能力和监督能力。因此，外包企业在企业文化、用人机制和激励机制等方面的欠缺是导致人才缺失的直接原因。

三、服务外包人才发展之路

随着世界经济的发展，国际服务外包规模不断扩大，服务外包人才需求出现新动态。为了适应服务外包人才发展的需要，应从多方面入手，构建中国服务外包的人才储备，拓展发展空间。

1. 从政府入手，制定全面的人才培养计划

发展服务外包是中国面临国内外环境变化和机遇的一项重要选择。我国政府清醒地意识到，服务外包产业的发展不仅靠低廉的劳动力成本，更重要的是为外包企业提供创造科学发展的各种环境。因此要采取多种措施，从资金、税收等方面积极扶持服务外包产业，加快对服务外包从业人员的系统培养和岗位培训。

在人才培养和引进方面，政府应发挥引导和扶持作用，支持和鼓励服务外包人才的培养和储备，保障服务外包人才的基本权益，提供人才流动机制，推动人才制度的全面改革。2007 年，仅国家中央财政对服务外包人才培养投入的资金已逾亿元，2008 年又成倍增长。2010 年实现全国拥有各类服务外包专业领军人才、骨干团队、从业人员以及高等院校中与服务外包企业对口衔接人才 200 万人规模的建设目标。为此，政府需要改变人才引进战略，加大职业技术教育，重视双语人才、软件人才的培养，鼓励和扶持外包企业内部的员工培训工作，并将其管理与一般的教育培训管理进行区分。

2. 从企业着手，完善服务外包人才激励机制

未来 5 年，中国服务外包人才培训市场容量将保持 22％以上的增长速度。相对于技术性、基础性、一般性工作人员而言，推动服务外包整体产业发展所需人才，是整合产业和推动产业升级的管理人员。主要表现为两大种类的人才需求，一种人才，既要懂得发包方企业和地区文化，又要精通国际商务、熟悉国际市场规则和拥有广泛商业资源的国际人才，这种人是承揽外包业务的开拓者，是沟通和协调发包方和接包方的桥梁和纽带；另一种人才，完全能理解发包企业文化、工作要求、业务流程，能够有效组织团队、项目管理经验的中层管理人员，这种人是有效组织和保质保量完成工作的中坚力量。

提高企业在国内外的影响力和形象，学习国外人才培养的经验。例如，菲律宾凭借其在语言、人才、文化方面的优势，大力发展服务外包行业，2010 年服务外包业务增长 23％，其话务服务行业营业收入达到 63 亿美元，超越印度成为全球最大的话务中心服务外包国家，预计到 2016 年其信息技术服务外包行业年收入将翻番，达到 250 亿美元，占全球市场 10％的份额。我国服务外包企业同样需要建立保留、培养人才的激励机制，发掘每个人的潜力，使每个人在工作中不断增加人力资本的价值。

3. 从社会入手，提升服务外包产业的社会认知度

到 2020 年，如果我国需要培养 1000 万服务外包人才的话，那么，从"十二五"规划开始，每年最少需要培养 100 万才能完成。而这些人才培训，不能光靠大中专学生，也要靠中国的国有企业、三资企业和中小型企业。

服务外包对业务流程知识的要求，考验着外包服务商的能力，客户外包服务协议中的专业性与灵活性十分重要，只有那些在外包服务以及客户所在行业都具规模、经验和能力的服务提供商，才能获得可持续的成功。因为，服务外包发包商的目的，在于集中自己的现有资源和精力发展核心业务、开拓新的经营空间；外包已经从单纯降低人力成本向获取人才、开发新产品、新业务方向转变，服务外包交易的结构变得复杂，战略成果备受关注。

总之，面对我国服务外包人才需求不足的困境，中国企业存在着服务外包人才、规模、经验上的瓶颈。突破这个瓶颈的方法，离不开人才培养，更离不开对市场需求的调研，只有掌握和解决服务外包人才供求双方的平衡，才能实现服务外包人才市场全方位发展的目标。

四、服务外包人才标准构建

"国际服务外包从业人员标准（International Service Outsourcing Career Certification）"简称"ISCC"，是国家商务部、教育部委托国家服务外包人力资源研究院制定的面向服务外包产业的从业人员标准，它的问世，填补了我国服务外包产业在人力资源研究方面的空白。

（一）ISCC 标准的产生

ISCC 依据国际服务外包产业的人才需求，通过建立服务外包从业人员的职位规范和知识技能的标准描述体系，提高中国服务外包产业人才培养的质量，降低企业用人成本，推进服务外包人才培养的规范化、规模化，为中国服务外包产业健康发展提供支撑。

1. ISCC 的制定过程

ISCC 的制定过程是指在国际典型的发包企业和接包企业参与下，对服务外包中涉及的典型职位进行归纳、总结和规范描述。并在此基础上，通过梳理不同职位对应的知识体系，明确了胜任该职位工作应当掌握的知识与技能，并给出对应的考核与评估方法。然后，根据企业、高校的反馈以及产业发展实际情况进行持续更新，同时为高等院校和企业开展服务外包从业人员的培养、培训、考核和个人职业发展提供参考和指南。

2. ISCC 平台模式

ISCC 依托开放式、国际化、多方参与、持续更新的 ISCC 标准制定与更新模式，形成国际范围内企业、高校、政府以及个体从业者等多方参与、交流和互动的平台，如图 3-6 所示。

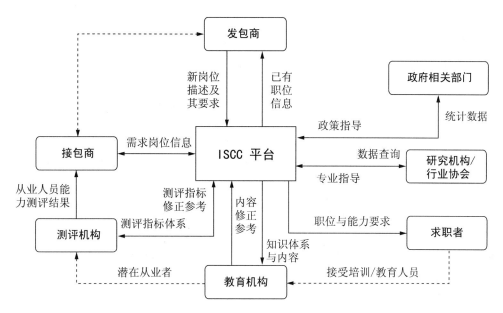

图 3-6　ISCC 平台模式

在 ISCC 平台上，相关的企业、高校、机构和政府形成了服务外包人力资源生态链：基于 ISCC 标准体系，企业参与创源，提供职位相关描述；教育机构参与知识体系梳理；政府获取产业人才数据，提供政策支持；标准应用于职业发展、人才培养和应用，提供人才储备，降低用人成本，并为标准提供反馈，加以完善。

（二）ISCC 体系的标准构成

ISCC 体系由三部分组成，如图 3-7 所示。

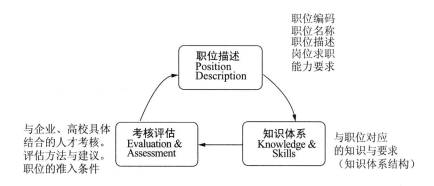

图 3-7　ISCC 体系中三部分的逻辑关系

1. 职位描述

提供了国际服务外包产业中从业人员的典型职位信息，包括职位的名称、职责、权限、工作范围与内容、知识与技能需求和其他要求等内容。它和服务外包产业的从业人员或潜在从业者（包括高校学生、其他行业从业者等）、企业中从事人力资源工作的管理者以及产业研究者相关。

2．知识体系

描述了与服务外包产业典型职位相关的知识空间与从业人员知识体系结构（包括知识领域、知识单元与知识点），并且提供了相关参考文献或教材说明。这部分内容与高等院校的学生与教师、从业者或其他潜在从业者、企业的人力资源管理者以及相关机构或专家相关，为人才培养、职业发展、人力资源培训与规划等提供参考与指南。

3．考核与评估

提供针对服务外包从业人员能力的相关考核评估标准和方法，内容主要针对职位的知识技能需求，按照相应知识体系来制订。该部分的目的是为企业人力资源应用和高校人才培养提供建议与参考，将根据典型企业和高校的实际情况来适时共同制订。

（三）ISCC 的职业模型

ISCC 将服务外包从业人员按照"3×3"的矩阵结构进行分类，将所有从业人员的就业层次纵向分为三层：初级、中级、高级，然后再根据所在层级、所在职位以及所在行业进行横向的三段描述。

1．初级职业层

即国际服务外包领域中的初级职位汇总。初级职位的从业者一般为高等院校毕业，具有 5 年以内行业从业经验。初级职位通常从事具体的操作性工作，一般只需对本职位的工作结果负责。该层级位于 ISCC 职业描述框架的第 1 层，其职位的数量和从业人员的数量最多。在 ISCC 中，使用代码"I"表示初级职位。

2．中级职业层

即国际服务外包领域的中级职位汇总。中级职位从业者一般具有 5 年以上的行业从业经验，处于承上启下、内连外接的关键位置，是国际服务外包领域中的中坚和骨干；其从事的工作会对部门或多个职位的工作产生影响，并且通常需要对多个职位的工作结果负责。该层级位于 ISCC 职业描述框架的第 2 层，其职位的工作内容较为复杂，对从业人员的职业经验和专业水平有较高要求。该层级的职位数量及从业人员的数量较初级要少。在 ISCC 中，使用代码"II"表示中级职位。

3．高级职业层

即国际服务外包领域的企业中具有较大影响力和决策力的职位汇总。通常是服务外包领域中的资深专家、高层管理者和决策者等职位。该层级位于 ISCC 职业描述框架的最上层。其职位的工作内容复杂且全面，对从业者的背景经验、领导力、专业水平等要求最高。该层级中职位的数量及从业人员的数量是三个层级中最少的。在 ISCC 中，使用代码"III"表示高级职位。

ISCC 标准的制定和完善应该为国家卓越工程师教育培养计划提供成功的经验，为产业发展的人才储备提供支撑，有效推动教育改革和大学生就业工作的进行。

第四节　服务外包人才培养

服务外包产业作为现代服务业的重要组成部分，在经济社会发展中有举足轻重的作用。《商务部关于实施服务外包"千百十工程"的通知［商资发（2006）556 号］》提出了"'十一五'期间，在全国建设 10 个具有一定国际竞争力的服务外包基地城市，推动 100 家世界著名跨国公司将其服务外包业务转移到中国，培育 1000 家取得国际资质的大中型服务外包企业，创造有利条件，全方位承接国际（离岸）服务外包业务，并不断提升服务价值，实现 2010 年服务外包出口额在 2005 年基础上翻两番"。通知明确指出了"实施服务外包'千百十工程'人才培训计划"。在政策的带动和产业的发展下，我国服务外包人才培养发展迅速

一、我国人才培养政策

自 2006 年中国服务外包元年开始，我国各级政府围绕服务外包产业发展和人才培养颁发了一系列促进政策。

（一）国家相关政策

1. 政策列举

近几年国家层面出台的服务外包相关政策，从资金支持力度，人才体系构建等方面促进人才培养。列举如下，供大家学习。

（1）国务院办公厅关于鼓励服务外包产业加快发展的复函（国办函〔2010〕69 号）

（2）财政部 国家税务总局 商务部 科学技术部 国家发改委关于技术先进型服务企业有关税收政策问题的通知（财税〔2009〕63 号）

（3）教育部 商务部关于加强服务外包人才培养促进高校毕业生就业工作的若干意见（教高〔2009〕5 号）

（4）关于金融支持服务外包产业发展的若干意见（银发〔2009〕284 号）

（5）财政部 国家税务总局 商务部关于示范城市离岸服务外包业务免征营业税的通知（财税〔2010〕64 号）

（6）财政部 国家税务总局商务部 科技部 国家发展改革委关于技术先进型服务企业有关企业所得税政策问题的通知（财税〔2010〕65 号）

（7）人力资源和社会保障部、商务部关于进一步做好促进服务外包产业发展有关工作的通知（人社部发〔2010〕56 号）

（8）商务部 国家发改委 财政部 中国人民银行中国银行业监督管理委员会关于支持和鼓励服务外包企业海外并购的若干意见（商合发〔2010〕358 号）

（9）中央人才工作协调小组《关于实施海外高层次人才引进计划的意见》（中办发〔2008〕25 号）

（10）中央组织部《引进海外高层次人才暂行办法》（中组发〔2008〕28 号）

（11）关于印发国家中长期科技人才发展规划（2010－2020 年）的通知（国科发政〔2011〕353 号）

（12）关于促进科技和金融结合加快实施自主创新战略的若干意见（国科发财〔2011〕540 号）

2. 政策解读

国家出台的服务外包政策，主要从以下四个方面促进服务外包人才培养。

（1）加强海外高层次服务外包人才引进

《引进海外高层次人才暂行办法（中组发〔2008〕28 号）》文件要求：建立统一的海外高层次人才信息库，为人才引进提供支持。专项办协调科技部、教育部、国资委、人民银行、中科院、人力资源和社会保障部、外交部、外专局、国家自然科学基金委、共青团

中央、中国科协等单位，建立海外人才信息共建共享机制。

（2）建立人才标准、人才库和公共平台

《教育部 商务部关于加强服务外包人才培养促进高校毕业生就业工作的若干意见（教高［2009］5号）》文件要求：商务部和教育部负责联合认定中国服务外包示范城市设立的"服务外包人才培训中心"，并制定"服务外包人才培训中心"、社会培训机构、从业人员等标准。商务部和教育部定期公布服务外包企业录用各个高校和经社会培训机构培训的高校学生数量。商务部、教育部会同有关部门建立服务外包人才库，加强服务外包人才储备。《国务院办公厅关于鼓励服务外包产业加快发展的复函（国办函［2010］69号）》规定：2010年到2012年，中央财政每年安排示范城市各500万元资金用于服务外包公共平台建设。

（3）加大人才培养资金支持力度

《教育部 商务部关于加强服务外包人才培养促进高校毕业生就业工作的若干意见（教高［2009］5号）》文件要求：对符合条件的技术先进型服务外包企业，每录用1名大专以上学历员工从事服务外包工作并签订1年期以上劳动合同的，给予企业不超过每人4500元的培训支持；对符合条件的培训机构培训的从事服务外包业务人才（大专以上学历），通过服务外包专业知识和技能培训考核，并与服务外包企业签订1年期以上劳动合同的，给予培训机构每人不超过500元的培训支持。

（4）建设人才配套环境

《引进海外高层次人才暂行办法（中组发［2008］28号）》文件规定：人力资源和社会保障部建立专门服务窗口，为引进人才落实居留和出入境、落户、医疗、保险、住房、子女就学、配偶安置等方面的特殊政策。《国务院办公厅关于鼓励服务外包产业加快发展的复函（国办函［2010］69号）》规定：加大海外高层次服务外包人才引进力度，并在落户、子女入学等方面提供便利。

（二）地方相关政策

在国家政策的指导下，各相关省市出台了服务外包人才培养配套政策，促进了地方服务外包人才培养。

1. 以苏州市为例

苏州市为了加快服务外包人才的集聚效应，成立了服务外包人才培训工作领导小组，由市长任组长，分管教育、商务的副市长分别任副组长。全市先后出台了《苏州市服务外包产业跨越发展计划》《苏州市对中央财政服务外包专项扶持资金进行配套的实施细则》、《苏州市加快服务外包人才培养的若干意见》等政策，加大对服务外包企业和培训机构人才培养的财政资金支持力度。对于国家给予服务外包企业每招聘一名大学生4500元补贴，培训机构每招聘一名大学生500元补贴的政策，市里均按照1∶2（1）进行配套。对市级以上服务外包培训基地给予一次性10万—50万元的财政经费资助；对培训基地所培训人员通过考核，并与服务外包企业签订1年以上劳动合同的，给予基地每人1000元的经费支持；对于市服务外包校企联盟的建设，财政给予一次性补贴；对于引进的服务外包领军人才，市政府给予50万—100万元补贴。

昆山针对当地的情况出台了《关于实施加快领军型创新人才引进计划的意见》《关于加快优秀人才引进与培育的若干政策》《关于引进和培养服务外包人才的实施办法》等政策举措。按每年一般预算收入的1‰设立亿元人才发展专项资金。

苏州工业园区采用与国际知名专业机构合作开发培训课程等方式，对于在园区内企业就业的学员给予费用全免获部分免除等优惠政策，并免费为学员推荐就业。

2. 以成都市为例

成都市根据国办 69 号文件和商务部有关服务外包产业支持政策，配套制定了一系列支持政策。在 2010 年服务外包专项资金中，将服务外包人才引进、培养作为重点工作。主要包括：

（1）服务外包企业每新录用大专以上学历员工从事服务外包工作并签订 1 年期以上劳动合同，给予企业每人 3000 元的定额培训支持。

（2）服务外包培训机构培训的大专以上学历毕业生从事服务外包业务，并与本市服务外包企业签订 1 年以上劳动合同，给予培训机构每人 500 元的定额培训支持。

（3）对经认定的培训机构与服务外包企业合作培训、定向培训急需人才，培训结束后本市企业录用率达到 80% 以上，给予培训机构项目培训费用 50% 的培训支持，每个培训项目最高 10 万元。

（4）为服务外包培训提供资金管道来源。规定：对参加服务外包职业技能培训后取得《职业培训合格证书》或《职业技能资格证书》的失业人员给予培训补贴，补贴资金在各级政府安排的就业专项资金中列支。服务外包企业组织从业培训，其培训经费从企业职工教育经费及各级财政安排的服务外包专项资金中列支。

二、我国服务外包人才培养途径

我国服务外包人才供给主要有学校教育、机构培训、企业培训等渠道，基本形成以学校学历教育为基主，以培训机构、企业培训等非学历教育为依托的服务外包人才培养体系。

1. 学校教育

学校教育是服务外包人才培养的生力军。《2012 年全国教育事业发展统计公报》指出：全国各类高等教育总规模达到 3325 万人，高等教育毛入学率达到 30%。普通高等教育本专科共招生 688.83 万人，比上年增加 7.33 万人，增长 1.08%；在校生 2391.32 万人，比上年增加 82.81 万人，增长 3.59%；毕业生 624.73 万人，比上年增加 16.58 万人，增长 2.73%。

近年来，高等教育院校、职业教育学校纷纷增设了嵌入式软件、数字媒体技术、现代物流、动漫设计与制作、通信网络与设计等专业。如苏州工业园区政府除鼓励区内高校开设服务外包课程和实训课程外，还帮助建立院校与企业之间的沟通机制，鼓励各类创新模式培养。引进高校资源联合办学、苏州独墅湖科教创新区与国内著名大学开展合作，中国科技大学软件学院、南京大学苏州研究院、东南大学软件学院、四川大学苏州研究院等高校先后落户园区。在专科教育层面，成立了苏州工业园区服务外包职业学院，在"为产业办教育"理念指导下，开展服务外包人才培养。四川成都推动电子科技大学、四川大学等院校与服务外包企业合作，提升学校培养服务外包人才的动力和高校毕业生进入服务外包行业工作的意愿。安徽合肥积极探索学分互换机制，打通高校—培训机构—企业的人才培训通道，并根据高校学分制收费标准给予一定的补贴。

2. 机构培训

社会培训机构作为高等教育的补充与延伸，对于人才的再教育、再充电，专业知识的普及和实践操作具有重要影响。2010 年，全国新增受训服务外包从业人员 23.9 万人，其中，示范城市新增受训服务外包人员 18.7 万人，占总体规模的 78.3%，服务外包从业人员总体专业水平逐步提升。

苏州全市认定了 27 个市级服务外包人才培训基地，引进了 SUN 华东实训基地、印度 NIIT、HMM 培训中心、索迪—IBM 实训基地、安博（昆山）实训基地等海内外培训机构，开展定制培训、从业人员资质培训、国际认证培训等业务。合肥加强对服务外包培训机构的设立审批和资质审核，实现培训项目课程体系标准化、收费标准化、实施流程标准化、培训课程质量评测标准化等，确保培训质量，维护培训市场秩序。

3. 企业培训

企业培训主要包括企业内训和企业与学校、机构合作开展培训，培训内容针对性强、实用性高，直接为企业发展服务。

以苏州工业园区为例，企业培训主要包括以下几个方面：

（1）坚持对新上岗的应届毕业生培训

区内许多企业为应届毕业生提供数个月的实训与企业文化培训，并给与实习补助，培训师均为本企业具有丰富实践经验的技术管理人员，教材一般由企业组织编写。与培训机构相比，企业实训目的更明确，效果更显著。

（2）立足成为院校的长期实习基地

区内企业与相关院校签订长期实习基地协议，不仅为院校课程设置与教学内容提供咨询，而且为应届生实习提供机会。由业务主管人员作为实习指导教师，制订每天的专业技能工作清单和每周的评估标准，定期进行讲解、讨论、分析，经过两个月左右的强化实习和团队训练，不仅丰富了学生的实践经验，企业也获得了实用型人才。

（3）把企业培训前置到学校

远洋数据等企业把培训工作前置到校园里，学生毕业后就能够直接上岗，提高了培训效率。

三、我国服务外包人才培养期待

1. 期待优秀高等院校广泛参与

随着服务外包产业的发展，需要在更高层次上培养人才。目前服务外包人才培养主要依靠二三类本科院校和职业院校，这些院校在生源质量、师资质量、培养年限等方面有一定的局限性，培养的主要是基础性、常规性的中低端服务外包人才，缺乏培养复合型的中高端服务外包人才的能力和条件。如学生外语基础相对较差，小语种教师缺乏，很难满足服务外包人才在语言上的要求，直接影响了外包业务的开展。因此，期待优秀高等职业院校广泛参与服务外包人才培养，期待这些院校能够拥有更多的课程设置自主权，能够根据服务外包产业的发展要求和趋势进行相关学科建设，动态设置各类专业课程，细化专业培养方向。从印度的经验看，最好的服务外包人才大都是从最好的学校如印度理工大学培养出来的。

2. 期待大力发展培训机构

就目前情况看，培训机构主要是解决"最后一公里"的问题。推动培训机构模式创新，全面提高培训质量尤为重要。

（1）制订培训资质和标准

尽快建立服务外包专业培训机构的资质认定标准和市场准入标准，制定与国际接轨的服务外包课程体系标准、流程标准、人才职业标准、师资标准以及培训质量评估标准等，尤其要注重专业学科与企业实际需求的结合。

（2）大力引进国外服务外包专业培训机构

利用其海外培训通道和全球化的师资优势，快速提高国内服务外包人才的国际化水平，为提高承接国际外包能力创造条件。

（3）逐步提高国内培训机构培训质量、层次和水平

鼓励其进行委托培训、定制培训和定向培训等培训模式创新，对于培训机构引进先进技术设备和高端课程，重点进行高端人才培训、海外培训，财政可适当提高补贴额度。

3. 期待跨国公司承担服务外包人才培养的责任

跨国公司在人才培养方面有着独特的优势，他们的管理模式、技术优势、人才培养国际化程度都很高，应该鼓励跨国公司承担服务外包人才培养的责任。支持企业接纳大中专院校学生开展在校期间的实训，并为学生创造良好的实训条件和环境，鼓励有实力的企业将自己的业务嵌入高校、职业院校的服务外包专业课程，打通高校、培训机构、企业的人才通道，实现"毕业即就业"的无缝对接。尤其要鼓励国际知名外包企业和高等院校、培训机构共建服务外包人才培训基地，引进先进的培训理念和模式，鼓励跨国公司开展面向社会培训。

4. 期待国家进一步加强财政资金支持力度

服务外包产业人才属于知识和技术密集型产业，人才培养周期长，成本高，需要国家进一步加大财政投入，助力服务外包人才培养。

（1）加大对培训机构的补贴力度

目前，培训成本相对较高，大学生经济承受能力有限，造成许多培训机构经营难以为继，国家适当提高补贴标准有利于减轻培训机构的资金压力，有利于培训的良性循环和培训规模壮大。

（2）对服务外包企业承担大中院校学生实习实训和新员工培训给予适当补助

（3）将财政补贴政策覆盖范围扩大到中等职业学校和高等职业院校，从人才培养的源头解决培养成本问题

（4）设立中西部地区服务外包人才培养专项资金，加快中西部服务外包人才培养

（5）完善人才引进机制、环境和奖励政策

国家和地方财政应给予相应补助，支持海外人力资源，如领军人才、高级项目经理、高级技术和管理人才的引进。

5. 期待提高服务外包产业社会认知度

服务外包是一个新兴产业，由于宣传力度不够，导致社会认知度不高。许多地方的学校、学生、家长都缺乏认识，影响了学生进入行业的积极性。因此，要加大宣传力度，树立成功典型，表彰突出贡献人才和企业，提高社会对产业的认知度。

四、国外服务外包人才培养经验借鉴

美国软件外包市场被印度垄断，欧洲软件外包市场被爱尔兰垄断。印度、爱尔兰以及以色列这三个国家在全球软件产业中具有重要的国际地位，并形成了各自的特色服务领域。由于这三个国家的名字都以英文字母"I"开头（India，Ireland 和 Israel），因此被称为软件行业的"3I现象"。下面以这三个国家为样本，介绍国外服务外包人才培养经验。

（一）印度

作为当今世界上最具吸引力的外包目的地国家，印度在服务外包领域取得了令人瞩目的成就。充裕的人才供给、合理的人才机制、完善的培养体系、积极的政策推动等要素构筑的人才优势可谓功不可没。

1. 充分的人才储备

印度本土的软件和服务外包高端人才储备主要来自大学及研究生，近年来，印度理工科毕业生人数逐年递增。2008 年全年毕业生总数为 329 万人，其中理工科毕业人数为 92 万人，2011 年理工科毕业人数已达到了 126 万人，占当年总毕业生人数的 32%，比 2008 年上升了 4 个百分点。

印度海外的科技人才数量众多。美国每年签发的永久居留证中，印度裔就占了 8%，而且其中 60% 是职业移民。如今，在美国大约有 200 多万的印度裔美国人，其中多为顶尖的留学人才、科学家及技术人才移民。硅谷高科技公司里有 30 多万印裔，40% 多的网络公司创始人是印度移民，美国 1/3 的软件工程师是印度人。

2. 完善的高等教育培养体系

印度高度重视人才的培养，尤其是理工科人才的培养已经形成了体系，即印度理工学院（IIT）居顶端、各大学居中间、大量职业化培训机构居底层的金字塔式人才培养机构。截至 2008 年，印度共有 431 所大学，其中，国立大学 25 所，州立大学 230 所，大学同等认定校 113 所，私立大学 28 所。印度的专科大学数量达到 200 多所，共拥有 2 万所以上的分校。另外，还有 3000 所以上的培养低端人才的工科专科学校和工艺学校。在技术类的高等教育机构中比较有代表性的有：印度理工学院（IIT）、印度理学院（IIS）、印度国际信息学院（IIIT）、国家技术学院（NIT）、印度科学教育研究大学（IISER）、印度管理学院（IIM）。在政府所设立的六所理工学校中，其毕业生每年有近 25% 的人到国外留学深造，成为对外交流、吸收外国先进的科学技术，增进国际理解的重要途径。

3. 职业培训机构推进人才教育社会化进程

人才职业教育社会化，是印度人才培养体系的又一特色。有代表性的 IT 教育和职业培训机构有国际信息技术学院（NIIT）和阿博泰克（APTECH）。这两家机构以信息技术实用性人才为培养目标，与微软、Oracle 等企业展开战略合作，开发适合企业实际业务的课程体系，有效弥补了大学教育与产业需求间的差距。这两家机构已将信息技术人才培训做成了产业，其中 NIIT 的教育覆盖到全球 44 个国家，5000 多家培训学院与教育中心，每年培训学员达数十万人次；APTECH 目前在全世界 53 个国家拥有 3500 多家中心，累计培养 IT 人才 400 万余人，为软件开发、金融证券、系统网站等相关领域提供了大量的计算机应用专家、系统分析员、开发管理人员、软件企业经销人员等相关人才。

4. 产学合作模式推动教育与产业互动发展

印度软件教育的突出特色是与产业密切互动，一是校内课程设置围绕企业需求，紧跟最新技术发展动向，使学生在毕业前就具备了较全面的实际工作能力。二是高校中推行"产学合作"模式，由学校和企业共同培养学生。印度德里理工学院与西门子、IBM、摩托罗拉等许多软件公司建立联合实验室和实训基地，60% 的课程直接在实验室教学，在兼具教学和生产功能的实训环境下培养学生。三是印度企业非常重视在职培训，通常有针对新员工的为期 16 周的入职培训、各类技术认证培训、项目管理培训等。平均而言，企业在人才培训方面的支出，约占到企业薪酬总额的 3%—4%。

5. 政府推行积极的人才鼓励政策

20 世纪 90 年代推行经济改革后，印度政府对软件等行业实行一系列的政策优惠，兴建软件开发基地，建立了良好的投资环境。

印度采取"请进来、走出去"相结合的办法吸纳人才，既高薪聘请国外专家，也组织人员到软件发达国家工作，提高人才专业技术水平。

印度为人才出国大开绿灯，但更加重视吸纳海外人才措施。政府建立了"科学人才库"，接纳愿意回国的专家，并为印度重点科研项目开拓人才引进渠道。

另外，印度政府还采用提高现有体系教育质量、开展国际交流培养计划和引入新的教育资源等战略来满足 IT 人才需求。多层次的教育培训体系每年向软件产业输送大量高素质的软件工程师，成为推动软件外包服务业迅猛发展的重要动力源泉。

（二）爱尔兰

在全球服务外包市场中，爱尔兰具有独特的地位。爱尔兰根据自身特点，重点扶持高端设计研发服务，吸引国际创新资源和投资驱动产业转型，主要从事高附加值软件产品开发。经过多年发展，爱尔兰已经成为全球的外包大国，在服务外包人才成长方面有以下优势：

1. 人力资源优势

高质量的人力资源为爱尔兰开展外包提供了良好的条件。爱尔兰劳动力资源在欧洲相对比较丰富。25 岁以下人口占总人口的 40%，可以保证有充足的劳动力源源不断进入就业市场。同时，爱尔兰妇女就业的比例较高，达 50%以上。目前，爱尔兰公共教育开支在国民收入中占的比例高达 14%左右，在发达国家中占第二位。在瑞士洛桑国际管理学院的全球竞争力报告中，爱尔兰被评为欧洲教育质量最高的国家。不仅如此，爱尔兰还广泛吸纳国外人才。由于欧盟内部人员流动自由，其他欧盟成员国公民来爱尔兰不需申请工作许可证，这不仅使得爱尔兰拥有许多双语甚至多语种技术人才，而且得到充足的技术人员。一些海外移民后裔陆续回国创业，从北美、欧洲、澳洲带回了先进的技术和更多的市场渠道。

2. 教育方式独特

爱尔兰的人才优势集中体现在 IT 从业人员的高素质上，其教育方式有独到之处，与信息技术相关的学位非常重视学生的实践和独立工作能力。软件专业第三学年一整年都在生产第一线实习，第四年的大部分时间独立设计。通过这种培养模式，大学毕业生具有了实际工作经验和项目执行能力。经过系统培训，爱尔兰已拥有一批世界一流的软件设计开发、电子工程和集成电路设计人员，这些人员相当一部分都在大型跨国公司工作过，积累了丰富的软件企业经营、管理和运作经验。

3. 卓有成效的政产学研一体化合作

爱尔兰软件企业的发展，得益于科研成果的迅速转化，以及政府、大学、研究开发机构与企业之间的相互衔接和紧密合作。在促进政、产、学、研一体化方面，学校和企业合作比较成功。爱尔兰不仅很多在校科研人员创立自己的公司，而且企业和学校建立合作关系，给予学校资金支持，并分享创新开发成果。研究机构、大学与企业之间的紧密衔接使软件研发成果得以迅速转化，带动企业凭借自主品牌的软件产品，迅速开拓属于自己的增值空间，从而增强了企业的核心竞争力。同时，爱尔兰政府制定各种优惠政策促进政府和企业、科研机构的合作。爱尔兰法律规定，以国际科研投入形成的软件知识产权，在技术转移时国家持有的产权不得超过 15%，即大学与科研单位的科研人员可持有 85%以上的知识产权。政府向科技开发部门注入大量资金，大力扶持大学校园公司。

（三）以色列

在承接软件外包的推动下，以色列成为世界上重要的科技中心之一，一些高技术产业处于世界领先地位。服务外包的发展，很大程度上弥补了以色列国内市场狭小的不足，促进以色列相关产业国际分工地位的提高。在服务外包人才成长方面有以下优势：

1. 优秀的人力资源

以色列凭借着优秀的人力资源成为全球一流的软件之都。作为世界上劳动力受教育程度最高的国家之一，以色列受过高等教育的科学家和工程师占人口比例排名世界第一，平均每1万人中有135人为科学家或工程师，而美国仅为78人，其高等教育入学率和人均学术论文发表的比率也均为全球最高。以色列不仅吸引了一大批本土的软件和电子工程师，而且还有来自俄罗斯、美国、阿根廷、法国、英国和许多非洲国家的移民中招募的大量高素质人才。以色列全境每平方公里拥有的软件和电子工程师人数仅次于美国硅谷。一些欧美著名的犹太学者帮助以色列与欧美的大学和研究机构开展学术和科技研发合作。另外，也有相当数量的高技术人才回国创业。

2. 发达的教育

以色列拥有一批具有很高世界知名度的学府，如耶路撒冷希伯来大学、特拉维夫大学、魏兹曼科学院等，这些大学在数学、物理、生物、计算机等领域的研究水平处于世界领先地位，并有多名诺贝尔奖获得者。

作为一个全民服兵役的国家，为期两年以上的义务兵役使以色列的年轻人获得了接触并掌握高新技术的机会，特别是国防和安全领域的尖端技术。服役期间的经历成为软件从业者日后创业和发展的重要经验和资源。目前，以色列军方的需要覆盖了几乎所有计算机及通信技术领域，从光线到加密技术、从微型天线到即时信息传输等，这使以色列人服完役后，一走上工作岗位就具有很强的适应力和创新能力。

3. 雄厚的研发能力

以色列是国际公认的基础技术及应用研发方面最具创造力的国家之一。以色列也是世界上研发投入占人均GDP比重最大的国家。20世纪80年代以来，国际大型的IT公司和计算机软件公司如英特尔、微软、IBM、甲骨文等都在以色列建立了研发中心，充分利用当地的研发力量。大学也是以色列重要的技术孵化器。许多以色列大学成立了技术转让公司，为校内师生员工开发的技术和发明申请专利和许可证，极大地促进了工业和学术界之间的合作。如以色列魏兹曼科学院技术转让方面的创收位居世界第三。从大学到工业的知识转让效率以色列高居世界第五位。强大的研发实力使以色列更加关注外包的增值率，承接的主要是高附加值的产品研发设计外包，技术含量普遍较高，主要集中在所在产业的前沿领域。高附加值的外包为以色列带来了相对较高的接包利润，其外包的人均产值也在接包国中处于领先地位。

案例与分析

【案例一】

服务外包人才需求紧俏

这两年异军突起的服务外包行业，使得相关人才十分紧俏。据预计，仅南京的服务外包人才近5年的需求就有10万。南京市商务局服务外包处处长王涛表示：2009年，南京与商务部签署了一个协议，到2013年，服务外包要培养8万大学生，达到10万就业岗位。随着产业的发展，未来5年内，南京需要10万以上的服务外包人才。

南京某服务外包人才培训中心的总经理兼董事长廖言迅介绍，目前在中国产业结构战略调整中兴起的服务外包行业，面临着招不到人的尴尬局面，造成行业严重的人才缺口。据来自中国服务外包研究中心（COI）报告中关于整个中国服务外包人力资源数据显示，在整个"十一五"期间，中国服务外包人才缺口更高达每年50万人，而仅在南京一地缺口便达到10万以上。

谈到服务外包人才，江苏省某软件科技有限公司董事长兼总裁周红卫深有体会。公司成立近10年来，每年的业务都以翻番的速度成长，这其中，必然离不开人才。"根据国际大型外包项目的操作经验，一般达到3500—4000人的规模才能够拿到大项目。印度软件企业则动辄上万人的规模，而中国的服务外包企业规模偏小，数百人的企业在江苏已是较大规模软件外包企业。"周红卫介绍。

南京另一家软件企业负责人告诉记者，在以人力资源为核心的服务外包行业，拥有的员工数目被认为是企业接单能力与综合实力的重要表现。

"在中国，超过5000人规模的服务外包企业仅有10家，中国最大的东软也仅有1.8万名员工。而在印度，大型企业差不多都是7万—8万人，甚至10万人以上规模的。"该人士表示，"我们从软件工程师到高级项目管理人员，全线缺人，却总是招不到合适的人。"某软件技术有限公司相关负责人介绍，因为目前大学生缺乏一定的技术技能培训，所以缺乏初级人才，而拥有海外经验，既懂软件又有行业知识和背景的中高级人才也太少。

六年前，某软件技术有限公司落户南京时只有78名员工，到2010年，员工数量已经突破2000人。可是服务外包企业快速成长的同时，也遇到了诸多烦恼：普通大学生走出大学校门，并不能立刻适应服务外包企业的要求，必须进行上岗前再培训，甚至得花钱请外教每周上两堂英语课。

以对日业务为主的某公司CEO周红卫对记者说，去年他们公司搬到雨花软件园，规模也随即扩大，本打算招100人，但是，最终合格的仅有50人。"与技术能力相比，毕业生的日语能力是一个更突出的问题。"周红卫表示。

资料来源：http：//www.rswbw.com/detail/2010－9－21/20109211311514594.htm

分析思考：

1. 我国服务外包人才匮乏的主要原因是什么？
2. 如何解决人才匮乏的问题？

【案例二】

FYI Mobileware 的外包

FYI Mobileware 是一家专门从事移动数据业务的公司，为移动设备提供实用的软件，总部位于美国纽约。2008年他们找到顺科软件，为其开发一款基于 iPhone 系统的个人财务记账软件 iXpenseIt。这是一款非常实用的软件，它能够帮助 iPhone 用户记录和处理日常的开销和收入。由于 iXpenseIt 率先整合了 iPhone 的照相功能，加上完善的图表输出功能和在线汇率查询功能，iXpenseIt 迅速成为 iPhone 用户的必备软件之一。它在苹果在线商店里的金融类软件排名里，一直位居第一，并在2009年被提名为年度最实用软件之一。

对这款软件的开发，顺科软件给予了全方位的技术与服务支持。从需求确认，到设计原型，到产品界面，到编写代码，到最后测试交付，都一丝不苟地完成，提供最好的技术支持。在软件开发期，顺科软件以最短的时间完成核心功能开发，让软件快速上市；在稳定期，快速响应用户反馈，清除漏洞，维护软件的正常运行；在更新期，随着 iPhone 手机的升级换代，依据新需求升级软件的功能；在成熟期，软件在苹果在线商店成功运营后，继续升级并实施其他维护。由于这种分段开发的解决方案非常凑效，在第一个阶段，顺科的软件工程师仅用了不到一个月的时间，就完成了所有的核心功能，交付并上架销售。分期开发交付的策略，让 FYI Mobileware 快速地得到投资回报，并抢占了市场先机。如此良性循环，他们也拥有更多的资金投入到 iXpenseIt 更新期与成熟期的新功能开发，甚至新项目当中去。

FYI Mobileware 正是选择了"做自己做得好的"这种经营管理方式，凭着自己对移动数据业务市场的了解，成功地将 iXpenseIt 推出市场，并保持领先。由于这次软件的成功开发，顺科软件更坚定了为客户提供专业的 iPhone 软件开发技术与解决方案的业务方向，并在行业中打响了名堂。软件服务外包让发包方和接包方都能专注于做自己最擅长的业务，各得其所，形成"双赢"的局面。

分析思考：

1. 请分析 FYI Mobileware 公司和顺科软件公司之间业务关系，体现了服务外包行业的哪些特点？

2. 如果你是顺科软件公司的程序开发人员，你认为你需要具备哪些能力和素养？

【案例三】

职业教育专家：服务外包将成择校就业新热点

1. IBM 职业教育专家：服务外包将成择校就业新热点

"如果重新给你选择的机会，在高考（论坛）的时候，你会填报什么志愿？"这个问题成为了大学毕业生之间的流行话题。如此的困惑之所以会存在于毕业生群体中，很大程度上是因为他们在寻找职业发展方向时产生的就业困惑。如今，这一话题也成为考生和家长的热切关注的话题。

学校排名、专业优势、考生兴趣……复杂的因素影响着志愿的最终选择，而近年来大学毕业生愈加紧张的就业形势，对所选专业的就业前景在考虑因素中所占比重也愈加增长。家长对孩子教育的期望已不再只满足于被某所大学录取，而是更关注毕业后什么专业能够拥有更大的就业优势、什么专业即将成为就业市场上的热门，这些因素已经成为择校过程中不可忽略的考虑重点。

"以人力资源作为第一发展要素的服务外包业在中国将吸收大量人才，并能为优秀的大学毕业生提供广阔的就业前景。可以预见，服务外包将成为学生择校就业的新热点。"主管世界五百强之一、领先全球信息技术发展的 IBM 公司在大中华区职业教育业务的首席顾问屈中华提出了他的建议，"预计 2014 年中国服务外包将达到约 439 亿美元的市场规模，但行业目前却面临重大的人才缺口。这一行业环境将促使我国实施积极有效的人才培养计划，并为优秀人才提供极具吸引力的发展前程"。

2. 透析服务外包行业，彰显良好就业前景

服务外包是指企业将部分业务通过合同方式发包、分包或转包给本企业之外的服务企业，以提高生产要素和资源配置效率的生产组织模式。而 IT 服务外包更是行业中最亮眼的一抹色彩。据了解，当前世界财富 1000 强中 95% 的企业已制订业务外包计划，而全球服务外包市场规模预计在 2010 年将超过 6000 亿美元。在金融风暴的席卷之下，大企业为了降低成本，更纷纷倾向于将更多业务外包给专业公司，服务外包

正迎来重大发展机遇。

据 IBM 介绍，服务外包在中国的兴起不仅因为拥有巨大的市场规模，更因为该产业完全符合我国产业转型与升级的要求：无污染、附加值高、极少占用土地、各类资源消耗微乎其微，更能充分发挥我国人力资源密集的优势。为此，商务部于 2006 年已经启动了支持服务外包发展的"千百十"工程，目标是在 3—5 年内培养 1000 家大型承接服务外包的企业，推动 100 家跨国公司将其外包业务转移到中国。

然而，随着服务外包产业的迅速兴起，人才的短缺已经成为制约各个国家和地区服务外包产业发展的关键因素，我国服务外包领域人才现状不容乐观。据有关统计数据显示，"十一五"期间，我国服务外包人才缺口每年约 50 万人，仅在杭州一地 2010 年预计缺口便达 6 万人，而在语言技能、服务交付能力、项目管理技能等方面我国与其他领先外包地区更是存在一定差距。

3. 职业教育成就明日就业优势

与传统的产业模式相比，人才是构成服务外包产业发展的第一要素，人才的规模更直接与产业规模有直接的对应关系。作为服务外包产业的重要战略资源，所谓的人才究竟需要具备怎样的素质呢？

"服务外包的人才培养不能脱离产业的要求，人才提供和企业需求的错位是阻碍服务外包发展的重要原因。"IBM 大中华区职业教育业务首席顾问屈中华表示，"大学是人生新的起点，也是通向未来的通行证。大学四年的宝贵时间，单单学习很多专业能力还远远不够，其他与工作相关的能力也非常重要，好的外包企业在用人时不只是看知识、技术等表象，更重视人才的综合能力和水平。"

为此，一直致力成为中国高校教育事业合作伙伴的 IBM 与杭州师范大学国际服务工程学院尝试推行创新的本科学历教育模式，并在 2009 年开始面向全国招生。通过让企业直接定制课程的内容，可以为学生提供最实用和最有效的培训，加强他们在就业市场的竞争力。在完成本科学习之外，毕业生还将具备相应的跨国公司实践经验，相对于其他本科院校的毕业生来说有更明显的就业优势。对于目前正在择校的应届高考生来说，无疑是一个不错的选择。

可以说，服务外包行业的巨大人才需求将为学生的择校就业提供一个全新的热门选项，而其人才培养模式更是在企业和高校的共同推动下日趋完善。2010 年 5 月 23 日，全国首届服务外包人才培养高峰论坛将在杭州正式召开，政府、高校及企业代表将汇聚一堂就服务外包人才培养模式进行研究与探讨，共同为国内外包服务发展形成一股重要的推动力量。

服务外包行业不仅是我国未来重点发展产业之一，更已是目前炙手可热的择校就业话题，您有信心成为行业所需要的合格人才吗？

资料来源：http://edu.qq.com/a/20100518/000355.htm

分析思考：

1. 结合案例分析，通过哪些途径可以成为一个服务外包的合格人才？
2. 您有信心成为行业所需要的合格人才吗？请结合自身条件说明理由。

小　　结

本章从服务外包产业主要特点开始谈起，介绍了服务外包产业自身的六大特点：外包业务的专业化；外包产品的高附加值；外包服务的知识密集；外包能源消耗低；外包服务跨域化；外包平台信息化。

由服务外包产业特点决定了服务外包人才特征，介绍了服务外包人才具备的五大特征：人才结构的金字塔特征；知识储备的多样性特征；职业技能的复合性特征；沟通交流的国际化特征；个人素养的职业化特征。

在此基础上介绍了我国服务外包人才职业发展状况，围绕服务外包产业及人才现状、服务外包人才需求、服务外包人才发展之路、服务外包人才标准的构建四个方面，介绍了我国服务外包人才的现状。

最后，围绕服务外包人才培养的话题，从我国人才培养政策、我国服务外包人才培养途径、我国服务外包人才培养期待、国外服务外包人才培养经验四个方面介绍了国内外服务外包人才培养的经验和特色，为服务外包人才的职业发展提供了借鉴。

习　题

1. 举例说明服务外包行业自身具有哪些主要特点。
2. 举例说明服务外包人才具有哪些主要特征。
3. 我国服务外包人才有哪些成长渠道？你会选择怎样的成长渠道？
4. 目前我国服务外包人才培养方面存在哪些问题？请结合自身经历说明。
5. 我国服务外包人才培养有哪些优惠政策？请查阅国家、省、市相关政策具体说明。
6. 国外服务外包人才培养经验对你有什么启示？请查阅资料，进一步了解其他国家服务外包人才培养经验。

第四章 外包组织建设与领导力

学习目标

学习目标

1. 了解满足外包需求的因素；
2. 熟悉服务外包能力的成熟度模型；
3. 掌握领导力对于组织绩效的重要性；
4. 了解领导力提升的原则和维度；
5. 掌握领导力提升的步骤和方法；
6. 了解组织建设中沟通的重要性；
7. 理解团队的内涵以及团队建设的重要性；
8. 深刻把握解决团队冲突的方法技巧；
9. 探索外包团队建设的路径和技巧。

引 言

在任何组织的生存和发展中，决定组织真正成功的不是实力、技术、资金等，而是有条不紊的管理、高绩效的组织和卓越高效的领导。良好的组织建设，浓厚的沟通文化、精诚团结的团队和高绩效的领导力，对任何一个组织都是不可或缺的。管理是组织的核心，领导是核心中的核心，是组织的"龙眼"，领导者关乎组织的生存和发展，组织建设和领导力决定着企业的发展命运，是组织走向未来的有效利器。

尤其是在21世纪知识经济时代里，服务外包作为知识经济最前沿的产业，作为高科技崭新的行业，面对着多变、快速、竞争激烈的环境，更需要更多地激发团队活力，更需要提升自身的团队文化和领导力。当前，国际服务外包行业正从单纯的人力成本套利过渡到全球化的人力资源争夺。新的外包模式将带来35%—40%的额外价值，组织建设和领导力对于优化人力资源，实现最大价值将会有重大作用。在2008年中国国际软件和信息服务外包年会上，麦肯锡公司全球董事合伙人彭壮壮带来了麦肯锡对中国服务外包产业发展的最新思考，并进一步指出组织建设和领导力对于服务外包产业发展的重大作用，他说服务外包要想用极少的员工，实现较大的价值，必须在组织建设、企业文化、领导力和人才等方面开展全方位变革，组织建设和领导力将会引领服务外包产业走向一个新时代。

第一节 满足外包需求的因素

为了降低成本和提高质量，企业将业务委托给外部机构来完成并不是一个新的概念。20 世纪中叶以来，外包作为一种运营模式一直在被广泛地采用。最初仅被认为是工业产品的制造外包，后来还包括某些非核心业务的外包服务，例如设备管理外包。而信息产业的外包起始于 20 世纪 60 年代的时间共享以节约成本，到了 70 年代，企业将数据处理业务外包给服务提供商，进而大大降低成本。80 年代后见证了外包突飞猛进的发展，以至于可以将整个信息部门运营转包给外部机构。自此以后，随着全球化趋势的迅猛发展，各公司都专注于自己的核心业务，以期在竞争中取胜，导致公司把外包的概念逐步扩展延伸到信息技术密集的业务流程之中。这些业务内容包括客户管理、财务和支付服务、人力资源、信息以及物流服务等领域。和信息技术关系密切的项目和任务，包括工程服务、地理信息系统、多媒体内容开发以及转移服务都不同程度地实现了外包。这种趋势的主要动力来自无止境的竞争压力，渴望形成世界品牌的能力和分担风险的需求。

一、满足服务外包需求的关键因素

服务外包的迅速发展和激烈竞争，致使服务外包时时刻刻面临着不同的风险。2003 年埃森哲和美国经济情报单位的研究表明（根据美国商业在线公司 2003 年报告）主要有三大类风险：52% 认为有价值的数据将落入竞争者的手中；48% 怀疑外包的成本会超过期望值；45% 担心知识产权的泄露。上述风险是造成外包失误的主要原因，影响到外包关系环节的持续进行，被确认为外包服务成功的关键因素。满足服务外包需求的关键因素主要有。

（一）数据安全

数据的安全性管理以及严格控制敏感数据和资产是建立商业信誉的关键所在。为了不断发展成功的客户关系并提高客户的信任度，必须要满足和超出有关礼仪相关者对数据安全的要求。服务中断，例如安全系统被破坏，将可能影响服务外包提供商提供优质服务的能力，进而会损害客户关系，甚至发生参与方及相关利益者诉诸法律。有效地执行数据安全工作是满足隐私需求和保护知识产权的基本条件。数据安全需求来自客户，或是服务领域法律法规的要求，数据安全管理囊括人员、技术、工作环境和信息的安全。

1. 数据安全的要求

为了确保数据的安全性，需要发包方做到信息的保密性、集成性、有效性和可记录性。数据的保密性是指只有授权者才能闯入信息区阅读信息，授权的用户在规定的权限内，按照数据规范的流程，采取规范的行为进入网络、获取相关数据信息以及对数据进行必要的备份，但务必坚守数据安全规范。数据的集成性是保持对信息的准确性和完整性，未经许可不得更改任何信息；有效性表明只有在需要时授权者才可以允许获得服务和相关信息；可记录性是指在被控制的资源中可以追溯信息变化的能力。

2. 满足数据安全要求的流程

企业在服务外包过程中面临最大和最重要的挑战是——在进行外包服务时，如何确保数据安全性和企业信息的保密性，通常围绕以下步骤进行：

（1）将执行满足数据安全需求的流程的有效性通报有关利益者。

（2）提供有效执行满足数据安全需求的流程所需的资源。

（3）赋予合格人员以责任、权威，使其执行满足数据安全要求的流程。

（4）将执行满足数据安全需求的流程计划和结果通报有关利益相关者。

（5）确保执行满足数据安全需求的流程的一致性和有效性。

（二）知识产权保护

为了不断发展成功的客户关系并提高客户的信任度，必须要满足和超出利益相关者对知识产权保护的要求，以及保密性和隐私权的要求。安全遭破坏，产权失窃、不当使用和刻意公开都可能会造成服务提供商能力的极大损害，导致提供商内部的争端，以致造成客户关系永久性、不可弥补的破坏。

1. 知识产权保护的要求

知识产权应该包括专用软件、硬件、设计、方法构思、服务相关文件、数据、培训、商标、版权、图像、版面、流程以及其他专有技术和资料。使用知识产权要支付产权费、或使用费，或转让费。对知识产权的保护，首先应确认知识产权的权利、责任以及现有产权的拥有状况以及拥有者的变更情况。服务外包提供商应制订正式的知识产权保护策略，并为创建知识产权流程提供方向，知识产权的保护策略通常包括进入系统和用户规定、软件装载规定、信息设施设置规定、加密和信息隐私等。

2. 知识产权保护的流程

根据对知识产权的保护，在服务外包过程中，需要遵循以下步骤：

（1）将执行有关利益者知识产权保护流程的有效性和位置通报有关利益相关者。

（2）提供有效执行有关利益者知识产权流程所需要的资源。

（3）赋予合格人员以责任、权威，使其执行有关利益相关者知识产权保护的流程。

（4）将执行有关利益相关者知识产权保护流程的计划和结果通报有关利益相关者。

（5）确保执行有关利益者知识产权保护流程的一致性和有效性。

（三）管理客户期望

外包业务合作破裂的普遍原因是客户、服务提供商、供货商以及合伙人之间期望值的差异。Dun 和 Bradstreet Barometer 的国际外包杂志报道，20%—25%的外包合同关系在两年内破裂，50%则在五年内中断，这些关系破裂和中断的原因对于各种外包类型而言几乎完全一样，接近70%的答案说外包提供商"不知道他们应该做些什么，费用太高，服务质量实在太差"。因而，确认和管理好这些期望值有助于保证外包获得成功所必须要达成的各方面的共识。明确管理客户期望值的流程需要做到：

（1）在质量保证的前提下，具体和鲜明地确认并界定客户需求。

（2）收集并清晰地分析客户能表达和尚未表达清楚的需求，而且还能将这些意图非常具体和明确地编写成一系列需求文档。

（3）严格审核外包设计流程和执行方法，确保覆盖需求的全部内容。

（4）保证发包方、承包方以及相关利益者持续进行有效的沟通交流。

（5）外包关系中涉及的发包方、承包方和相关利益者建立和维持信任关系。

二、外包的有效需求

外包是发包方和接包方互相信任、高度协作的共同行为。外包成功的关键也在于发包方、承包方和其他利益相关者建立充分的信任关系，能够确保满足对方的需求。为了顺利实施外包，双方必须完全准确理解彼此的需求，对于发包方，要求企业具有一定的技术水平、项目管理水平、进度和沟通控制能力。对于接包方，要求企业具有一定的成本、质量控制能力，具有国际市场开拓能力，包括业务能力、交流能力、接包渠道和商业信誉等。为了使外包服务形成产业化，还要求形成良好的政策环境和市场环境等。

（一）发包方的有效需求

对于发包方，要求企业具有一定的技术水平和项目管理水平、人力资源管理、进度控制能力。

1. 技术水平和项目管理水平需求

发包方自身要具有一定的技术水平和判断接包方技术开发水平的能力，更要具有项目管理能力，通过分析项目需求、制订项目计划和对项目进行有力的执行。对于发包方，需要做到以下要求：

（1）认真分析项目需求

项目需求是项目规划和正确实施的根本，在外包项目实施过程中，如果客户经常改变需求或提出新需求，常常使项目延期或超出预算，对于合作双方都会受到商誉和经济上的损失。

通常发包方根据外包的项目特点，进行项目外包分析，提出项目需求报告。接包方在实施项目之前应该深入了解和挖掘客户需求，对某些不明确的需求与发包方讨论，对于项目实施过程中的需求变更，规定处理办法，并达成一致，形成项目的最终需求。

（2）制订项目计划

在项目实施之前，通常发包方提出项目实施计划的草稿。项目计划的内容应该完整、可行，对于项目流程、工作量、资源配置和项目里程碑等需要双方接受并达成一致。发包方根据接包方对项目计划草稿的建议认真分析和深入讨论，进行必要的修改和补充，形成双方都接受的最终项目实施计划。

2. 人力资源管理需求

人力资源管理的需求首先体现在外包人力成本低，具有低成本、富有才干的人才优势。由于服务外包企业主要是从事技术和知识密集的头脑型企业，因此，需要大量的中高层次人才。概括来说，外包企业需要的人才主要有四类：

（1）具备战略策划、项目管理、组织领导等综合素养的管理者。

（2）具备外包方案专业策划及运作能力的具体操作人才。

（3）具备国际交流能力的辅助人才。

（4）具有很强的纪律性和耐心、能够一丝不苟地执行重复枯燥工作的基层人员。同时服务外包的本质是寻求成本的降低，所以要求接包方人力资本的成本要低于发包方。

3. 进度控制能力

进度影响双方的成本，可能影响发包方的业务，进度还可能影响产品质量。接包方应该按照项目计划的进度实施项目，及时定期汇报实际实施的进度。对项目实施过程中影响进度的因素进行综合分析，及时与发包方交流，提出解决办法。发包方要对接包方的进度进行监控。

（二）接包方的有效需求

对于接包方，要求企业具有一定的成本、质量控制能力，风险控制能力、交流沟通能力和国际市场开拓能力（包括业务能力、接包渠道和商业信誉等）。为了使外包服务形成产业化，同时还要求形成良好的政策环境和市场环境等。

1. 成本、质量控制能力

质量通常是指对于外包客户需求的满足程度。如软件外包的质量指软件产品满足用户需求的程度，包括功能需求、性能需求、稳定性、安全性和技术先进性需求、支持和服务需求等。达到客户的质量要求也是外包业务的基本要求。

以软件开发项目为例，接包方质量控制的常用方法如下：

通过多次反复、多方参与的评审控制需求和设计的质量。在编码之前，制定代码规范，并强制执行，以便保证代码的规范性。通过严格的、完整的测试流程保证编码质量。需求分析、方案、系统设计、测试计划、实施计划等必须进行内部评审，通过内部评审后指定双方人员共同审查。必须制订全面的测试计划和质量保证实施过程并通过审查。

系统交付使用前，要经历单元测试、集成测试、系统测试和用户测试、验收测试等质量检验过程。制订实施和维护计划以及实施和维护操作规程，记录操作过程，及时请发包方确认。

2. 风险控制能力

风险管理（Risk Management）是指经济单位对可能遇到的风险进行预测、识别、评估、分析并在此基础上有效地处置风险，以最低成本实现最大安全保障的科学管理方法。接包方一定要对整个项目足够了解，其中包括项目需求、工作范围、实现方法和预期经济利益的来源。对于已经完成的部分，要有一套合理的评估方法。接包方可以通过下列方式来控制风险：

（1）要进行严格的需求管理和控制，充分挖掘客户需求。

（2）严格规范合同起草、谈判、审查和签署，在合同条文中明确规定外包服务过程的责、权、利、知识产权和商业机密保护。

（3）执行规范的项目管理和控制，严格控制质量和进度。

（4）通过有效的人力资源管理来稳定队伍、建立后备队伍和提升团队的技术能力和综合素质。

3. 交流与沟通控制能力

实施外包项目是发包方和接包方互相配合、共同合作的过程。要保障外包业务的顺利进行，必须建立有效的沟通渠道和良好的沟通控制机制。能力缺乏、层次较低的交流技能最终会损害客户的信任，从而难以获得外包客户尤其是海外客户的外包订单。

建立有效的沟通渠道包括以下内容：

（1）确定可以采用哪些交流工具，以及什么情况下应该采用什么沟通工具（现场交流、电话交流、传真、电子邮件、在线交谈等）。

（2）确定交流的时机和频率，包括接包方提交进度报告和双方召开项目实施交流会。

（3）确定交流的格式（例如规定周报的格式）。

（4）确定交流的形式（现场交流、电话会议，双方项目联系人）。

4. 具有国际市场开拓能力

为了进一步拓展市场空间，服务外包企业尤其是跨境外包企业通常需要具备良好的业务能力、跨文化沟通协作交流能力、接包渠道广泛和良好的商业信誉。业务能力缺乏、语言沟通不畅和文化难以适应，最终都会损害客户的信任，从而难以获得海外客户的外包订单。而且，即便获得了海外订单，业务技能和语言障碍也会增加人事管理难度，延长项目时间，进而产生较高费用。因此，在某种程度上，接包国的区位优势甚至超过了成本优势所起到的决定性作用。

接包方要进一步走向市场前端，不断开拓市场渠道，提升市场开拓能力，满足客户的有效需求，是外包企业不断做大做强的有力保障。相互信任是外包服务合作关系的基础，商业信誉对于服务外包尤其重要。因为服务外包涉及企业内部职能和部分商业机密，有些甚至是发包方的核心技术，因此接包方的诚信是发包方十分关注的问题。同时要求企业具有强烈的质量意识和服务意识。与外包有关的知识产权保护问题已构成一个国家外包竞争优势的重要因素。

三、外包服务能力成熟度模型的基本架构

为了进一步建立、管理和改进与客户的关系，帮助服务提供商在服务生命周期中改进服务能力，同时也为客户提供一个客观依据来评估服务提供商的能力，并建立区别于其他竞争者相应的标准，服务外包提供商能力成熟度模型应运而生。该模型是一个可由时间考验的最佳实验模型，特别应用在处于动态变化的信息技术驱动的外包服务领域，同时这也是一个鲜活的模型，将会在不断汲取外包发展的营养基础上持续生长壮大。

在汪应洛教授编写的《服务外包概论》中，他指出服务外包提供商能力模型 2.0 版本由 84 类外包实践所组成，被认为是拥有成功外包关系的最佳实践范例。每一类实践分别处于外包过程的三维空间：外包生命周期，外包服务能力领域和服务外包能力等级水平。

（一）外包生命周期

尽管大多数质量模型仅仅关心服务的递送能力，而在外包业中此类模型还包括有关合同起始以及终了的关键内容。正是由于这个原因，在服务外包提供上能力成熟度模型实践的第一个维度强调的就是整个外包生命周期中每一类实践都是息息相关的。

外包生命周期分为执行阶段、递送阶段和结束阶段。执行阶段包含在整个生命周期之中，但是起始、递送和结束只是发生在外包生命周期的某一个特定时间之内。在起始阶段服务外包提供商开始和客户谈判，签订需求合同，设计提供的服务内容并且执行这种服务。起始阶段还包括人员、技术设施以及知识产权的转移和交换。在服务递送阶段，企业按照合同的允诺送交服务内容。在结束阶段，企业将有关资源和递送服务的义务转移给客户或客户的设计人员。

（二）外包服务能力的服务领域

服务外包是服务外包提供商通过实现一系列互相关联的功能来达到有效的递送服务。服务外包提供商能力成熟度模型的第二个维度就是外包服务能力领域。这个领域提供了服务实践的逻辑分类，有助于使用者记忆和科学地管理该模型。这种分类方法将允许供应商建立并证明在每一个关键功能领域自己具备的能力。

服务外包过程通常包含 10 个能力领域，即知识管理、人员管理、绩效管理、关系管理、技术管理、风险管理、合同管理、服务设计和执行、服务递送和服务转移，其中前六个能力领域在所有的执行阶段，后四个方面的内容则是临时性的，只和服务外包生命周期中的起始、递送和结束单个时间阶段有关。

1. 知识管理

知识管理在外包生命周期的执行阶段进行，这个能力领域专注于采集和使用知识，测定和分析中止原因的关键环节，总共有八个模块的实践内容，分别是：分享知识、提供信息、知识系统、流程资产、外包行业知识、再利用、版本及服务产品变化的控制和资源的消耗。在该能力领域重点侧重于管理信息和知识系统，使得员工很容易进入到相应的知识领域有效地完成任务。

2. 人员管理

为了有效地实现递送服务，人员管理主要涉及 11 个部分的实践内容，即鼓励创新、参与决策、工作环境、赋予职责、定义岗位、工作能力、计划和递送服务的培训、个人能力、业绩反馈系统、职业规划和奖励，但更为集中在人员管理和激励员工方面，这些内容不仅充分地认识到了服务外包提供商对人才和技能的强烈需求，更重要的是为了满足这些需求，鼓励他们表现出良好的行为，以便出色地完成任务。

3. 绩效管理

绩效管理的目的在于通过管理企业的业绩确保满足客户的需求，同时在实施服务过程中，不断积累经验，持续地学习。主要涉及服务目标、流程确认、资源保证、服务提供商目标、业绩审视、业绩改进、实现服务提供商目标、基本能力、基准测定、防患于未然和实施创新等内容，该能力领域集中体现了企业保持其竞争优势的能力、创新能力，不断形成的灵活机动性和强烈的责任感，同时该领域也强调了对外包过程的监督和控制能力，以保持始终如一地兑现服务承诺。

4. 关系管理

关系管理的主要任务是明确所有利益相关者的期望值，建立和维护各方的商业信誉，并且保证各利益相关者之间的有效沟通，协调供应商以及左右合伙人的关系，注重各利益相关者之间的文化融合，监控和管理好客户和终端用户的满意度。主要涉及与客户的互动、选择供应商和合伙人、管理供应商和合伙人、文化融合、有关利益相关者、客户关系、供应商和合伙人的关系和价值创造等内容，重点在于积极地加强各种关系的协调和合作等各方面，但同时也强调发展创新，鼓励灵活性，增强责任感，和利益相关者建立明确的合同关系，始终保持竞争优势。

5. 技术管理

技术管理能力领域是支持服务递送的技术基础设施的可行性和现实性研究，涉及掌握现有技术状况、管理技术的变更，同时随时了解客户、服务外包提供商以及所有合伙人基础设施技术的变化，适应其发展，协同做好服务的递送。该领域主要包含获取新技术、技术执照、控制技术、技术集成、优化技术、积极采用新技术等内容。在这个技术能力领域不断跟踪技术的快速转化，严密注视技术的有效性、可靠性、适用性和安全性，并坚持创新、灵活和责任三者之间的兼顾发展。

6. 风险管理

风险管理的能力领域主要集中在主动发现风险和有效地提高企业规避风险的能力，为客户提供优质的服务。主要涉及风险管理、应对风险、服务过程风险、数据安全、知识产权保护、遵循法律法规、灾难恢复等内容，该领域主要强调客户安全的保证，确保各种法律、法规要求的遵守和兑现承诺，还注重服务外包递送的连续性、新技术的采用和转换，实现并维护技术的有效性、可靠性、适用性和安全性。

（三）服务外包能力等级水平

服务外包能力等级水平包含五个等级水平，依次由低到高为客户提供了要求服务提供商不断改进服务质量的必由之路，从最基本的可以提供服务外包开始，到不断进行改善并向更高的要求发展，直至达到持续提供最为优异的服务内容。

服务外包能力等级水平共分五级。在每一级中，定义了达到该级过程管理水平所应解决的关键问题和关键过程。五个能力等级具有层次性，每一较低级别是达到较高级别的基础。其中第五等是最高级，即持续优异服务。达到能力五级证明该企业具备可测量的、持续不断的、始终如一的、优异的服务质量，其能够有效而持续地完成服务外包提供商成熟度的所有实践，表明该企业有能力在任何时期都能保证优异的服务。第四等级，即由创新获得的增值服务能力，能够为客户以及潜在客户量身定制，提供完全适合他们要求和特点的服务，深知客户的习性，能够根据以往的经验预测客户的要求。第三等级是出色的企业管理业绩，属于该等级的服务外包提供商能够提供完成合同书所撰写的服务内容，即使要求完成的任务和服务外包提供商本身具备的经验有很大不同。第二级为始终如一地满足客户需求，该等级的服务外包提供商具有成熟的工作流程，能准确捕捉和收集客户的需求，并能够根据对客户和股东的承诺及时地递送服务。第一级为初始级，即提供外包服务，该等级的服务外包提供商覆盖范围较广，他们也许可以满足一部分客户的需求，但最终没有认真地执行必要的服务外包提供商能力成熟度模型的全部实践，还可能会在未有经历的领域遭遇失败。

服务外包提供商成熟度模型中的每一个能力等级集中在某一个特定方面，诸如客户服务能力、企业业绩表现，只是较高的能力水平要求具备更卓越的能力而已。

第二节　组织建设与领导力

不管是生产性制造型企业，还是服务外包供应商企业，良好、稳定、优化的组织结构是完成任何工作的基础。组织架构也是影响企业运行效率的关键要素之一。服务外包承接企业中，行政管理往往采用职能型组织模式，业务活动以矩阵型组织模式为主，是一种混合型组织结构。由于承接服务外包业是一个新兴行业，现行组织结构模式中存在着诸多不适应问题，如经验性设计、协作关系不顺、权力模糊、制度不健全等。为了解决这些问题，需要从组织设计和组织协调关系两方面实现优化与创新，更需要从确立科学管理理念、加强企业工作分析和加强制度化管理三方面保障组织优化与创新的实现。

一、服务外包企业的组织架构

外包的核心在于把企业的非核心业务外包给专业企业，其结果必定使企业的组织机构发生了根本的变化。为了从整体上实现服务外包的高效率，一个行之有效、合理健全的组织机构是必不可少的。

一般情况下，中小型服务外包企业的组织机构分为传统生产组织机构、项目式组织机构、流程式组织机构和虚拟组织机构。

（一）组织架构的类型

1. 传统组织机构

传统的组织机构模式，使企业在采用生产外包战略后，仍采用职能式组织模式。如图4-1所示。

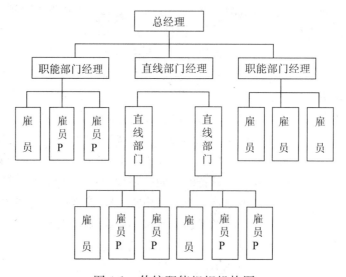

图4-1　传统职能组织机构图

职能式组织机构的优缺点很明显。采用这种组织机构的优点是可以在同一个组织里把具有相同职业特点的专业人员组织在一起，减少重复性工作；沟通层次较少，对于部门内部的问题解决反应迅速；在职能部门内部，有明确界定的职责权利。但该组织面临的缺点也较多，一是组织里的每个部门只关心自己的业绩，不注重与其他部门进行团队协作，相互之间缺乏有益的沟通。二是等级结构较多容易引起推诿和投诉，影响企业的工作氛围。三是职能部门之间因缺乏正式的沟通渠道会妨碍信息的流动。四是项目范围在部门之间转移，不利于进行整体综合管理。

2. 项目式组织

服务外包承接企业一般是专业型公司，其业务组织形式一般都以项目式组织机构为主。项目式管理组织就是将项目组织独立于公司职能部门之外，由项目组织自己独立负责项目的主要工作的一种组织管理模式。项目的具体工作主要由项目团队负责，项目的行政事务、财务、人事等在公司规定的权限内进行管理。矩阵式组织管理机构既满足了项目需求，也适应了外包业务活动的特殊性要求，是服务外包企业普遍采用的一种组织模式。它兼顾了职能部门设计与项目组模式的双重优势，既有纵向的职能权力系统，又有横向的项目权力系统，形成了纵横相交的矩阵式架构。如图 4-2 所示。

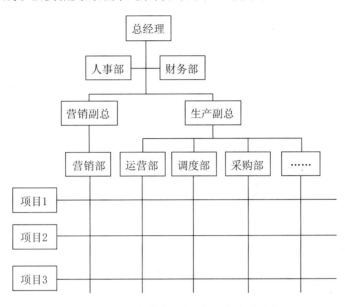

图 4-2　服务外包项目式组织机构图

采用该组织形式的优点在于，首先，项目经理是真正意义上的项目负责人。其次，团队成员目标比较单一。再次，项目管理层次相对简单，使项目管理的决策速度、响应速度变得快捷。最后，项目管理指令一致，命令来自项目经理，团队成员避免了多头领导无所适从的情况。

然而，问题和弊端也较为明显，第一，容易出现配置重复，资源浪费问题。第二，项目组织成为一个相对封闭的组织，公司的管理与对策在项目管理组织中贯彻可能遇到阻碍。第三，项目团队与公司之间的沟通基本上依靠项目经理，容易出现沟通不够和交流不充分的问题。第四，项目团队成员在项目后期没有归属感。第五，由于项目管理组织的独立性，使项目组织容易产生小团体观念，在人资和物资方面容易出现囤积现象，造成资源浪费，同时各职能部门考虑其相对独立性，对其资源的支持会有所保留。

3. 流程式组织

所谓流程式外包组织是打破职能部门之间的隔阂，促使各相关业务流程在垂直方向和水平方向顺畅流通，该流程是以顾客需求为流程的驱动源，各流程操作者在信息技术的支持下互相融合，及时了解当前所处的环节。它进一步促进了组织的扁平化，使组织更具弹性化，也使组织机构呈现网络化。如图 4-3 所示。

4. 虚拟组织

传统的职能组织模式和项目式组织都是先进行职能划分再进行组织机构设计，实质都是把外包部门和外包服务商作为自己的内部职能来看待。这势必会造成僵化的体制，不利于外包顺利进行。根据服务外包的特点，最有利于进行外包业务的组织模式就是虚拟组织。如图 4-4 所示。

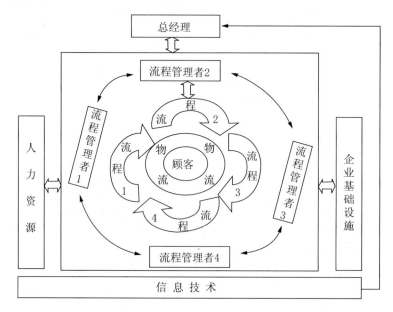

图 4-3　服务外包流程式组织机构图

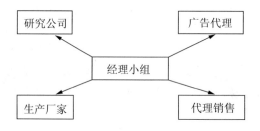

图 4-4　服务外包企业虚拟组织机构图

虚拟组织最大的优点在于整个组织的灵活性，因为企业联盟既可以是长期的，也可以是临时的，一切根据市场的变化随时进行调整和重新分化组合。这种特点尤其适合中小企业的服务外包管理，既能解决中小企业资源紧张的局面，又可以随时调整最适合企业发展的组织模式。

总之，企业服务外包战略的实施改变了发包企业和承包企业的组织结构模式。服务外包承接企业一般是一些专业性公司，其业务组织形式主要以项目式组织结构为主，而其管理层又往往以职能型组织为主，整个企业采取混合型组织结构。承接服务外包企业的业务活动特殊性对其组织结构模式提出了新要求，如部门间地理距离拉大，要求组织反应速度和柔性更高。由于承接服务外包业务是一个新兴行业，现行组织结构模式中存在着诸多不适应问题，解决这些问题需要从组织部门设计和组织协调关系两方面实现优化与创新，为此需要加强组织的工作分析、确立科学管理理念和加强制度化管理。

（二）外包企业组织设计的新要求

承接服务外包企业往往是一些专业性公司，专业从事软件开发、数据生产、呼叫业务、会计业务、人力资源管理业务、客户关系管理业务等。一个公司要面对众多发包企业，承揽来自多个发包企业的类似业务，而每个发包企业对业务的要求又不尽相同，所以，承接企业所承担的各发包企业的外包业务尽管类似却不能开发设计成通用标准化产品或服务，只能是按订单要求进行单件生产或提供。因此，来自每个发包商的任务对于承包企业来讲是个一次性的或长期的项目。因此，服务外包企业在生产、营销等主要业务流程管理中往往自觉不自觉地采用了项目管理方式。

另外，服务外包业务活动的特殊性对承接企业的组织结构设计也提出了新要求。

1. 组织中各部门之间的地理距离拉大

比如，很多专业性数据生产企业，总部设在一个城市，营销部在另外一个城市，扫描部在第三方城市，生产部在第四城市，各部门之间的空间距离被拉大，增大了各部门之间的沟通与协调的难度。这就要求探索和开发新的沟通方式与沟通工具。

2. 要求组织反应速度更快

行业的特殊性对组织的反应速度提出了更高的要求。服务外包企业属于订单型生产类型，接到订单后根据订单的要求组织加工或提供服务。在接订单时，客户已经提出了明确的时间要求，承包企业只能按客户的要求组织生产或提供服务。这时要求组织要具备快速反应能力。

3. 要求组织柔性更高

不同发包商对类似业务的要求会有很大差异，要求企业提供的服务有较强的顾客适应性，另外，服务外包企业采取订单型生产方式，顾客需要往往会有较大波动性，而定制化需求又不能用事先生产的库存来满足，这种波动性需求和生产能力要求相对稳定的矛盾在服务外包企业中尤为突出，于是，对组织产能的柔性提出了更高要求。

在现行组织结构模式中，矩阵式组织结构既适合于项目管理又能较好地满足上述要求。实践中，服务外包企业在业务活动的组织方面普遍选择了矩阵式组织模式，而其高层依然是以职能型组织结构为主，因此，目前服务外包企业是一种混合型组织结构。

（三）服务外包企业组织模式存在的问题

目前，承接发达国家转移来的服务外包业务对中国企业来讲才刚刚开始，服务外包业在中国是个新兴行业，各类行业规则还不成熟，甚至没有。通过对部分承接服务外包业务的企业进行实地调查和了解，发现服务外包企业在组织模式及管理方面存在诸多问题，大大影响了服务外包企业的运行效率和竞争力。

1. 组织模式的设计缺乏科学性

组织模式的设计只是依据现行生产型企业而进行的经验性设计，缺乏针对服务外包企业实际需要的科学设计，部门的划分与部门职责分工不合理，缺乏指挥协调中心或协调不力。

2. 组织结构设计中的协作关系还有待理顺

企业往往按照分工原则对组织活动进行分类组合，设置出相应部门，这是个科学分工的过程，但仅仅有科学分工还不够，分工后形成的诸多部门之间还要很好地协调配合在一起，才能以系统最优的状态实现组织的目标和任务。目前，服务外包企业中，各部门都建立了，但却不能很好地融合在一起，也就是说，这些企业只是实现了分工，还没有解决协作问题，这一方面是新兴行业不成熟的一种表现，也是职能型组织的固有弊端。

3. 权力划分不明确

服务外包企业业务活动采用矩阵型组织结构，其固有缺陷是双重权力系统导致的权力模糊，权力争斗倾向严重。而现实中，许多服务外包企业成立时间较短，又缺乏系统科学的工作分析，致使组织设计时的制度分权和后来运营过程中的授权往往不明确，则进一步加剧了权力模糊程度，使企业部门间的协调更加困难，降低了企业的运行效率。

4. 制度规范不健全，执行缺位

各部门的权责划分没有用健全的制度予以保证，缺乏部门职责和职位说明书，抑或有职位说明书但也不规范，条款不全、用语模糊。有些企业中即使有制度，执行也不力，或没有执行。这是服务外包企业存在的一个严重问题，也是我国企业中普遍存在的一个问题，反映出我国企业管理制度化和制度化管理的水平亟待提高，这是我国企业提升国际竞争力，纵横于国际舞台必须要解决的一个问题。

这些问题的普遍存在导致了服务外包企业的高员工流动率，尤其是部门经理的高流动率，出现"三年内换6任部门经理"的现象也就不奇怪了。信息传递不畅，导致内部协调矛盾的发生。

（四）服务外包企业组织结构优化与创新路径

针对上述问题我国服务外包企业迫切需要对其现行的组织结构模式进行优化与创新，提高企业的效率和对外包业务的反应速度，以确立中国服务外包企业在该领域的竞争优势。上述问题实质是组织结构中部门层级设计及其协调关系的建立与理顺问题。因此，对组织结构模式优化需要从以下两个方面进行：

1. 部门及层级设计的优化

组织中部门及层级的设计体现了组织设计中的分工问题，部门设计体现了企业间的横向业务活动之间的分工问题，层级划分既体现了企业中纵向的管理层次划分，也体现了企业中各部门的上下负责关系。由于服务外包行业是个新兴行业，行业中企业基本是初涉入者，因此各项管理工作都不成熟，表现在组织设计中是部门划分不尽科学，上下级部门间的负责关系不够合理。

科学的组织设计建立在企业业务流程分析基础上，通过对企业基本业务流程及各类辅助流程的认识，根据精简与效率的原则，合理划分部门并建立部门的上下负责关系。目前的企业实践中，部门上下级负责关系存在的问题更多些。

部门上下级负责关系是一个复杂的问题，就上级来讲，反映的是上一级部门之间的分工问题，就下一级而言反映了其负责（归属）关系。这种关系若不能理顺，会出现各部门各层级之间的争活抢权或互相推诿的现象。

部门关系存在的问题可借助于工作分析及流程图分析等方法实现优化。通过科学细致的工作分析，确定企业的基本业务流程活动，分析各类活动之间的关系（顺序或并列关系的确认），然后据此绘制业务流程图，在图上划定各类活动界限，确定出企业的一级部门，然后从有利于组织活动开展的角度，划定各部门的归属，形成上下负责关系，以此方式对企业的所有活动进行确认，并制订相应的部门职责、岗位职责和相应的制度规范，对上述部门之间关系及上下负责关系做出制度化规定，形成企业的组织结构模式。这对于组织的设计及改造都是一种有效的优化方法。

2. 组织中协作关系的优化

为了实现组织目标，科学分工的同时还必须配合有效的协作工作。组织中的协作就是实现分工后的各部门、各层级之间密切配合，以实现整体或系统的最优，避免出现整体小于局部之和的现象。组织协作关系是指通过组织设计形成的各部门、各层级之间的配合关系，反映了其业务之间的联系。组织中各种协作关系通过上一级领导的指挥协调来实现。根据领导指挥协调所采用主导手段的不同可分为两种方式：

1. 职权化协作

是指领导者倾向于高度集权，利用手中的权力去使下属服从指挥，解决下属之间的冲突与矛盾。领导者往往恩威并施，形成对下属的强大的影响力，从而使下属情愿服从指挥。领导者会通过各种方式树立自己的影响力，包括拥有更大资源分配权、掌握对下属的奖惩权、提升自己的个性魅力等。领导是以人际关系为中心来开展各项工作，最终实现其协调各部门各层级的目的。这一模式中，领导者的影响力是成功的关键因素，一旦领导者的影响力没有树立起来或该领导者离任则会出现协调混乱的局面。

2. 制度化协作

是指通过制订科学合理的规章制度——包括部门职责、职位说明书、奖惩制度等，实现对各部门、各层级的协调。此时，领导以工作绩效为中心，通过对企业的基本业务活动及各类辅助活动进行科学的分析，确定各类活动之间的配合关系，以此为基础订立各种职责文件及制度规范，作为各部门、各岗位人员工作开展及相互配合的依据，也是考核各部门、各岗位的依据。这一模式中，各部门各岗位间以制度来实现协作，因此，不论谁为领导，按制度规定去做就可以实现各部门及各岗位之间的协作。

以上两种协作方式各有利弊，职权化协作灵活、适应性强，但连续性差，且往往使工作关系因渗透了更多的人际关系而变得非常复杂；制度化协作连续性强、人际关系会相对简单，但有时会显得僵化。根据世界级企业的经验及我国企业现状，做好组织协调工作，需要以制度化协作为主，兼顾职权化协作。

二、服务外包企业领导力

21世纪的复杂性和竞争的激烈性，以及服务外包企业的独特性，要求领导者必须采取全新的领导方式，要有自己明确的目标和坚定的价值观念，秉承诚实信任的作风，不仅仅使用头脑和策略，更要用心来领导，全身心地投入和奉献，才能够打造出一个欣欣向荣、持续发展的企业。

（一）领导者应具有的品质

领导者往往能够吸引追随者自愿、主动追随甚至予以献身，最重要的是领导者自身要具备以下优秀的品质：

1. 真诚

真诚是领导力的基石，只有真诚，才能够赢得追随者的心，使他们心甘情愿为之付出。判断领导者是否真诚的最重要标准是看他是否言行一致。很明显，如果人们愿意追随某个人——不管是去打仗还是在企业的经营中，他们首先要在心里承认，这个人值得信赖。他们希望他诚实、讲道德、有原则。人们都不希望他们追随的人不诚实、欺骗，不然也会连累自己或者影响自己。

2. 有前瞻性

人们希望领导者们知晓前进的方向，关心组织的未来。追随者期望领导者能够用愿景或者梦想、天职、目标或是个人抱负来形容，它所传递的信息是一样的，如果领导者希望其他人能加入到旅途中，他必须知道要往何处去。如果领导者自身没有前瞻性，自身都不知道组织的发展方向、发展目标，那么组织就无从前进，无所发展，追随者也不会追随一个没有美好憧憬和美好未来的领导者的。人们希望领导者知道前进的方向，关心组织的未来。领导者能为员工的未来生活描绘出一幅美好的愿景或者期望，并且切实可行，追随者才能够甘心追随领导者，与领导和全体员工一起为实现美好的未来一道努力。有前瞻性能引导人们一步步迈向未来，激励人们共同努力实现组织目标。

3. 有能力

领导的能力是指领导过去的成就和做事的能力，它既可能基于以往的经验，也可能基于领导者自身的综合素质，这种能力让人们感到他能够带领整个组织（无论大小）沿着既定的道路前进。这种能力不是指领导者拥有经营的核心技术的能力，也不是完全要求领导者必须是某一项技术或者领域的专家。而是领导者要了解本行业、市场和职业环境的基本知识，同时必须有能力、有魄力带领员工沿着既定的道路向组织的目标前进，在征途上发挥强有力的指挥和领导作用，在企业决策和发展的关键时刻，要有决策力、激励力和创新力，把组织中所有员工的积极性调动起来，把员工的最大优势发挥出来，为实现组织目标而同心协力。

4. 有激情

领导者言行、情绪、行为和举止总会影响人们的情绪、斗志和行动，真诚领导者总是积极乐观、充满激情、满怀信心、热心和活力的人，而且总是对未来充满希望。就像一位拉拉队长一样，一个领导人对未来有梦想，这还不够，还必须不断向我们描绘美景，鼓励我们在漫长的旅途中保持前进。我们都渴望在日常的工作中找到一些伟大的目标和价值。虽然一个领导人热心、充满活力、态度积极并不能改变工作的内容，但能让工作变得更有意义。无论环境怎样，如果一个领导者能够在我们的梦想和欲望中注入活力，我们会更愿意献身于实现梦想的运动中。有激情的领导者能使我们的生活变得有目的、有意义。另外，对未来保持乐观积极的态度能给人们带来希望。这在任何时候都非常重要，要在特殊的时期做特别的事情，领导者必须用激情感染别人，所以他只能保持积极乐观的精神、高昂的士气和斗志，与人们一道献身于实现梦想的行动中。

（二）卓越领导力的特证

领导力是企业的第一生产力，对企业的生存发展具有至关重要的影响。领导力的培养和提升可以为企业提供更加清晰的战略远景，为企业的生存发展提供思想指导，还可以增强企业员工的工作积极性，提高工作效率，降低企业经营和管理成本，进而提高企业的核心竞争力，实现更高的经济利润。

领导力并非领导者的专利，也不是一个人与生俱来的能力，而是在人们后天的实践中锻炼和培养出来的，尽管每位领导者的事迹都不同，但都存在共同的行为模式和相似的特质。詹姆斯·库泽斯在编著《领导力》一书过程中，对数以千计的世界卓越领导人的事迹和领导力的内在机制进行了研究，发现他们都存在着五种共同的行为，即以身作则、共启愿景、挑战现状、使众人行、激励人心。

1. 以身作则

实现领导力本质的最重要的要素就是"以身作则"，无论家庭中的孩子，还是公司员工，都不是听着"上面人"的训斥做人的，而是看着"上面人"的行动做人的。正如欧洲Smart Team AG公司的董事长汤姆·布莱克所说："做领导意味着你要树立榜样，说什么就做什么。"SSA环球公司的首席工程师普莱布哈·赛森说："要证明什么东西重要，最好的办法就是身体力行，树立典范。"

因此，所谓以身作则，就是指领导者要在企业价值观、公司制度规定、流程运作等方面做员工的表率，为员工树立坚持原则，按原则办事情的榜样，只有这样，员工才会效仿他、追随他。世界大多数卓越领导者的事迹显示，他们都很注重细节，处处以身作则。如果领导的榜样没有树立好，习惯按照自己的意愿而不是原则和制度办事情，率先打破制度，往往会导致上行下效，下属不愿主动提醒领导，更缺乏风险意识，从而导致企业管理混乱——有制度不执行，有流程不遵循，使得工作效率降低，工作氛围紧张，造成领导力的威信和影响力失效。这就要求领导者一方面要管理好自己，严格自我管理；另一方面要以身作则，树立榜样。

2. 共启愿景

每一个组织，每一次社会运动，都起始于一个梦想，梦想与愿景是改变未来的力量。领导者只有具备明确、坚定、一致且为追随者由衷认同、向往的目标，为组织和下属描绘一个个令人激动的、非常吸引人的未来时刻和蓝图，才能凝聚和团结起众人，激发他们的希望和梦想，发挥其领导力，促使大家努力向目标迈进。

领导者有远见，对未来有梦想，他们坚信这些梦想会实现。他们会不断以描绘愿景来激励员工，1 年、3 年、5 年、10 年都有一个愿景的展望，这种能实现的目标凝聚着大家奋力工作。领导者首先要生活在未来，要有独特的远见和个人愿景，当个人愿景清晰后，一方面要争取拥有足够的追随者；另一方面还要把个人愿景转变为追随者的"共同愿景"，通过共享的抱负来谋取他人对共同愿景的支持。领导者不能依靠传统的强制命令形式发挥其威力，其结果往往会适得其反，而是要依靠愿景激发人们献身于有美好前景的事业。

3. 挑战现状

领导者不仅要有梦想要有追求，同时更要有敢于面对现实的勇气，有挑战现状的魄力。平静的保持现状不会成就卓越，领导者只有在不停的变革、创新、开拓、实践中才能成就领导，才能抓住更多、更新的机会。现状是领导发挥领导力的实践基地，是领导者的实验室，领导就是在这种实践中不断学习、不断挑战，适应新情况。领导者面对的挑战很多，可能是一个全新的产品、一个没有活力的团队、一个突发的危机事件、一项新的制度规定、一个新的项目、一个牢不可破的市场等，时时刻刻考验着领导者的领导能力。

领导者本身就有一种欲望，就是要改变事情的本来面目，创造前人没有创造的奇迹。在某种意义上，领导者的生活就是不断地面对现状解决新问题的过程，他们不是发明家，而是变革的守护神，是采纳革新的人，是解决现实问题的实践者。

领导与变化是互动的，是相互依存的。领导需要变化，变化需要领导。换言之，变化是领导力赖以生存的环境和条件，所以，"挑战现状"是领导者成功的秘诀所在，也是树立领导威信、展现领导魅力的最佳时机。

4. 使众人行

领导力是团队的努力，并非一个人的能力。卓越的领导者能让别人行动起来为组织目标的实现贡献出自己的所有力量。他可以通过非权力的和权力因素让他的追随者们行动起来，通过影响别人来使别人追随自己。领导者明白，工业革命时期的命令和控制技术已经不再适用。相反，领导者要让人们感到，他们是强大有力、敢于承担责任的人。他们要为整个组织培养一种合作精神，建立信任的氛围，使更多的人主动积极追随自己。

上下同心，其利断金。只有组织上下同心协力，才能战无不胜，实现组织目标。领导者为了组织目标，要想使众人追随自己，实现使众人行的使命，必须要努力做到以下三方面：

（1）明确共同目标，建立信任环境

所有人树立起一个共同的目标，而且让团队中的每位成员从心里真正认同此目标，并实现共同目标与部门目标、个人目标之间良性互动。让成员知道共同目标和每个人都息息相关，只有实现了共同目标，才可以实现组织成员的抱负与自身价值。同时在组织内部营造一种相互信任的环境，促使内部成员相互团结协作，只有在此氛围下，所有人才会凝聚在一起做一件事，才有助于共同目标的实现。

（2）善于授权和分权

领导者们可以通过对下属的适度授权，使他们对自己做事的过程和结果负责，成为一个自我领导者。同时通过授权也可增强他人的实力，让他人变得强大，更有助于激励他人，增强其责任心和主动性，使每个员工达到自我激励、自我领导、自我创新、自我负责。

（3）降伏一些"不安分"的员工

每一个组织中都难免会有不卖力的员工，作为领导者要全面了解他们，然后有针对性地找他们谈话，不仅要充分表扬他们的优点，对他们的弱点也要重重打击，再辅之以情感上的关怀和生活上的关爱；同时还要鼓励、培养、发展他们。

5. 激励人心

实现组织目标的过程艰难而漫长，人们往往会感到筋疲力尽、丧失斗志甚至要放弃，领导者总要不停地赋予组织以活力，鼓舞追随者鼓起干劲，奋发向前。领导者要洞悉人的激励理论，善用激励方法，富有创造性地激励他人。不仅仅要知道他们需要用金钱、福利、奖励、晋升等来满足，然而这些机会毕竟有限，同时还要不断创新其他激励措施，诸如认可他人的贡献、集体庆祝、不吝惜感谢的话、接近员工、站在对方立场或者角度处理问题等。领导者要使激励走在人的欲望与要求之前，激励人心是组织进步发展的动力，也是汇聚企业文化的组成部分，通过激励人心来确定企业提倡什么、反对什么、奖励什么、惩罚什么，这样才能使企业更能发现人才、培养人才、团结人才和使用人才，进一步增强企业的凝聚力。

三、提升组织绩效及领导力

（一）领导力与组织绩效的关系

绩效好不好，关键看领导，同样的团队同样的任务，不同的领导取得的结果就不一样。之所以有这么大的差距，关键原因就在于领导力不同。"领导力"理论自诞生以来，就散发出独特的魅力。领导力建设是提升组织绩效的关键，是企业在竞争中处于不败之地的根本保障，也是企业做强做大的必经之路。目前，无论是传统的加工制造业，还是新兴的服务外包产业，都会面临一个同样的问题，就是如何打造一个高绩效的组织，这也是每一个企业追求的终极目标之一，如何打造卓越的领导力，推动组织的高绩效成为业界永恒的课题。

（二）领导力提升的原则

尽管领导力大小不一，来源不一，但领导力的提升也有自身的规律。只要遵循一定的原则，每个人的领导力完全可以被激发与培养起来。

1. 高尚人格

高尚的人格是领导者基本要素，没有高尚人格就不会有跟随者，没有跟随者就更谈不上领导者。要知道，领导者与跟随者会同时存在的。诚实对于一个领导者、甚至对于一个企业来说都是第一要义。创造或者领导一个企业，主要规则相当简单、老式——永远说实话，百分之九十五以上的问题可以因此而更轻易地被解决掉。对待下属和员工要以诚相待，说到做到，坦诚对待下属，才会使员工更努力地投入，对待顾客诚实信用，对他们的忠诚可以更有利于良好客户关系的建立，尤其对于服务外包行业，从业的特殊性更需要诚实信用对待员工。

2. 高效行动力

只是依赖一个绚丽的目标往往很难让每一个人对未来都充满希望，作为一个领导者必须要用成果让员工信服。所以，等待开始行动的许可不是一个好领导应具有的特征，带有一种紧迫感来行动才是好领导者的特征。领导者必须是第一时间、高效行动的先行者，行动是第一要义，成果源于大量且快速的行动，只有行动才能带来影响力。如果要想成为现在或未来的领导者，首先要做的事情就是自身首先要发起一起探险的旅行，行动大于一切。真正的领导者从不等待，也不等待所谓时机，总是把自己打造成一个正确的人，一个切实行动、高效行动的人。

3. 启导愿景

每一个组织都始于一个梦，愿景就是企业的梦想，是企业所有员工的意愿表达，是每个员工的心愿，是组织未来发展的美好图景。它是一个组织的未来目标、核心价值和使命，是组织哲学的最重要和核心内容。领导者要描绘出他们及其追随者在不久的未来能够拥有的充满吸引力的机会，展望令人激动并且能够实现的未来。领导者是一个对话的过程而不是唱独角戏。领导者要用生动的语言和极具感染力的方式通过描绘团队的愿景，用对愿景追求的热情来点燃团队的激情。从某种意义上说，领导者举的是一面镜子，这面镜子折射出追随者的意愿。领导者一定要找到人们为之愿意献身的理由，这个理由即共同的目标和愿景，也是领导者发挥领导力，让追随者追随的核心动力。领导者要善于造梦，并不断传播梦想，直到人们相信这个梦一定会实现。

领导者要想启导员工共同的愿景，首先，自身必须值得信赖，必须说到做到，引领员工一起向着目标努力。其次，领导者自身还需要具有前瞻性，要有目标和远见。这个能力可以展现社会和未来前景，事实上，这是一个领导者区别于其他可信资源的重要因素。再者，领导者共启愿景必须自身具有愿景，对未来充满希望，让愿景引导跟随者向前进。所以共启愿景成功的基础，在于领导者要善于体验被领导者的个人愿景。

4. 分享价值

领导者必须要得到大众的一致意见，这种一致的意见是建立在共同事业和共同原则上的。他们必须建立一个有共同价值观的共同体。对于领导者来讲，坦率地说出目标和价值观很重要，领导者自身的目标和意愿必须和支持者（下属）的志向高度一致。只有领导者所提倡的价值观代表其支持者的意向，才能够动员人们整体行动一致。

5. 依靠团队

在一个复杂的社会里，成功的战略方针永远是建立在"我们"而不是"我"的哲学理论上的。团队的力量很重要，团队的工作方法是无法用其他方法来取代的，团队可以使员工参与得到更多的预期表现，团队可以把组织内的各种优势、技能和知识糅和在一起，团队是推动企业变革和发展的最有利的方式。

依靠团队的力量，首先要求作为高层的领导者进行更多、而非更少的管理。发挥领导力并非仅仅只要建立起团队就行了，而是高层领导者要确保团队能出效益，领导者必须带动并培育团队的活动，使团队不致被企业的日常工作所吞噬。其次，企业领导必须告诉团队成员他们与企业是怎样的关系，同样，也必须告诉企业的员工哪些适合团队工作，会得到什么结果以及如何使整个企业受益。再者，成功的团队目的明确，接受企业领导的指示。它的业绩目标植根于企业的战略与优先目标。团队需要了解企业目标及其与自己工作的关系，也需要激励和鞭策。失去了这些动力，团队只能随波逐流，业绩平庸。没有一个高效的团队可以孤立存在。企业领导必须帮助团队了解它的供应商和顾客，以便建立适当的联系来达到目的。玛丽·莫西尔说：团队一旦成立，企业领导必须确保团队能自主决策。如果利用团队让员工买管理层的账，就不会有好的结果，团队和企业的士气便会低落。与此同时，建立目的明确的团队，最有效的工具是团队章程。多数企业都有职责说明、制订目标的体制及个人业绩评估系统。团队章程的评估部分，值得引起企业领导的特别注意。评估能够量化团队完成的目标及主要绩效，可以借以向团队外的员工传达项目进展情况，并为发现问题和解决问题提供一个跳板。

最后，业绩评估使团队能检测自己的进展。例如，降低成本的团队一般都设立成本目标；业务流程重组团队设立了周期或时间目标。所有这一切可使团队建立起责任心。这听起来好像是压在团队身上的一副重担，实际上恰恰相反，团队的存在就是为了应付这种挑战。

6. 言行一致

当要判定一个领导者是否值得信任时，人们首先是要听到，然后是要看到实际行动。当两者一致时，就能判断出了。说到做到，言行一致，是领导者获得信任的基础，要求别人去改变，只凭借自身鼓舞人心的演讲是不够的，虽然具有说服力的言辞是鼓舞人们精神所必要的，但是聪明的领导者都知道权力是凭借事实得来的。领导者要用自身的以身作则来表明他们是怎样将远见和价值观付诸实施的。说到做到，言行一致，是发挥领导力的黄金法则，只有这样，员工才愿意全身心的投入，与企业领导人、与组织共命运，同呼吸。

（三）提升领导力步骤与方法

虽然领导力是当前组织中的稀有资源，但并不是只被少数人所拥有，并不是不可学会的。事实上每个人都有潜在的领导力，尽管它不是一种通过教化就可以学会的技能，但是经过实践中长期的、点滴的修炼。领导力是可以修炼和提升的。尽管修炼很困难，很痛苦，甚至往往是违背我们的本性。比如，领导需要隐忍常人所不能承受的挫折和压抑，领导者需要具备豁达大度的作风，允许下属犯错误，领导者需要违背意愿，要听逆耳忠言，甚至要培养唱反调的人等。领导力提升是一项系统工程，通常的步骤和方法包括学会沟通、学会倾听、善于学习、自我管理、善于感召、充分授权。

1. 学会沟通

领导者在行使领导职能时，沟通对于企业内部的正常运行和确保组织与外部环境的互动等都至关重要。领导者学会沟通，学会与各种形色的人打交道，可以使其处理好内外各种人际关系，建立广泛博大的人际关系网，这也往往是领导者成功的重要因素。一方面要处理好与下属等的沟通，在组织内部争取更多的支持者；另一方面，广泛沟通交流，善于借力外部的各种人际资源。

2. 学会倾听

倾听是一种通过适当的方法能够提高的技能。人们都希望能听到他们的看法，希望别人认真地倾听，也希望被人理解。正因为如此，身居高位的领导者更应该做到从谏如流，让员工愿说、想说、敢说，身居高处却能听到基层真实的声音。少摆领导架子，多深入基层，善于倾听来自不同渠道的声音，从倾听中分析实情，辨别是非，进而了解真相，掌握动态。

3. 善于学习

学习是一个永不过时的概念，一个人的学历和文凭只能代表他的过去，只有学习力才能决定他的未来，学习力是一个人的核心竞争力，同时也是一个企业的核心竞争力，更有人称它是企业生命力之根，是企业竞争力之根。

要想提升自己的领导力，首先要从提升自己的文化知识修养，提升自己开始。增强学习意识，不断更新已有的知识，对时代发展中所产生的新理念、新观点、新知识和新方法，永远保持一种职业的敏感和渴求。通过不断学习，增长知识、提高能力，这样才能不断夯实提高自身领导力的根基。

加强学习，既要有高度，也要有深度和广度。从内容上看，一是加强理论学习，学习哲学的精髓，学习时代先进的指导思想和精神实质，从而坚定自己的原则、方向和立场。二是加强专业知识学习。加深专业的深度，拓宽知识的广度，广泛学习知识的同时也开拓了眼界，拓宽了思路，增强了自身的决断力和创新力等能力。从途径上看，既要向书本知识学习，又要向优秀的榜样学习，更要向社会实践学习。只有坚持不断的学习，才能不断增强自身知识与能力，提高自身素质，提高自身的领导力。

4. 自我管理

古人云："其身正，不令而行；其身不正，虽令不从。"要想管理好别人，首先要管理好自己，给他人树立良好的形象，加强自律和自我管理。优秀的领导者必定是卓有成效的自我管理者，他们毕定是严于律己，以身作则，以领导的魅力和良好形象带动、影响、促进广大组织成员改进工作，为实现共同目标而努力奋斗。

自我管理是一门科学，也是一门艺术，是对自己人生和实践的一种自我调节，也是人生成功的催化剂。达到自我管理，我们可以逐步走向自我完善，最大限度地激发自身潜能，实现人生的最大价值。

5. 善于感召

人们之所以愿意追随那些卓越的领导者，很重要的一个原因，就是这些领导者善于与下属沟通，善于用各种方法鼓舞追随者。诸如善于用爱感染下属，在下属面前不摆领导架子，平易近人，和蔼可亲，和下属平等交往等，这样更容易获得别人的支持与追随，才能成为名副其实的领导者。再如善用寓意深刻的故事与下属交流，让下属感受到一种智慧，震撼人的心灵；向下属描述未来的美好前景，激发你的斗志，鼓励你永远向前。

6. 充分授权

授权是指组织中各级层的员工、管理人员或团队有权在未经上级容许的情况下自行决策。人们都希望身在其中，参与决策，其结果往往会形成一种归属感和成就感，从而增强员工的自信心。所以作为领导者在组织的战略方向明确后，就要充分的授权，这样才能更加鼓舞士气，提高员工的主动性和积极性。

第三节　沟　通　能　力

成功的企业通常要求员工具备以下三项基本技能：沟通技巧、管理技巧和团队合作技巧。世界上很多著名的公司都把这三点作为员工最基本的三个技能，足可见沟通对人和组织的重要性。对于外包企业，不仅要重视与客户的沟通，更要塑造企业内部的沟通文化，以保障外包业务的顺利进行。

一、沟通的要素和沟通原理

（一）沟通的内涵

把沟通作为一种生活方式是我们一直所倡导的。对于一个讲究效率的现代人来说，每天的工作和生活都是为了不同的目标，而通过努力来实现目标以达到成功的可能，不仅仅是依靠个人努力就可以实现的，还要通过和其他人的配合，其中的桥梁就是沟通。沟通即为了设定的目标，把信息、思想和情感在个人或群体间传递，并达成共同协议的过程。

对于世界各地各种类型的大小企业一样，有效沟通不但可以建立一种自身独特的企业文化，更可以大大降低由于沟通不畅造成巨大的内外部交易成本，对于那些正在成长和飞速发展的外包企业，沟通同样值得重视。

（二）沟通的要素

从沟通的定义出发，需要明确沟通的重要内容，即三大要素。

1. 明确的目标

一定要有一个明确的目标或者一个核心话题，围绕目标的交流才叫沟通。

2. 达成共同的协议

沟通结束以后一定要形成一个双方或者多方共同承认的协议，只有形成了这个协议才叫做完成了一次沟通。如果没有达成协议，就不能称之为有效沟通，可以说是"沟"而不"通"。沟通是否结束的标志就是是否达成了协议。

3. 沟通信息、思想和情感

沟通既是信息的交流和传递，同时也是思想和情感交流的过程。相对来说，沟通过程中，信息更易沟通，思想和情感沟通难度较大。

（三）沟通原则

要使沟通有个良好的结果，必须遵循沟通三原则。

1. "谈论行为非个性"原则

"谈论行为非个性"原则亦称为对事不对人原则。谈论行为即讨论一个人所做的某一件事情或者说的某一句话。个性就是对某一个人的观点或评论。该原则通常是存在争议或矛盾的情况下应该坚持的原则，但为了避免出现矛盾或矛盾激化，在任何情况下，这都是在沟通过程中应该坚持的。就事论事而不针对个人和个性是专业沟通的表现，也是沟通能力的体现。

2. 内容明确原则

明确就是在沟通的过程中，内容一定要非常明确，让对方有个准确的、唯一的理解。在沟通中，必须将沟通的各项事宜，如沟通渠道机构、沟通时间要求、内容要求等，都要进行明确、清晰的告示，尽可能避免含糊不清、模棱两可的内容，沟通过程尽可能做到言简意赅、深入浅出，便于接收者准确把握对方所传递信息的真实内在意义。

3. 积极聆听原则

在实际沟通过程中，听比说更重要。沟通中一定要掌握必要的倾听技巧和方法，聆听是决定沟通成败的关键，不但要用耳朵认真听，还要用眼神进行沟通和交流，更重要的是要专一、用心聆听，这样才能赢得对方的尊重，才能使对方敞开心扉的去讲。

二、良好沟通实现的步骤

沟通的过程是双方之间发送信息、接收信息、反馈的过程，通常需要六个必要的步骤。

1. 事前准备

需要设立沟通的目标，制订计划，预测可能遇到的异议和争执，并对必要的情况进行SWOT分析。

2. 确认需求

对对方进行有效提问，积极聆听和及时确认对方的需求。

3. 阐述观点

可通过开放式问题和封闭式问题的方式进行观点阐述。

4. 处理异议

可采取以下方法处理异议，包括忽视法（理直气壮的服务员）、转化法（每个人都是从天而降的天使）、太极法（劝酒、散步、保险、服装、书籍）、询问法等。

5. 达成协议

善于用感谢、赞美、庆祝等言辞向对方表示取得认可和同意，例如善于发现别人的支持并表达感谢，对别人的结果表示感谢，愿和合作伙伴、同事分享工作成果，积极转达内外部的反馈意见，对合作者的杰出工作给予回报。

6. 共同实施

采取积极合作的态度并按既定方针处理，在过程中发现变化及时沟通。

三、与下属和领导的沟通技巧

管理沟通的实质，是让组织内部管理信息更加流畅起来，进而使组织的管理流程更加顺畅。上下级的沟通是企业管理沟通不可或缺的内容，良好的上下级之间沟通是好职员必备的能力。良好的上下级沟通，不仅可以缩短上下级的距离，增加彼此的信任，还可以提高员工的工作效率，明确企业的目标，提升企业的组织绩效。

（一）与上司的沟通技巧

与上司的沟通也称为上行沟通，应鼓励员工参与管理的积极性，建立快速的沟通反馈机制，对于及时有效的上行沟通进行通告奖励，在企业中建立公开、透明的文化理念，优化企业的沟通环境。在沟通中需要注意以下技巧：

1. 尊重上司，无论在何种情况下，哪怕意见相左也不可与领导争执，要把对领导的尊重放在首位。

2. 要自信乐观，不要在上级面前乱发牢骚。

3. 不要一味强调工作中的问题，更重要的是要提出解决问题的关键。

4. 定期向领导进行工作汇报。

5. 要有数据观念，汇报工作要用事实和数据说话，要有说服力。

（二）与下属相处的沟通技巧

与下属的沟通也称为下行沟通，管理者应"设身处地""推心置腹"，消除层级沟通之间的心理障碍，积极构建良好的沟通氛围，注重员工的建设性意见，并积极给予反馈。在管理过程中，管理活动主要是针对下级，是从上级那里接受指令后，将指令传达到下级，进而完成企业的组织目标。因此，与下级沟通是非常重要的领导责任。只有有效地与下级沟通，才能确保工作的质量，确保目标的实现。

1. 讲话的艺术

与下属沟通的重要目的是让下级理解，所以要注意讲话的技巧。讲话不可太快，一句一句讲清楚；讲话不可太长，不可啰唆，不可一再重复；讲话不可太抽象，重点要加强，声音有高低。

2. 倾听的艺术

与下属沟通要少讲多听，不可打断对方讲话，轻松点，不要让对方有压力，认真听，不可不耐烦，站在对方立场想，控制情绪，保持冷静，不争论，不批评，多发问，表示认真在听。

3. 批评的艺术

大多数领导在指导下属工作时都会或轻或重地对下属进行批评，甚至是责骂，适当的批评有助于树立领导的权威，但是批评要注意方式方法，以免挫伤下属的积极性。领导不宜暴怒，批评要对事不对人。

四、商务沟通

在错综复杂的商务活动中，尤其是竞争激烈和信息膨胀的现代社会，企业的一切商务活动都离不开商务沟通，处理好商务活动中的涉外业务也是众多企业关注和重视的内容。对于服务外包企业，发包方和接包方之间的商务沟通效果直接决定外包业务的成败，尤其是跨文化的服务外包业务。

（一）商务沟通内涵

商务沟通是指在商务活动中的交流、洽谈等一系列的活动和过程。商务沟通的目的在于商务双方的相互沟通了解，知己知彼，找到良好的切入点实现与客户的良性互动，以便于与客户建立业务关系。它不仅可以促进商务之间的友好往来，还可以促进商务双方之间的经济发展，同时它也是双方利益化的基础，只有依靠良好的商务沟通才能实现经济利益的发展。

（二）服务外包业务中的商务沟通

出于节约成本，提升服务效率和质量，提高经济效益的考虑，越来越多的企业选择进行信息技术外包、业务流程外包等外包活动。在外包服务商与客户的长期合作过程中，沟通至关重要，有效的沟通才能保证期望目标和交付结果相一致。企业会希望外包服务商能够做一些额外的工作，对于期望值有比较高的期待，如果沟通不尽如人意，一切情况或后果都可能发生，甚至导致项目无法进行。因此，沟通是确保服务外包取得成功的一大关键因素。

1. 充分重视文化的融合

服务外包企业商务沟通过程中要重视文化的融合，尤其对于离岸服务外包企业，商务沟通交流缺乏默契和意会是当前服务外包市场销售人员几乎不可逾越的通病。因为形形色色的服务针对不同的群体，不同的人群拥有异样的习性、喜恶，服务又是与文化习惯息息相关的技术、经济、社会、文化的综合行为。因此，服务企业品牌必须建立在目标市场之上。不同目标市场需要文化内涵、社会认知、心理意识的知识和经验提供，才可能引起客户共鸣，博得青睐，形成市场和销售的特殊魅力。

2. 重视与客户的沟通

作为服务外包企业，客户可能来自金融、零售、制造、汽车、制药、互联网、电信等诸多行业。服务外包提供商不仅是服务人员的提供者，更是管理者和服务结果的承担者。必须要定期主动与客户沟通，随时了解客户业务需求上的变化，从而灵活采取措施，提升客户满意度。在做好与客户良好的日常沟通之外，还要借用自身专业的服务经验和理念进行展现。诸如主动和客户去做评估，统计工作量的负荷度，同以往的工作数据进行比较分析，逐条展现给客户，这样不仅可以清除客户的疑惑，同时也能够获得相关成员的主动权。

3. 与客户建立一种相互信任的关系

与客户的沟通不仅要主动，而且要带着解决方案去沟通，与客户建立一种相互信任的关系。每当人员流动高峰期、工作高峰时段，项目服务经理都会主动和客户沟通，而且提前做出相应准备，从而保证服务质量和客户满意度。

4. 外包企业的服务团队也会主动和最终用户沟通，对用户业务上的需求进行统计，然后反馈给企业相关部门

一方面听取客户的需求，另一方面了解客户的用户的心理，更进一步地帮助客户去支持自身的业务。在外包服务项目中，保持与客户的良好沟通，实现关注点与客户的核心战略和利益保持一致，从而实现真正意义上的与客户结成战略合作伙伴关系。

第四节 团 队

一、团队含义及其特征

（一）团队的概念

团队是由为数不多的（一般来说是 10 人以内）、相互之间技能互补的、具有共同信念和价值观、愿意为共同的目的和业绩目标而奋斗的一群成员组成的群体。在对业务功能或部门外包出去的移转过程中，若要建立起一支适当的团队，需要做到焦点明确、放眼未来，加上永不妥协的乐观态度，这一切都要从基础做起。

（二）团队的构成要素

团队的构成要素可以总结为5P。

1. 目标（Purpose）

团队应该有一个既定的目标，为团队成员导航，知道要向何处去，没有目标这个团队就没有存在的价值。

2. 人（People）

人是构成团队最核心的力量。不同的人通过分工来共同完成团队的目标，在人员选择方面要考虑人员的能力如何，技能是否互补，人员的经验如何。

3. 团队的定位（Place）

团队的定位包含两层意思：一是团队的定位，团队在企业中处于什么位置，由谁选择和决定团队的成员，团队最终应对谁负责，团队采取什么方式激励下属？二是个体的定位，作为成员在团队中扮演什么角色？是订计划还是具体实施或评估？

4. 权限（Power）

团队权限关系体现在两个方面：（1）整个团队在组织中拥有什么样的决定权？比方说财务决定权、人事决定权、信息决定权。（2）组织的基本特征。比方说组织的规模多大，团队的数量是否足够多，组织对于团队的授权有多大，它的业务是什么类型。

5. 计划（Plan）

计划有两层面含义。

（1）目标最终的实现，需要一系列具体的行动方案，可以把计划理解成目标的具体工作的程序。

（2）提前按计划进行可以保证团队的进度顺利。只有在计划的操作下团队才会一步一步地贴近目标，从而最终实现目标。

（三）团队的类型

团队由群体成员组成，但团队与群体存在着明显的差异。从不同的角度划分，团队可以划分为不同的类型。

1. 从团队的功能来划分，有产品开发团队、项目团队、管理团队、质量提高团队、服务团队、生产团队等。

2. 从团队存在的时间来划分，有临时团队和固定团队。

3. 从跨越组织的边界来划分，有企业内团队和企业间团队。

4. 从团队成员的多样化来划分，有同质团队和异质团队。

5. 从团队的最终绩效方面来划分，有工作组、伪团队、潜在的团队、真正的团队和绩优团队五种类型。

（四）优秀团队的特征

根据团队的构成要素，一个成功的、出色的团队通常具有以下特征：第一，有非常明确的团队目标，全员上下都围绕同一个目标而努力；第二，有非常清晰的团队角色，团队的职能、权责等要界定清晰，避免人浮于事，职责不分；第三，离不开强有力的团队领导，优秀的团队必然是一个上下通畅、政令统一、指挥统一的群体，统一领导是团队必不可少的原则；第四，有高度的团队信任，一个优秀的团队必定是一个相互信任和团结的团队，信任是众志成城团结统一的基石；第五是成员得到充分的授权，只有充分授权让下属参与民主决策的团队才是最有效率和战斗力的团队；第六是要有很强的团队凝聚力，团队的凝聚力对一个组织的发展很珍贵，凝聚人心，相互协作，共同朝着组织的目标而努力；第六是顺畅的沟通渠道，一个优秀的团队必定是一个上下畅通，横向交流无障碍的组织，沟通顺畅的组织文化难能可贵；第八是具有良好的团队学习氛围，一个优秀的团队必定是一个学习型的组织，充满浓厚的学习文化氛围，具有创新思想；第九是良好的组织支持和团队外部环境，优秀的团队同样离不开外部环境有力支持和社会资源的支撑；第十是硬激励和软激励的有机结合，对团队成员的激励既需要提供丰富的挑战性的工作、提供实现个人价值的机会、适时的表扬鼓励等人性化的软激励，更需要强有力的严格的硬激励来保障所有成员心往一处想，力往一处使，共同为组织的目标而努力。

二、团队协作的意义和重要性

古人早就认识到了团结协作的重大作用。荀子曾说过一句名言："每一个凡人，其实都可以成为伟大的禹。"不管在古代还是在现代，不论在东方还是西方，许多现实的事例证明，无论是一个国家还是一个团体，甚至一个部门，如果仅仅依靠领导的殚精竭虑而没有员工的积极参与和响应，这个团队不是有效的团队，仅仅依靠某一个或某几个所谓的精英人士孤军奋战，而没有大军团的协作与支持，这个团队也是注定要失败的。尤其是我们现在所处的时代，对团结与协作精神的渴求比任何一个时代都显得迫切和重要。

（一）团结协作的精神是每个社会成员应当具备的基本品质之一

团结协作是一切事业成功的基础，是立于不败之地的重要保证。团结协作不只是一种解决问题的方法，更是一种道德品质。它体现了人们的集体智慧，是现代社会生活中不可缺少的一环。

（二）团结协作精神是企业宝贵的精神财富

同心山成玉，协力土变金。干事创业，离不开攻坚克难的精神，更需要团结协作的合力。二战之后的日本国富民强，他们企业具有强大竞争力的根源，不在于国民个人能力的卓越，更在于其员工整体团队的强大。其中起关键作用的是那种弥漫于日本企业间的无处不在的团队精神及员工对企业有强烈的归属感。

良好的合作意识是在共同的奋斗目标和共同的价值取向基础上形成的，是因为某一个项目或某一个共同的任务、目标把大家聚集起来的，因此在这样的团队里，每一个成员都会具有强烈的归属感和集体感。

（三）团结协作是一种双赢的过程

团队协作的极端重要性在于协作是一种双赢。双赢不仅仅指企业与企业之间、国家与国家之间，也代表了个人与个人之间，其实也是一种良好的人际关系的表现。只有理解并与他人保持协作，才能创造最好的人际关系，并且达到双赢的目的。协作永远是使自己受益也让别人受益。而只顾自己的人不会让别人受益，自己也不会受益。只有懂得协作的人，才能明白协作对自己、别人乃至整个团队的意义。一个放弃协作的人，也会被成功所遗弃。一个卓越的团队，沟通理解是合作的基础，要谋求自身发展，就必须追求与合作方都有利的一面，经由合作达到共赢。

现代企业讲求双赢的战略，不仅使自己获利也使别人获利。团队内部的成员之间也应该讲求双赢的战略，因为给别人机会就是给自己机会，自己损失一点儿往往会得到更多。

可是，有些团队成员之间拉帮结派，自己没有机会也不能让别人有机会，结果双双以失败告终。这不仅影响了团队成员之间的团结，涣散了团队的军心，还给对手进攻的机会。

三、团队协作中五种机能障碍的排除方式

通常情况下，团队在其发展过程中难免会陷入团队的困境，也被称为团队的机能障碍。必须深刻认识到团队协作经常会面临的五种机能障碍，只有认识并知道如何克服它，才能促进工作，创造高绩效的业绩。

（一）团队协作中常常会出现五种机能障碍

1. 缺乏信任

是指团队成员都害怕成为别人攻击的对象，害怕自己的不足让别人知道，被人轻看，大家不愿互相敞开心扉，进行善意的倾诉，承认自己的缺点与弱项。如果一个团队成员做不到相互信任，他们会惧怕开会，也不愿主动向别人提出帮助，不得不把大量的时间和精力放在管理个人行为和如何交流上。

2. 惧怕冲突

一个团队在工作中体现的完全是一幅和风细雨，你好我好大家好的情境，肯定是没有通过激烈、热烈的思想交锋，没有对异常观点的坚持与争论，那么，所进行的讨论肯定是无所作为的讨论和无关痛痒的意见，提供的是完全有保留的看法。特别是在企业中越往高层管理者，就越会用更多的时间和精力来试图避免激烈的争论。

3. 欠缺投入

在一个团队讨论和执行某项任务时，一个团队可能对事项的结果追求了太过绝对的一致以及要求绝对的把握。那么，就有可能使团队迟迟不肯做出重要的、实质性的决策，这样看起来似乎是很谨慎，却导致了团队内部的行动迟缓、缺乏信心的工作风气，导致了工作的绝对拖延。

4. 逃避责任

团队成员在工作任务中，发现其它成员的行为有损团队、集体的利益时，也不会犹豫不决地给予指出。

5. 无视结果

当团队成员太关注或把个人的利益、本部门的利益放在整个队伍和企业的利益之上时，就会产生无视团队工作的成果，无视集体的工作成绩。

（二）机能障碍的排除方式

针对五种机能障碍，相对应的解决方法主要有。

1. 相互信任是一个团队的基础

要使团队成员互相信任，在一开始，可以做一些团队破冰类的游戏，或者营造一种氛围，让团队成员做一个较详细的个人背景介绍，或者展开一些针对现有成员工作效率方面的讨论，还可以在一种有效的氛围中做一些个性或行为特点测试，如性格测试法 MBTI，或用九型人格法测试个人的性格特征。通过这些，可以减少相互间的隔阂，并建立相互了解和体谅的基础。

2. 对惧怕冲突，团队负责人需营造争论有益和有益的争论这么一种氛围

可以通过挖掘争论话题、实时地安抚与提醒，也可应用 TKI 冲突模型测试来有效地

帮助分析争论。所有人员都应参与其中。

3.定位团队设立的目标，明确团队各成员的职责

通过有益的争论，坚持方向，充分听取每位成员的意见，达成共识，使每位成员从中受益。这期间我们不要追求绝对的一致和绝对的把握，可以通过统一决定、制订问题解决期限及进行意外和不利情况的分析，促使决策的及时达成。在电影《超级台风》中，作为防台风总指挥的市长，在台风来袭时，结合气象专家的意见，在众多人的质疑声中、在面对一手建设的开发区时，说服众人有效地防止了台风袭击对群众生命安全的危害。

4.避免逃避责任

在人的主观意识中，逃避责任是一个非常敏感的词汇，往往人们在具体行动时，却不察。对此，我们可以用一些相对简单而有效的管理方式，如公布团队工作的目标和相应的标准，明确工作计划和确定落实责任人，并定期进行工作成果的回顾，同时也可设置项目奖金、绩效奖金，建立有激励效果的激励机制，对团队进行嘉奖。

5.对重视个人成绩，忽视集体成绩造成无视结果的情况

可以通过公布工作目标和设置基于集体成就奖、集体目标完成奖来进行有效的控制。

对于上面提到的针对五种团队机能障碍的解决方法，还必须关注的是，一个人的个性和工作方式方法的改变不是一朝一夕的事，一个团队要克服以上五种团队机能障碍，需要持续的予以关注，不是一次两次会议、一次两次培训学习就能解决的，要关注每次会议决策的落实、要关注每次培训学习的应用，在会议中总结，在工作过程中改进，才能确保团队克服以上障碍，向优秀团队进发。

四、团队协作的注意事项

团队的最大问题就是在于如何让多个人保持在一个方向上进行运动。团队合作是一种为达到既定目标所显现出来的自愿合作和协同努力的精神。它可以调动团队成员的所有资源和才智，并且会自动地驱除所有不和谐和不公正现象，同时会给予那些诚心、大公无私的奉献者适当的回报。如果团队合作是出于自觉自愿时，它必将会产生一股强大而且持久的力量。在团队协作中需要注意以下方面：

1.努力打造团队而非个人

团队协作的基础是团队，一个团队不能只依靠一个人的力量，重视一个人的力量，要依靠整个团队协作的力量创造奇迹，要着力打造一个优秀的团队，而不是一个优秀的个人，要始终把团队放在第一位，一切以团队的利益为主。团队就是一个人，统一的目标，统一的步伐，发出统一的声音。

2.了解成员优缺点

没有完美的个人，在一个团队中，每个成员都有自己的优点、缺点。团队强调的是成员互帮互助，协同工作，所以，团队的每个成员应了解其他成员的优点和积极品质，学习它并克服自己的缺点和消极品质，让它在团队合作中被弱化甚至被消灭。如果团队的每位成员，都主动去寻找其他成员的积极品质，那么团队的协作就会变得很顺畅，工作效率就会提高。

3.拥有一颗包容的心态

团队工作是全体成员一起不断讨论、一起集体协作、相互配合共同完成的，工作中难免出现不一致、不和谐甚至是摩擦或者冲突等，但团队中的每位成员对其他成员都要有一个包容的心态，

不能固执己见，听不进去他人的意见，或无法和他人达成一致，否则团队工作将无法进行。

4. 保持谦虚

没有一个人喜欢骄傲自大的人，这种人在团队协作中也不会被大家认可。即使成员在某个方面比其他人强，也不能因此盛气凌人；或者一味地关注他人的弱项进行讽刺。团队中的任何一位成员，都有自己的专长，所以，必须保持足够的谦虚，将自己的注意力放在他人的强项上，只有在这样的压力下，才能看到自己的肤浅和无知，才能促使自己在团队中不断地进步。

五、团队冲突的常见处理方式

在过去的几十年中，托马斯·基尔曼冲突模型已经成为世界领先的冲突解决方案的评估和选择方法，该模型的主要指标是合作和坚持。其中，坚持或不坚持，指的是对自己的关心程度，指是否坚持自己的观点或行为不肯放弃；合作或不合作，指的是对他人的关心程度，指对冲突的另一方是否能够采取宽容、合作的态度。

按照这种合作性和坚持性的不同，可以形成五种解决冲突的策略。竞争策略：高度坚持且不合作；迁就策略：不坚持且保持合作；回避策略：不坚持也不合作；合作策略：高度坚持且高度合作；妥协（或折中）策略：中等程度的合作，中等程度的坚持。

（一）竞争策略

竞争策略又称为强迫策略，指的是牺牲一部分成员的利益，换取自己的利益或是团队整体的利益。这是一种对抗的、坚持的和挑衅的行为，是为了取胜不惜任何代价的做法。当遇到如下情形时，应当采取竞争策略来对待团队冲突：

当快速决策非常重要的时候，比如碰到了紧急情况，必须采取某种方式。例如工厂发生了危险化工原料泄漏事件，这时可能会有几种不同的处理意见，作为团队领导在平衡各种方法的可行性、经济性的基础上，还必须要快速反应，这时为了尽快开展行动，就有必要采取竞争的策略。

执行重要的但不受欢迎，或不为多数人理解的行动计划，如缩减预算，执行纪律，裁减人员等，虽然这些措施对企业的发展是有利的，但有部分人的利益将在此过程中受到损害，抵触和冲突不可避免，在这种情形下是难以取得全体成员的理解和认可的，因此常常也被迫采取竞争策略，我们常见到各类文件、报道中提到的"力排众议"，指的就是这种情形。

另外一种采取竞争策略的原因是出于政治因素。公司政治是一个不可能回避的话题，在某些情形下，比如在团队建设的初期，团队领导需要树立威信，或领导履新之时，往往要借助一些事件来树立权威，或是在一些特殊阶段，需要借以打击竞争对手等。在这类情形下采用竞争策略，则可以建立起雷厉风行、敢做敢当的形象，当然同时也可能会留下刚愎自用、脱离群众的评价。

使用竞争策略，可以压制部分团队成员可能损害整体利益的行为，快速形成决策，解决冲突，树立权威，但使用竞争策略也有着明显的缺点，首先使用竞争策略并未触及冲突的根本原因，可以强迫对方服从，但不一定令对方心服。也就是说所有事情都是强迫对方去做，不能用有效的理由来说服他。

（二）迁就策略

迁就策略是指抚慰冲突的另一方，愿意把对方的利益放在自己的利益之上，做出自我牺牲，遵从他人观点，从而维持相互友好的关系。在迁就的过程中，常常牺牲或放弃了个人的目标或利益。当需要维护团队和谐关系，或为了团队的长远建设和发展时，应考虑采用迁就策略。

1. 当发觉自己的观点有错误的时候，应当放弃自己错误的观点，不必执迷不悟。

2. 当员工犯错误时，也不必穷追猛打，只要不是原则性的严重错误，应当给员工提供改正错误的机会。

3. 当事情对于别人来说更具有重要性时，不妨迁就他人，换取对方的理解和支持。

4. 如果坚持竞争难以取得成效，或坚持竞争可能会带来破坏性的结果，损害要达成的目标时，不妨采用迁就的策略。

5. 在团队建设的特殊时期，如当团队遇到严重困难和挑战的时候，和谐比分裂更重要，氛围比成果更重要的时候，往往需要所有团队成员多一些宽容和迁就。

采用迁就的策略，自然会受到对方的欢迎，但有时在重要问题上迁就别人，可能会被视为软弱。因此虽然迁就可能会缓和冲突，维持团队的和谐气氛，但也可能会纵容一些不合规的观点，并可能在未来造成冲突。

（三）回避策略

回避是指冲突一方意识到冲突的存在，但采取忽视和放弃的态度，不采取任何措施与对方合作，或维护自身利益，或者一躲了之。回避的方法既不合作，也不坚持，对自己和对方都没有什么要求。在一些特定的条件下，不妨采取回避的策略：

当冲突事件无足轻重，或是问题很严重根本无法解决的时候，不妨先听之任之。当对方过于冲动，或解决问题所需的条件暂不具备的时候，不妨暂时回避，让对方冷静下来，或争取解决冲突的条件。当其他人比自己能更有效地解决问题的时候，也可回避一下，让更合适的人出面解决。坚持解决分歧，可能会破坏关系，导致问题往更严重的方向发展。显而易见，采取回避的方法，只是使事态没有发展得更坏，仅维护了暂时的平衡与和谐，问题没有得到解决。

（四）合作策略

合作指主动跟对方坦诚布公地讨论问题，寻找互惠互利的解决方案，尽可能地使双方的利益都达到最大化，而不需要任何人做出让步的解决方式。合作策略认为双方的需要都是合理或重要的，哪一方放弃都不可能，也不应该，双方相互支持并高度尊重，因而得到许多人的欢迎，合作策略适宜的情形有以下三种情况：

1. 当双方的利益都很重要，而且不能够折中，需要力求一致的解决方案时。

2. 当需要从不同角度解决问题，平衡多方利益的时候。

3. 为了获得他人的承诺，或是满足对方利益可能争取自己或团队整体的更大利益的时候。

虽然"双赢"是目前非常流行的解决冲突的方法，受到大家的普遍欢迎，但也有不可避免的缺点：采取合作是一个漫长谈判和达成协议的过程，时间很长。有时在解决思想冲突上也不一定合适。解决思想问题多半是一方说服另一方，竞争的方式更适合一些。

（五）妥协策略

妥协指冲突双方都愿意放弃部分观点和利益，并且共同分享冲突解决带来的收益或成果的解决方式。采用妥协方式的原因在于完美的解决方案常常不可实现，坚持己见不如退而求其次，其目的在于得到一个快速的、双方都可以接受的方案。

1. 妥协方式

妥协的方式没有明显的输家和赢家，旨在达到双方最基本的目标，适用于如下四种场合：

（1）当目标的重要性处于中等程度，或属于非原则性问题时。

（2）双方势均力敌，难以对一方形成压倒性优势，或难以找到互惠互利的解决方案的时候。

（3）面临时间压力或问题非常棘手、复杂，没有更多的时间实施合作策略的时候。

（4）妥协虽然不是最好的解决方法，但常常可以在双方利益、时间、成本、关系等各个方面取得较好的平衡，因此也是化解团队冲突的常用手法。

2. 妥协原则

在选择合适方法化解团队冲突时，除了根据上述提到的团队和冲突的类型选择合适的策略之外，还需要本着如下一些基本原则：

（1）认识破坏性冲突的代价以及建设性冲突的优点，尽量保持开放及公正的心态与对方共同管理冲突。

（2）给予对方必要的尊重，在没有确切证据时，不要对对方抱有成见。

（3）展现自己的诚意，并客观地面对自己的负面态度。

（4）在可能的前提下，尽量采取双赢的解决方案。

需要说明的是，化解团队冲突的办法，有一个隐含的假设，即以实现团队目标为前提，而不以解决冲突根源为最终目的，因此，化解团队冲突的措施，往往有其临时性，很多时候是"治标不治本"的行为。作为团队领导，如果同时也是企业的高级经理人，在解决团队冲突之后，还应当检视导致冲突出现的原因背后可能揭示的企业深层次的管理问题，并采用系统的解决办法，才能清除隐患，促进企业健康发展、永续经营。

六、提升团队协作能力的技巧

团队强调的是协同工作，所以团队的工作气氛很重要，它直接影响团队的合作能力。没有完美的个人，只有无敌的团队，团队中的个人能力取长补短，相互协作，即能造就出一个好的团队，所以才有"三个臭皮匠赛过诸葛亮"之说。在一个团队中，每个成员都有自己的优点缺点。作为团队的一员应该主动去寻找团队成员的优点和积极品质，如果团队的每位成员，都主动去寻找其他成员的积极品质，那么团队的协作就会变得很顺畅，工作效率就会提高。团队精神最高境界乃是"不抛弃，不放弃"。

1. 包容成员

要经常检查自己的缺点，如果意识到了自己的缺点，不妨将它坦诚地讲出来，承认自己的缺点，让大家共同帮助改进，这是最有效的方法。

2. 获得支持

要使自己的工作得到大家的支持和认可，而不是反对，必须让大家喜欢你。要想获得团队成员的喜欢，除了在工作中互相支援、互相鼓励外，还应该尽量和大家一起去参加各种活动，或者礼貌地关心一下大家的生活。

3. 保持谦虚

任何人都不喜欢骄傲自大的人，这种人在团队合作中也不会被大家认可。可能你在某个方面比其他人强，但你更应该将自己的注意力放在他人的强项上，只有这样，才能看到自己的肤浅和无知。因为团队中的任何一位成员，都有自己的专长，所以必须保持足够的谦虚。

4. 资源共享

团队作为一个整体，需要的是整体的综合能力。不管一个人的能力有多强，如果个人能力没有充分融入到团队中，到了一定阶段必定会给整个团队带来致命打击。资源共享作为团队工作中不可缺少的一部分，可以很好地评估团队的凝聚力和团队的协作能力，也是一个团队能力的客观体现。故提高团队的资源共享度是可以让团队健康稳定发展的基础。

七、团队发展的阶段

当团队在一起完成某些有价值的工作时，其发展会经历四个阶段：创建期；磨合期；凝聚期；整合期，这四个阶段也是围绕组织的目标而进行的。

1. 创建期

团队成立初期，都会有雄心勃勃的发展目标和发展计划，但随着人员的逐渐增多，目标和计划不可避免地要有相应的微调。这一方面是团队组织者的经验与实际运行的差异；另一方面，外部因素的变化也使得团队不得不努力适应这种变化的节奏。

团队创建期的具体表现：

（1）新的合作，新的团队，每位成员对生活的价值都有了全新的理解，对新的工作也充满激情。

（2）由于互相之间了解的不足，成员之间更容易高估其他人的能力，大家可能对新生的团队寄予了太高的希望。

（3）每一个成员都在小心地试探其他人的一些相关行业情况，为自己在团队内的重新定位寻求支点。

（4）创建期的团队，经常会表现出很高的士气。但这一时期，新生的团队生产力处于较低水平，队员之间在工作上短期内无法达到配合默契的状态，需要团队成员尽快的适应新的环境。

（5）创建期最重要的是明确团队的目标和愿景，这对增强团队凝聚力以及形成团队的集体荣誉感至关重要。

2. 磨合期

磨合时期的动荡是每一个团队都要经历的特殊时期。能否进行有效的磨合，并顺利地渡过这段敏感的时期，对团队领导以及团队领袖的综合能力是一个严峻的考验。

这一时期，人际关系也变得紧张起来，个别新锐试图挑战领导者的权威，强大的工作压力使人焦虑不安，严重的时候甚至引发内部冲突。在这种情况下，团队前景更显扑朔迷离，士气陷入低潮，积极的队员都在适应和摸索解决问题的方法。但团队整体的生产力水平却在稳步提高。连续的培训以及对工作的理解，使团队成员在实战中慢慢形成个人的风格。

团队领导在这个敏感的时期，要注意以下几点：

（1）密切注意团队进步情况，每天利用一切机会与每一个队员充分沟通实际工作中遇到的具体问题，帮助大家分析问题并提供解决方案。

（2）建立标准的工作规范，并身体力行。这是统筹团队各项工作的关键。

（3）积极寻求解决问题，抓住一切利好的机会鼓舞团队士气，争取以自己在工作上的突破为团队树立榜样。

（4）善于树立典型，对于取得突出成绩的队员要尽可能的为其争取荣誉，号召大家向优秀者学习。

3. 凝聚期

这个时期会逐渐形成独有的团队特色，成员之间以标准的流程投入工作，分配资源，团队内部无私地分享各种观点和各类信息，团队荣誉感很强。

在凝聚期团队的士气高涨，即使面对极富挑战性的工作，也会表现出很强的自信心，如果个人不足以独立完成工作，会自然地寻求合适的团队成员配合，甚至在特殊的情况下自我激发潜能，超水平发挥，取得意想不到的成功。在凝聚期每一个队员都会表现出很强的主观能动性。这样的状态使生产力水平也进入巅峰时期，大家对于工作中取得的突破已没有了当初的激动，每个人都能以平和的心态面对成败。在紧张有序的工作环境中，处处都表现出一个高绩效团队的成熟魅力。

一个具有强烈凝聚力的团队，也必然会表现出强烈的排他性，团队交流很容易限于一个私密的空间。这个特点也决定了团队规模不宜过大，否则会因为队员之间的隔膜而损害团队的整体战斗力。在一个规模合适的团队里，大家相互了解、彼此信任，如果需要，每一个队员都会全力捍卫团队荣誉。

4. 整合期

团队实现了自己的阶段性目标之后，必然要进行组织整合。整合过程其实就是组织调配力量，为下一个目标进行筹备的前奏。这个时期一般也没有太大的工作压力，团队士气相对平稳。特别要说的是，生产力水平还是一样会高位运行，团队成员继承了前一时期的工作作风，对日常工作显得游刃有余。

八、团队建设

企业的核心竞争力在于团队建设。团队建设是指有意识地在组织中努力开发有效的工作小组，它具体表现为一系列的过程，在该过程中，参与者和推进者都会彼此增进信任，坦诚相对，愿意创造出不同寻常的业绩，最终形成一个高绩效优异的团队。

（一）团队建设的意义

团队建设在组织的发展中不仅促使组织产生较高的绩效，同时对于组织的未来发展也发挥着重要的作用。

1. 团队具有目标导向功能

团队精神的培养，使员工齐心协力，拧成一股绳，朝着一个目标努力。

2. 团队具有凝聚功能

任何组织群体都需要一种凝聚力。团队精神则通过对群体意识的培养，通过员工在长期的实践中形成的习惯、信仰、动机、兴趣等文化心理，来沟通人们的思想，引导人们产生共同的使命感、归属感和认同感，反过来逐渐强化团队精神，产生一种强大的凝聚力。

3. 团队具有激励功能

团队精神要靠员工自觉地要求进步，力争向团队中最优秀的员工看齐。而且这种激励不是单纯停留在物质的基础上，还能得到团队的认可，获得团队中其他员工的尊敬。

4. 团队具有控制功能

员工的个体行为需要控制，群体行为也需要协调。团队精神所产生的控制功能，是通过团队内部所形成的一种观念的力量、氛围的影响，去约束规范，控制职工的个体行为。

这种控制不是自上而下的硬性强制力量，而是由硬性控制向软性内化控制；由控制职工行为，转向控制职工的意识；由控制职工的短期行为，转向对其价值观和长期目标的控制。因此，这种控制更为持久有意义，而且容易深入人心。

（二）团队创建的过程与要求

21世纪的竞争是团队的竞争。注重团队建设，加强团队力量，打造高绩效的工作团队，是提升企业竞争力的关键。把不同背景、不同个性、不同专长和不同经验的人组织在一起，使他们成为一个富有成效的工作团队，通常要经历一系列的过程，主要包括成员选择（包括强迫性选择和主动选择）、团队协调、整体优化、沟通理解四个阶段。其中，成员选择（特别是强迫性选择）和团队协调（尤其是主动式协调）是最为关键的步骤。根据团队发展的过程，要打造一流的团队，需要我们在团队建设中做到以下几个方面：

1. 转变团队的管理方式

作为团队领导，应改变传统的管理方式，才能更加有效地开展团队工作。具体可以从以下几个方面着手：

（1）增强团队的理解能力

让团队成员充分理解工作任务或目标，只有团队成员对工作目标有了清楚、共同的认识，工作时才能步调一致，增加实施过程的紧迫感，从而在成员心中树立成就感。

（2）培养团队的责任能力

责任是最基本的职业精神，胜于能力，没有做不好的工作，只有不负责任的人。责任承载着能力。在团队中鼓励共同承担责任，培养团队成员的责任心，工作中遇到问题，首先要从自己身上找原因，没有该不该，只有要不要。

（3）建立团队的信任能力

信任是团队开展工作、发挥作用的基础，有两方面意思，一是团队领导信任团队成员，在团队中授权，即勇于给团队成员赋予新的工作，给予团队成员行动的自由，鼓励成员创新性地解决问题；而不是什么事情都认为自己很能而亲力亲为。二是团队成员之间相互高度信任，彼此相信各自的正直、个性特长、工作能力等，只有建立相互信任关系，提高团队成员的信任能力，工作成果才能达到1+1＞2的效果。

（4）提高团队的沟通能力

一是在团队中建立充分的沟通渠道，鼓励成员就问题、现状等进行充分沟通，激发思维的碰撞；二是塑造一种公平、平等的沟通环境；三是建立一种公开、以问题为导向的沟通方式；四是塑造一种积极、正面、共鸣的沟通氛围。

2. 提高团队的综合能力

团队的综合能力应包括团队的执行能力、学习能力、绩效能力、和谐能力等。

（1）执行能力

团队执行能力就是指"当上级下达指令或要求后，迅速做出反应，将其贯彻或者执行下去的能力"。一个团队的执行能力，直接决定企业的生命。无论怎样好的经营、管理策略，假如执行不力，都是废纸。执行能力也折射出领导者的统筹能力和团队的整体作战能力。

（2）学习能力

学习能力是提高团队素质、确保较强攻坚能力的基础要素，是一个团队创造能力、自我超越能力和系统思考能力的综合体现，是企业发展的源动力。只有不断地加强学习，提高团队整体素质，才能更好地适应发展需要，促进工作目标的完成，从而推动企业发展。

（3）绩效能力

要工作就要有效率和效果，绩效能力反映了团队成员对团队的贡献能力。建立有效的绩效管理机制，提高团队绩效能力，对整个团队出色完成工作有着很强的推动作用。要让团队成员深刻认识到，团队的绩效成果远大于个体成员绩效的总和。

（4）和谐能力

和谐融洽是衡量团队凝聚力、战斗力的一个重要标准，团队和谐的核心是团结力。提升团队团结力的根本方法是提高团队成员的道德水平，树立正确的价值观，修身，敬业。

3. 培育团队的文化精神

团队精神是指团队的成员为了团队的利益和目标而相互协作、尽心尽力的意愿和作风，是一流团队中的灵魂。如果没有正确的管理文化，没有良好的从业心态和奉献精神，就不会有团队精神。培养团队精神应包含三个层面的内容：

（1）意识力培养

要注重培养团队成员的大局意识，注重工作的整体性，要有为团队的奉献精神。其次，发挥团队成员个性，是团队精神的基础。团队精神的形成，其基础是个人的爱好和成就。设置不同的岗位，选拔不同的人才，给予不同的待遇并加以培养，让每一个成员都拥有特长。

（2）协作力培养

协同合作是团队精神的核心。对于一个团队的队长来说，他需要有团队组织能力。而对于队员来说，不仅要有个人能力，还需要在不同的位置上各尽所能。发挥团队精神，互补互助以共同发挥最大效率的能力，这就是团队协作能力。团队协作能力对于一个团队至关重要，团队的根本功能或作用即在于提高团队整体的业务表现，只有协同合作的团队，才能使团队的工作业绩超过成员个人的业绩，团队业绩大于各部分之和。团队的所有工作成效最终会在一个点上得到检验，这就是协作精神。

（3）凝聚力培养

凝聚力是团队精神的境界，团队精神表现为团队强烈的归属感和一体性，每个团队成员都能强烈地感受到自己是团队当中的一分子，把个人工作和团队目标联系在一起，对团队表现出一种忠诚，对团队的业绩表现出一种荣誉感，对团队的成功表现出一种骄傲，对团队的困境表现出一种忧虑。要提高团队的凝聚力，就要确立一个目标，树立主动服务的思想，建立系统科学的管理制度，经常沟通和协调，强化激励，形成利益共同体。

案例与分析

呼叫中心（服务外包企业）的领导力提升

呼叫中心企业获得成功的方法很多。除好的绩效、KPI外，坚持以客户为导向、超凡的市场战略、热情的员工队伍，这些都是影响呼叫中心企业获得成功的因素。而领导力是成功呼叫中心企业必须关注的，因为领导力是驱动其他因素的核心所在。而在关注领导力的同时，还必须避免自我主义思想带来的影响。

一、提升领导力的工作

企业要获得持续发展，就必须同时拥有忠诚的客户和热情的员工，这样才能取得长期发展的机会。企业需要先审视当前的领导力水平，从而决定是否应该建立领导力标杆来吸引和保留忠诚的客户，同时吸引、保留和激励忠诚的员工。

所有成功企业区别于其他普通水平企业的特质就是，这些企业里的领导者同时关注两方面的要旨：结果和人。在这些企业内，领导者不仅以财务表现来衡量成败，同时也衡量人的因素——客户和员工。

企业要提升领导力，首先要排定组织性优先顺序。保持员工积极性、建立客户忠诚度、实现收入增长等事项都被排在前列。因此，要求所有领导者提升领导力水平，要求关注两项关键资产——员工和客户。领导力基于一个领导力和教练模型——促进领导者与员工之间的双向对话，提升彼此间的关系。特别重点强调"建立伙伴关系，取得绩效表现"，由此打开经理与其下属间的沟通渠道，从而提高彼此对话的质量和频率。领导者采用这样的领导力理念：领导力不是对员工做什么，而是和员工一起做什么。让员工快乐，好好呵护员工，员工就会好好为客户服务。由此才会给企业带来盈利成果。

领导力是关键。在具有高水平领导力的企业内，领导者要悉心做好四项工作：

1. 关注正确目标和远景

优秀的企业关心三项最终衡量的指标，而不是仅一项。除了关注企业盈利水平的财务指标外，还以同等的重视度去关注客户和员工的满意度。在这些企业中，客户忠诚度和员工投入度被认为与盈利指数同样重要。领导者懂得，要在这样的企业内获得成功，必须为员工创造一种积极向上的工作环境，从而通过员工实现高品质的客户服务，最终带来财务盈利。

2. 善待客户

为留住客户，企业不仅要让他们满意，还要有更高的目标，让客户为企业免费推广。当客户对企业所提供的产品或服务相当满意的时候，他们会主动向他人介绍企业。能够让客户这么做，就必须时常给他们惊喜，让他们愿意向其他潜在的客户进行宣传。

3. 善待员工

员工的工作意愿不强，工作能力不够，就无法向客户提供优质的服务。如果企业不善待员工，怎能期望他们去善待客户呢？善待员工的第一步是要为他们设定目标正确的业绩计划，让他们知道实现目标的责任，良好的行为标准是怎样的。然后，领导者就要给予员工恰当的指导和支持，来帮助他们实现目标。

4. 使用恰当的领导力

高效领导者懂得领导力不能以自己为出发点，员工和自己同样重要。这样的领导者能时刻想着怎样为员工，而不是为自己。抱有如此正确理念的领导者会主动走到等级金字塔的底层，成为下属的拉拉队长、支持者和鼓励者。

二、克服自我主义，强化领导力

人们的自我主义思想是影响有效合作的最大障碍。当人们只考虑自身得失的时候，工作效率就会消磨殆尽。那是因为过度的以自我为中心的思想使人们变得妄自尊大或妄自菲薄，从而对自己的重要性抱着错误的认知。当这些发生的时候，人们觉得自己就是宇宙的中心，于是他们开始将自己的计划、安全、状况和满意感受放到首要位置，意图通过自己的想法和行动去影响别人。自我主义思想会对企业造成重大打击，因为企业为应对客户日益提升的期望而迫切需要员工通过合作来完成工作。那么，怎样解救自我主义思想对有效合作的影响呢？

首先要认识到自己并非一切的重心。消除过度的自我主义思想的第一个方法是谦卑。在企业中谦卑意味着领导者并不是一切工作的重心，真正的重心应该是那些所服务的人以及他们的需求。领导者的工作应该是为员工创造和维持一个充满激励的工作环境，从而提高他们的工作积极性，使他们更投入地为客户服务。第二个平衡自我思想的方法是成为一名持续的学习者。无论是领导干部，还是普通员工，都需要以开放的心态向别人学习，聆听别人的想法。关键问题是：你是不是一名学习者？如果你不是，那么可能是因为你觉得自己已经掌握了全部的答案。若那是真的，那么你就不会再希望与任何人一起工作。在准备与其他机构合作的时候，可以进行一个小测试。当与潜在的合作伙伴会晤以后，假想双方各走各路的情景。若合作伙伴与自己分别进入一间独立的屋子，己方能在没有他们的情况下，实现所谈的任务或目标吗？假如可以，那么就没有理由再继续合作。假如不能，则应该合作。

当人们认为自己已经掌握了全部答案，而且不需要任何帮助的时候，他们不太可能对合作感兴趣。这就是为何要保持一种心态的重要性，这种心态就是永远让自己感到未知晓全部的答案，必须以开放的心态来对待学习。任何一个人都比不上全体的聪明才智。这就是所谓一加一大于二的道理。

接着需要找一名合作伙伴。每个人都有尚不知晓的技能或热情。需要的不是互相争斗。相反，需要的是相互补足。人们经常不愿与他人分享，因为他们把自己放到与别人争斗的立场中去。

帮助人们建立共同目标是第四个实现高效组织合作和尽可能降低自我主义的方法。所谓建立共同目标是要比个人本身利益都要远大的目标。当所有人认清共同的目标、流程和实践方法时，就能实现令人惊喜的成果。

要记住三条重要的价值观来避免自我主义膨胀，并保持客户的高满意度：勇士的灵魂，服务的心灵以及关爱的态度。因为人们需要合作伙伴合作带来很多益处。最明显的就是你会看到企业内外的客户服务水平提高了。通过更多的合作，工作绩效和销售收入都会增长，因为人们一起工作，不断提出新的想法，寻找更好的方法来完成工作。在快速发展的商业环境中，人们不可能有足够的时间培养自身所有的能力来满足客户的期望，并实现业务的增长。

自我主义思维是很短视的，无法引领企业获得长期发展和成功。要获得长期胜利，就必须拥有一种"两者兼顾"的心态，同时关注人的发展和业绩的增长。在这样的企业内，领导者明白，要获得成功就必须去营造一个积极向上的工作环境来激励员工，从而为客户提供更好的服务，最终实现盈利的提升。

一切都要先确立领导力的价值所在，不能只关心目标是否实现。在关注盈利的同时，领导者也必须用人——包括客户和员工——来衡量工作成果，这将与实际盈利表现同样重要。于是，在这样的企业内，盈利成为呵护客户和呵护员工的必然结果和回报。

总之，作为领导者，若想使工作成效最大化，就要同时设立结果和关系两方面因素的高指标，同时避免犯自我主义倾向。假如领导者呵护员工，然后员工同样去呵护客户，那么盈利和财务表现必将跟随而至。这是经过验证的规则，成功将在结果和关系上双双体现出来。此法皆通。

分析思考：

1. 你是如何看待服务外包企业中的领导力的？
2. 联系自身实际，你认为应该如何提升服务外包企业的领导力？

小　结

优化合理的组织建设是服务外包成功的关键，当然也更离不了高绩效的领导力、浓厚的沟通氛围和良好的团队协作。领导力作为企业中非常稀有且极为重要的资源，决定着企业的发展命运和未来方向。服务外包企业作为知识经济前沿和最有发展前景的产业，产业机构的特点和现实形势的要求，迫切需要提高服务外包企业自身团队的文化和领导力，本章从满足外包需求的要求出发，简明阐述了供应商服务能力的成熟度模型、外包组织建设、领导力、沟通和团队建设等内容。

组织机构分析研究首先从满足服务外包的需求和关键因素出发，以期探寻服务外包能力的成熟度模型结构，进一步明确外包组织建设的出发点和动力。

服务外包的组织建设，从外包企业的机构类型出发，根据外包企业独特的新要求，以及针对当前组织模式中存在的问题着手，提出了外包企业组织机构优化与创新的路径。

外包企业领导力，主要全面梳理了一个优秀的领导者发挥其领导力，通常应该具备的品质，包括真诚、有前瞻性、有能力、有激情等，从而为领导力的提升明确了方向。在进一步分析了领导力和外包企业组织绩效的基础上，依据领导力提升的原则，从多个维度出发寻求领导力提升的途径和方法，并在此基础之上分析了领导力的风格类型，从而找到适合每个人自己独特的领导力。

沟通对于外包企业尤为重要，外包企业要塑造浓厚的上下沟通、横向沟通等的网络沟通机制，掌握必要的与下属和领导沟通的技巧，在外包实践中高度重视商务沟通。

优异的组织绩效离不开良好团队的团结协作，必须立足于未来，从目标出发，加强团队建设，克服团队冲突，引导团队和组织共同朝着同一个方向努力，实现组织目标。

习　题

1. 如何理解外包企业的组织建设？
2. 在知识经济时代，领导力对服务外包企业的重要性有哪些？
3. 联系自身实际，如何提升自己的领导力？
4. 如何加强外包企业的团队建设？

第五章

服务外包关系与管理

学习目标

1. 理解外包关系与管理的定义；
2. 了解契约管理的类型以及应对措施；
3. 了解质量管理的内涵以及质量控制的途径；
4. 掌握风险管理的种类及其风险规避的方法。

引　言

服务外包是企业将价值链中原本由自身提供的非核心的业务流程剥离出来，外包给企业外部专业服务提供商来完成的经济活动。按照内容的不同，服务外包包括 IT 外包、金融外包、业务流程外包、知识外包。无论哪一种类型的外包，无不涉及服务外包双方的关系及外包的管理问题。服务外包关系贯穿于整个外包过程中，它是外包的发包方与接包方基于外包契约而形成的一种关系。外包双方如何引导、维系彼此之间的外包关系不仅仅会对一次外包活动产生影响，它还会影响外包双方未来的战略合作关系。服务外包的管理伴随外包关系的确立而产生，直接影响着外包双方的利益。从流程上而言，服务外包可分为五个阶段：外包战略的制定——服务商选择——签订协议——外包过程的控制——效果评估与改进。服务外包的管理涉及契约管理、质量管理、风险管理等环节，每一个环节都直接考验着外包管理者的能力和智慧。

第一节　服务外包关系及管理概述

服务外包关系，即发包方与接包方之间的关系，存在于整个外包管理的过程中。正确认识这一特殊关系的内涵，开展有效的外包管理是保证服务外包活动顺利完成的重要前提。

一、服务外包关系概述

（一）服务外包关系的内涵

服务外包关系是外包组织在合作的过程中，不断加强与对方的交流，及时了解外包项目的进展、外包过程中遇到的阻碍，以及产生的新的需求等，从而不断对产品及服务进行改进和提高，以满足对方需求的一种合作关系。外包关系也是一种伙伴关系，其目的是促进双方之间的合作，谋求共同的发展，实现双赢。

外包关系是一种特殊的客户关系。一方面，外包的发包方和接包方在供应链中是两个相互独立的实体。因为特定的目标和利益关系，外包的接包方凭借自身的优势在众多的竞争者中脱颖而出，与发包方在一定时间内达成了承诺，签订了协议，在契约基础上形成了伙伴关系。可以看出，在这样的关系中，接包方与发包方本质上是企业和客户之间的关系。同时，另一方面，外包关系又是一种特定的形态。外包关系是在国际大分工的背景下，企业为了进一步专注于发展其核心竞争力而选择外包这一特定的环境下产生的，具有一定的历史性。

（二）服务外包关系的特点

企业或组织将部分非核心竞争力的项目转移出去，交由其他企业或组织开展，双方在委托—代理的过程中，用自己的信任、信誉来引导、维持双方关系的发展，促进外包项目的顺利开展，实现利益共享、风险共担，从而获得更大的利益。外包关系主要有以下几个特征：

1. 服务外包业务决定着外包关系的深度

外包关系的深度取决于企业外包的业务与企业核心业务之间的差距，并呈一种反向关系。也就是说，企业外包的业务越接近企业的核心业务，那么外包方与接包方之间的关系越为密切，双方之间更加需要不断进行信息沟通。随着历史的发展和企业对外包这一模式的认同，企业外包的项目越来越多，且正越来越接近企业的核心业务，因此如今的外包关系正向更深的层面拓展。

2. 服务外包业务决定着外包关系的广度

外包关系的广度是指企业在外包过程中选择的接包商的数量，通常而言，企业选择合作的接包商越多，关系就越广。外包关系的广度在一定程度上能够缓解选择单一接包商带来的道德、服务质量等方面的风险，同时也提供了更多的战略机会。但外包关系也不是越广越好，尤其是在单一项目上如果选择多方外包，这将大大增加外包的管理和运营成本。

3. 文化因素影响着外包关系

服务外包双方文化越接近，包容性和适应能力越强，外包关系就愈加紧密。然而，不同企业塑造的企业文化不尽相同，这也对外包关系构成影响。在一些项目上，接包方往往要派驻员工到发包企业中，由于双方工作人员在价值理念等方面的差异，在共同工作的过程中往往会引发冲突和矛盾，不利于项目的正常进行。这样的情况下，发包方必须要与接包方强调"文化"的问题，并以共同目标为主线，双方共同努力，正确处理好文化差异。

4. 资产的专用性

在一些专业性较强的服务项目上，资产的专用性显得尤为重要。接包方承接的项目需要进行设施设备的投资，且当这些投资具有专属性的时候，一旦关系破裂或解除资产就失去效用时，外包关系就愈加密切。当然，关系的破灭对发包方也有影响，需要大量的时间来学习相关知识来接替原来的接包商。因此，资产的专属性与外包关系之间是一种正向关系。

二、服务外包管理概述

（一）服务外包管理的定义

管理起源于人类的共同活动，是人类社会的重要活动之一。人们以集体活动的形式去完成共同目标时，管理就应运而生了，以协调成员之间的活动。对于管理的定义，学界众说纷纭，未有统一。比如，"科学管理之父"泰罗将管理定义为"管理是确切地了解你希望工人干些什么，然后设法使他们用最好、最节约的方法去完成"。SWOT 矩阵的创始人海因茨·韦里克教授在《管理学》一书中阐述为"管理是设计并保持一种良好的环境，使人们在群体状态下高效率地完成既定目标的过程"。复旦大学出版的《管理学——原理和方法》一书中，将管理定义为："管理是社会组织中，为了实现预期的目标，以人为中心进行的协调活动。"对管理的定义，见仁见智，不胜枚举。这里，我们将管理定义为：管理者以人为中心，通过计划、组织、领导、控制等环节，协调各种组织资源以实现共同目标的过程。

随着社会分工的不断细化，企业将原来自身经营的一部分活动转移给外部的组织和机构，也就是说企业在战略调整的过程中产生了服务外包。通过服务外包，企业能够控制和降低成本，聚焦其核心竞争力。同时，企业能够释放一些技术含量较低、重复性较高的工作，更加专注于自身的核心业务、重点项目，释放了企业管理者的部分时间和精力，使他们能够集中自身的精力在重要和核心的工作上，提高组织管理的效率。

企业组织模式和运作模式的变化，必然带来了管理方式的变化，服务外包管理就是在这样的社会环境背景下产生的。从前面关于服务外包的定义中可以看出，服务外包阐述主要涉及两个主体，即发包方和供应方之间通过契约形成合作关系以实现共赢。因此，服务外包管理定义为：通过计划、组织、领导、控制等环节，对外包过程和外包供应商进行管理的过程。服务外包环境下的管理同样具有管理的四种特征，同时改变和拓展了传统企业管理的方式和内容，对企业管理者提出了新的要求和挑战。

（二）服务外包管理的性质

管理的性质，即管理的两重性。这是马克思主义管理理论的主要内容，同时也是研究资本主义管理科学、建立社会主义管理科学的理论基础和基本出发点。服务外包管理同样具有自然属性和社会属性。

1. 服务外包管理的自然属性

马克思在《资本论》中提出："凡是直接生产过程具有社会结合过程的形态，而不是表现为独立生产者的孤立劳动的地方，都必然会产生监督劳动和指挥劳动，不过它具有二重性。"管理的两重属性，即自然属性和社会属性。管理的自然属性是指管理是社会生产力发展和组织社会化的客观要求，具有合理组织生产力的属性。"指挥劳动"同生产力直接关联，它是由共同劳动的社会化性质产生的，是进行社会化大生产的一般要求和组织劳动协作过程的必要条件，因此它体现了管理的自然属性。其自然属性体现了管理的客观存在，它不以人的意志为转移，也不会因为社会制度形态的不同而有所改变。

服务外包的产生是社会化大生产的需要。在经济全球化的大背景下，跨国公司在世界政治经济活动中扮演着越来越重要的角色。在生产活动领域，国际经济关系的全球化直接表现为生产活动的国际化和全球化。经济的全球化也是一把"双刃剑"，一方面是广阔的市场；另一方面是企业面临的全球范围的竞争。在这样的背景下，国际分工的发展也出现了一些新特点，哪里成本低就在哪里生产，国界正变得越来越模糊。任何一家企业在单独面对全球范围内的竞争时往往是势单力薄的。因此为适应社会生产力的发展和社会环境的新变化，企业必须加强核心竞争力的发展，加强与其他企业之间的合作，构建联盟，这就为服务外包的发展提供了强大的动力。

2. 服务外包管理的社会属性

管理的社会属性是指管理体现了一定的生产关系，并服务于一定的生产关系。管理的社会属性决定了其在不同的社会制度下有本质的区别。因而，管理中形成的制度、方法、原则等都是为适应和维护特定的生产关系服务的，并不适用于所有的生产方式。"监督劳动"同生产关系直接相联系，是由共同劳动所采取的社会结合方式的性质产生的，是维护社会生产关系和实现社会生产目的的重要手段，它体现了管理的社会属性。管理的社会属性体现在管理受一定生产关系、政治制度和意识形态的影响和制约，服务于统治阶级。

服务外包管理的社会属性同样体现在其阶级性层面。虽然经济全球化的大背景是服务外包管理产生的重要推力，但是我们也必须看到，企业或组织的运作仍然受不同社会形态下政治经济环境的影响。不同国家和民族的文化、政策、意识形态下，服务外包管理的内容和方式也存在差异。例如，离岸外包模式下外包商与其供应商来自不同国家，外包工作跨国完成。不同国家的经济体，不同的经济组织受不同政策、文化环境的影响。当两个组织在资本主义和社会主义两种不同的社会形态下，服务外包管理的社会属性就更为清晰地体现出来了。

3. 两者之间的相互关系

服务外包管理的两重性相互联系、相互制约，直接体现了生产力和生产关系的辩证统一。两者的联系体现在：管理的自然属性总是在一定的社会形态和社会生产关系条件下发挥作用，不可能孤立存在；另一方面，管理的社会属性又不可能脱离其自然属性而存在。否则，管理就成为了没有内容的形式。同时，管理的两个基本属性又是相互制约的。管理的自然属性要在一定的具有"社会属性"的组织形式和生产关系中运行；同样，管理的社会属性，即生产管理、社会制度也必然对管理的科学技术等方面产生影响，形成制约。

马克思关于管理两重性原理，体现了管理的基本属性，也是指导人们认识服务外包管理的特点，把握管理的规律，开展管理工作的有力武器。管理理念的形成建立在劳动生产的基础之上，是人们长期从事生产实践的产物。因此，管理的自然属性决定了这一类型智慧存在共通性。服务外包在我国发展的历史较为短暂，因此我们要大胆学习引进国外先进的服务外包管理理念。同时，在学习和把握管理两重性原理时，应分清资本主义管理和社会主义管理中的共性与个性，完全西化的方式不可取。遵循管理的自然属性的同时，应充分认识到管理制度等建立在一定的社会关系的基础之上，因此必须正确地处理批判与继承、学习与创新之间的关系，在吸收外国管理经验的同时更要注意与社会主义制度的联系，形成本土化的服务外包管理理念和方式，构建有中国特色的学科体系。

（三）服务外包管理的内容

服务外包管理活动是管理者为达到既定的目标，进行组织、计划、指挥、监督和调节等一系列活动的总称。管理活动是社会劳动过程中的一种特殊职能。管理活动是社会化大生产发展的客观要求和必然产物，是由人们在共同劳动的活动中产生的。从外包的流程出发，服务外包管理活动的内容主要包括：契约管理、质量管理、客户关系管理和外包风险管理四个方面（具体内容请见第二节至第四节）。

三、服务外包管理决策

（一）服务外包管理决策概述

1. 服务外包管理决策的含义

在汉语中，"决"理解为决定、决断、断定；"策"则是计谋、计策、主意等的意思。外包决策是服务外包企业为了实现外包目标，在掌握大量信息和调研资料的基础上，运用科学的理论和方法进行系统分析，围绕既定目标拟定各种实施方案，从中选出一个最佳执行方案的过程。可以看出，决策是人们在改造客观世界的过程中充分发挥主观能动性的表现。

企业在实行服务外包过程中，其组织模式和运营模式均发生了根本性的变化，这对企业的管理决策提出了更高要求。服务外包管理决策是在基于企业外包的环境下，由企业董事长、股东等利益相关者、总经理、各业务部门经理、合作伙伴、企业顾问团等人员，共同制订解决方案的过程。

2. 服务外包管理决策的特点

（1）外包决策的制订以一定的目标为前提，目标必须是合理目标

如企业制订服务外包决策的目的在于降低企业生产、管理的成本，获得、强化竞争优势，那么就必须分析公司运营的哪个环节可以提高客户价值或降低生产成本，让自身的核心竞争力得到体现，确定核心与非核心业务，进而制订适合于培养核心竞争力的公司战略。

（2）外包决策必须可行，对实际工作具有直接的指导作用

发包方是外包决策的主体，其服务外包决策要解决"3W-H"的问题，即外包什么（what）、外包到哪里（where）、外包给谁（who）、外包期限（how long）。这些内容都具有操作性，对外包项目的管理有指导意义。

（3）外包决策在比较中产生，要满足合理、效率、经济等最优原则

比如说，企业做出"who"的决策时，就必须精心挑选服务外包商，多方面权衡各种因素，对潜在对象的信息进行搜集、整理、分析，全面考察他们的信誉、业务水平等，进而做出最后的决定。

（二）服务外包管理决策类型

1. 按照决策的重要性，可将决策分为外包战略决策、战术决策和业务决策

外包战术决策又称为管理决策，是为实现服务外包的战略目标而制订的局部性的具体决策，如部门决策等。外包业务决策，则是日常管理决策，如外包项目的具体管理办法等。其中，外包战略决策居最高层次，是指从企业做出了外包的战略决策，这一决策关乎企业的生存发展的方向。

2. 按照决策持续的时间长短，分为外包的中长期决策和短期决策

企业制订了服务外包的战略，往往意味着其将长期放弃一项传统工作职能，因此制订中长期外包决策非常必要。中长期决策一般制订的是 3—5 年甚至更长时间内实现的决策目标。外包短期决策往往更注重眼前工作的开展，往往是一个项目做出的决策，往往属于一年内的发展计划和方向。

3. 按照决策的标准化程度，可分成程序化决策和非程序化决策

如果管理者是按照组织内部的标准化方法、决策来解决问题，那么此时的决策就属于程序化决策，又称为重复性决策、定型化决策。组织管理中还会出现一些不可能预见的情况，决策者往往无章法可循，这类决策就称为非程序化决策，又称一次性决策、非定型化化决策。在服务外包管理的过程中，企业管理者将面对更多的一次性决策。

（三）外包决策的步骤

管理决策不是静态的瞬间，而是一个过程，决策过程中包括一系列的步骤。决策的步骤是一个科学的过程，是决策基本过程的体现。成功的决策者往往能熟知决策的步骤，并内化成自身的组成部分，能够灵活运用到组织管理的过程当中。一般而言，管理决策的步骤可以分为以下几个部分：

1. 收集信息，鉴别问题和定义问题

这是决策过程中极为重要的一个环节。外包管理的决策者首先要多方面收集信息，组织内部和外部的资料，涉及不同管理层面人员、不同的接包商的意见，主客观的资料、书面和口头信息等，有助于决策者发现问题。鉴别问题对于解决问题是至关重要的。决策者必须从众多的信息中发现要解决的问题及重要性。当问题得到识别之后，必须根据一定的参量来定义问题。即明确：在什么层级解决问题？问题的重要程度如何？需要哪些对象的参与？通过定义问题，更好地为分析问题和确定目标服务。

2. 确定目标，分析问题

在提出决策方案之前，还要准确地知道决策的目标。决策的目标往往不止一个，会由多个目标组成。此时，决策者应该抓住主要目标，同时协调好多元目标之间的关系。对问题和目标有了全面界定后，根据问题和目标有针对性地搜集、整理资料，对问题进行分析。开始收集资料的过程中，决策者并未明确问题的所在，只是为确定问题服务。经过进一步的资料收集就会有了较为明确的方向，资料的收集和整理有了目的性。随着资料收集

越来越全面，就需要采取有序的方案来组织整理这些信息。

3. 拟定所有可行方案

在前两个基础工作的基础上，寻求解决问题的所有可行方案。"如果看起来只有一种行事方法，那么这种方法可能是错误的。"只有一种方案而没有选择余地的话，那么就无所谓决策。我们应从搜集到的所有信息中，尽可能多地研究出解决问题的方法。这是一个创造性的过程，决策者在这一阶段要开拓思维，充分发挥主观能动性。这里介绍两种常用方法："头脑风暴法"和"集思广义法"。在"头脑风暴法"中，一群具有为解决问题所需的知识和专长的人聚集在一起，讨论出尽可能多的潜在解决方案。由这种方法激起的热情常常创造出新的和具有价值的想法。"集思广义法"是几个具有不同背景和受过不同训练的人聚集在一起，直到得出一个新的备选方案。由于备选方案通常不是显而易见的，决策者不得不去寻找它们，使其明晰化。

4. 评价备选方案，测算每个方案的预期结果

拟定好所有可行方案后，决策者应对每一个方案的可应用性和有效性进行评估。他必须了解，如果这些方案正在实施的话，将会出现什么样的结果。对每一个备选方案所希望的结果和不希望的结果出现的可能性都要进行检验。决策者可运用一些标准来对这些备选方案进行比较，如要求的时间、运行的成本、涉及的风险、收益或优点、局限性等。评测结束后，如果目前的备选方案都不令人满意，团队还必须进一步寻找新的备选方案，根据工作的目标继续评价新的备选方案的效用。

5. 选择最佳方案

评估过程结束后，决策者要清楚地表明其中哪一个备选方案更优越。在选择最佳方案时，一个有用的规则是使执行方案过程中可能出现的问题数量减少到最小，而执行方案对实现目标的贡献达到最大。在选择方案时可以考虑经验、直觉、他人建议、实验等因素。在选择最佳方案时，将过去的经验作为一个指南；直觉与经验有关，它包括唤起决策者过去的记忆，并将其应用于对未来的预测；决策者必须从企业内部人员和外部接包方那里寻求帮助和指导；如果可能的话，采用这种方法来检验备选方案。

6. 实施决策方案

实施决策方案是决策过程中最为关键的一步，也是最困难的一个环节。方案选定之后，决策者须设计所选方案的实施方法。一个优秀的决策者必须具备制订方案和实施方案的双重能力，做出决策又能化决策为有效的行动。因此，决策者要注意运用目标管理的方法，将目标层层分解：哪些是在本企业内部可能解决的？哪些需要外部接包方进行处理的？确保方案及时有效地运行。在执行阶段，决策者要随时了解方案的进展情况，必须对可能遇到的困难有所准备，及时排解困难，确保方案的有效运行。

7. 检查方案的有效性

在决策执行的过程中，决策者的职责是定期检查计划的执行情况，与内外部人员进行沟通，并将实际情形与计划结果进行对比来衡量决策的效果。信息的反馈在这一过程中是必须的。它既能随时检验正在执行的方案的效果，对中间发生的情况进行有效调整，从而达到理想的效果；同时，也有助于提高决策者的能力水平和企业外包目标的实现。

第二节 服务外包契约管理

服务外包协议一旦达成，即意味着发包方与接包方之间形成了一定形式的契约，双方的权利与义务确定下来。履行外包协议的过程，也就是实现契约的过程。有效地进行契约管理是实施外包项目的关键环节之一。

一、服务外包契约管理的相关理论

契约的观念早在古罗马时期就已产生，罗马法最早提出了契约自由的原则。关于契约的内涵，不同的角度有不同的解释。按照《现代汉语词典》的解释，契约是指"依照法律订立的正式的证明，有关出卖、抵押、租赁等关系的文书"。从法理上讲，契约是"两人或多人之间为在相互间设定合法义务而达成的具有法律强制力的协议"。从经济学上而言，契约不仅仅包含具有法律效力的契约，也包括一些默认契约。

契约的基本特征可以概括为三个方面：一是它具有一定的法律效力，一般通过书面形式达成协议，有时也采用口头方式达成协议。二是它明确规定了权利、义务，即契约双方之间规定了能够做什么和不能够做什么。权利和义务相互制约，一方的权利对于另一方而言就是义务。三是它具有相互制约的效果。契约一般都通过法律责任条款制约双方的行为，若一方违反契约则要对另一方予以补偿，从而使另一方不因他方违约而遭受重大损失。

契约理论的形成经历了上百年的发展，这其中包括委托－代理理论、不完全契约理论、关系契约理论等。

（一）委托代理理论

1. 委托代理的内涵

20世纪30年代，美国经济学家伯利和米恩斯首先提出了"委托代理理论"，之后Ross、Jensen和Meckling发展出现代意义上的委托代理理论。在法律层面，当主体A授权主体B代表A从事某种活动时，两者之间就建立了委托－代理关系，主体A就是委托人，主体B就是代理人。从经济学层面，委托代理关系是指一个或多个行为主体根据一种明示或隐含的契约，指定、雇用另一些行为主体为其服务，同时授予后者一定的决策权利，并根据后者提供的服务数量和质量对其支付相应的报酬。可以看出，委托－代理关系本质上是一种契约关系，即一个主体授权另一主体为实现委托人的效用目标最大化而从事的某种活动。

委托代理理论源自一些经济学家对企业内部信息不对称和激励问题的深入研究，该理论已成为契约理论最重要的发展之一。委托代理关系广泛存在于组织中，它不仅存在于组织的内部结构中，也存在于组织与组织之间。随着生产力的大发展，社会分工进一步细化，然而，组织或个体由于知识、能力和精力的原因不能面面兼顾；此时，专业化的分工造就了一批具有专业化的职业代理人，他们有能力、有精力代理行使好被委托的权利。但是在委托代理关系中，由于双方信息的不对称，目标不同，合约的不完备也会给这种关系带来风险。在这样的情况下，如何更有效地激励、监督和约束代理人，限制和减少由于信息不对称造成的损失，就成为委托代理研究和关注的主要问题。

2. 委托代理关系特征

委托人与代理人间的关系是合同关系，不是隶属关系，委托方和代理方之间会签订一系列的合同或协议。合同是外包双方合作的基础。在这一过程中，委托方需考虑如何选择和设计最优激励合同来对代理方进行激励和约束，期望接包方选择最优行动方案来实现自身这一方的收益最大化。这种合同关系的特征表现如下。

（1）委托代理关系是一种经济利益关系

委托代理关系产生的前提是双方对经济利益的追求，都是利益最大化的追求者。委托人确定相应的报酬机制，激励代理人尽心尽责工作，努力实现委托人利润最大化的目标；代理人则通过自己的努力，以求自身效用最大化。他们之间的关系本质上表现为一种经济利益关系，都是经济人。正是出于对经济利益的追求，双方走到了一起进而形成了委托代理关系。

（2）委托代理关系是一种合约关系

合同是双方合作的基础。由于委托代理双方都是出于对经济利益的追求，且存在信息的不对称性，如果缺乏法律约束那么必然出现道德风险，影响一方目标的实现。通过合约的形式，从法律层面规定了双方的权利与义务，规范了双方的行为，一定程度上避免了相关的纠纷。

（3）委托代理关系是动态的过程

委托代理关系是在一定的社会历史条件下产生的，随着社会经济的发展变化这种关系也发发生变革。委托代理关系随着企业组织形式的深化，由一级代理关系发展为现在的多级代理关系。委托代理的关系表现得越来越复杂，遇到的挑战和面临的风险也逐渐增多，对合同的质量也提出了更高的要求。合同必须具备可操作性和动态性。一方面代理人能够准备把握委托的要求；另一方面随着内外部环境的变化也能够及时调整。

3. 服务外包的委托代理关系

委托—代理理论对服务外包的意义在于它为外包提供了理论基础和解决问题的方法。在外包关系中，委托人就是发包方，代理人就是接包方。发包方通过委托代理的方式，降低企业的交易成本，能够更加专注于自身的核心竞争力。接包方通过代理创造了价值，同时融洽的外包关系也能提升企业的声誉，为更广范围的合作奠定基础。

服务外包是在基于契约规范由发包方委托接包方提供所需的产品或服务，由于双方的目标不一致，信息的不对称及不确定性，外包双方也会发生道德风险。委托人代理人理论的目标即在于设计契约，使代理关系的委托人所负担的成本最小化。但令人担忧的是，在委托关系中的员工所追求的目标不一定符合外包方的目标和需求。相对于其他行动者而言，接包商在服务提供中居关键地位，且有相当的自主性，这时作为委托方就必须合理设计激励约束机制，使双方的目标趋同，让接包商尽己所能朝向设定的方向努力。

（二）不完全契约理论

1. 不完全契约理论的产生

早期的契约理论假定契约是完全的，即缔约双方可以考虑到项目实施过程中所有可能发生的情况，并以条款的方式写入合同之中，而且合同能够被第三方强制实施，因此关键的问题在于合同中设计出精细的激励和约束机制。这种能够面面俱到地规定当事人之间的权利和义务以及未来可能出现的情况的一种合约形式称之为完全契约。

不完全契约理论就是在对完全契约理论的批判过程中产生的。不完全契约理论认为，由于个体的有限理性、信息的不对称性及交易过程中存在的不确定性，使得明晰所有的特殊状况的成本过高，契约条款难以做到完备，也难以在事后完全地执行。

2. 契约不完全性的体现

合约的不完全性可以从三个方面进行阐述：

（1）在复杂的、十分不可预测的世界中，人们很难想得太远，并为可能发生的各种情况都做出计划。如在项目实施过程中发生了自然灾害或技术变革等，当合约规定的事情可随时间的推移而发生变化时，合约不完全性就发生了。

（2）在履约过程中，由于当事人双方信息不对称，其中一方可能欺骗另一方，这样也会使本来显得完备的合约变得不完备。

（3）企业是以追求经济利益为目标的，订立完全合约的成本太高，有时甚至高于合约带来的整体收益，大大增加了整个项目的成本，这样双方都不想花太高的成本去订立一份所谓的完备合约。

（4）即便契约双方可以对将来进行计划和协商，纠纷产生时第三方（如法院）也并不一定按照事前签订的合约条款强制执行。

正是合约的不完备或不可能完备，委托代理关系就不可避免地产生委托人或代理人的卸责，从而导致效率损失。

（三）关系契约理论

1. 关系契约的内涵

关系契约理论是在对古典契约理论进行批判的基础上发展起来的，是一个非常重要的概念。它是一种不仅涉及双方之间的交换（exchange），还涉及契约双方关系（relationship）的契约。几乎所有契约都是具有关系性的，也就说彼此之间都因为合作而建立了某种关系。因此，可以将"关系契约"定义为给予未来关系价值的非正式协议，其主要特点是"自我履行（Self－enforcing）"，即交易在很大程度上由参与者自行协调来完成，没有经过制度、仲裁者等第三方的干预。

从外包层面上而言，服务外包的发包方与接包方可能从一开始的相互独立、互不相识，到因正式的契约而结缘，在一定阶段的合作中加深了认知，形成了特定的关系。关系契约并不对交易过程中的所有内容及条款进行具体详尽的规定，仅仅确定基本的目标和原则，起着关键作用的是过去、现在双方之间的关系或对未来双方之间合作的憧憬，因此它倡导的是彼此之间的信任、信誉等。

关系契约在服务外包的过程中发挥着重要的作用。随着社会分工的国际化，外包不仅仅局限在一个小小的区域，离岸外包已经成为外包的一种重要形式。在外包过程中，由于地理位置、文化差异、企业理念、目标价值等的不同，发包方和接包方在合作的过程中容易产生冲突和矛盾，如诚信问题、服务质量问题等。同时，在不同的国度和环境下法律制度的约束和强制力度有一定差距，正式契约又有不可预见性和不完备性，再谈判和签约又加大了外包的交易成本，以上种种降低了正式契约的约束力，影响外包双方的利益，不利于外包行业的发展。在这样的一种情况下，我们必须探索除了法律契约之外的可以协调彼此之间关系，提高外包效率的方式和方法。

关系契约可以弥补正式契约的这些不足。关系契约是正式契约的一种补充，并不会阻碍或取代设计精确完整的条款契约。建立在诚信、友好基础上的关系契约有助于双方开展长期、稳定、紧密的合作。

2. 关系契约的执行保障

关系契约认为，契约中必然存在漏洞，不完全契约是绝对的，且契约漏洞往往也无法由法律来弥补。因此，关系契约的执行不得不依赖于法律之外的机制来维护，其执行保障可归结如下：

（1）长期合作的价值

关系契约得以执行的最重要保障来自终止与交易对手的关系，给对方造成经济损失。由于关系契约会长期延续，所以缔约双方都会相互握有一种双向的和自动的控制对方的能力。一方针对另一方违反契约条款的办法就是终止契约，不需要政府和第三方的干预。在契约伙伴清楚他们是相互依赖并互相握有"人质"时，这种方法更为有效。当然，此种终止合作有效即关系契约得以履行的充分条件就是存在一个足够高于残值生产成本的价格，以至于不履行契约的企业就会失去一系列未来销售贴现之和，而这大于不履行契约的财富增加。经济学领域文献中均把未来合作的价值作为关系契约执行的唯一保障，因此，诸多学者把关系契约等同为自我履约契约，比如 Baker 即把关系契约定义为是指契约双方就一些第三方（如法院）无法证实的内容而达成的非正式协议，与正式契约依赖法院的执行不同，关系契约是依靠未来合作的价值来维系的。在关系契约设计时要让不履约的收益总是小于履约所带来的长期收益，人们诚实或诚实的表现要比不诚实带来更多的好处时，才会表现诚实。

（2）关系性规则

关系契约的治理不仅依赖于对交易结构的事前规定和理性规划，还依赖于关系性规则，这些关系性规则包括社会过程和社会规则，与正式的制度安排一起，共同保证了关系契约的履行。关系性规则可以有效降低和解决企业合作中所面临的问题，如专有性投资带来的敲竹杠问题，绩效衡量的困难等。

关系性规则促进了对继续交易和合作的期望，激励了专有性投资，长期性合作带来的信任使得交易者更加关注长期利益，短期绩效评价不再重要。Dyer 研究发现关系性规则能减少机会主义行为，使双方不会为了短期的利益而进行机会主义行为，因为机会主义的利益不足以弥补合作终止的损失，并且信任增加了双方共享信息的意愿，降低了信息的不对称性。Ferguson 等也发现，关系规范（交流、公平、弹性等）对加拿大生物科技公司与其主要投资者之间的总体合作效率和绩效有积极影响。总之，这些关系性规则可以影响参与者的行为，提高关系作为一个整体的利益，创造、维护和促进伙伴之间交易的和谐，使得不需要第三方（包括制度与仲裁者）的加入而能保障交易的顺利进行。

诸多管理学者运用实证研究的方法验证了关系性规则的作用及其与绩效的关系，但是对于关系性规则的组成内容仍然存在许多争论。例如，信任到底是关系性规则的组成部分，还是关系性规则与企业绩效之间的中介变量。诸多学者直接把信任视为关系性规则的一部分，GOLES 通过对 12 篇关系性规则的经典文献的研究发现，信任、交流和柔性是最为广泛运用的三个部分。学者从 Macneil 的经典论述中出发，认为关系性规则包括柔性（flexibility）、团结（solidarity）和信息交换（information exchange），而这些关系性规则会影响信任水平，并通过信任水平来影响企业绩效。尽管存在争论，所有学者均认为信任在关系契约治理中起着核心作用。

（3）声誉（reputation）

在关系契约实施过程中，声誉起着重要作用。其原因在于，签约双方不仅要考虑当前，还要考虑未来；不仅要考虑缔约方的利益，还要考虑未来可能对自己产生影响的交易对手的态度。在一个重复博弈中，一个人的行动是可以影响到他人的选择的，别人可以从他的行动中判断他履约的能力，了解他的信誉状况，并由此决定与他的合作关系。由于声誉的作用，即使契约不完全，合作的结果仍然可以实现。比如，一个企业履约的情况被该行业中的其他企业或者其代理人看到，当知道他的不履约行为时，很多企业就会远离这个企业。这种声誉是企业的销售所必需的，如果企业机会主义行事，很容易丧失这种声誉。如果与一个有声誉的企业交易，与之缔结的契约会得到恰当的履行，并且，如果发生分歧，也会得到迅速的解决。

现代信息技术促进了声誉信息的扩散，然而声誉只有在具备共同价值和伦理的共同体内才能发挥强制执行机制的作用，声誉机制发挥作用的重要条件是共同体内对机会主义的认识相同。如果一种机会主义行动受到一部分人赞同，一部分人反对，声誉机制很可能就会失效。

二、服务外包过程的契约风险

外包双方签订契约的目的是通过规范外包双方的权利和义务，使外包活动规范化，提升外包的效率，保证双方的利益。一个设计良好的契约对于有效推进项目的开展，增进双方之间的合作至关重要。然而，契约永远都不可能成为完整契约，契约风险依然存在。

1. 外包机会主义引发的契约风险

接包方的机会主义主要包括道德风险、逆向选择、不完美承诺。道德风险源于委托人不可能无成本地观察到代理人的行为。接包商可能将服务性能的低下归咎于他们无法控制的环境因素，进而采取一些逃避责任的行为；逆向选择是由于委托人不能观察到代理人的特征造成的。接包商为了吸引客户，可能回避自身的弱点。不完美承诺是指发包商或接包商对不完美能力的承诺，主要表现为接包商过分夸大自身的能力，给出许多超出自身能力范围的承诺。机会主义行为往往是由信息不对称所造成。

2. 未来环境的或然性引发的契约风险

事物不断发展变化，静止是相对的。外包双方受到信息、知识、能力等的限制，往往难以预测到项目执行过程中的环境变化，比如自然灾害的发生、技术日新月异的发展、项目价值的降低甚至完全失去原本的价值、接包或发包方组织发生变动导致执行力的下降等，当发生这些问题时，原本的契约条款就会部分或者完全失效。

三、服务外包契约管理过程

服务外包的发包方和接包方之间往往通过契约的形式确立关系。一个设计良好的契约合同，有助于双方之间的合作，对于外包项目的有效执行至关重要。服务外包的契约管理，主要包括外包商的选择、条款的签订、契约的执行、再谈判、合作结束五个阶段。

1. 签约前服务提供商的评估和选择

企业进行了内部分析，确定了服务外包的需求之后，接下来的关键问题是如何选择合适的接包方。由于双方之间信息的不对称，企业都掌握着各自的私有信息，那么发包方在选择的过程中容易产生逆向选择问题，即一个低效的接包方会假装自己是一个高效运作的接包方，以赢得该项目。因此，对接包方的选择和评估至关重要。

（1）企业会成立由人力资源、法律、财务、外包等业务领域的专家组成的外包能力评估团队，构建评估指标体系。

（2）通过项目招标的方式，扩大招标范围，筛选出符合要求的候选对象。

（3）对接包方的信息进行收集、分析和评判，形成评估报告，最终确定服务的承包商。由于信息的不对称性，服务提供商比发包企业更了解自己的资金、技术实力、人员实力，为获得合作机会往往会夸大自己的能力，向发包商提供不正确或不完整的信息。

发包方要全面考察外包信息，如服务提供商的过往业绩与经验；服务提供商的声誉；服务提供商的专业性；服务提供商的人力、物力、规模、财务状况等；服务供应商的创新和应变能力；服务外包商的外包费用；服务外包商的兼容能力，如企业文化、服务宗旨等。

信息的搜集可以通过两个方面开展：一是招标时主动索取相关资料，如企业营业执照、企业过往的外包情况、企业经营状况等；二是发包方团队通过网络搜索、去接包企业实地调查、向接包方的合作企业调查，主动搜集相关资料。

2. 签约过程中双方的协商

在第一步的信息甄别之后，外包方已经选择了合适的接包方，接下来面临的问题就是双方签订契约。契约的签订是一种合作的博弈，目的是实现双方的共赢。

（1）契约双方的谈判

缔结契约是一个谈判的过程。外包谈判不是输赢博弈，而是合作博弈，双方共赢才能合作。外包谈判的策略是合作性的、寻求长期合作、追求灵活性的契约条款。

（2）契约条款尽量详尽

通常而言，契约规定了服务的内容、方式、时间等等因素，对双方的权利、责任进行了约束。当然，契约的达成并非一蹴而就，需要双方不断的协商，同时契约中的条款也具有一定的弹性，从而可以保证接包方能够根据客户的需求进行灵活的调整，而发包方可以根据自身环境、目标的变化对条款的相关内容进行细微的调整。

（3）监督与激励条款

谈判过程中，契约双方都将面临机会主义风险，可通过显性的激励条款来降低风险，鼓励发包方增加专业化投入等。

3. 签约后的契约管理

在契约执行的过程中，必须根据环境的变化，对信息进行及时反馈。如在执行过程中发现了与契约不符的相关行为，发包方可要求接包方根据契约条款的约定进行调整。当遇到以下三种情况时，发包方可以要终止契约的执行：一是接包方违反契约中的条款；二是由于环境的变化，接包方不能实现发包方的目标；三是契约到期。

第三节　服务外包质量管理

服务外包正在赢得越来越多企业的认同，外包领域也愈加宽广，服务外包的发展形势更为明朗。然而，相比于传统的企业运营方式，外包也存在一些劣势，其中之一就是服务质量的控制问题。由于企业无法直接对接包方的服务进行控制，也无法直接得到来自服务提供方的质量报告，这就难以保证服务外包的质量。当发包方的质量要求太高而得到的服务质量却很差的时候，企业就不得不提前结束项目，重新寻找新的服务提供商。这对外包双方都造成了严重的损失，对外包商而言，重新选择增加了投资成本；对接包方而言，丧失了商业机会，商业信誉也会因此受到影响。因此，服务质量的控制对双方而言都是至关重要的。外包方需要通过质量管理使服务的质量达到企业的需求；接包方需要通过质量管理使提供的服务或产品满足企业的需求，维系良好声誉的同时也能赢得更多的合作机会。

一、服务外包质量管理及特征

（一）服务外包质量概述

1. 质量的含义

随着业务内容的不断丰富，管理中的质量的内涵正不断充实、完善和深化，较为典型的阐述有以下两种：美国著名的质量管理专家朱兰（J. M. Juran）博士从顾客的角度出发，提出了产品质量就是产品的适用性，即产品质量就是产品在使用时能成功地满足用户需要的程度。ISO 9000.2000 质量管理体系中将质量定义为"一组固有特性满足要求的程度"。将服务定义为"在供方和顾客接触面上需要完成的至少一项活动的结果，并且通常是无形的"。可以看出，质量应当满足客户或其他相关方面的要求，其最终的判定权在于客户或其相关方。同时，质量的内容不仅仅体现在产品层面，同时体现在服务过程和体系方面。

2. 顾客满意

顾客满意这一概念源于消费心理学，它是对顾客需求是否得到满足的一种界定。通常而言，当顾客的需求得到满足时，他们会产生一种积极的情绪反应，即为满意的情感；相反，如果顾客的需求未能得到满足，就会产生一种消极的情绪反应，即称之为不满意。营销大师菲利普·科特勒将顾客满意定义为："满意是指一个人通过对一个产品的可感知的效果（或结果）与他或她的期望值相比较后，所形成的愉悦或失望的感觉状态。"可以看出，满意水平实际上是个体可感知的效果与期望值之间的差异度。如果产品或服务的效果低于期望值，客户的需求得不到满足，他们就不满意；如果感知效果与期望值相当，需求得到了满足，则顾客满意；如果产品或服务的感知效果超过了期望，顾客的需求得到超值满足，则他们就完全满意。

3. 服务外包质量

从上述两个概念出发，我们可以将服务外包质量定义为：服务外包发包方对接包方提供服务的满意程度。在经济全球化的今天，质量在企业竞争中优势愈加明显，已成为企业发展的核心之一。在招标过程中，高质量的产品和服务同样是吸引发包方的关键所在。外包关系建立后，发包方也会根据契约中的标准来衡量接包方的服务质量。

（二）服务外包质量的特征

对外包双方而言，服务外包输出的不单单是产品，更是一种服务。相比于产品的质量而言，服务的质量更难评估；发包方对服务质量的感知，也是通过比较目标期望与实际服务绩效而得出的。服务质量的评估并不是仅仅通过服务的产出来判断，实际上它已涉及整个服务的传递过程。服务外包质量的特征主要表现为以下六个方面：

1. 服务产品的功能性

服务接包方提供的产品或服务所能实现的效能和作用，这是发包方对外包服务接包方最基本的要求。

2. 提供服务的经济性

即为了得到相应的外包服务，发包方所要支付外包费用的合理程度。服务外包的费用是整体服务周期的总费用，即发包方实施外包服务的过程中直接费用和间接费用的总和。

3. 服务外包的安全性

企业实施外包战略过程中，需要将企业内部的信息透露给接包方，尤其这些信息涉及企业自身的核心利益时，这无疑增加了企业的风险。因此，服务的安全性也是评估接包方服务质量的一个重要方面。外包服务供应商在提供服务的过程中，必须确保客户的信息无损坏、无丢失，商业机密和知识产权不会被窃取。

4. 服务外包的时间性

服务外包合同也对外包的期限进行了约定，时间性就是外包服务接包方能否按时或及时地满足客户外包服务需求的一种能力。在客户对服务外包供应商的评价中，时间常常是一个客观和重要的因素，往往体现了服务外包过程的效率。

5. 外包过程的协调性

外包过程的协调或外包关系的和谐也是衡量服务外包质量的标准之一。外包双方之间友好、和谐的关系有助于服务项目的开展。因此，随着服务外包领域竞争的加剧以及客户需求的不断提高，客户不仅仅重视服务水平本身的高低，同时也更加注重接受服务过程的舒适性。

6. 外包文化的兼容性

外包的发包方和接包方均为独立的组织，必然存在文化等差异。组织之间需要合作，且往往一方要派驻员工进驻另一方，这就要求企业文化中具有包容、兼容的特性，企业员工具有较强的适应能力，只有这样外包才能持续下去。

二、服务外包质量管理的原则和原理

质量管理是外包管理的重要内容之一，它所关注的产品或服务的质量将直接影响着外包策略的成败。服务外包的质量管理，即要求服务外包的接包方在执行服务外包项目和最终形成服务外包成果方面均能满足发包方的要求。

（一）服务外包质量管理的原则

1. 以发包方为关注焦点

任何经济组织都是依存于一定的客户而生存。对接包企业而言，拥有发包客户是决定企业生存和发展的最重要因素，服务于客户并满足他们的需要应该成为接包企业存在的前提和决策的基础。为了赢得外包机会，接包企业必须做好充分准备，深入了解和掌握发包企业当前和未来的需求，在此基础上才能满足发包企业的要求并争取超越目标期望。

2. 以外包双方的互利关系为基础

外包契约达成后，发包方和接包方之间就形成相互依存的关系，互利的关系可增强双方创造价值的能力。在目前的经营环境中，企业与企业已经形成了"共生共荣"的企业生态系统。企业之间的合作关系不再是短期的一次性的合作，而致力于形成一种长期的合作关系。

3. 服务外包管理是平行管理

传统的企业管理是企业内部的管理，而服务外包管理涉及企业间的管理。服务外包双方不是一种上下级之间的关系，而是一种平行的关系。因此，外包管理一定要注意方式和方法，以相互信任和理解为基础，为共同的目标而努力。

4. 及时传递与沟通有效信息

服务外包管理的侧重点不同。传统的质量管理是在企业内部实施的，服务外包质量管理涉及服务供应方和发包方两个主体，是企业间的管理。外包企业管理需要双方及时传递各种有效信息，进行资源的集成，通力合作达成目标。这其中，接包方需要对产品和服务进行内部管理，发包方只需在监督的过程中发现和指出问题，由接包方在内部管理的过程中进行调整。

5. 全过程管理的方式

质量管理理论认为，任何活动都是通过"过程"实现的。服务外包质量有一个逐渐产生和形成的过程，因此质量管理工作要求运用系统科学的原理和方法对所有环节进行全面组织管理。将活动和相关的资源作为过程进行管理，可以更高效地得到期望的结果。因此，在开展外包质量管理活动时，必须要着眼于外包全过程，要把活动和相关的资源作为过程进行管理，才可以更高效地得到期望的结果。

6. 全员管理的方法

服务外包质量的优劣，很大程度上取决于双方企业全体员工对服务外包质量的认识水平的高低，以及由此导致的与服务外包质量有密切关系的工作质量的好坏，即要求重视人的因素，发挥人的主观能动性。

7. 遵从持续改进的原则

持续改进自己的业绩应当是组织的一个永恒目标。外包质量管理的目标是发包客户的管理。发包方的需要在不断地提高，因此，接包方必须持续改进才能继续获得发包客户的支持。另外，竞争的加剧使得接包企业的经营处于一种"逆水行舟，不进则退"的局面，要求企业必须不断改进才能生存。

8. 以事实为基础进行决策

有效决策建立在合理的数据和信息分析的基础上。为了防止失误，决策必须要以事实为基础。为此，外包双方必须要广泛收集信息，用科学的方法处理和分析数据与信息，不能够凭经验，为了确保信息的充分性，应该建立企业内外部的信息系统。外包双方不可隐藏信息，而应互通信息，及时有效处理遇到的问题。

（二）服务外包质量管理的基本原理

服务外包质量管理与传统的质量管理存在共性，突出表现在其全面质量管理的基本思想。随着生产管理的进步，人们逐渐认识到仅仅控制生产过程已不能解决所有的质量问题。而且人们对质量要求的提高以及管理理论的发展，都要求对统计质量管理方法进行改进。结合其他的组织管理工作、管理技术和方法进行全方位的综合质量管理，菲根堡姆等人提出了新的质量管理理念——全面质量管理，这一方法的基本思想就是把影响质量的所有过程看作一个整体来加以管理，从而更系统地对产品和服务的质量进行控制。全面管理的理念同样适用于服务外包过程的管理。

1. 体系管理原理

任何一个组织，只有依据其实际环境条件和情况，策划、建立和实施质量管理体系，实现体系管理原理时，才能实现其质量方针和质量目标。这就是质量管理的体系管理原理。

建立质量体系是开展外包质量管理工作的一种最有效的方法与手段。质量管理是外包管理的中心环节，其职能是质量方针、质量目标和质量职责的制定和实施，是对外包质量职能和活动的管理。服务外包质量体系是发包方为实现质量方针、目标，在开展质量活动时的一种特定系统。全面质量管理的一切活动，都是以体系化的方式来运行的。质量体系使质量管理的组织、程序、资源等实现了系统化、标准化和规范化，它为外包质量管理活动提供了一种方法，是外包质量管理活动的核心和载体。质量体系既要保证发包方和接包方内部管理的需要，又要充分考虑提供外部质量保证的要求，因此必须形成一个通用的标准。ISO 9000 族标准就是国际通用的一个质量管理体系要求。通过对企业产品或服务质量的体系化管理，在质量控制的标准一致的情况下，质量管理过程更加有效。

2. 过程监控原理

ISO 9000 族标准指出："所有工作都是通过过程来完成的。"所有质量工作都是通过过程完成的，外包质量管理也要通过对过程的监控来实现。全面质量管理强调过程概念，并要求对产品或服务的全寿命周期全过程进行控制。每一过程都有输入和输出，输出是过程的结果，过程本身应当是一种增值转换。产品质量是产品实现一系列过程的结果。

按照全面质量管理的要求，对产品质量的控制要通过对外包环节各个过程的控制来实现。对外包各环节进行过程监控，可以及时有效识别偏差和问题，保证外包产品或服务的质量，还可以预防质量问题的产生。

3. 人本原理

质量管理，以人为本，只有不断提高人的质量，才能不断提高活动或过程质量、产品质量、组织质量、体系质量及其组合的实体质量。这就是说，人是质量管理要素中的第一要素。外包质量管理中也强调以人为本的自主管理。外包双方是一种平行关系，因此并不适用传统的上下级的管理模式，外包关系更注重人的因素，注重沟通和协调的作用。同时，接包方的内部管理中亦要注意，在影响产品或服务质量的诸多要素中，对人这个因素的控制应该是最重要的，也是最见成效的。人的素质决定了产品和服务的质量：组织管理人员管理水平高，工人技能好，全体人员质量意识强，则工作质量高，组织的产品质量也高。

外包质量人才的培训与教育是贯穿质量管理的重要基础工作。提高人的素质，外包关系更加持久和谐，产品的质量也能得到提高。高素质人才的形成决不是天生的，也不是自然形成的，而要靠坚持不懈的质量培训与教育。从最高管理者到基层员工，都是要进行质量观念与质量技术的教育，这才是提高外包质量水平的根本。

三、服务外包质量管理的途径分析

服务外包管理是一个系统的管理过程，包括外包决策、服务供应商选择、契约签订和外包实施过程。这四个阶段对服务外包的质量都发挥着不可忽视的作用。首先，企业做出外包决策是基础，否则外包便无从谈起。其次，选择一个优秀的服务供应商是获得高质量的产品和服务的前提。再者，外包关系通过契约确定下来，发包方通过制定契约明确自己的目标和要求，因此制订一份合理的、可量化的契约是保证服务外包质量的关键。最后，服务的"生产过程"直接关系着产品和服务质量的好差。服务外包质量管理即是通过对这四个连续的过程的控制来实现，体现了全面质量管理的特点。

（一）规范供应商选择的过程

正确规范的服务供应商选择流程有助于发包企业筛选出符合要求的合作伙伴，保证外包服务的质量。外包企业在发展的过程中已经开发出甄别和选择服务供应商的系统方法，且在不断的实践中得以精确化和标准化。主要包括：任命一支服务供应商的选择团队；建立合理的评估标准；列出服务供应商的名单；发布信息征询书；发布需求建议书；对建议书进行评估；选出最终的服务供应商。

（二）利用契约规范外包服务质量

契约管理是服务外包管理中的一个重要环节。外包契约是发包方和接包方经过多轮谈判最终确定下来的正式文件，其对服务的内容、成本、绩效都进行了明确规定。因此在服务外包管理过程中，可借助于这一正式的法律契约来规范、约束双方的行为，同时双方的行为也可以被法院所观测。正式的契约和制度公平、合理、规范的硬性约束，可以明确服务外包双方的职责、权利和义务，为服务质量管理提供可衡量的依据。

（三）实施阶段的质量控制

服务外包过程只是把企业的部分执行职能外包给一个服务供应商，但企业的部门并没有因此而减轻责任，在企业内必须有一个团队负责对外包的实施过程和成果加以监控。具体来说，发包商对服务质量的管理主要通过监督职能来实现，这种监控职能包括对服务提供商的监控、对用户的监控两个层面。

1. 监控服务供应商

接包方是外包实施过程中发包方进行监控的重点。这一过程中，发包方观察服务提供商是否按照要求做他应该做的事，如果发现服务供应商偏离了预定的行为目标，就需要通过采取控制措施加以纠正，并使服务重新回到设定的轨道上去。

在监督对象的选取上，可以分为三个方面：投入、过程和产出。具体选择哪个方面或是哪几个方面的组合，取决于发包方对外包业务的了解程度，数据收集的难易程度以及选项的可观测性。此外，发包方还应关注服务供应方的财务状况，以免由于对方的财务危机使自身陷入困境。

在方法层面，监督和控制是发包方规范服务供应方行为的基本方法，但这种方法需要越过组织界面进入到另一个组织内部去实施，难度较大、成本较高。这就需要综合考虑企业的抗风险能力和服务供应方的服务提供能力来确定监督的力度。此外在合作开始时的磨合期，发包方应该投入比预期设定的更多的人力和精力开展监督工作，这样就可以将有关标准和期望明确地传达给服务供应方，保证产品或服务符合契约上的标准与规定。

当监督力度和监督对象确定后，监督工作就正式开始。监督的第一步就是进行数据资料的收集，同时，确保收集数据的及时性和准确性。然后，对资料进行分析，将分析结果与事先建立的标准进行比较，若没有偏差则表明服务供应商是按照事先约定的标准提供服务的；若是有偏差，则应形成相关的材料提交给服务供应商。服务供应商通过调查问题，与发包方就相关问题进行沟通，找出解决方案并实施。然后将处理结果反馈给发包方，若发包方对结果满意则进入下一轮的监控流程；若发包商发现问题仍然存在，则再次提交问题报告。

2. 监督最终用户

用户是服务供应商提供的服务的直接体验者，可能是顾客，也可能是发包企业的一个部门，他们对服务质量有更敏锐的洞察力。发包企业可以在组建管理团队的时候邀请最终用户加入，也可以在产品或服务的生产过程中让最终客户去体验。最终用户将体验、感受、问题等告知发包方，如最终用户不满意，那么发包方可将收集到的信息反馈给接包企业进行整改。

案例与分析

【案例一】

跨国合作银行的"DIY 外包"

2004 年，M. Hoff 初次着手于 E 国和 H 国组合的跨国合作银行的"DIY 外包"，当时该银行的直接银行业务上升，正谋求构筑 IT 基础。在制定外包计划时有两种选择：一是雇佣外部顾问，但这些人的薪水通常很高，并且并不一定能引导企业做出正确的判断。二是公司自主完成从需求定义到谈判的大部分工作。综合考虑后，Hoff 选择了后者。后来，他表示当时能够成功也有一定的运气因素。

"合作供应商们都十分绅士，为我们提供了专业、成熟的服务，并没有利用我们在这方面的经验欠缺趁虚而入。"Hoff 认为，外包管理流程内部化的目标并不仅限于成本削减（尽管他在成本削减方面的成果有目共睹），而在于加强同外包供应商之间的关系。"从外包计划制定之初就与供应商保持密切对话，是为了建立良好的基础，以建立通过咨询顾问等中介人所不能获得的有效沟通和强有力的关系。"

"观察供应商为满足发包需求而付出的努力，倾听他们的疑问，这所有的过程都对与供应商建立牢固的关系有着重要作用。这种关系的构筑不仅对于供应商的选定，对外包的持续管理也十分有益。"

Hoff 就任跨国合作银行的执行 CIO 以来，一直要求 IT 部门成员提高选定、管理外包供应商的能力。他也曾经从供应商处雇佣过已具备相关能力的人，但更多的部门成员还是在业务过程中进行学习。

Hoff 主张"外包流程中的每一个步骤都事关提高能力"。他所率领的 IT 部门之前从未利用过外包服务。然而现在他们在不借助外部顾问的情况下将企业 IT 资产的近 40% 外包给了供应商。

分析思考：

1. 此跨国银行的服务外包管理过程涉及了哪些内容？

2. Hoff 扮演了哪些管理角色？

【案例二】

外包失败的案例：各取所需导致消化不良

英国全国医疗保健系统（National Health Service，下称NHS）的IT现代化项目也许是现存的最大规模的IT灾难。该项目比预期时间滞后2年，超支100亿美元，在花钱规模上它和美国波士顿的大隧道计划（Big Dig，美国迄今为止耗资最大也是最复杂的高速公路）项目不分伯仲。它的其中一个主要厂商—以医疗健康程序开发为主业的iSoft公司已在破产的边缘，因为该公司一直无法在这个网络上部署自己的软件。如果应用程序不能部署，iSoft就无法获得收益，所以延时无疑会拖垮他们。各种技术问题包括要整合不兼容的系统，而抵触的医生们则认为该项目没有事前充分咨询他们的意见，厂商之间就程序的功能互相指责，彼此推卸责任。

负责这个项目的IT高层和政府官员们已经挣扎了好几年，企图把项目拉上正轨。但问题依然严重并仍然持续。一台应该2006年报废的大型计算机就使英格兰西北部和中英格兰北部地区的80家医疗机构停业4天。错误的起因是NHS管理下的一台存放有上百万病人记录和医疗数据的服务器出现问题。那几天里受影响区域的医生们没法获得病人的预约信息，导致对病人的服务严重延误。在一份报告中，NHS声称病人的安危并没有受损害。

深入研究过NHS项目的剑桥大学（Cambridge University）计算机科学系罗斯·安德森（Ross Anderson）教授表示，更严重的问题是政府官员把这个现代化项目分割给许多厂商，而他们之间的协调却非常糟糕。"完全不同的软件、不同的标准，一切都是各自为政。"安德森教授指出，他主管的信息与政策研究基金会（Foundation for Information Policy Research）一直对这个现代化项目提出批评。NHS的官员隐瞒了项目的问题，而坚称项目的最终成果能提高对病人的服务。

安德森评论道，很多情况下安装的系统之间彼此根本不兼容。"这不单单是浪费数十亿英镑的问题，而且它很可能危及病人的生命。"他警告说。当然也许就这样放任下去，随着厂商的减少，这个系统反而会变得比较兼容。因为其中一家厂商埃森哲咨询公司（Accenture，下称埃森哲）9月已经退出，并把自己的合同份额转给了美国计算机科学公司（Computer Sciences Corp.）。而埃森哲不得不拨出4.5亿美元抵消在这个项目中的损失。

大型外包项目的潮流是把任务分包给不同的厂商，本意是为了减低风险，在厂商间引入竞争机制。NHS现代化项目中包括转包商共有10多个厂商参与。这简直是在重建巴比伦塔（Tower of Babel）。分担风险固然重要，但多个厂商的介入也会引起严重的问题。

分析思考：
1. 你认为英国全国医疗保健系统的IT现代化项目外包失败的原因是什么？
2. 请就此案例提出改进项目化管理的措施。

小 结

外包管理是从管理活动中衍生出来的一种管理类型，是社会化大生产和经济全球化重要产物。外包管理活动是管理者为达到既定目标，进行计划、组织、领导、控制等一系列活动。服务外包管理的内容包括契约管理、质量管理、客户关系管理和外包风险管理四个方面。管理者是活动的主体，承担着领导者、谈判者、发言人、联络者、信息传播者、监控者等角色。决策是服务外包管理的核心和基础，是一个科学的过程。控制是外包管理过程中不可分割的一部分，通过控制过程，外包项目得到有效监督、考核和评估。总之，外包项目管理是一个复杂的过程，在理论学习的同时还需要在实践中不断检验和充实。

习　题

1. 服务外包管理的定义、性质是什么？
2. 何为服务外包关系？外包关系管理的注意点有哪些？
3. 决策在服务外包管理过程的重要性体现在哪些方面？
4. 实际管理工作中，控制工作的步骤和方法有哪些？
5. 契约管理的注意点有哪些？
6. 结合实际谈谈，如何应对外包风险？

第六章

服务外包项目管理和执行

第六章

学习目标

1. 学习服务外包项目管理知识体系；
2. 掌握服务外包项目管理过程；
3. 掌握服务外包项目的质量管理；
4. 了解服务外包管理执行力提升。

引　言

项目管理领域在当今工业发展和工业管理中占据着很重要的地位。项目管理和执行是服务外包管理的重要呈现方式。研究服务外包项目的管理是应用和发展服务外包产业所关注的重点问题。项目管理从二十世纪五十年代开始兴起并逐步发展成为一个内容广泛、方法科学和体系完整的应用领域。然而在现实项目实施中，项目管理程序与方法也往往流于形式和应付，管理效能较低。因此，系统学习服务外包项目管理的知识体系和流程，尤其重视外包项目的质量管理和执行力，是提升项目管理效能的重要方式。

第一节　服务外包项目管理概述

一、服务外包项目概述

（一）服务外包项目的含义

1. 项目（project）

项目是将人力资源和非人力资源结合成一个短期组织以达到一个特殊目的的过程。不同的组织和学者对项目定义进行了相关的表述，ISO（International Standardization Organization）对项目的定义：具有独特的过程，有开始和结束日期，由一系列相互协调和受控的活动组成，过程的实施是为了达到规定的目标，包括满足时间、费用和资源约束的条件。据德国国家标准 DIN 69901 的定义：项目是指总体上符合如下条件的具有唯一性的任务（计划），具有预定的目标，具有时间、财务、人力和其他限制条件，具有专门的组织。Gaddis（1959）认为，项目是一个特殊的将被完成的有限任务，它是在一定时间内，满足一系列特定目标的多项相关工作的总称。

综上所述，项目是指在一定约束条件下（主要是限定资金、限定时间等）具有特定目标的一次性任务。对项目的定义阐释包含三层含义：第一，项目是一项有待完成的任务，且有特定的环境与要求；第二，在一定的组织机构内，利用有限资源（人力、物力、财力等）在规定的时间完成任务；第三，任务要满足一定性能、质量、数量、技术指标等要求。

2. 服务外包项目

根据项目的综合概念阐述，将其应用于服务外包领域，形成不同于一般项目的类别——服务外包项目。服务外包项目是指企业为了全力保障核心业务，将在生产、办公、生活等方面的非核心业务与企业的核心业务进行剥离，并且将剥离出的业务的运作和管理集成为若干个整体，以管理业务为主的项目形式，交与更专业、效率更高的专业社会机构提供该业务的全方位管理。

通过外包的形式来进行项目管理，使企业能将精力放在核心业务的建设上，使公司能更快地体验自身非核心业务领域高新技术和先进管理的优势，并且降低运营成本，从而将企业内部服务性业务实现职能社会化，与提供专业化管理服务的供应商达到强强联合的"双赢"效果。

（二）服务外包项目的特征

任何事物都有其区别于其他事物的不同点，我们称其为特征。Stretton（1994）强调，项目的基本属性有：一次性、独特性、目标的确定性、组织的临时性和开放性、成果的不可挽回性。

服务外包项目也不例外，具有以下特征：

1. 资源和成本的约束性

项目的实施是企业或者组织调用各种资源和人力来实施的，但这些资源都是有限的，而且组织为维持日常的运作不会把所有的人力、物力和财力放于这一项目上，投入的仅仅是有限的资源。

2. 项目的时限性

时限性是指每一个项目都有明确的开始和结束时间。当项目的目标都已经达到时，该项目就结束了；当项目的目标确定不能达到时，该项目就会终止。时限是相对的，并不是说每个项目持续的时间都短，而是仅指项目具有明确的开始和结束时间，有些项目需要持续几年，甚至更长时间。项目的时限性同时还体现在：机遇和市场行情通常是暂时的——大多数项目都需要在限定的时间框架内创造产品或者服务；项目小组的存在也是有时限的，他们一般都是为了项目而临时组成的，当项目结束时大部分的项目小组成员都会回归本部门。

3. 项目的不确定性

项目的实行过程中，所面临的风险就更多了，一方面是因为经验不丰富，环境不确定；另一方面就是生产的产品和服务具有独特性，在生产之前对这一过程并不熟悉，因此项目实行过程中，所面临的风险比较多，具有明显的不确定性。

4. 项目的独特性

每一个项目的产品和服务都是唯一的、独特的。区别一种或一系列活动是不是项目，重要的标准就是辨别这些活动是否生产或提供特殊的产品和服务，这就是项目的唯一性。有些项目即使产品或者服务相似，但由于时间、地点、内外部环境的不同，项目的实施过程和项目本身也具有独特的性质。

5. 实施过程的一次性

项目是一次性任务，一次性是项目与重复性运作的主要区别。而且随着项目目标的逐渐实现，项目结果的移交和合同的终止，该项目也即结束，项目并非像日常运作似的周而复始地工作。

6. 项目的整体性

从系统论的角度来说，每一个项目都是一个整体，都是按照其目标来配置资源，追求整体的效益，做到数量、质量、结构的整体优化。由于项目是为实现特定目标而展开的多项任务的集合，是一系列活动的过程，强调项目的整体性，就是要重视项目过程与目标的统一，重视时间与内容的统一。

7. 目标明确性和多样性

项目的目标必须是明确的，在项目成立之初目标便已确定，并且在项目的进行中目标一般不会发生太大的变化，因此项目比较明显的特征就是目标的明确性，同时由于项目涉及多个主题、过程与活动等，也反映了项目的多目标性。这主要体现在项目的成果性目标和约束性目标两个方面。成果性目标是指项目应实现按时交付产品和服务的目标，约束性目标是指要在一定的时间、人力和成本下完成项目。

8. 生命周期性

项目具有明显的生命周期性，从项目开始到项目的一步一步实施，最后到项目的终结，在不同的阶段有不同的特点，因此项目具有明显的生命周期性。

9. **冲突性**

项目负责人相对而言更多的处于冲突的世界里。美国著名项目管理大师小塞缪尔·J·曼特尔说："如果项目经理不是一个熟悉的谈判者和冲突的解决者"，要完成项目是不可能的。在项目中存在着各种冲突，如项目与各职能部门之间争夺人力、成本、权力等引发的冲突，项目经理与各职能部门领导人、客户、项目小组成员之间的矛盾。可以看出项目要想获得成功就必须解决好这些矛盾和冲突。

10. **项目的特定委托人**

委托人或者说客户，在项目中是特定的，一般情况下他们既是项目成果的需求者，也是项目的主要资助者。可以是人可以是组织，甚至可以是相互合作的团体，但他们共同的特征就是对项目的成果具有相同的需求。

（三）服务外包项目的分类

服务外包项目主要分为信息技术外包类（ITO）、业务流程外包类（BPO）、知识流程外包类（KPO）三种。其中信息技术外包类项目可以分为软件研发外包项目、信息技术研发服务项目、信息系统运营维护外包项目等，具体见表 6-1。

表 6-1　软件服务外包项目分类

项目类别	具体项目	适用范围
软件研发及外包	软件技术研发	用于金融、政府、教育、制造业、零售、服务、能源、物流和交通、媒体、电信、公共事业和医疗卫生等行业，为用户的运营/生产/供应链/客户关系/人力资源和财务管理、计算机辅助设计/工程等业务进行软件开发，定制软件开发、嵌入式软件、套装软件开发，系统软件开发软件测试等
	软件技术服务	软件咨询、维护、培训、测试等技术性服务
信息技术研发服务外包	集成电路设计	集成电路产品设计以及相关技术支持服务
	电子商务项目	为电子贸易服务提供信息平台等
	测试项目	为软件和集成电路的开发运用提供测试平台
信息系统运营维护外包	信息系统运营和维护服务	客户内部信息系统集成、网络管理、桌面管理与维护服务；信息工程、地理信息系统、远程维护等信息系统应用服务
	基础信息技术服务	基础信息技术管理平台整合等基础信息技术服务（IT 基础设施管理、数据中心、托管中心、安全服务、通信服务等）

技术性业务流程外包服务（BPO）类项目主要包括业务流程的设计、内部管理、运营管理、供应链管理的数据库服务项目等，具体见表 6-2。

表 6-2 技术性业务流程外包服务（BPO）项目分类

项目类别	适用范围
业务流程设计服务	为客户企业提供内部管理、业务运作等流程设计服务
内部管理服务项目	为客户企业提供后台管理，人力资源管理、财务审计与税务管理、金融支付服务、医疗数据及其他内部管理业务的数据分析，数据挖掘、数据管理、数据使用的服务；承接客户专业数据处理和整合服务
运营服务项目	为客户企业提供技术研发服务，为企业经营、销售、产品售后服务提供应用客户分析、数据库管理等服务。主要包括金融服务业务、政务与教育业务、制造业务与生命科学、零售和批发与运输业务、卫生保健业务、通信与公共事业业务、呼叫中心等
供应链管理项目	为客户提供采购、物流的整体方案设计及数据库服务

技术性知识流程外包（KPO）则是高端的以知识为核心的外包项目，项目涉及知识产权研究、医药和生物技术研发和测试、产品技术研发、工业设计、分析学和数据挖掘、动漫及网游设计研发、教育课件研发、工程设计等领域。

（四）服务外包项目与执行

服务外包企业或者组织中的活动主要分为两类，一类称之为日常运作，是指企业中存在的连续不断的、周而复始的活动，它的运行是在既定的规章制度范围之内，而且是相对简单地、重复性地进行，可能遇到新的问题需要解决，但数量少，基本不会影响活动的进行；另一类就是我们常说的项目。它是要在一定约束条件下完成的具有特定目标的临时任务。两者之间的区别如表 6-3 所示。

表 6-3 项目与日常运作的差异分析

比较指标	运作	项目
运作环境	相对稳定	易变
作业效率	不断提高，直至最大化	相对较低
面临风险	较小	较大
目标	常规	明确
时限性	不明显	比较明显
组织结构	职能式	项目组织（矩阵式）
委托者（客户）	不确定	特定
持续性	重复、连续	一次性、时限性
考核标准	以效率和效益为主	以目标导向为主
资源需求	稳定性	多变性
领导者	部门经理	项目经理

二、服务外包项目管理

（一）服务外包项目管理的定义及其范围

1. 项目管理（project management）

项目管理作为一门新兴的学科，已成为现代管理学的重要分支，经过多年来的发展，逐渐形成了一套自身的知识体系（如 PMI 组织的 PMBOK 体系），成功应用于现代企业的日常管理当中，有效地提升了企业日常管理的效率及优化了企业各项资源的配置，目前国内越来越多的企业（如华为、中兴等）将项目管理引入其企业管理当中。为了使项目在一定的约束条件下取得成功，对项目的所有活动实施决策与计划、组织与指挥、控制与协调等一系列工作的总称，我们称之为项目管理。PMI（2002）把项目管理定义为在项目活动中运用知识、技能、工具和技术，以便达到项目要求。项目管理从 1950 年诞生后，就不断地发展和完善，学院派和实践派都加入了新的视点，使之拓宽了其应用项目范围。

2. 服务外包项目管理

随着现代服务业的快速发展，为了有效节省企业内部的经营成本，追求更为专业的服务及更高的效率，项目的外包也成为越来越多企业的现实选择与未来的发展趋势。服务外包项目管理是指将理论知识、技能、工具和技巧应用到外包项目工作的各个阶段中去，从而使外包项目实现最优。服务外包项目管理也是一样通过一系列过程得以完成：启动、计划、执行、控制和收尾。启动阶段包括外包项目的选择、项目章程制定、项目关系人的识别；外包项目的规划阶段，则分别对项目的范围、时间、成本、质量、人力资源、沟通、风险和采购等领域的规划管理进行研究；外包项目的执行是对项目的范围、时间、成本、质量、人力资源、沟通、风险和采购等领域的控制方法进行管理；外包项目的收尾阶段主要有结束外包合同及进行项目交接等事宜。

相对一般项目而言，服务外包项目管理的对象是特定的外包项目，采用的管理方式是目标管理，项目的组织通常是临时性、柔性、扁平化的组织。同时外包项目管理过程贯穿着系统工程、软件工程的思想，而其管理的方法工具和手段具有先进性和开放性，科技含量较高，信息技术应用较为广泛。

综上所述，服务外包项目管理是针对特定的外包项目，以满足客户需求为驱动力，统筹兼顾，高效地利用人力、财力、物力及其他资源，来实现管理技术较复杂的业务目标，实现从项目的投资决策开始到项目结束全过程的动态优化过程。

（二）服务外包项目管理的特征

每个服务外包项目管理都有自己特定的管理程序和管理步骤，它是跨区域的管理模式，以项目经理为中心，充分应用现代化管理方法和技术手段，采用全程监控、动态控制等手段，对项目实施全过程进行高效率的计划、组织、协调、控制的系统管理活动。服务外包项目管理的特点如下：

1. 服务外包项目管理是一次性管理

项目的单件性特性，决定了项目管理的一次性特点。在项目管理过程中一旦出现失误，很难纠正，损失严重。由于工程项目的永久性特征及项目管理的一次性特征，项目管理的一次性成功是关键。所以，对项目中的每个环节都应进行严密管理，认真选择项目经理，配备项目人员和设置项目机构。

2. 服务外包项目管理是一种全过程的综合性管理

项目的生命周期是一个有机成长过程，项目各阶段有明显界限，又相互有机衔接，不可间断，这就决定了项目管理是对项目生命周期全过程的管理，如对项目可行性研究、开发设计、招标投标、过程控制等各阶段全过程的管理，在每个阶段中又包含有进度、质量、成本、安全的管理。因此项目管理是全过程的综合管理。

3. 服务外包项目管理是一种约束性强的控制管理

项目管理的一次性特征，其明确的目标（成本低、进度快、质量好）、限定的时间和资源消耗、既定的功能要求和质量标准，决定了约束条件的约束强度比其他管理更高。因此，项目管理是强约束管理。这些约束条件是项目管理的条件，也是不可逾越的限制条件。项目管理的重要特点，在于项目管理者如何在一定时间内，在不违背这些条件的前提下，充分利用这些条件，去完成既定任务，达到预期目标。

（三）我国项目管理研究体系的形成

项目管理理论是在第二次世界大战以后发展起来的一种计划管理方法，已成为现代管理学的重要分支，并越来越受到重视。在项目管理中，不同职能部门的成员因为某一个项目而组成团队，项目经理则是项目团队的领导者，他们所担负的责任就是领导他的团队准时、优质地完成全部工作，在不超出预算的情况下实现项目目标。项目的管理者不仅仅是项目执行者，他参与项目的需求确定、项目选择、计划甚至收尾的全过程，并在时间、成本、质量、风险、合同、采购、人力资源等各个方面对项目进行全方位的管理，因此项目管理可以帮助企业处理需要跨领域解决的复杂问题，并实现更高的运营效率。

我国项目管理知识体系以及国际项目管理专业资质认证标准的建立，标志着中国项目管理学科体系的成熟。与其他国家的项目管理知识体系相比较，中国项目管理知识体系的突出特点是以生命周期为主线，以模块化的形式来描述项目管理所涉及的主要工作及知识领域。中国项目管理知识体系模块结构的特点，使其具有了组合各种知识的可能性，特别适用于构架各行业领域和特殊项目管理领域的知识体系。

在我国，项目管理科学方法的应用起源于 20 世纪 60 年代。科学家钱学森首先推进系统工程理论和方法的运用，国防科委也有计划地引进了国外大型的科技项目的管理理论和方法。我国研制第一代战略导弹武器系统时，引进了网络计划技术、规划计划预算系统、工作任务分解系统等技术，并结合我国国情建立了一套组织管理理论。20 世纪 70 年代，我国从国外引进了全寿命管理概念，派生出了全寿命费用管理、一体化后勤管理、决策点控制等管理理论和方法。20 世纪 80 年代后，现代项目管理方法在国内得到了推广和应用。20 世纪 90 年代初，复旦大学管理学院开设了项目管理课程。国内其他综合性大学和工科院校也相继开设了这门课程。与此同时，在现代项目管理的实践上，国内企事业取得了可喜的成果。1991 年 6 月，在华罗庚教授创立的中国优选法、统筹法与经济数学研究会的基础上，许多致力于中国特色项目管理研究的学者和专家成立了我国第一个跨学科的项目管理专业学术组织——项目管理研究委员会。它的成立是中国项目管理学科体系日趋成熟的标志。基于美国项目管理知识体系标准，项目管理研究委员会成立了专家小组负责起草中国项目管理知识体系，并于 2001 年 5 月正式推出了中国项目管理知识体系并建立了符合中国国情的国际项目管理专业资质认证标准。

三、服务外包项目管理体系概述

我国现代项目管理知识体系是根据美国项目管理学会（PMI）于 1984 年制定的《项目管理知识体系指南》（PMBOK）而不断完善和发展的关于项目管理专业的知识结构体系。该指南已经被世界项目管理界公认为一个全球性标准。服务外包项目管理也遵循这一标准。具体来看，包括九个方面的内容：

（一）项目整合管理

整合管理是确保各种项目工作能够相互协调配合所需要的综合性管理工作，项目整合管理包括为识别、定义、组合、统一与协调项目管理过程组的各过程及项目管理活动而进行的各种过程和活动。在项目管理中，"整合"兼具统一、合并、连接和一体化的性质，对完成项目、成功管理关系人期望和满足项目要求，都至关重要。项目整合管理需要选择资源分配方案、平衡相互竞争的目标和方案，以及管理项目管理知识领域之间的依赖关系。虽然各项目管理过程通常以界限分明、相互独立的形式出现，但在实践中它们也会相互交叠、相互作用。

项目的整合管理主要包括以下几个阶段，见图 6-1。

图 6-1　项目整合管理

1. 制订项目章程

制订一份正式批准项目或阶段的文件，并记录能反映关系人需要和期望的初步要求的过程。

2. 制订项目管理计划

对定义、编制、整合和协调所有子计划所必需的行动进行记录的过程。

3. 指导与管理项目执行

为实现项目目标而执行项目管理计划中所确定的工作的过程。

4. 监控项目工作

跟踪、审查和调整项目进展，以实现项目管理计划中确定的绩效目标的过程。

5. 实施整体变更控制

审查所有变更请求，批准变更，管理对可交付成果、组织过程资产、项目文件和项目管理计划的变更的过程。

6. 结束项目或阶段

完结所有项目管理过程组的所有活动，以正式结束项目或阶段的过程。

在实际项目执行中，管理项目并不是完全按照上述阶段逐一实现，为了取得预期的项目绩效，项目负责人会以不同的顺序和严格程度，决定在具体项目中实施各过程的程度。如果项目不止一个阶段，那么应该在每个阶段内，以同样严格的程度实施各个过程。因此，通过考虑为完成项目而开展的其他类型的活动，可以更好地理解项目与项目管理的整合性质。

（二）项目范围管理

项目范围是指以保证项目目标实现所包含的需要完成的工作内容。项目范围管理首先要对整个项目的工作领域做一个界定，并对项目实施过程中的范围变更进行有效的控制。项目范围管理由启动、范围计划编制、范围定义、范围核实和范围变更控制构成。

项目范围管理包括以下六个方面：

1. 收集需求

为实现项目目标而定义并记录关系人的需求的过程。

2. 范围计划编制

产生一份范围管理计划，用来指导项目范围的定义、记录、核实、管理和控制。

3. 定义范围

制定项目和产品详细描述的过程。

4. 创建工作分解结构

将项目可交付成果和项目工作分解为较小的、更易于管理的组成部分的过程。

5. 核实范围

正式验收项目已完成的可交付成果的过程。

6. 范围变更控制

监督项目和产品的范围状态、管理范围基准变更的过程。

上述过程不仅彼此相互作用，而且还与其他知识领域中的过程相互作用。基于项目的具体需要，每个过程都可能需要一人或多人的努力。每个过程在每个项目中至少进行一次，并可在项目的一个或多个阶段（如果项目被划分为多个阶段）中进行。在实践中，各个过程没有明确界限。基于项目的需要，范围管理计划可以是正式或非正式的、非常详细或高度概括的。根据项目管理计划来衡量项目范围是否完成，根据产品需求来衡量产品范围是否完成。项目范围管理各过程需要与其他知识领域中的过程整合起来，以确保项目工作能实现规定的产品范围。

（三）项目时间管理

时间管理是保证整个项目能按时完成所开展的管理工作。任何项目的开展都由许多相关联的活动组成，既要保质保量地完成各项活动，又要缩短项目实施周期，为此必须对项目各部分工作进行时间进度的统一管理。

项目时间管理包括保证项目按时完成的各过程。

1. 定义活动

是指识别为完成项目可交付成果而须采取的具体行动的过程。

2. 排列活动顺序

识别和记录项目活动间逻辑关系的过程。

3. 估算活动资源

估算各项活动所需材料、人员、设备和用品的种类和数量的过程。

4. 估算活动持续时间

根据资源估算的结果，估算完成单项活动所需工作时段数的过程。

5. 制订进度计划

分析活动顺序、持续时间、资源需求和进度约束，编制项目进度计划的过程。

6. 控制进度

监督项目状态以更新项目进展、管理进度基准变更的过程。

随着项目活动开始执行，项目时间管理的大部分工作都发生在控制进度过程中，以确保项目工作按时完成。

（四）项目成本管理

成本管理是在项目开展过程中确保在批准预算内完成项目所需的各项工作内容所进行的费用管理。项目成本管理的目的是全面的控制项目总成本，力争不超支和尽量少超支。成本管理由资源计划编制、成本估算、成本预算和成本控制组成。

项目成本管理包括对成本进行估算、预算和控制的各过程，以确保项目在批准的预算内完工，主要包括以下四个方面：

1. 资源计划编制

资源计划是项目管理计划的一个组成部分，取决于项目的需要，该计划可以是正式或非正式的、非常详细或高度概括的。

2. 估算成本

对完成项目活动所需资金进行近似估算的过程。

3. 成本预算

汇总所有单个活动或工作包的估算成本，建立一个经批准的成本基准的过程。

4. 控制成本

监督项目状态以更新项目预算、管理成本基准变更的过程。

项目成本管理重点关注完成项目活动所需资源的成本，但同时也应考虑项目决策对项目产品、服务或成果的使用成本、维护成本和支持成本的影响。例如，减少设计审查的次数可降低项目成本，但可能增加客户的运营成本。

（五）项目质量管理

质量管理是在项目开展过程中为确保项目质量，满足其所执行标准的要求而进行的管理工作。项目质量管理的目的是通过对项目实施的各项工作和项目的产出物的质量进行控制，保证项目获得成功。

项目质量管理过程主要有以下三个过程：

1. 规划质量识别项目及其产品的质量要求或标准，并书面描述项目将如何达到这些要求或标准的过程。

2. 实施质量保证：审计质量要求和质量控制测量结果，确保采用合理的质量标准和操作性定义的过程。

3. 实施质量控制：监测并记录执行质量活动的结果，从而评估绩效并建议必要变更的过程。

（六）项目人力资源管理

人力资源管理是在项目开展过程中为确保有效地利用各种人力资源而进行的管理工作。项目人力资源管理的目的是选配项目实施所需的各类专业管理人员，并充分发挥他们的能力和创造性，实现项目的目标。

项目人力资源管理包括组织、管理与领导项目团队的各个过程。项目团队由为完成项目而承担不同角色与职责的人员组成。随着项目的进展，项目团队成员的类型和数量可能频繁变化。项目团队成员也被称为项目员工。尽管项目团队成员各有不同的角色和职责，但让他们全员参与项目规划和决策仍是有益的。团队成员尽早参与，既可使他们对项目规划工作贡献专业技能，又可以增强他们对项目的责任感。

项目人力资源管理过程包括以下四个过程：

1. 制订人力资源计划.

识别和记录项目角色、职责、所需技能以及报告关系，并编制人员配备管理计划的过程。

2. 组建项目团队

确认可用人力资源并组建项目所需团队的过程。

3. 建设项目团队

提高工作能力、促进团队互动和改善团队氛围，以提高项目绩效的过程。

4. 管理项目团队

跟踪团队成员的表现，提供反馈，解决问题并管理变更，以优化项目绩效的过程。

项目管理团队是项目团队的一部分，负责项目管理和领导活动，如各项目阶段的启动、规划、执行、监督、控制和收尾。项目管理团队也称为核心团队、执行团队或领导团队。对于小型项目，项目管理职责可由整个项目团队分担，或者由项目经理独自承担。为了更好地开展项目，项目发起人应该与项目管理团队一起工作，特别是协助为项目筹资、明确项目范围、监督项目进程以及影响他人。

（七）项目沟通管理

项目沟通管理是在项目开展过程中为确保有效地生成、收集、储存、处理和使用项目有关的信息，而进行的信息传播与交流工作。项目沟通管理的目的是通过项目参与各方的交流，消除误解，化解矛盾，以保证项目顺利实施并获得成功。项目沟通管理由沟通计划编制、信息发送、绩效报告和管理收尾构成。

无论项目成员和关系人是来自组织内部（位于组织的各个层级上）还是组织外部，有效的沟通能在各种各样的项目关系人之间架起一座桥梁，把具有不同文化和组织背景、不同技能水平以及对项目执行或结果有不同观点和利益的关系人联系起来。

项目沟通管理过程包括：

1. 识别关系人

识别所有受项目影响的人员或组织，并记录其利益、参与情况和成功的影响项目的过程。

2. 规划沟通

确定项目关系人的信息需求，并定义沟通方法的过程。

3. 发布信息

按计划向项目关系人提供相关信息的过程。

4. 管理关系人期望

为满足关系人的需要而与之沟通和协作，并解决所发生的问题的过程。

5. 报告绩效

收集并发布绩效信息（包括状态报告、进展测量结果和预测情况）的过程。

（八）项目风险管理

项目风险管理是对项目开展过程中可能面临的风险进行系统、全面管理的工作。项目风险管理的目的是规避风险，减少风险造成的损失，确保项目目标的实现。项目风险管理的过程包括以下六个方面：

1. 规划风险管理

定义如何实施项目风险管理活动的过程。

2. 识别风险

判断哪些风险会影响项目并记录其特征的过程。

3. 实施定性风险分析

评估并综合分析风险的发生概率和影响，对风险进行优先排序，从而为后续分析或行动提供基础的过程。

4. 实施定量风险分析

就已识别风险对项目整体目标的影响进行定量分析的过程。

5. 规划风险应对

针对项目目标，制订提高机会、降低威胁的方案和措施的过程。

6. 监控风险

在整个项目中，实施风险应对计划、跟踪已识别风险、监测残余风险、识别新风险和评估风险过程有效性的过程。

项目的未来充满风险。风险是一种不确定的事件或条件，一旦发生，会对至少一个项目目标造成影响，如范围、进度、成本和质量。风险可能有一种或多种起因，一旦发生可能有一项或多项影响。风险的起因包括可能引起消极或积极结果的需求、假设条件、制约因素或某种状况。例如，项目需要申请环境许可证，或者分配给项目的设计人员有限，都是可能的风险起因。与之相对应的风险事件是，颁证机构可能延误许可证的颁发；或者，表现为机会的风险事件是，虽然所分配的项目设计人员不足，但仍可能按时完成任务，即可利用更少的资源来完成工作。这两个不确定性事件中，无论发生哪一个，都可能对项目的成本、进度或绩效产生影响。风险条件则是可能引发项目风险的各种项目或组织环境因素，如不成熟的项目管理实践、缺乏综合管理系统、多项目并行实施，或依赖不可控的外部参与者等。

（九）项目采购管理

项目采购管理是指从项目组织外部采购或获得所需产品、服务或成果的各个过程。项目组织既可以是项目产品、服务或成果的承接方，也可以是发包方。

项目采购管理包括合同管理和变更控制过程。通过这些过程，编制合同或订购单，并由具备相应权限的项目团队成员加以签发，然后再对合同或订购单进行管理。

项目采购管理还包括管理外部组织（买方）为从执行组织（卖方）获取项目产品、服务或成果而签发的合同，以及管理该合同所规定的项目团队应承担的合同义务。

项目采购管理过程包括：

1. 规划采购

记录项目采购决策、明确采购方法、识别潜在卖方的过程。

2. 实施采购

获取卖方应答、选择卖方并授予合同的过程。

3. 管理采购

管理采购关系、监督合同绩效以及采取必要的变更和纠正措施的过程。

4. 结束采购

完成单次项目采购的过程。

项目采购管理过程围绕合同进行。合同是买卖双方之间的法律文件，是对双方都具有约束力的协议。它使卖方有义务提供规定的产品、服务或成果，使买方有义务支付货币或其他有价值的对价。合同可简可繁，应该与可交付成果和所需工作的简繁程度相适应。

第二节　服务外包项目管理过程

外包项目管理是全过程的动态管理，即在项目的生命周期内，不断进行资源的配置和协调，不断做出科学决策，从而使项目执行的全过程处于最佳的运行状态，产生最佳效果的过程。良好的项目管理过程会综合协调好时间、费用及功能等约束性目标，在相对较短的时期内成功地达到一个特定的成果性目标。一个项目的全过程或项目阶段都需要有一个相对应的项目管理流程。这种项目管理流程每个阶段都有自己的起止范围，有本阶段的活动内容和文件等。同时，每个流程都有本阶段的控制关口，即本阶段完成时将产生的重要活动和文件等。

一、服务外包项目管理流程

外包项目一般涉及发包方和接包方（少数还会涉及监理方）。发包方是把部分业务和服务外包出去的一方，而接包方是负责帮助发包方完成外包业务和提供专业服务的一方。通过外包管理，发包方能够降低成本、避开专业领域难点，提高效益，而接包方则发挥专业优势，赚取服务利润，打造服务品牌，这样，发包方和接包方真正能够从外包项目中各取所需，达到双赢的目的。外包管理是指发包方依据既定的规范和流程，评估选择合适的接包方，采用合适的发包方式，签订合同、监控开发过程和验收最终成果。因此，双方必须熟悉外包管理流程和规范，才能提高自身竞争力，达成更好的客户满意度，顺利完成外包任务。总之，外包双方需要对外包项目管理规范和流程达成共识，才可能有效地管理整个外包过程，从而使双方共同获益。

一般而言，外包项目管理流程如下，见图 6-2。

（一）外包战略的制订

具体的业务外包战略规划主要分为以下三个层次：

1. 在总体层面上

企业应根据今后发展的战略方向，识别自身的核心能力和战略目标，对外包业务进行详细的调研与分析，并设立专职的部门及团队来负责其运作与管理。

2. 在决策层面上

企业需要对自身开展外包活动的可行性进行分析，为其业务外包的选择、外包程序的制订提供参考。主要包括分析外包市场，外包成本，外包导致的裁员、转岗分流、企业权益的重新分配及文化变迁等各种问题对企业的影响。

3. 在收益层面上

企业应对业务外包所带来的回报进行分析，要着重分析企业自身开展业务与外包之间的成本、效率、质量和技术水平之间的差异，以及因业务外包对企业集中资源优势、提高灵活性和改进内部管理等各个方面产生的推动作用。

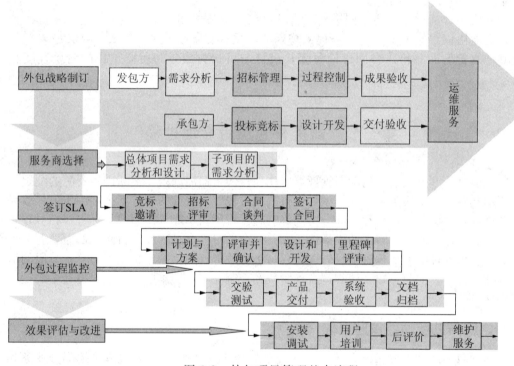

图 6-2　外包项目管理基本流程

因此，企业在制订业务外包战略时，必须要对开展业务外包的各个方面进行综合分析，并确保与企业的整体发展战略的一致性，进而开展各项管理项目的实施。

（二）服务商的选择

在确定了要将某项业务外包后，接下来就是服务商的选择。发包方必须在最少的投入成本和满足目标市场质量的需求之间保持平衡。发包方必须对承包方企业的实力、资格认证和服务经验等严格考察，而不能仅仅根据承包方的报价来衡量。

负责选定外包服务的经理人应该判断企业抵御这些风险的成熟度，还有必要对服务供应商所在的国家及服务供应商进行总体评价，然后再做出最佳的选择。

高德纳咨询公司选取了 30 个国家进行调查，认为以下的 10 项标准可以在选定外包服务供应商时作为参考：目标市场的语言能力和资质、政府的支持、人才的质量和数量、物流、交通机构等基础设施、教育环境、劳动力和不动产成本等、政治、经济环境、文化的适应性、国际化程度、数据等知识产权及隐私权等。负责选定外包服务商的项目负责人很有必要按照这个标准对各个国家进行评估。然后，分析每个国家的利弊，选择能够满足公司需求的国家。要定期对国家的评价进行更新，根据评价的变化来适时调整外包服务战略。同样，对受到委托的外包服务供应商，也应该按照服务的质量、公司职员的专业化意识、专业性、反应速度、合同的践行能力等多种标准来进行选定。在选定之后，要定期进行评价，努力选出最合适的供应商。

一般来讲，选择服务商的具体步骤包括以下三个方面：

1. 形成承包商库

这一过程较为容易执行并且操作性强，主要是缩小候选承包商的数量，对承包商分类、评估和选择承包商。

2. 评估候选承包商的综合能力

此过程对通过了粗筛选的承包商进行综合评估。主要评估因素有：技术方案是否令人满意；开发进度是否可以接受；性价比如何；能否提供较好的服务（维护）；是否具有开发相似产品的经验；承包商以前开发的产品质量如何；开发能力与管理能力如何；资源（人力、财力、物力等）是否充足和稳定；信誉如何；地理位置是否合适；外界对其评价如何；是否取得了业界认可的证书（如 ISO 质量认证、CMM 2 级以上认证）等。

3. 确定承包商

这一过程将给出候选承包商的综合竞争力排名，并逐一分析与其签订外包合同的风险，从中选出最合适的承包商。同时，在外包项目的实践过程中，往往需要保留一个候选的服务商，以便应对项目过程中出现的服务商突然解约、能力不足等突发状况，减小外包风险。

在外包过程中，发包方和承包方企业是两个不同的独立个体，目标不同，有时承包商因业务、经济等压力，为了得到外包项目，在沟通过程中可能一味地满足发包商的各种要求和期望，而实际上并不具备实现其目标的能力或主观愿望，所以，双方在选择的初始过程当中就应对外包业务的战略和目标进行明确的沟通，达到双方一致理解和认同，这是成功的必然选择。

（三）签订协议

在双方确定了合作关系之后，一项重要的内容即是制定服务标准。通过"服务水平协议（SLA）"形式，明确己方和服务提供商的各自职责和工作范围，双方应承诺风险共担、利益共享。

在这个过程中，需要注意如下问题：

1. 制定明确的 SLA

把所有在将来可能会遇到的问题及其解决方法都落实到书面上，即使是再明显不过的问题也要写清楚。

2. 使 SLA 具有可测性

对于承包商提供的硬件及相关设施的服务水平很容易做到量化评估，但是对于提供的运营管理方面的服务相对较难把握。这就要求在提供的专业服务上要对其提供的"子服务"进行分类，对每类"子服务"要尽可能进行明确清晰的定义、量化并实现服务验收方案的标准化，做到条块分明。

（四）外包项目管理过程监控

通过对外包战略的认同，选择了服务商以及 SLA 的明确，只是为利益的实现打下了坚实的基础，此后，发包商还需要对接包商进行良好的管理，对外包项目管理全过程实行动态和连续跟踪与控制，规避可能存在的风险，以获得真正的利益。

1. 建立无障碍沟通机制，深化理解。双方可以就沟通的频率、内容、目标、双方的责任、改进措施等建立定期的沟通机制，双方指定明确的项目负责人，共同努力，来不断深化和改进项目的运营水平，不断满足发包商的要求。

2. 由专职部门来对外包过程进行检查、指导和监督，提高质量，确保如期完成。

监督、协调和控制外包服务商的行为需要高超的管理艺术，一方面要严格坚持合同条款；另一方面又要提供足够的灵活性并自始至终强调合作。这就需要发包商将科学和艺术相结合，在长期的合作中与承包商建立战略合作伙伴关系，在相互信任的基础上继续合作。在这个过程中，要依据与承包商合作关系的成熟度等因素决定公司对外包业务的控制级别。新的外包业务尤其需要高级别的控制；随着合作日趋成熟，控制级别应相应降低。

（五）效果评估与改进

在外包的某一项目结束后，一般要对外包的项目进行验收，并对整体效果进行一次总结性的评估，以便对外包效果进行合理的判断，了解该项目是否达到原定的目标和要求。

如果验收人员在审查时发现工作成果存在缺陷，则外包管理小组应当视问题的严重性与承包商协商找出合适的处理措施。如果给验收方带来了损失，应当按合同约定对承包商做出相应处罚。如果工作成果存在轻微缺陷，则承包商给出纠正措施后由双方协商是否需要第二次验收。

总之，外包项目管理是发包方和承包方互相信任、高度协作的共同行为。发包方企业需要制订合理的外包决策，细化和筛选可以外包的内容，确定具体的外包实现方式，选择合适的承包方，规范外包的实施流程，积极地进行外包项目管理，实现全方位、全过程、全天候的外包过程监控，将外包风险降低到最小程度。

二、服务外包项目管理内容

一个项目成功的条件有很多，例如清楚地界定目标和任务、高层管理者的有效支持、有能力的项目经理、有能力的项目团队、充足的资源、良好的沟通、适当的监督反馈、正确的技术管理等。根据项目管理流程，依据项目的具体情况，可以获得项目管理的主要内容，见图 6-2。

1. 需求分析

经过战略规划后，服务外包项目进入启动阶段，即"需求分析"，首先发包方要完成项目的总体需求规格说明书和承包项目的需求说明书。一般承包项目的需求分用户需求和分配需求。对于承包商来说，发包方对项目所提出的需求统称"用户需求"。

2. 招标投标管理

接下来进入招投标管理程序，首先由发包商组成外包管理小组起草"外包项目竞标邀请书"；按照竞标标准至少与三家以上的候选承包商建立联系，分发"外包项目竞标邀请书"及相关材料；候选承包商开始与委托方有关人员进行交流，进一步了解外包项目，撰写应标书，应标书的主要内容有技术解决方案、开发计划、维护计划、报价等，并将应标书及相关材料交付给外包管理小组负责人。外包管理小组需要根据发包商的需求制订"评估检查表"，依据"评估检查表"评估候选承包商的综合能力，形成承包商的"能力评估报告"，就技术开发成熟能力、资源（包括已有的产品、硬件、软件、信息和已经过的培训）、资格和信誉、过去的合作关系、价格、提供的售后服务（包括培训和维护）、项目组织配置结构、与咨询要求的差异等方面，从经济技术和商业战略角度出发进行全面评估。经过审核后，外包管理小组给出候选承包商的综合竞争力排名，并逐一分析与其签订外包合同的风险，择其优者为中标候选人。外包管理小组与中标候选人进行商务洽谈，就合同的主要条款进行协商，达成共识，然后按指定模板共同起草合同。双方仔细审查合同条款，确保没有错误和隐患。最后双方代表签字，合同生效。

3. 设计开发与过程控制

对于承包商而言，在接到外包合同后，就可以进行工作说明书、用户需求说明书、项目开发详细计划和成本概预算、测试计划、质量控制方法、风险控制、拟采用的标准和生命周期等文档的制作，把有关的技术资料文件送给发包方进行校核和批准，然后开始开发。而发包方对所有需要采购的资源（软件、硬件、人力资源等）负责进行检验；并根据承包商提供的验证建议书作好准备工作，提交检验用的技术文件。在检验的物质条件和技术条件均已准备妥善后，承包商就可以向发包方提出书面检验申请。通过检验后，承包商进入项目开发阶段。

由于外包项目的合作双方在地理位置上距离较远，通信交流对项目管理就至关重要。成功的外包公司都对发包公司提供基于 Web 的全天候编程监测跟踪系统，让发包公司能连续访问对方的服务器和数据库，及时了解进度和开发升级。发包公司还要求访问处于开发中的文件和代码，承包公司应提供这种跟踪工具，把工作进度无保留地提供给对方。

在承包商的项目的各个节点的里程碑处，双方需要一起进行检查和评估。项目的里程碑一般指产品设计趋于稳定，中间产品定义趋于明晰，项目开发组真正了解项目实际的关键技术难度和可行的进度计划，开发活动停止，产品进入除错和稳定、随时可以发布的阶段，或当产品设计被删减、资源增加、进度延误的时候。

因此，可以看出，在进一步的实施和执行中，外包双方必须共同关注过程控制，才能保证有效结果；合作的目标是成功，因此不能指望依靠惩罚手段来收回采购成本，这就决定了过程控制的重要性；因此各方的合作非常重要。在合作过程中，外包管理小组需要建立对承包商关系的管理体系，作为以后合作的基础，并重视开发过程的风险评估，使得双方业务能力得到持续提高。

4. 成果交付与验收

成果验收是按照外包服务合同，发包方对承包商所开发的项目成果和服务进行验收的过程。当产品进入交验测试的时候，承包商需要提前通知发包方做好交验的组织评估准备工作。发包方会组织系统工程部、测试部、质保部和采购部等各个部门，根据承包商和发包方在承包商开发阶段预先共同定义、评审并批准的测试计划和验收方案进行验收测试，对需求规格说明书中的各项逐个详细地测试。最后以书面的形式给出对整个项目的测试评估报告，并对未通过验收测试的项目成果指定相应的补救措施和计划。

最后，发包方把所有的文档归类封存，以备后续类似项目的参考查询。同时外包管理小组在两个月之内以书面形式，对承包商的技术开发成熟能力、资源（包括已有的产品、硬件、软件、人力资源和已经过的培训）、信誉、项目组织配置结构，管理能力和企业文化提交后评价报告，作为建立客户关系管理（CRM）的依据。对于此次项目的经验和教训，包括进度控制、质量控制、成本控制、客户关系控制、流程控制、风险控制等方面，双方以文档的形式保存。

以软件外包项目为例，承包商需要交付给发包方的软件产品应当包括：源代码、软件开发计划、仿真环境、软件需求规格说明书、设计文档、软件测试计划、软件测试说明、验收测试计划、软件使用手册、软件安装手册、软件维护手册。必要的话，还包括相关培训计划等。最后，发包方对所交付的整个项目清单进行验收，形成文档。

5. 运维服务

运维服务是指承包商为保证所开发的项目产品适应用户需求，在实际环境中进行安装调试和运行，并修改其中可能存在的问题瓶颈。同时提供用户使用培训，保证用户能够正常使用，对不符合用户要求的进行调整。用户经过一段时间的使用，对该产品在实际应用中表现出来的各种问题进行总结，对合同执行情况进行评价。

以上为外包项目管理的具体内容，对于提升企业服务外包项目管理能力，进而增强企业核心竞争力，具有重要意义。

第三节　服务外包项目质量管理

项目质量管理是项目管理的灵魂。由于项目活动本身是一种特殊的物质生产过程，其生产组织特有的流动性、综合性、劳动密集性及协作关系的复杂性，均增加了项目质量保证的难度。项目的质量管理主要是为了确保项目按照设计者规定的要求圆满地完成，它包括使整个项目的所有功能活动能够按照原有的质量及目标要求得以实施。

一、质量管理（quality management）的含义

关于质量的概念理解有很多层面，基于产品而言，质量存在于产品的零部件及特性之中；基于用户而言，是指顾客满意的产品，具有良好的品质；基于价值而言，是指物超所值的产品等。一般认为，质量就是产品在使用时能有效地满足用户需要的程度。用户对产品的基本要求就是适用，适用性恰如其分地表达了质量的内涵。因此，质量管理是指确定质量方针、目标和职责，并通过质量体系中的质量策划、质量控制、质量保证和质量改进来使其实现的所有管理职能的全部活动。

二、服务外包项目的质量管理过程

一般而言，质量管理包括质量计划编制、质量保证和质量控制三个过程域，质量管理本身也是一个循序渐进的过程，正如 CMM 和 ISO 所阐述的那样，这是一个 PDCA（即计划—执行—检查—改进：Plnan—Do—Check—Action）循环过程，外包项目也不例外。

质量计划是质量管理的第一过程域，它主要结合各个公司的质量方针、产品描述以及质量标准和规则，通过收益、成本分析和流程设计等工具制订出实施方略，其内容全面反映用户的要求，为项目管理的有效性提供指南，为项目小组成员以及项目相关人员了解在项目进行中如何实施质量保证和控制提供依据，为确保项目质量得到保障提供坚实的基础。质量保证则是贯穿整个项目全生命周期的有计划和有系统的活动，经常性地针对整个项目质量计划的执行情况进行评估、检查与改进等工作，向发包方提供信息，确保项目质量与计划保持一致。质量控制是对阶段性的成果进行检测、验证，为质量保证提供参考依据。

（一）质量计划编制

质量计划编制是指确定哪种质量标准适合该项目并确定达到这些标准的方法，它是项目计划编制的主要组成过程之一，需要定期进行并与其他项目计划编制过程同步。质量计划编制的工具和技术包括以下五个方面的内容：

1. 收益/成本分析

质量计划过程必须考虑收益/成本平衡，符合质量要求的根本好处在于降低返工率，这意味着较高的生产率、较低的成本和项目管理人的满意度的提高。达到质量要求的主要成本是项目质量管理相关活动所产生的成本。收益高于成本是质量管理原则中的公理。

2. 基准分析

基准分析涉及将实际的或按计划进行的项目实践同其他的项目情况进行比较，以产生改进的思路，并且提供一套衡量业绩的标准。

3. 流程图

流程图是反映与一个系统相联系的各部分之间相互关系的图，常用在质量管理中的流程图技术包括因果分析图和系统或过程流程图。

（1）因果图，又称石川（Ishkawa）图，用于说明各种直接原因和间接原因与所产生的潜在问题和影响之间的关系。图 6-3 是一种常用的因果分析图。

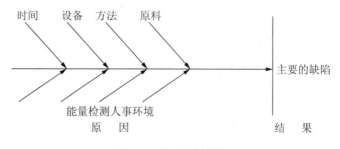

图 6-3 因果分析图

（2）系统或过程流程图，用于显示一个系统中各组成要素之间的相互关系。图 6-4 是设计复查过程流程图示例。

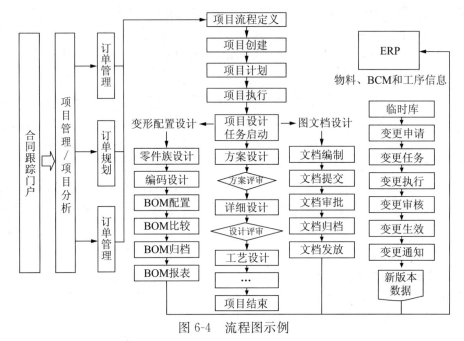

图 6-4　流程图示例

流程图能够帮助项目负责人预测可能发生哪些质量问题，发生在哪个环节，因而有利于更好地解决问题。

4. 试验设计

试验设计是一种统计方法，它帮助人们识别影响特定变量的因子，这种技术最常应用于项目产品分析。事实上，它也可应用于项目管理问题，如成本和进度的权衡。

5. 质量成本

质量成本（COQ）是指在整个产品生命周期中与质量相关的所有努力的总成本。项目决策可能影响未来的产品退货、保修和召回，从而影响运营阶段的质量成本。因此，鉴于项目的临时性，发起组织可能选择对产品质量改进（特别是缺陷预防和评估）进行投资，以降低外部质量成本。

（二）质量保证

质量保证是在质量体系中执行全部有计划、有系统的活动，以提供满足项目相关标准的信心，它贯穿于整个项目。在 ISO 9000 质量体系出台以前，质量计划编制部分所描述的活动被广泛包括在质量保证中。质量保证通常由质量保证部门或有类似名称的组织单位提供，这种保证可以向项目管理团队和执行组织提供（内部质量保证）；或者向客户和其他没有介入项目工作的人员提供（外部质量保证）。

质量保证的工具和技术除了质量计划编制的工具和技术外，还包括质量审计。质量审计是对质量活动的结构性审查。质量审计的目的是识别出取得的可提高本项目或执行组织内的其他项目执行水平的经验。质量审计可能是计划安排的或随机的，可以由经过适当培训的内部审计员或诸如质量系统注册组织的第三方进行。

（三）质量控制

质量计划确定后，质量管理体系中的各责任单位就必须按照质量计划的要求，实施有效的质量控制。质量控制应贯穿于项目的整个过程，它可分为监测和控制两个阶段：监测的目的就是收集、记录和汇报有关项目质量的数据信息；控制就是依据质量监测所提供的数据进行控制，确保项目质量与计划保持一致。质量控制通常由质量控制部门或有类似名称的组织单位执行。承包方的项目管理团队应当具备质量控制统计方面的实际操作知识，尤其是抽样调查和概率，这可以帮助他们评估质量控制成果。

项目收尾阶段的质量控制是一个非常重要而又容易被忽视的内容。项目收尾包括项目评估和项目终止两个阶段。项目质量评估不仅仅是在项目完成后进行，还包括对项目实施过程中的各个关键点的质量评估。项目质量评估看起来属于事后控制，但它的目的不是为了改变那些已经发生的事情，而是试图找出项目质量的变化规律，改善将来的项目质量管理。项目终止阶段是在决策项目终止后，检查项目文件资料是否完备，包括项目施工质量验评表、竣工报告等，同时进行项目总结。项目总结是一个把实际运行情况与项目计划不断比较以提炼经验教训的过程。通过项目质量计划和总结，项目过程中的经验和教训将得到完整的记录和升华，成为"组织财富"。

三、服务外包项目的质量管理实施

（一）质量管理责任分配

外包项目一般按照规范化、标准化的生产方式进行，采用 ISO 9000 等标准实施。每个项目除配备了项目开发所需角色外，还专门配备了配置管理小组、测试小组和质量保证小组，确保质量管理的实施，下面针对这三种角色进行说明。

1. 配置管理小组职责

配置管理小组是保证项目开发完毕的同时，内部文档和外部文档都同时完成。内部文档的及时产生和规范，是保证项目开发各小组能够更好地接口和沟通的重要前提，从另一个方面讲，也是保证工程不被某个关键路径所阻塞而延滞的前提。如上所述，配置管理小组还是保证质量和保证小组得以发挥作用的基础。配置管理小组的主要职责包括：完善各个部门发送需要存档和进行版本控制的代码、文档（包括外来文件）和阶段性成果；对文档进行单向出入的控制；对所有存档的文档进行版本控制；提供文档规范，并传达到开发组中。

配置管理小组真正核心的工作是对文档的组织管理。据文档的不同，文档的来源也不同，有些是质量保证小组经过复审之后转交给配置管理小组，有些则会直接从文档的出处到达配置管理小组。文档的管理是一项非常烦琐的工作，但是长远来看它不仅使项目的开发对单个主要人员的依赖减少，从而减少人员流动给项目带来的风险，更重要的是建立了良好的信息共享基础，在项目进行到后百分之十的时候能够起到拉动项目的作用。

2. 测试小组职责

测试小组作为质量控制的主要手段，负责项目成果的测试设计和执行工作。测试在执行之前，同样需要进行测试计划和测试策略的设计，通常情况下测试可以分为如下几种类型：如正确性测试、功能性测试、性能测试、安全测试和系统测试等。测试人员根据详细设计的文档对项目成果要实现的功能进行逐项验证，保证项目成果按照发包方的要求执行正确，并配合发包方的需求进行进一步的功能性测试跟踪。如果有必要的话，测试小组还需要做安全测试，以确保项目成果使用安全可靠。

3. 质量保证小组职责

质量保证小组作为质量保证的实施小组，是保证项目开发透明的主要环节，在项目开发的过程中几乎所有的部门都与质量保证小组有关。质量保证小组对外包项目承包方提供的项目进度与项目真正开发时的差异报告，提出差异原因和改进方法。在项目进度被延滞或质量保证小组认为某阶段开发质量有问题时，质量保证小组会组织必要的相关人员举行质量会议，解决当前存在的和潜在的问题。质量保证是建立在文档的复审基础之上的，因而文档版本的控制，特别是项目的过程管理资料，直接影响项目成果的影响力和力度。质量保证小组的检测范围包括：项目研发人员是否正确地反映了发包商的需求；项目执行中是否准确地实现了分析人员的设计思想；测试人员是否进行了较为彻底的和全面的测试；配置管理员是否对文档的规范化进行得比较彻底，版本控制是否有效等。

（二）对项目全过程进行质量控制与管理

质量管理责任分配后，必须针对项目特点制订详细的实施方案，实行全过程的质量管理，即把形成产品质量的设计试制过程、制造过程、辅助生产过程、使用过程都管起来，以便全面提高产品质量。全面质量管理要求从全过程各环节致力于质量的提高，从战略规划、招投标管理、原材料的采购、项目设计开发、生产过程控制、产成品检验、成品的交付使用等，每个阶段采用怎样的方法，判断、找准项目自身的不足，都要有全过程的质量分析与控制，这样才能达到项目运行质量管理的适宜性和有效性。项目全过程质量管理主要分为几大内容，包括项目设计研发、生产过程控制、项目成果检测、产品的交付使用的质量管理。

项目进行的同时还要以人为本，充分调动项目成员的积极性，推动全员参与。只有全员的充分参与，才能够真正实现对项目全过程的质量控制与管理。

此外，还要做好计量工作，包括测试、分析、检测等，保证计量的量值准确和统一，确保项目研发中相关技术标准的贯彻执行，保证项目的质量。

第四节　外包项目管理执行力提升

外包项目管理中，执行力是实现发包商和承包商的战略目标的关键点。卓越的外包管理不仅在战略规划上有前瞻的目光，同时还表现出卓越的执行力。

一、外包项目管理执行力

执行力是一个系统、组织、团队或个人对公司的政策、制度、法规和领导决策的执行能力。它是指在既定的战略和愿景的前提下，组织对内外部可利用的资源进行综合协调，制订出可行性战略，并通过有效的执行措施从而最终实现组织目标、达成组织愿景的一种力量。它是企业竞争力的核心，是把企业战略、规划转化成为效益、成果的关键。衡量执行力的标准，对项目而言就是在预定的时间内完成项目的战略目标。要提高项目内部的执行力，不仅要提高从上到下的每一个人的执行力，而且要提高每一个部门的整体执行力。

二、项目执行力管理要素

外包项目管理执行过程中，需要根据项目自身发展阶段的特征予以优化完善。外包项目执行力管理中，执行力影响因素主要有以下六个方面：

1. 关键因素：领导者的领导力

执行力是领导意志的体现，领导力在执行中起决定性作用。领导力是指领导者和下属通过变革实现组织目标的影响过程，是领导者的核心素质。有效的执行是需要领导者亲力亲为的系统工程。一名执行型的领导者应当将项目的各个环节结合起来。领导力决定了整个团队执行力的强弱，执行力的实施通过领导者与员工之间的沟通和示范来推动。

2. 实施基础：合理的组织结构

组织的有效性是衡量组织效能的基本标准。合理的组织结构可以使企业中各个部门运转通畅，有效地协调人员之间的合作。在项目管理过程中，组织的分工程度、管理的幅度、协作方式、组织内部控制关系等，都应充分考虑服从于战略目标的实现。组织结构的合理化程度决定着组织的指挥系统与意见沟通系统的有效性，并对组织目标的实现、组织整体功能的发挥及组织成员的心理都将产生深刻的影响。因此，项目管理执行过程中，必须以合理的组织结构为实施基础。

3. 实施保证：有效的制度规范

要保持与提高企业的执行力，就必须建立科学、完善的管理制度。制度规范是指为有效实现目标，对项目的活动及其成员的行为进行规范、制约与协调而制订的具有稳定性与强制力的规定、规程、方法与标准体系。项目管理工作中，必须用制度来规范执行力的标准、达到调动企业员工工作状态的目的，用制度统一员工与组织的执行力。例如，制订项目的管理制度、项目的技术与业务规范、项目成员的个人行为规范等。

4. 实施平台：执行力文化

执行力文化源于运营并作用于运营。有效执行的最终目的是在企业内部建立一种执行力文化。这种执行力文化以企业的动态互动的组织结构为基础，而这种组织模式体现出来的价值观，就是企业文化的核心。组织执行力的效果和作用正是执行力文化的最终体现。

5. 发展方向：可执行的战略规划

战略是企业发展的雷达，它是以未来为基点、为寻求和维持持久竞争优势而做出的事关全局的重大策划和谋略。执行力管理必须以明确的战略目标为基础。外包项目进行了战略规划后，项目的运行才会有方向。在方向的指导下，把共同目标分解为企业目标、部门目标和员工目标，这可以体现出目标的层级关系，使目标有系统、有层次，让执行更具有可操作性。

6. 实施保障：信息沟通系统

信息沟通系统包括企业内部的信息沟通及企业与外部环境的信息沟通。完善的信息沟通系统可保证组织内外进行充分的沟通，从而使项目获得执行过程所需要的充足的信息，保证了项目执行过程的准确实施。

三、提升服务外包项目的执行力

外包项目的主要特征是跨区域开发，因此项目管理问题是体现企业执行力的重要方面。提升服务外包项目执行力的措施有：

1. 进一步完善和建立健全项目组织管理机制

进一步完善项目管理的科学决策规划和组织机制，提高项目决策的科学化水平，这是做好一切工作的重要保证。只有不断完善和建立健全管理规章制度和岗位职责，并及时贯彻、传达给所有员工，使项目管理过程有章可循，项目才能得以有条不紊地落实，工作效率和执行力才能得到提高。因此，要完善各项管理机制和监督机制，建立有效的竞争激励机制，建立有效的考核评价体系，切实把执行力和执行结果作为对个人、集体考核评价及奖惩的主要依据。例如建立健全监督检查机制，不仅能使工作任务的完成过程有跟踪反馈，有效保证各项目任务的执行效果，而且可以通过执行任务的跟踪反馈，优化项目管理者制订的计划，使之更合理化、高效化。此外，有效落实的奖罚措施也是保证执行力管理实施的重要条件，通过公平的考核对项目成员的工作做出公正的评价，收入与绩效挂钩，对于项目成员取得的成绩给予充分的肯定和奖励，这样才能激发其工作积极性。

2. 优化项目管理流程和业务流程

优化的前提是对现有流程的梳理整顿，做到标准化，因为标准化是高效组织行为的重要特征。项目管理流程和业务流程是规范化管理的必然要求，流程的标准化和优化的基础工作是各个公司发展战略的筹划、组织结构设计、职能分解、岗位设置等，只有基础工作完善后设置的运作流程才是通畅的、高效的。

在项目管理执行中，沟通非常重要。加强项目沟通，适量增加项目信息收集、整理、分析和发布的频次，这样能及时发现项目问题，利于及时采取纠正措施。可以通过电子邮件等手段，及时将项目进展情况、存在的问题和纠正措施通报给全体项目成员，也不要忘记抄送给项目成员所属部门的经理，如果有必要，甚至抄送给公司管理层。对工作交付好的成员要及时表扬，对工作交付差些的成员要督促帮助他们改进，没有哪一个项目成员愿意看到项目经理在电子邮件中向他提出问题和改进建议。

3. 加大项目组自身建设的投入

加大项目组自身建设的投入，提高项目员工队伍的整体素质，从而提高整体项目管理理论认识和实践操作的水平，让各项目组中的项目经理都成为项目管理专家，也只有专家才能带出有专业水平的项目，因此，提升员工的凝聚力，激发员工的创造力，建设一支具有完善执行力的杰出团队，是提升项目整体执行技能水平的关键。具体方法有出去参加专门的项目管理培训，内部定期组织项目管理的学习交流，针对公司典型项目情况进行分析总结经验教训等。

值得关注的是，在加大项目组的自身建设的同时，项目负责人的领导力的提升也不容忽视。项目负责人是项目的管理者和协调者，如何在项目管理过程中保证内外沟通畅通，妥善协调项目所需要的各个方面的资源，使项目组成员安心乐意为项目做出自己最大的努力，除了应具有一定的管理经验和技巧外，项目负责人的个人魅力也是很重要的。从项目组成员的分调和组成，项目与项目的磨合，人员之间的磨合，项目组制度形成，到计划的制订和执行等，对于这一系列的过程和工作，项目负责人的个人魅力起着决定作用。因此，要增强项目负责人的领导力，才可以有效提升项目管理的执行力。

4. 培育企业的执行文化

执行文化即基于执行力的企业文化，是一种把企业战略目标变成现实结果的文化，是企业文化的核心。把"执行"作为所有行为的最高准则和终极目标的文化，所有有利于执行的因素都予以充分而科学地利用，所有不利于执行的因素都立即排除，这样项目管理才会产生合力，形成有效成果。执行文化培养会使企业文化成为带动员工高速运转的发动机，以一种强大的监督措施和奖惩制度，促使每一位员工全心全意地投入到自己的工作中，并从骨子里改变自己的行为。

因此，要加强项目管理的执行力必须提升企业的执行文化。通过运营机制的持续，改变员工的信念和行为，使每个项目成员对企业文化都有正确的、全面的认识，部门之间得以实现真正的顺畅协作，企业追求的信念、行为、对话模式在整个组织内持之以恒地得到贯彻，进而直接影响项目的管理绩效。

案例与分析

IT 外包项目的失败选择

小李在某公司亚太区总部负责该区的软件开发。为了应付业务迅速增长所带来的需求，公司在各地都需要运作一些大型项目，包括主机的转换与安装、应用系统开发等项目。总公司要求他把部分开发工作外包，这样一来可以降低开发成本，同时也能在这一段时间内保证有足够的人力来完成项目。最后，他们决定利用公司本身的资源在区内各计算机中心内进行软件核心功能模块的开发，周边功能模块则实行外包。他们选择了菲律宾和泰国这两地的软件企业来协助开发部分应用软件，因为这两地有大批新兴的软件企业，所需的开发费用只是项目基线的四分之一而已。首先，他们对两地一些有规模的软件企业进行严格审核，包括对这些企业的技术人员数量、技术水平、财务状况、可靠性等各方面进行深入的评估，然后在每地选择一家从事外包。他们制订有关程序的规格说明，然后把这些说明交给对方进行编程和模块测试。当接到第一批交回的程序时，他们从测试报告中已经发现结果跟他们的期待有很多不同之处。他们在测试过程中发现有些程序不能跟核心模块连接，更有些程序不能在主机上运行。除了对交回程序的质量感觉失望之外，他们更清楚这会全面影响整个项目的进度。

分析思考：

1. 请根据以上资料，说明外包项目管理的基本流程和内容。
2. 如何提升外包项目管理的执行力。

小　结

现代社会，企业、政府等组织面临着越来越复杂和多变的环境，竞争日益激烈，项目管理越来越多地得到重视并广泛应用。美国项目管理学会PMI在PMBOK中解释项目管理为将知识、技能、工具和技术应用于项目活动之中，以满足项目的要求。它是通过运用项目管理知识、技能、工具和技术的过程来实现的。

它是使用公认的程序和久经考验的工具来明确通往目标的路线，并在此过程中更正方向，最终达到预期的目标。通过战略规划管理，进行项目识别、项目构思和项目选择，形成项目建议书或可行性研究报告等文字资料，并确定项目经理之后，进入项目的计划过程，为项目执行在预算和进度方面做好准备。实施项目过程中重点执行项目计划书、跟踪执行过程和进行过程控制，当项目在具体执行过程中出现偏差时，必须确保项目按照计划有序、协调地推进。当项目目标已经实现后，就要进行项目的交接、对项目的结果进行检验、对项目进行评估和总结、吸取经验教训，为完善以后的项目管理积累经验。

项目管理本身的基本内容包括项目整体规划和管理、项目范围管理、项目时间管理、项目费用管理、项目质量管理、项目人力资源管理、项目沟通管理、项目风险管理、项目采购管理等。学好项目管理需要做到以下几点：1. 不断地进行实践，学习实践中的技巧，总结经验；2. 不断发现问题，并且积极地解决这些问题；3. 加强理论研究，提升我们对项目管理的认识。

习　题

1. 请简要阐述服务外包项目管理知识体系。
2. 服务外包项目管理的基本流程是怎样的？
3. 如何把握服务外包项目的质量控制？
4. 如何提升服务外包管理执行力？

第七章

服务外包合同与商务谈判

学习目标

1. 理解服务外包合同订立与履行的程序；
2. 掌握商务谈判的策略、禁忌；
3. 熟悉商务谈判的流程。

引　言

　　外包是发包方（发包商）和接包方（外包供应商）互相信任、高度协作的战略合作行为，最终是为了实现接发包双方的共赢。然而，为了推动这一合作模式的达成，则需要接发包双方的共同努力。由于涉及外包过程中的风险控制、商业利益分配，接发包双方要在价格条款上达成一致，就必须通过商务谈判来进行沟通协商并签订具有法律效力的外包合同。商务谈判在服务外包商业活动中扮演着日益重要的角色，而基于服务外包流程和服务外包业务的商务谈判也可以统称为服务外包谈判。

第一节　服务外包合同

一、服务外包合同概述

服务外包合同，是发包方与接包（承包）方通过协商谈判，经过一系列的调查，就某一事项，将双方的权利义务分配、可能的风险承担、责任方式等以成文形式固定化的合同。

（一）服务外包合同的基本特征

外包合同跟所有的合同一样，具备基本的法律特征：首先，合同是一种民事法律行为；其次，合同是两方以上当事人意思表示一致的民事法律行为；再次，合同以设立、变更或者终止当事人民事权利义务关系为目的；最后，合同是当事人各方在平等、自愿的基础上实施的。

（二）服务外包合同的特殊性

1. 形式的多样性

外包合同涉及的行业种类繁多，导致外包合同在形式上多种多样。按照外包业务的领域，可将外包划分为生产外包、销售外包、人力资源外包、信息技术外包、研发、咨询、培训外包、财务管理外包、物流管理外包、客户关系管理外包等。在不同领域，由于涉及的标的不同，某项业务的外包可能涉及多种形式的合同。

2. 本质的单一性

外包的核心是契约关系，发包方与接包方形成的是一种委托代理关系，因此外包合同的本质也是委托代理关系，即发包方为委托人，接包方为受托人。双方之间的委托代理以相互信任为前提，建立一种双赢的合作关系。

3. 合同的长期性

外包合同中的委托代理是一种长期的合作关系，因为对外包的双方来讲，中长期合作带来的收益远远大于临时性的合作。外包合同一旦签订，就是长期的决策，因为中止合同运行的代价通常比较高昂。

此外，对于国际外包合同来讲，如果国际外包合同一方为中国企业，则其必须为依法成立、能独立承担民事责任的中国法人。而且，由于发包方的国籍不同，就要选择适用的法律；合同标的因为常常会跨越国境，还需要涉及各种海关进出口问题。

二、服务外包合同订立

（一）服务外包合同订立前的注意事项

1. 调查：信任的前提

在订立合同之前，有必要对双方的实力、资产、信用度等进行一系列的调查。针对外方企业的调查应当包括主体资格和主体信用调查。主体资格调查包括对方的生产范围、注册资本、地址、代表人及其职务和国籍等，确定对方是否具备法人条件；调查方法可以采用实地调查、委托调查和媒体调查。主体信用调查包括对方履约能力以及履约信用的调查，其中履约能力包括注册资本、实有资本等财务状况，销售渠道、贸易关系、盈亏情况等反映的经营能力；信用调查可通过官方渠道、金融机构、贸易关联机构，甚至直接接触来获取对方的有关信息。外方企业在选择中方企业合作时通常会调查当地基本的政策规章、国际协定、相应的税收制度、产权保障制度、硬件状况和人力资源状况。

2. 担保：信任的保证

为了减少风险，通常都需要在外包合同中设立担保条款，以保证合同的全面履行。担保可以分为物的担保、人的担保和钱的担保。物的担保是以确保债务清偿为目的，在债务人或者第三人的有形财产或权利财产上设定的担保物权，如果债务人到期不履行债务，债权人可以通过处分该抵押或留置的财产，优先得到清偿。人的担保形式主要有保证人、连带债务人和并存的债务承担。保证人是指基于其和债权人的约定，当债务人不履行其债务时，按照约定代债务人履行债务或承担责任之人。在涉外的外包合同中，保证人通常为公司、企业、商业银行等法人。连带债务人是指在多数债务人场合下负有向债权人清偿全部债务的义务之人。并存的债务承担是指第三人加入债务关系，与原债务人共同承担同一债务的现象。钱的担保主要以定金和押金的方式，实践中以定金的方式较为常见。

（二）服务外包合同的订立过程

外包合同订立主要包括要约和承诺两个阶段。

1. 要约

所谓要约，即一方当事人以缔结合同为目的，向对方当事人提出合同条件，并希望对方当事人接受的意思表示。要约的内容必须具体，即要约已经包括了成立合同所需要的主要条款，该要约一经受要约人承诺，合同即告成立。要约送达受要约人时生效，在要约生效前，要约人可以通过通知受要约人而使要约不发生法律效力，这就是要约的撤回；如果在要约生效后、受要约人承诺前，要约人通知受要约人而使要约不发生法律效力，这就是要约的撤销。

在外包实务中，对于要约过程中出现的以下情况要特别留意：

（1）附有保留条件的订立合同的要约，如其中注明"以我方最后确认为准""以尚有存货为准"或"仅供参考"等字样的，都不是要约，而只是要约邀请，称为"虚盘"。

（2）要约人在要约中单方面声明"受要约人在收到要约后不做出明确意思的表示或通知即视为承诺"的，对受要约人没有约束力。

（3）在受要约人收到要约之后，做出承诺之前，要约人可以撤销，但规定了有效期的要约，在该有效期内不得撤销。

2. 承诺

承诺，即受要约人接受要约人的要约，同意按照要约的内容订立合同的意思表示。做出承诺的受要约人称为承诺人。通常情况下，承诺生效时，合同即成立。承诺必须由受要约人在要约的有效期内做出，承诺在通知到达要约人时生效。在外包实务中，对于承诺应注意以下问题：

（1）做出承诺可以向要约人发出书面通知的方式，也可以其他方式，如发货或者付款等。

（2）受要约人收到要约后，沉默或者不作为的，不构成承诺。

（三）服务外包合同的基本条款

服务外包合同最基本的条款包括：（1）名称；（2）标的的内容、范围和要求；（3）合同履行的计划、进度、期限、地点、地域和方式；（4）移交说明；（5）技术情报和资料的保密；（6）产权归属；（7）风险责任的承担；（8）不可抗力；（9）绩效标准及说明；（10）价款、报酬及其支付方式；（11）违约金及损害赔偿的计算方式；（12）瑕疵担保；（13）双方应承担的税费责任；（14）合同适用法律；（15）合同签署地、执行地及诉讼、仲裁机构；（16）解决争议的方法。（具体内容请见第九章第四节：劳动关系管理）

（四）服务外包合同的变更与解除

1. 合同变更与解除的概念及条件

合同有效成立后，当事人不变，仅改变合同的权利义务称为合同的变更；当事人一方或双方使合同关系消灭的行为称为合同的解除。

合同变更需要具备的条件有：

（1）存在有效的合同关系；

（2）合同内容发生变化；

（3）合同的变更须经当事人协商一致。

合同解除的条件有：

（1）因不可抗力使合同不能达到目的；

（2）债务人延迟履行；

（3）债务人拒绝履行，即毁约；

（4）债务人不完全履行。

2. 合同变更与解除的程序

合同变更的程序就是双方当事人协商一致。合同解除的程序有协议解除和行使解除权两种。其中，行使解除权的程序必须以当事人享有解除权为前提。所谓解除权，是合同当事人可以单方意思表示将合同解除的权利。

三、服务外包合同履行

（一）服务外包合同的履行

1. 合同履行的检验

在合同履行前，应当对接包方的服务能力进行全面考察，包括对产品、服务的质量检验和技术检验。在合同履行过程中，发包方和接包方应当建立一套完整的检验程序，以随时检验和控制合同的履行进度。发包方应当对自己的质量要求明确化，接包方应当就自己如何满足其质量要求形成文本。当外包活动进入实质性生产阶段后，发包方应该对接包方的过程进展进行监督查看。在外包项目进入后期，即对项目进行最终验收时，发包方也需要按照约定和计划对项目成果进行确认，并对接包方按照合同约定和质量计划提供的数据进行认可。

2. 合同履行中的抗辩权

抗辩权是指抵抗对方的请求或者否认对方权利主张的权利。合同履行中的抗辩权是指一方当事人在符合法定条件下对抗对方当事人的履行请求权，暂时拒绝履行其债务的权利，包括同时履行抗辩权、先履行抗辩权和不安抗辩权。同时履行抗辩权，指合同双方互负债权和债务时，当事人的一方在对方未适当履行之前可以拒绝履行自己债务的权利。当事人互负债务时，若有先后履行顺序的，先履行的一方为履行的，后履行的一方有权拒绝其履行要求，这称为先履行抗辩权。不安抗辩权，指在履行顺序有先后的合同中，应当先履行的一方有确切的证据证明对方在履行期限到来之后，将不会或不能履行债务的，则在对方履行或提供适当的担保之前，可以暂时拒绝履行自己的债务。

3. 合同履行中的保密问题

在外包合同的履行中，当发包方将业务委托给接包方之后，接包方不可避免地会接触到发包方的一些技术情报、经营信息或者商业秘密，这就涉及知识产权的保护问题。要保障合同履行过程中不发生商业秘密的泄露，企业的知识产权不被侵犯，往往需要签订一系列的保密协定：发包方与接包方约定知识产权的归属，知识产权侵权责任归属条款，技术情报和资料的保密及提供，因妨碍技术进步而导致合同无效的情况；接包方与雇佣人员签订保密协议，竞争行业限制协议；侵权发生时的应对措施等。

（二）服务外包合同的违约责任

1. 违约责任的法律性质

违约责任，即合同当事人因不履行合同义务或者履行合同义务不符合法定或约定的情形而应当承担的民事责任。违约责任的构成要件包括：违约行为、免责条款和约定的免责事由。其中，免责条款必须在合同中明示，并在责任发生前约定。

2. 承担违约责任的方式

承担违约责任的方式包括：强制实际履行，指在违约行为发生后，非违约方请求法院强制违约方继续履行合同债务；赔偿损失，但违约方应当承担的损害赔偿不应当超过其在订立合同时预见到或者应当预见到的因其违反合同可能造成的损失，如果损害不可预见，则违约方当事人不必承担损害赔偿责任；违约金，其数额与支付条件是预先确定的；违约定金，其数额不得超过合同标额的20%。

（三）服务外包合同的仲裁

1. 仲裁协议及其基本条款

外包合同仲裁协议，即在合同中订明的仲裁条款，或者以其他方式表现的达成提交仲裁的意思，其目的是表明当事人自愿将他们之间可能发生的或者已经发生的争议，交付给某一仲裁机构并按其仲裁规则解决。仲裁协议排除了法院的管辖权，任何当事人均不能提起诉讼，而当事人双方均受仲裁协议的约束。仲裁协议的基本条款有：提交仲裁的争议事项；仲裁地点；仲裁机构；仲裁规则；仲裁裁决的效力。

2. 仲裁的程序及其执行

仲裁的程序通常包括以下阶段：仲裁的申请和受理；组成仲裁庭；仲裁审理；仲裁裁决。仲裁的程序也可以简化。仲裁裁决做出后，当事人应当自觉履行。当事人拒绝履行仲裁裁决时，另一方当事人可以向法院提出申请，请求法院承认仲裁裁决的效力，并请求予以强制执行。

（四）服务外包合同的法律适用

在外包合同中，双方可以选择适用的法律。如果双方都是国内企业，那么在法律适用问题上较少会产生分歧，但国际外包合同中的法律适用问题却日益凸显。

1. 一般适用法律依据

根据中国法律规定，涉外合同可以选择适用中国民事法律，或者适用国际公约，或者适用他国法律。国际外包合同也是如此。常用的法律依据有《中华人民共和国民法通则》《中华人民共和国合同法》《最高人民法院关于贯彻执行〈中华人民共和国民法通则〉若干问题的意见（试行）》《国际商事合同通则》等。

2. 合同纠纷时适用法律

外包合同通常是一个中长期的合同，在这个比较长的期间内，可能会发生多种影响合同履行的因素，如果因为当事人一方的过错使合同无法履行或者不能完全履行，双方又不能就和解条件达成一致，那么就会启动诉讼程序。这时涉及的法律问题通常包括诉讼时效、诉讼程序、法院管辖、合同仲裁、举证原则等。

第二节　商务谈判

一、商务谈判概述

（一）商务谈判的内涵

1. 定义与概念

谈判是一种沟通，参与各方出于某种需要，在一定时空条件下，通过信息交流消除分歧，共同让步达成一致意见，从而获得各自的利益。因此，谈判包括目的、手段、目标三个关键要素，是人们为了协调彼此之间的关系、满足各自的需要，通过协商而争取达到意见一致的行为和过程。谈判逐渐渗透到社会经济生活的各个领域，已经成为现代生活的一种方式，成为人们需要掌握的一种能力。随着国际分工和专业细化的发展，谈判在人类生活中所起的作用也越来越大。

商务谈判（Business Negotiations）是指有关商务活动的双方或多方为了达到各自的目的，就一项涉及双方利益的标的物的交易条件，通过沟通和协商，最后达成各方都能接受的协议、取得各自的经济利益的过程。其中，商务谈判的主体是相互独立的利益主体，目的是为了获得经济利益，其核心议题是"价格"，是当事人进行协商调整、妥协让步的过程。商务谈判双方是互惠互利、双赢的，同时产生法律后果，具有法律约束力。

2. 原则与特征

（1）商务谈判的原则

商务谈判原则，是指在谈判过程中谈判双方必须遵守的基本准则或规范。充分了解谈判原则，有助于掌握和运用谈判的策略和技巧，保护谈判当事人的权利与利益。归纳起来，商务谈判的原则包括平等互利、求同存异、合理合法、灵活机动、立场服从利益、人事分开、坚持客观标准、适当使用谋略和技巧等。

平等互利原则，指在平等与相互尊重的基础上，每一方都必须让对方得到好处；求同存异原则，指谈判各方首先要立足于共同利益，同时承认利益分歧，并做出适当让步；合理合法原则，指谈判的主体要具有合法资格，谈判磋商的交易内容是合法项目，谈判手段应该是公正、公平、公开的；灵活机动原则，指为实现整体目标，可以适时、适当地调整交易条件以争取获得更大的利益；立场服从利益原则，指该让步妥协时要抓住时机做出姿态，把注意力集中于相互的利益而不是对立的立场；人事分开原则，指谈判中对事应该强硬、坚持原则，对人应友好温和、关系融洽，把争论的焦点集中在"事"和"问题"本身；坚持客观标准的原则，指对于谈判中的分歧，双方只有在客观标准的基础上才能尽快达到一致；此外，在商务谈判中既要坚持原则，又要留有余地，对于某些非原则性问题，必要时可以使用谋略和技巧来达成目的，但应注意谋略技巧的使用不能有损国格、人格。

以坚持客观标准的原则为例，在服务外包行业，服务是一个抽象的概念，如何界定和衡量服务水平是最容易产生歧义的地方，许多外包合作谈判中的争端也由此而起。一个IT外包中关于服务水平的协议条款是：服务部门必须"确保一个电话即解决问题的百分比不低于60%"，而实际操作中，"一个电话即解决问题"的百分比甚至达不到10%。因为用户碰到的问题大多是硬件故障，需要技术人员到现场提供支持，电话通话不可能解决问题。因此，如果不能清晰界定"一个电话即解决问题"这一服务协定，确定客观标准，它就有可能被曲解。为了更有效地运用客观标准，需要谈判双方尽量发掘可作为协议基础的客观标准，如市场行情、先例、专业标准、效率、成本、法院的可能决定、道德标准、同等待遇、互惠原则等参考体系，共同努力来寻求客观标准。实际谈判情况可能是复杂多变的，双方可能都只从自己的利益出发提出某种标准，如果几个客观标准都必不可少，就应该考虑采取妥协折衷的方式以打破谈判僵局。

（2）商务谈判的特征

商务谈判具备以下三个方面的特征：

①交易对象的广泛性和不确定性。无论买方还是卖方，其谈判交易对象遍布全国甚至全世界。同时，为了使交易更为有利，每一方都需要广泛接触交易对象。这就要求谈判者不仅要充分了解市场行情，而且要用不同的方式对待新老客户。

②商务谈判双方同时具有冲突和合作的成分。双方既要确立共同利益、减少分歧、达成协议，又要积极地讨价还价、使己方尽可能获得更多的利益，因此谈判就是要在两者之间寻求最佳的平衡。

③商务谈判是科学性与艺术性的统一。既要求谈判有完整周密的计划、策略和实施方案，又要求谈判者在实际谈判中进行创造性的探索，根据不同对象、场合使用不同的技巧，以促使谈判合作的达成。

（二）商务谈判的类型

在现代经济社会中，商务谈判的种类纷繁复杂，可以按照不同的标准分为不同的类型（见表7-1）。对谈判类型的恰当确认，是谈判成功的开始。

表 7-1　商务谈判的类型

划分标准	类型
按国别范围划分	国际商务谈判与国内商务谈判
按参与谈判人员数量划分	一对一谈判、小组谈判和大型谈判
按谈判所在地划分	主座谈判、客座谈判、主客座轮流谈判和第三地谈判
按谈判的态度划分	软式谈判、硬式谈判和原则式谈判

1. 按国别范围划分

国际商务谈判是指本国政府、组织或企业与外国政府、组织、企业或国际组织之间的经济谈判。这类谈判形式多样、内容复杂，由于双方在语言、文化背景、价值观念、风俗习惯、心理素质、行为规范等方面的差异较大，这些因素对商务谈判都会产生重要影响。相比较而言，国内谈判比国际谈判所花费的时间少、效率高，协议履行中发生争议时可较快地得到解决。

2. 按参与谈判人员数量划分

小型项目的商务谈判往往是一对一的，这要求谈判人员必须是全能型的，具备贸易、金融、法律、技术等方面的知识；在规模大的谈判中，有时会安排双方首席代表进行一对一的单人谈判，以磋商某些关键问题。小组谈判适合较大的谈判项目，谈判小组中几个人之间可以分工协作、取长补短、各尽所能。大型谈判基本上是指国家级、省市级或重大项目的谈判，关系重大。这类谈判往往配备的谈判小组阵容强大、拥有高级顾问团或智囊团，谈判程序严密、时间较长，如"中国入世谈判"。

3. 按谈判所在地划分

主座谈判是指在自己所在地进行谈判，具有东道主优势，有利于谈判的各项准备，便于问题的请示和磋商。客座谈判是指在谈判对手所在地进行的谈判，客场谈判时客方会受到客居时间、上级授权的权限、远距离沟通困难等条件的限制。主客座轮流谈判，是指谈判地点互易，适用于大宗商品买卖或成套项目的谈判。第三地谈判通常为关系不够融洽、信任程度不高的谈判双方所选用，在双方以外的地点谈判，双方均无东道主优势，策略运用的条件相当、地域环境较为公平，但会增加谈判成本。

4. 按谈判的态度划分

按谈判的态度划分，商务谈判可以分为软式谈判、硬式谈判、原则式谈判。

（1）软式谈判

软式谈判也称关系型谈判，是一种为了保持同对方的某种关系所采取的退让与妥协的谈判类型。这种谈判，不把对方当成对头，而是当作朋友；强调的不是要占上风，而是要建立和维持良好的关系。软式谈判有以下几方面的特点：把对方当朋友；目标追求维持某种良好关系；只提出自己的最低要求，深怕刺痛对方和伤害与对方的和气感情；不敢固守自己的正当利益，常以自己的单方面损失使谈判告终；容易屈服于对方的压力；达成协议的手段是向对方让利让步，对方得寸进尺也不阻挡，无原则地满足对方的贪婪欲望。

软式谈判的一般做法是：信任对方→提出建议→做出让步→达成协议→维系关系。当然，如果当事各方都能视"关系"为重，以宽容、理解的心态，互谅互让、友好协商，那么，无疑谈判的效率高、成本低，相互关系也会得到进一步加强。然而，由于价值观念和利益驱动等原因，有时这只是一种善良的愿望和理想化的境界。事实是，对某些强硬者一味退让，最终往往只能达成不平等甚至是屈辱的协议。在有长期友好关系的互信合作伙伴之间，或者在合作高于局部近期利益、今天的"失"是为了明天的"得"的情况下，软式谈判的运用是有意义的。

（2）硬式谈判

硬式谈判也称立场型谈判，是谈判者以意志力的较量为手段，很少顾及或根本不顾及对方的利益，以取得己方胜利为目的的立场坚定、主张强硬的谈判方法。这种谈判，视对方为劲敌，强调谈判立场的坚定性，强调针锋相对；认为谈判是一场意志力的竞赛，只有按照己方的立场达成的协议才是谈判的胜利。硬式谈判有以下几方面的特点：把谈判对手视为敌人；对人对事均采取强硬态度；其目标是单纯满足自身需要，以取得对方让步、自身受益作为达成协议建立关系的条件；不惜手段对对方施加高压和威胁。

采用硬式谈判，常常是互不信任、互相指责，谈判也往往易陷入僵局、旷日持久，无法达成协议。而且，这种谈判即使达成某些妥协，也会由于某方的让步而履约消极，甚至想方设法撕毁协议、予以反击，从而陷入新一轮的对峙，最后导致相互关系的完全破裂。硬式谈判有明显的局限性，一般应用于以下两种情况：一是一次性交往，这种谈判必然是"一锤子买卖"，也就是为取得一次胜利而拿未来的合作做赌注；二是实力相差悬殊。在这种情况下，己方处于绝对优势。在对方玩弄谈判工具须对其阴谋加以揭露、在事关自身的根本利益而无退让的余地、在竞争性商务关系、在一次性交往而不考虑今后合作、在对方思维天真并缺乏洞察利弊得失之能力等场合，运用硬式谈判是有必要的。

（3）原则式谈判

原则式谈判也称价值型谈判。这种谈判最早由美国哈佛大学谈判研究中心提出，故又称哈佛谈判术。原则式谈判的参加者把对方看作与自己并肩合作的同事，既非朋友更非敌人；他们不像让步型谈判那样只强调双方的关系而忽视己方利益的获取，也不像立场型谈判那样只坚持本方的立场，不兼顾双方的利益，而是竭力寻求双方利益上的共同点，在此基础上设想各种使双方各有所获的方案。

原则式谈判，吸取了软式谈判和硬式谈判之所长而避其极端，强调公正原则和公平价值，主要有以下特征：谈判中对人温和、对事强硬，把人与事分开；主张按照共同接受的具有客观公正性的原则和公平价值来达成协议，而不是简单地依靠具体问题的讨价还价；谈判中开诚布公而不施诡计，追求利益而不失风度；努力寻找共同点、消除分歧，争取共同满意的谈判结果。原则式谈判是一种既理性又富有人情味的谈判态度与方法。运用原则式谈判要求当事各方从大局着眼，相互尊重，平等协商；处理问题坚持公正的客观标准，提出相互受益的谈判方案；以诚相待，采取建设性态度，立足于解决问题；求同存异，争取双赢。

（三）商务谈判的内容

1. 一般商务谈判的内容

按谈判的内容不同，商务谈判可以划分为商品贸易谈判和投资谈判、技术贸易谈判、租赁谈判、服务项目谈判等非商品贸易谈判。商品贸易谈判主要涉及的事项有规格、等级、数量、包装、运输方式、货款结算与支付方式（如现金结算还是转账结算）、运输保险、商品检验、索赔、仲裁与不可抗力等条款内容。投资谈判的内容涉及投资周期、投资方向、投资方式、投资内容、投资条件、投资项目的经营与管理、投资者在投资活动中的权利、责任和义务等条款。技术贸易谈判是以技术引进、转让或有偿使用为中心的贸易谈判，谈判中涉及的主要内容包括：技术类别、名称、规格，即技术的标的；技术经济要求；转让期限；交换形式，包括所有权的转移和使用权的许可两个方面；技术贸易的计价和结算方式；责任和义务等。租赁谈判是指承租人为租用机器和设备而进行的谈判，它涉及机器设备的选定、交货、维修保养、到期后的处理、租金的计算、支付以及在租赁期内租赁公司和承租企业双方的责任、权利和义务关系等问题。服务项目谈判与外包行业关系较为密切。劳务合作项目的谈判内容主要包括劳动力的供求层次、职业、工种、素质、技术水平、数量、劳动条件、劳动地点、劳动工资、教育培训、劳动保护、劳动保险和福利等。会务服务项目的谈判内容有会务地点、会务内容、人员层次、会务档次、会务时间、会费标准、食宿条件、交通服务、安全保障、违约责任等。

2. 服务外包项目谈判的内容

对于服务外包谈判来讲，按照外包交付方式可以分为在岸外包谈判和离岸外包谈判两种；按照外包业务内容可以分为 ITO（信息技术外包）谈判、BPO（业务流程外包）谈判和 KPO（知识流程外包）谈判。从项目管理的角度来看，发包方和接包方作为谈判双方，主要围绕实施外包的关键条件进行谈判。以软件项目外包为例，谈判内容主要涉及外包项目需求（内容、时期、预算等）、需求变更、项目计划（项目流程、工作量、资源配置和项目里程碑等）、质量控制（质量指软件产品满足用户需求的程度，包括功能需求、性能需求、稳定性、安全性和技术先进性需求、支持和服务需求等）、进度控制、风险控制（风险预测、识别、评估、分析、缓解、监控等）、交流与沟通方式、支付方式等。

二、商务谈判准备

要想使商务谈判获得圆满成功，需要具备多方面的综合条件。谈判之前各方都要在谈判人员、谈判知识、谈判素质、谈判方案、谈判模拟等环节进行充分的准备，以保证在谈判中能争取主动、获得谈判优势。

（一）商务谈判人员准备

1. 谈判小组组成原则

（1）规模要适当

谈判小组应由多少人组成，并没有统一的模式，一般是根据谈判项目的性质、对象、内容和目标等因素综合确定。英国谈判专家比尔·斯科特提出，谈判小组以 4 个人为最佳，最多不能超过 12 人。这是由谈判效率、对谈判组织的管理、谈判所需专业知识的范围和对谈判组织成员调换的要求决定的。

（2）能力要互补

安排谈判小组成员时要注意人员知识、能力的互补，以求达到最好的谈判效果。性格方面也适宜互补。外向型人的特点是性格外露、善于交际、思维敏捷、处事果断，对于外向型的谈判人，或安排为主谈，或分派其了解情况或搜集信息等交际性强的工作；内向型人的特点是性格内向、不善交际，独立性差，善于从事正常的、按部就班的工作，但有耐心，做事有条不紊，沉着稳健。对于内向型的谈判人，或安排为陪谈，或安排其从事内务性工作。

（3）彼此要协作

谈判成员之间的合作非常重要，主谈在发言时，自始至终都应该得到辅谈的支持。否则会给对方暴露出自己的弱点，让对方有机可乘。

2. 谈判小组人员构成

在商务谈判中，根据谈判工作的作用形式，谈判小组可以由以下人员组成：

（1）主谈人员

主谈人员是指谈判小组的领导人或首席代表，是谈判小组的核心，是代表本方利益的主要发言人，整个谈判主要是在双方主谈人之间进行。

（2）专业人员

谈判小组应根据谈判的需要配备有关专家，选择既专业对口又有实践经验和谈判本领的人。根据谈判的内容，专业人员大致可分为四个方面：商务方面，如确定商品品种、规格、商品价格、敲定交货的时间与方式、明确风险的分担等事宜。技术方面，如评价商品技术标准、质量标准、包装、加工工艺、使用、维护等事项。法律方面，如起草合同的法律文件、对合同中各项条款的法律解释等。金融方面，如决定支付方式、信用保证、证券与资金担保等事项。谈判小组通常要由这四方面人员组成，有时遇到一个特殊的技术问题和法律问题，还需要聘请一些专家参加。

（3）法律人员

律师或法律专业知识人员通常由特聘律师、企业法律顾问或熟悉有关法律规定的人员担任，以保证合同形式和内容的严密性、合法性以及合同条款不损害己方合法权益。

（4）财务人员

商务谈判中所涉及的财务问题相当复杂，应由熟悉财务成本、支付方式及金融知识，具有较强的财务核算能力的财务会计人员参加，协助主谈人员制订好有关财务条款。

（5）翻译人员

如果是在服务外包国际谈判中，翻译人员实际上也是谈判中实际的核心人员。一个好的翻译，能洞察对方的心理和发言的实质，活跃谈判气氛，为主谈人提供重要信息和建议，同时也可以为本方人员在谈判中出现失误后寻找改正的机会和借口。

（6）其他人员

其他人员是指谈判必需的工作人员，如记录人员或打字员，具体职责是准确、完整、及时地记录谈判内容，一般由上述各类人员中的某人兼任，也可委派专人担任。

3. 商务谈判人员应具备的素质

（1）道德素质

谈判人员应该具备过硬的思想道德素质，包括：强烈的事业心，忠于职守、遵纪守法，百折不挠、意志坚定，谦虚谨慎、团结协作，诚实无欺、讲求信誉，坚决维护国家、企业的利益，不损公肥私。

（2）业务素质

谈判人员应该具备较高的业务素质，包括企业方面的知识，产品方面的知识，营销与商务谈判方面的知识，客户方面的知识，竞争者方面的知识，法律方面的知识，文化差异方面的知识，礼仪方面的知识等。

（3）心理素质

谈判人员首先要热爱商务谈判工作，把它看作一项富有挑战的事业去做。其次，要以平常心对待挫折，善于吸取经验教训。最后，商务谈判人员要有同理心，能够理解他人心中的感受，凡事站在对方的角度去思考问题。此外，谈判人员还应具备良好的气质、广泛的兴趣、端庄的仪表、完美的个性、真诚和丰富的情感等。

（4）出色的综合能力

谈判人员应该具备出色的语言表达能力，能够准确无误地表达自己的思想和感情，而且在表达谈判意图时应生动形象，富有感染力；具备较强的社交能力，促成融洽的关系，便于谈判沟通；具备敏锐的洞察能力，通过在谈判桌上观察对方语言、行动、表情的"蛛丝马迹"，判断对方的真实意图，以便采取相应对策；谈判桌上瞬息万变，谈判人员只有具备快捷的应变能力，才能临危不乱，即便陷入被动或困扰时也能处变不惊、从容应对；谈判人员还应该具备高超的处理异议的能力，在双方意见存在严重分歧甚至陷入僵局时，也能充分运用各种手段和方法把握住谈判局面的发展变化方向，让谈判按照预定轨道正常进行。

（二）商务谈判信息准备

1. 与谈判有关的环境信息

前面已经提到，如果是国际商务谈判的话，影响谈判的环境因素复杂多变。环境方面的信息包括对方所在国家或地区的政治状况、法律制度、宗教信仰、商业做法、财政金融状况、基础设施与后勤供应系统、气候因素、社会习俗、文化差异等。以离岸外包谈判为例，文化差异是谈判之前必须预先充分考虑的一个重要因素。谈判磋商主要通过沟通实现，然而，由于文化差异和思维定势的影响，跨文化沟通的谈判双方不一定都能充分理解对方所处的立场和预定的假设。比如，对发包方来说显而易见的事情，对接包方而言就未必那么明显，这样就容易产生误解和纠纷。离岸外包还会涉及诸多的法律议题，例如，数据资料保护、劳工权利、知识产权、移民、环境保护、税收、贸易出口控制和国家安全等，因此对法律条款及其适用范围要有清晰的认识与准备。比如，在许多国家，合同具有法律效力，签订合同就意味着合同双方都要认真地执行合同，这几乎是一个常识，然而，对于另外一些国家来说，合同仅仅起到建议的作用，并不具备法律强制力。

2. 谈判对手信息收集

服务外包项目的顺利实施要求发包方企业具有一定的技术水平、项目管理水平、人力资源和沟通控制能力，而接包方企业则需要具备一定的成本、质量控制能力，具有国际市场开拓能力如业务能力、交流能力、接包渠道和商业信誉等。发包方通过考察企业实力、资格认证和服务经验严格选择接包方，进而来控制外包项目风险。

（1）客商身份情况

首先应该了解清楚谈判对方属于哪一类客商，避免错误估计对方，使自己失误甚至受骗上当：①在世界上享有一定声望和信誉的跨国公司；②享有一定知名度的客商；③没有任何知名度的客商；④专门从事交易中介的客商，对待该类客商，要认清他们所介绍的客商的资信情况，防止他们打着中介的旗号行骗；⑤知名母公司的下属子公司；⑥骗子型的客商，对待该类客商，一定要弄清其真实面目，提高警惕，谨防上当，尤其不要被骗子型客商虚假的招牌、优惠的条件、给个人的好处所迷惑，使自己误入圈套。

（2）资信情况

①对客商合法资格的审查

商务谈判的结果是有一定的经济法律关系的，作为参加商务谈判的企业组织必须具有法人资格。对对方法人资格的审查，可以要求对方提供有关证明文件，如法人成立地注册登记证明、法人所属资格证明和企业法人营业执照等。谈判人员不仅要详细掌握对方企业名称、企业住所、成立时间、注册资本、经营范围等，还要弄清对方法人的组织性质，是股份有限公司还是有限责任公司，是母公司还是子公司或分公司。同时，还要确定其法人的国籍，即受哪个国家法律管辖，因为国籍不同，适用的法律也不同。对于对方提供的证明文件，首先要通过一定的手段和途径进行验证。对客商合法资格的审查还应包括对前来谈判的客商的代表资格或签约资格进行审查。从法律角度讲，只有董事长和总经理才能代表其公司或企业进行签约。当对方当事人找到保证人时，还应对保证人进行调查，了解其是否具有担保资格和能力；在对方委托第三者谈判或签约时，应对代理人的情况加以了解，了解其是否有足够权力和资格代表委托人参加谈判。

②对资本和商业信誉的调查

对谈判对方资本审查主要是审查对方的注册资本、资产负债表、收支状况等有关情况。对方具备了法律意义上的主体资格，并不一定具备很强的行为能力。因此，应该通过审计后的年度报告、银行、资信征询机构出具的证明来核实。

对谈判对方商业信誉及履约能力的审查，主要调查对方经营历史、经营作风、产品的市场声誉与金融机构的财务状况，以及在以往的商务活动中是否具有良好的商业信誉。

（3）谈判时限

谈判时限主要指对方所拥有的谈判时间及其谈判的最后时限。谈判时限与谈判任务量、谈判策略、谈判结果都有重要关系。谈判人员需要在一定的时间内完成特定的谈判任务，可供谈判的时间长短与谈判人员的技能发挥状况成正比。时间越短，对谈判人员而言，用以完成谈判任务的选择机会就越少，哪一方可供谈判的时间越长，他就拥有较大的主动权。了解对方谈判时限，就可以了解对方在谈判中会采取何种态度、何种策略，我方就可制订相应的策略。因此，要注意搜集对方的谈判时限信息，辨别表面现象和真实意图，做到心中有数，针对对方谈判时限制定谈判策略。

（4）对方谈判人员的情况

首先，要弄清对方谈判人员的权限有多大，这对谈判获得多少实质性的结果有重要影响。不了解谈判对方的权力范围，将没有足够决策权的人作为谈判对象，不仅浪费时间，甚至可能会错过更好的交易机会。一般来说，对方参加谈判人员的规格越高，权限也就越大；如果对方参加谈判的人员规格较低，我们就应该了解对方参加谈判人员是否得到授权，对方谈判人员在多大程度上能独立做出决定，有没有决定是否让步的权力。

其次，还要了解对方谈判人员其他情况，要从多方面搜集对方信息，以便全面掌握谈判对方的情况。比如，对方谈判小组的组成情况，即主谈人背景（能力、权限、特长及弱点是什么，此人对此次谈判抱何种态度，倾向意见如何等）、谈判小组内部的相互关系、谈判小组成员的个人情况，包括谈判成员的资历、能力、信念、性格、心理类型、个人作风、爱好与禁忌等；对方的谈判目标；对方对己方的信任程度，包括对己方经营与财务状况、付款能力、谈判能力等多种因素的评价和信任程度等。

3. 己方信息的全面评估

古人云："欲胜人者，必先自胜；欲论人者，必先自论；欲知人者，必先自知。"自我评估首先要看到自身所具备的实力和优势，同时要客观地分析自己的需要和实现需要所欠缺的优势条件。

（1）优劣势 SWOT 分析

谈判准备时要对自己进行 SWOT 分析，充分发挥优势，避开劣势，树立谈判的信心。对于接包方来说，要了解自身的接包实力、服务质量、市场竞争力等因素。知识产权保护和信息安全也是服务外包转移方最关心的话题之一，因此在 SWOT 分析中对中国的服务外包知识产权保护及信息安全管理现状也要有清晰的认识。

（2）需要认定

①希望借助谈判满足己方哪些需要

作为谈判中的买方，应该仔细分析自己到底需要什么样的产品和服务？需要多少？要求达到怎样的质量标准？价格可以出多少？必须在什么时间内购买？供方必须满足买方哪些条件？作为谈判中的卖方，应该仔细分析自己愿意向对方出售哪些产品？是配套产品还是拆零产品？卖出价格的底线是多少？

②各种需要的满足程度

己方的需要是多种多样的，各种需要的重要程度并不一样。要搞清楚哪些需要必须得到全部满足；哪些需要可以降低要求；哪些需要在必要情况下可以不考虑，这样才能抓住谈判中的主要矛盾，保护己方的根本利益。此外，还要考虑需要满足的可替代性，以及鉴定己方满足对方需要的能力。

（三）商务谈判方案准备

1. 谈判目标的确定

（1）谈判目标的三个层次

①理想目标

理想目标是谈判者希望通过谈判达成的最高目标，也是谈判方想要获得的最高利益。

②可行目标

可行目标是指通过谈判能够得到满足的比较现实的目标。

③最低目标

最低目标是在谈判中必须保证的利益下限，即谈判结果低于这个界限时，自己的基本利益就无法得到满足。

（2）确定谈判目标的注意事项

确定谈判目标时应注意以下几个问题：

①应当遵循实用性、合理性的要求，来确定谈判的各个目标层次。谈判双方要根据自身的实力与条件来制定切实可行的谈判目标，离开了这一点，任何谈判的协议结果都不能付诸实施。

②谈判目标还应符合协调性的要求。各项具体目标之间应该是协调一致的，而不是相互矛盾、相互抵触的。

③谈判目标应尽可能地量化。这样的目标才容易把握和核查，当然，并非所有目标都能量化，一些目标只能定性描述。

④谈判目标要严格保密，尤其是底线目标要格外注意保密。

2. 谈判策略的确定

谈判的策略是指谈判者为了达到和实现自己的谈判目标，在对各种主客观情况充分估量的基础上，拟采取的基本途径和方法。确定谈判策略时应考虑双方的实力、优劣势、关系、时间长短等各方面因素。

3. 谈判议程的确定

（1）时间安排

时间安排即确定谈判在什么时间举行、时间的长短，如果谈判需要分阶段还要确定分为几个阶段、每个阶段所花费的大约时间等。

谈判议程中的时间策略有：

①合理安排好己方各谈判人员发言的顺序和时间，尤其是关键人物的重要问题的提出，应选择最佳的时机，使己方掌握主动权。

②对于谈判中双方容易达成一致的议题，应尽量在较短的时间里达成协议。

③对于主要的议题或争执较大的焦点问题，最好安排在总谈判时间的五分之三之前提出来。

④在时间的安排上，要留有机动余地，以防意外情况发生。

在确定谈判时间时应注意的问题主要有以下几方面：

①谈判准备的程度。如果没有做好充分准备，不宜匆匆忙忙地开始谈判。

②谈判人员的身体和情绪状况。参加谈判人员的身体、精神状态对谈判的影响很大，谈判者要注意自己的生理时钟和身体状况，避免在身心处于低潮和身体不适时进行谈判。

③市场的紧迫程度。市场是瞬息万变的，如果所谈项目是季节产品或是时令产品应抓紧时间谈判，不允许稳坐钓鱼台式的长时间谈判。

④谈判议题的需要。谈判的议题有不同的类型，对于多项议题的大型谈判，所需时间相对长，应对谈判中的一切可能出现的问题做好准备；对于单项议题的小型谈判，如果准备得充分，应速战速决，力争在较短时间内达成协议。

（2）商务谈判场所的选择

商务谈判场所的选择主要有四种：己方地点谈判、对方地点谈判、主客场轮流谈判、第三地谈判（主客场地以外的地点谈判）。

主客场轮流谈判一般都是大宗商品买卖或成套项目买卖的谈判。双方各自都担当东道主和客人的角色，可各自考察对方的实际情况，对增加双方的了解，融洽感情有好处。在双方就谈判地点争执不下的时候，轮流做东是一个明智的选择。

第三方谈判通常是相互关系不融洽、信任程度不高的谈判所选用，其优势在于，最大限度地体现了公平原则，可以维护双方的尊严，有助于缓和双方的关系，便于交流并形成利益共同点。

此外，还要明确谈判中的主要议题，谈判事项的次序和主要方式，制订日程安排、谈判细节安排。

（四）商务谈判模拟

所谓模拟谈判，就是将谈判小组成员一分为二，或在谈判小组外，再成立一个实力相当的谈判小组；由一方实施本方的谈判方案，另一方以对手的立场、观点和谈判作风为依据，进行实战操练、预演或彩排。谈判者预先搞"扮演角色"不仅是一两次，而是多次。利用不同的人扮演对手这个角色，提出各种他所能想象得出的问题，让这些问题来难为自己，在为难之中，做好一切准备工作。

1. 模拟谈判的作用

模拟谈判的作用主要表现在：使谈判人员获得一次临场的操练与实践，磨合队伍、锻炼和提高本方协同作战能力。在模拟谈判中，通过相互扮演角色会暴露本方的弱点和一些可能被忽略的问题，以便及时找到出现失误的环节及原因，使谈判的准备工作更具有针对性。在找到问题的基础上，及时修改和完善原定的方案，使其更具实用性和有效性。通过模拟谈判，使谈判人员在相互扮演中，找到自己所充当角色的比较真实的感觉，可以训练和提高谈判人员的应变能力，为临场发挥做好心理准备。

2. 模拟谈判的方法

模拟谈判的方法主要有三种：全景模拟法、讨论会模拟法和列表模拟法（见表 7-2）。

表 7-2 模拟谈判的方法

模拟谈判	全景模拟法	讨论会模拟法	列表模拟法
特点	模拟全过程的实战性排练	头脑风暴法讨论会	用表格罗列
适用类型	大型、复杂、关系重大的谈判	一般谈判	小型、常规的谈判
程序	全面考虑谈判全过程，扮演谈判中所有可能出现的人物	谈判相关人员畅所欲言，提出疑问，由谈判组成员解答	表格一方列出己方优缺点和对方策略，另一方列出应采取的措施
注意事项	主谈应扮演一下谈判中的每一个角色，包括对手的角色	考虑到所有可能出现的情况	罗列对方的目标及策略

（1）全景模拟法

全景模拟法是指在想象谈判全过程的前提下，谈判小组成员扮成不同的角色进行实战的模拟谈判方法，该方法对谈判中可能出现的人物都要有所考虑，并指派合适的人员对这些人物的行为和作用加以模仿。

（2）讨论会模拟法

讨论会模拟法类似于头脑风暴，指谈判相关人员召开讨论会，根据经验对谈判中谋求的利益、对方的基本目标、对方可能采取的策略、己方的对策等问题畅所欲言，然后请人针对谈判中可能发生的种种情况、对方可能提出的问题提出疑问，由谈判小组成员一一作答。

（3）列表模拟法

列表模拟法的操作过程如下：通过对应表格的形式，在表格一方列出己方在经济、科技、人员、策略等方面的优缺点和对方的目标及策略，另一方则相应地罗列出己方针对这些问题在谈判中所应采取的措施。

三、商务谈判的阶段

在商务谈判准备充分的基础上，按照谈判流程可以将商务谈判区分为开局、磋商、成交三个阶段。

（一）开局阶段

开局关系到谈判的格调和发展趋势，是左右整个谈判格局和前景的重要阶段。

1. 开局的任务

商务谈判开局的主要任务有三：（1）关于具体问题（谈判通则）的说明，包括目标、计划、进度、人员等；（2）营造适当的谈判气氛；（3）开场陈述和报价。

总的来说，洽谈内容包括在谈判中有待解决的一系列问题，如质量、数量、交货期、付款方式、折扣等，再如谈判计划、议事日程、会谈管理与控制、议题准备和物质方面的准备等。双方均需按程序办事。

2. 开局方式的选择

（1）提出书面条件，不做口头补充。这是一种局限性很大的方式，是不变的终结性条件。如果是还盘，交易条件也是终局性的（是实盘），要求对方无保留地接受。

（2）提出书面条件并做口头补充。在会谈前将书面条件交给对方，交易条件内容完整，其缺点是受束缚，难以更改。

（3）在洽谈时提出交易条件。事先双方不提交任何书面形式的文件，仅仅在会谈时提出交易条件。

3. 营造良好的开局氛围

谈判气氛的营造应该服务于谈判的方针和策略，服务于谈判各阶段的任务。根据开局阶段的性质、任务，根据进一步磋商的需要，开局气氛应该有以下几个特点：礼貌、尊重的气氛，自然、轻松的气氛，友好、合作的气氛，积极进取的气氛。

商务谈判一般由东道主首先开场。营造洽谈气氛时，谈判者应该以友好的、开诚布公的态度出现在对方面前，衣着要整齐、干净、考究，肩膀要放松，不迟疑地与对方握手；握手和第一次目光接触时，要表现出诚实和自信；行动和说话要轻松自如，不应慌慌张张或手足无措；可讨论一些非业务的中性问题；把谈判总时间的 5% 作为破题或暖场阶段；充分尊重对方的意见；在开场时，洽谈双方最好站着交谈。在这几个方面的努力会使双方受益，它不仅可以营造一种诚挚、轻松的等同于社交场合的气氛，而且可以避免产生对合作有破坏作用的互相敌视和防范的情绪。

（二）磋商阶段

在良好的开局过后就是具体的磋商过程。磋商阶段是双方面对面的协商，争取满足各自利益的过程。如何能够满足各自的需求就需要相互间的磋商，寻求双方利益的共同点。磋商是商务谈判的关键环节，它要经过报价、讨价和还价等艰难的、反复的过程，在双方互有让步的基础上，方能达到预期的目的。因此在谈判过程中，磋商阶段是商务谈判的中心环节，是整个谈判过程中所占时间比重最大的阶段，无论是报价、讨价、还价，到最后的让步，都要有目的、有依据、有步骤，研究商务谈判中的报价、讨价和还价具有重要意义。

1. 报价

报价又叫发盘，是一方向另一方书面或口头提出交易条件，并愿意磋商达成协议。报价时应注意以下几个方面的问题：第一，报价要非常明确。报价时切忌含含糊糊使对方产生误解。一方报价必须让对方准确无误地了解其期望，才能达到提出报价的目的。第二，报价要非常果断、毫不犹豫，这样才能给对方一种诚实而又认真的印象。第三，报价时不必做过多的解释或说明。

2. 讨价

当一方报价，另一方还价后，一般情况下都要进入讨价还价阶段。讨价也称回价、新的报价，它是指在对方报价的基础上提出自己的价格条件。讨价有利于降低谈判成本，提高谈判效率，树立企业形象，拓宽生存空间。因为讨价是伴随着价格评论进行的，故讨价应本着尊重对方，以说理的方式进行。讨价不是买方的还价，是启发、诱导卖方降价、为还价做准备。如果在此时"硬压"，则过早进入僵局，对结果会产生不利影响。

3. 还价

为了推进谈判，在卖方做了数次调价后，强烈要求买方还价时，买方也应还盘表示尊重对方，给谈判指明方向。还价好则谈判性强，对双方有利；还价不好，则对双方过于吃紧而使谈判更加紧张直至破裂。因而，还价的方式显得愈发重要。

还价方式具体分为以下几种：首先，逐项还价。即对主要设备逐台还价，对技术费、培训费、工程设计费、资料费等分项还价。其次，分组还价。根据价格分析时划出的价格差距的档次分别还价。即贵的多，还价时压的就多，区别对待，实事求是。再次，总体还价。把货物与软件分别集中还两个不同的价，或仅还一个总价。

（三）成交阶段

1. 成交的原则

从谈判学的角度来看，谈判结束既是自然的结果，又是能动的结果。正确地判定谈判成交的时机与策略可以使双方减少损失、增大收益，避免阴差阳错或误导谈判。商务谈判成交通常遵循以下基本原则，其主要含义如表 7-3。

表 7-3　商务谈判成交的原则

彻底性	所谈交易内容要全面，交易各方面的条件要谈透，不得再出现疑点。为了达到彻底性原则的要求，终局谈判时，谈判者均应结账与对账
不变性	谈判结束时谈判结果必须具备不可更改性
法律性	双方所达成的各种交易条件都要用相应的法律形式表达，使之具有法律的约束和追索效力
情理兼备	在谈判终结时要情绪平稳，并且理解对方的处境

2. 成交准备

（1）回顾与总结

在签约之前，有必要进行最后的回顾和总结。回顾谈判过程及双方争议的焦点，找出相应的解决的方案；决定是否做最后的让步及最后让步的内容和尺度。

（2）最后报价及最后让步

最后报价时，谈判者要非常谨慎。因为，报价过早会被对方认为还有可能做另一次让步，进而等待再获取利益的机会。报价过晚，则对局面已不起作用或影响太小。

最后让步时，要注意如下几点：严格把握最后让步的幅度；最后让步幅度大小必须足以成为预示最后成交的标志；最后的让步和要求同时并存。

（3）谈判记录及整理

在签约前，谈判者必须对双方的谈判记录进行核实。这种核实包括两方面：一是核实双方的洽谈记录是否一致；二是要查对双方洽谈的记录的重点是否突出、正确。

3. 成交签约

谈判双方在交易达成后，一般都要签订书面协议或者合同。协议经过双方签字之后，就成为约束双方的法律性文件，有关协议规定的各项条款，双方都必须遵守和执行，否则就要承担法律责任。因此，要确保交易条款的准确无误，包括价格方面的问题，合同履行方面的问题，规格方面的问题，仓储及运输方面的问题，支付方式的问题，索赔及异议处理的问题。

合同的内容由当事人约定，一般包括以下条款：当事人的名称或姓名和住所，标的，数量和品质，价款或酬金，履行期限、地点和方式，包装和验收方法，违约责任，解决争议的方法等。商务谈判合同的签订，包括签字前的审核、签字人的选择和签字仪式的安排。

四、商务谈判策略

恰当地运用谈判策略是商务谈判成功的重要前提。在谈判中适当、适时地运用策略，可以突出己方优势作为谈判筹码，进而争取谈判的主动，并在谈判中根据对方的条件随机应变、见招拆招，即使在谈判遇到僵局或面临破裂之际，也能够灵活调整，使谈判峰回路转、柳暗花明，以保证谈判圆满完成，使己方获得利益的最大化。

（一）商务谈判开局策略

"良好的开端是成功的一半。"商务谈判开局阶段通过运用合理的策略，可以营造对己方或谈判进展有利的氛围。

1. 开局气氛的营造

谈判开局气氛对整个谈判过程起着相当重要的影响和制约作用。根据谈判气氛的高低，可以把商务谈判的开局气氛分为高调气氛、低调气氛和自然气氛。

（1）营造高调气氛

高调气氛是指谈判氛围比较热烈，谈判双方情绪积极、态度主动，愉快因素成为谈判情势主导因素的谈判开局气氛。通常在下述情况下，谈判一方应努力营造高调的谈判开局气氛：本方占有较大优势，价格等主要条款对自己极为有利，本方希望尽早达成协议与对方签订合同。在高调气氛中，谈判对手往往只注意到自己的有利方面，而且对谈判前景的看法也倾向于乐观，因此，高调气氛可以促进协议的达成。营造高调气氛通常有以下几种方法：

①感情渲染法

感情渲染法是指通过某一特殊事件来引发普遍存在于人们心中的感情因素，并使这种感情迸发出来，从而达到营造气氛的目的。

②称赞法

称赞法是指通过称赞对方来削弱对方的心理防线，从而焕起对方的谈判热情，调动对方的情绪，营造高调气氛。采用称赞法时应该注意以下几点：选择恰当的称赞目标。选择称赞目标的基本原则是投其所好，即选择那些对方最引以自豪的，并希望己方注意的目标。另外，要选择恰当的称赞时机和称赞方式。称赞方式一定要自然，不要让对方认为你是在刻意奉承他，否则会引起其反感。

③幽默法

幽默法是指用幽默的方式来消除谈判对手的戒备心理，使其积极参与到谈判中来，从而营造高调谈判开局气氛。采用幽默法时要注意选择恰当的时机以及采取适当方式，收发有度。

（2）营造低调气氛

低调气氛是指严肃、消极、态度冷淡的谈判气氛。谈判一方应该努力营造低调谈判开局气氛的情形有以下几种：本方有讨价还价的砝码，但是，并不占有绝对优势；合同中某些条款并未达到本方的要求，如果本方施加压力，对方会在某些问题上做出让步。低调气氛会给谈判双方都造成较大的心理压力，在这种情况下，哪一方心理承受力弱，哪一方往往会妥协让步。因此，在营造低调气氛时，本方一定要做好充分的心理准备并要有较强的心理承受力。营造低调气氛通常有以下几种方法：

①感情攻击法

这里的感情攻击法与营造高调气氛的感情渲染法性质相同，即都是以情感诱发作为营造气氛的手段，但两者的作用方向相反。在营造低调气氛时，是要诱发对方产生消极情感，致使一种低沉、严肃的气氛笼罩在谈判开始阶段。

②沉默法

沉默法是以沉默的方式来使谈判气氛降温，从而达到向对方施加心理压力的目的。需注意这里所讲的沉默并非是一言不发，而是指本方尽量避免对谈判的实质问题发表议论。采用沉默法要有恰当的沉默理由。通常人们采用的理由有：假装对某项技术问题不理解；

假装不理解对方对某个问题的陈述；假装对对方的某个礼仪失误表示十分不满。沉默有度，适时反击，可迫使对方让步。

③疲劳战术

疲劳战术是指使对方对某一个问题或某几个问题反复进行陈述，从生理和心理上疲劳对手，降低对手的热情，从而达到控制对手并迫使其让步的目的。一般来讲，人在疲劳的状态下，思维的敏捷程度下降，容易出现错误，热情降低，工作情绪不高，比较容易屈从于别人的看法。采用疲劳战术应注意多准备一些问题，而且问题合理，每个问题都能起到疲劳对手的作用；认真倾听对手的每一句话，抓住错误、记录下来，作为迫使对方让步的砝码。

④指责法

指责法是指对对手的某项错误或礼仪失误严加指责，使其感到内疚，从而达到营造低调气氛迫使谈判对手让步的目的。

（3）营造自然氛围

自然氛围是指谈判双方情绪平稳，谈判气氛既不热烈，也不消沉。自然气氛无须刻意地去营造，许多谈判都是在这种气氛中开始的。这种谈判开局气氛便于向对手进行摸底，因为，谈判双方在自然气氛中传达的信息往往要比在高调气氛和低调气氛中传送的信息要准确、真实。当谈判一方对谈判对手的情况了解甚少，对手的谈判态度不甚明朗时，谋求在平缓的气氛中开始对话是比较有利的。

营造自然氛围要做到以下几点：注意自己的行为、礼仪；要多听、多记，不要与谈判对手就某一问题过早发生争议；要准备几个问题，询问方式要自然；对对方的提问，能做正面回答的一定要正面回答，不能回答的，要采用恰当方式进行回避。

谈判气氛并非是一成不变的。在谈判中，谈判人员可以根据需要来营造适于自己的谈判气氛。但是，谈判气氛的形成并非完全是人为因素的结果，客观条件也会对谈判气氛有重要的影响，如节假日、天气情况、突发事件等。因此，在营造谈判气氛时，一定要注意外界客观因素的影响。

2. 谈判开局的策略

谈判开局策略是谈判者谋求谈判开局中有利地位和实现对谈判开局的控制而采取的行动方式或手段。

（1）一致式开局策略

所谓一致式开局策略，是指在谈判开始时，为使对方对自己产生好感，以"协商"、"肯定"的方式，创造或建立起对谈判的"一致"的感觉，从而使谈判双方在友好愉快的气氛中不断将谈判引向深入的一种开局策略。

运用一致式开局策略的具体方式有很多，比如在谈判开始时，以一种协商的口吻来征求谈判对手的意见，然后，对其意见表示赞同或认可，并按照其意见进行工作。运用这种方式应该注意的是，拿来征求对手意见的问题应是无关紧要的问题，即对手对该问题的意见不会影响到本方的具体利益。另外，在赞成对方意见时，态度不要过于献媚，要让对方感觉到自己是出于尊重，而不是奉承。

一致式开局策略的运用还有一种重要途径，就是在谈判开始时以问询方式或补充方式诱使谈判对手走入你的既定安排，从而在双方间达成一种一致和共识。所谓问询方式，是指将答案设计成问题来询问对方，例如"你看我们把价格及付款方式问题放到后面讨论怎么样？"所谓补充方式，是指借以对对方意见的补充，使自己的意见变成对方的意见。

（2）保留式开局策略

保留式开局策略是指在谈判开局时，对谈判对手提出的关键性问题不作彻底、确切的回答，而是有所保留，从而给对手造成神秘感，以吸引对手步入谈判。需要注意的是，在采取保留式开局策略时不应违反商务谈判的道德原则，即以诚信为本，向对方传递的信息可以是模糊信息，但不能是虚假信息。否则，会将自己陷于非常难堪的局面之中。

（3）坦诚式开局策略

坦诚式开局策略是指以开诚布公的方式向谈判对手陈述自己的观点或想法，从而为谈判打开局面。该策略比较适合于有长期的合作关系的双方，以往的合作双方都比较满意，双方彼此比较了解，不用太多的客套，减少了很多外交辞令，节省时间，直接坦率地提出自己的观点、要求反而更能使对方对己方产生信任感。采用这种策略时，要综合考虑多种因素，例如，自己的身份、与对方的关系、当时的谈判形势等。

坦诚式开局策略有时也可用于谈判力弱的一方。当我方的谈判力明显不如对方，并为双方所共知时，坦率地表明己方的弱点，让对方加以考虑，更表明己方对谈判的真诚，同时也表明对谈判有信心和能力。

（4）进攻式开局策略

进攻式开局策略是指通过语言或行为来表达己方强硬的姿态，从而获得谈判对手必要的尊重，并借以制造心理优势，使得谈判顺利地进行下去。

进攻式开局策略通常在这种情况下使用：发现谈判对手在刻意制造低调气氛，这种气氛对己方的讨价还价十分不利，如果不把这种气氛扭转过来，将损害己方的切身利益。进攻式开局策略可以扭转不利于己方的低调气氛，使之走向自然气氛或高调气氛。但是，进攻式开局策略也可能使谈判一开始就陷入僵局。

（5）挑剔式开局策略

挑剔式开局策略是指开局时，对对手的某项错误或礼仪失误严加指责，使其感到内疚，从而达到营造低调气氛，迫使对手让步的目的。

（二）商务谈判磋商策略

价格谈判是商务谈判磋商的核心，因此商务谈判磋商策略也是围绕价格谈判而展开。

1. 报价策略

报价又叫发盘，是一方向另一方书面或口头提出交易条件，并愿意磋商达成协议。"价"是就广义而言，并非单指价格，而是指包括价格在内的诸如交货条件、支付手段、违约金或押金、品质与检验、运输与保险、索赔与诉讼等一系列交易条件。

（1）先声夺人与后发制人

①先报价的利弊

先报价的有利之处在于：为之后的谈判划定了框架，最终谈判将在该范围内达成，对谈判的影响大；先报价如出乎对方的预料和期望值，会使对方失去信心；先报的价会在整个谈判中持续起作用。

先报价的弊端在于：会限制自身期望值，对方了解后可以对自己的原有想法做出调整；

会使对方集中力量攻击我方报价，迫使我方一步步降价；报价有时会高出对方期望值。

②报价先后选择策略

报价先后选择要考虑以下几个因素：如预期谈判会出现你争我斗、各不相让的气氛，则先下手为强；如己方的谈判实力强于对方或处于有利地位，己方先报价有利；如对方是外行，己方先报价有利；如对方是老客户，素来合作愉快，则无所谓；如谈判双方都是谈判行家，谁先报价均可，如对方是，己方不是，对方先报价较为有利。一般的惯例是发起谈判人先报价，卖方先报价，投标者先报价。

（2）敢于设定高目标

报价的首要原则就是敢于设定高目标，开盘价要"狠"。以卖方为例（防御性的最高报价），设定高目标之后，可以达到以下目的：①对方可能会直接答应你的条件，双方的承受力各不相同，切勿想当然地认为这个价对方不会接受，从而降低了期望值。②开盘价会影响对方对自己潜力的评价。③可以拉开初始开价与底价的距离，以增大谈判空间，显得比较有合作诚意，避免谈判陷入僵局，而且还可以让对方在谈判结束时有赢家的感觉。

（3）合理而果断

在谈判前要先了解同类产品价格指数是在下降，还是上升，确定的开盘价必须合乎情理，能找出合适的理由为之辩护。报价则要坚定而果断、明确而完整，不必过多解释、说明和辩解。

合理设定价格幅度，底价必须是自己能够承受的，但报价的极限是不会把对方吓跑，而且自己的出价有一个可以波动的范围，包括上限和下限。

（4）减法策略与加法策略

减法策略也叫欧式报价，吊筑高台，高开低走，指卖方提出一个高于本方实际要求的谈判起点来与对手讨价还价，最后再做出让步达成协议的谈判策略，其要诀是喊价要狠，让步要慢。

加法策略也叫日式报价，抛放低球，低开高走，指一方先提出一个低于己方实际要求的谈判起点，以让利来吸引对方，意在首先击败参与竞争的同类对手，然后，再与被引诱上钩的另一方进行真正的谈判，迫使其让步，以达到自己的目的。

（5）对比报价与差别报价

对比报价是指向对方抛出有利于本方的多个商家同类商品交易的报价单，设立一个价格参照系，然后将所交易的商品与这些商家的同类商品在性能、质量、服务与其他交易条件等方面作出有利于本方的比较，并以此作为本方要价的依据。

差别报价是指在商务谈判中针对客户性质、购买数量、交易时间、支付方式等方面的不同，采取不同的报价策略。

（6）最后报价

谈判中常有"这是最后出价，我们再也不能让步了"的局面。如果另一方相信，这笔生意就能成交，如果不相信，双方可能继续讨价还价，也可能导致谈判破裂。要使最后报价产生较好的效果，提出的时间和方式很重要。如果双方处在剑拔弩张、各不相让，甚至是十分气愤的对峙状况下，提出最后报价，无异于向对方发出最后通牒，这很可能会被对方认为是种威胁。为了自卫反击，对方会干脆拒绝你的最后报价。比较好的方法是，当双方就价格问题不能达成一致时，如果报价一方看出对方有明显的达成协议的倾向，这时提出比较合适："在这个问题上双方已耗费了较多的时间，我方在原有出价的基础上最后一次报价，这是我们所能承受的最大限度了。"在提出最后报价时，尽量让对方感到这是我们所能接受的最合适的价格了。而且报价的口气一定要委婉诚恳，这样对方才能较容易接受。最后报价可与原报价有一定出入，以证明己方的诚意，同时督促对方也尽快采取和解姿态达成协议。

2. 讨价还价的策略

讨价还价是谈判中一项重要内容。一个优秀的谈判者不仅要掌握谈判的基本原则、方法，还要学会熟练地运用讨价还价的策略与技巧，这是谈判成功的保证。

（1）讨价还价的步骤

讨价还价一般分为以下几个步骤：

①先要求对方进行价格解释

让对方对他的价格进行解释有助于我们获得对方价格的构成、有没有水分、哪些地方水分大、哪些地方水分小、对方的准备是否充分等重要的信息，以使后面的讨价还价更有针对性。

②先逐项讨价，再作总体讨价

如果你要购买很多东西，那么应该先逐项讨价还价，逐项去掉水分，然后要求对方在总价上再给一定的优惠。

③逐项讨价时应先讨对方报价中水分最多或金额最大的部分

这是谈判的核心问题，决定着整个谈判的成败。核心问题谈赢了，谈判就对己方有利了。所以，谈判的"大赢家"一定会先设法在核心问题上取得优势，然后再进行其他问题的谈判。核心问题谈不好，其他地方斤斤计较是谈判者抓不住重点和缺乏洞察力的表现。

④讨几次价再还价

先讨后还是讨价还价阶段重要的谈判技巧。讨价的过程就是让对方自己挤去水分的过程。讨价多少次为宜，要看谈判对手。只要对方还肯让步，就可以一直讨下去，讨到对方不肯再让步为止。还价的过程是己方帮对方挤去水分的过程。经过数次讨价，对方不肯再让步、自己挤水分的时候，就需要己方来帮他挤水分，狠狠地往下一还，而且这一还一定要让对方不肯卖给。如果对方只是象征性地讨价一下就卖给你，说明还价还不够狠，水分还没挤干。只有对方在这个价位不肯卖的时候，才说明水分挤干了。如果己方还有别的卖方可以选择，就可以在这个价格的基础上慢慢往上加，直到有人愿意卖为止。

（2）投石问路策略

投石问路是了解对方真实情况的一种战略战术。针对对方的报价，不直接还价，而是通过假设的提问在价格条款中试探对方的虚实，从对方的回答中寻找可能的机会，为讨价还价做准备。一般地讲，任何一块"石头"都能使买方更进一步了解卖方的商业习惯和动机，而且对方难以拒绝。投石问路的常用的问题有：

①如果我们和你签订了为期一年的合同，你们的价格优惠是多少？

②如果我们以现金支付和采取分期付款的形式，你的产品价格有什么差别？

③如果我们给你提供生产产品所需的原材料，那么，成品价又是多少呢？

④我方有意购买你们其他系列的产品，能否在价格上再优惠些呢？

⑤如果货物运输由我们解决，你的价格是多少呢？

⑥如果我们要求你们培训技术人员，你们可否按现价出售这套设备？

⑦如果我方要求对原产品有所改动，价格上是否有变化？

⑧假设我们买下你的全部存货，报价又是多少？

应对投石问路策略时，应考虑以下对策：

①找出买方购买的真正意图，根据对方情况估计其购买规模。

②如果买方投出一个"石头"，最好立刻向对方回敬一个。如对方探询数量与价格之间的优惠比例，我方可立刻要求对方订货。

③并不是提出的所有问题都要正面回答、马上回答，有些问题拖后回答，效果更好。

④使对方投出的石头为己方探路。如对方询问订货数额为 1000 的优惠价格，己方可以反问"你希望优惠多少？""你是根据什么算出的优惠比例呢？"有的时候，买方的投石问路反倒为卖方创造了极好的机会，针对买方想要知道更多资料信息的心理，卖方可以提出许多建议，促使双方达成更好的交易。

（3）目标分解策略

一些技术交易项目或大型谈判项目往往会涉及许多方面，技术构成也比较复杂，包括专利权、专有技术、人员培训、技术资料、图纸交换等方面。因此，在对方报价时，价格水分较大，如果我们笼统在价格上要求对方做机械性的让步，既盲目，效果也不理想。比较好的做法是，把对方报价的目标分解，从中寻找出哪些技术是我们需要的，价格应是多少，哪些是我们不需要的，哪一部分价格水分较大，这样，讨价还价就有利得多。

3. 让步策略

（1）让步的基本原则

①不要作无谓的让步，应体现出对己方有利的宗旨。每次让步或是以牺牲眼前利益换取长远利益，或是以我方让步换取对方更大的让步和优惠。

②在未完全了解让步的后果之前，不要轻易使用这一战术策略；在未完全了解对方的所有要求前，也不要轻易作任何让步。盲目让步会影响双方的实力对比，让对方占有某种优势。

③让步要让在刀口上，让得恰到好处。能使我方以较小的让步，获得对方较大的满意。从心理上讲，如果是耗费大量资源和时间成本得到的东西，人们会格外珍惜和欣赏。

④在我方认为重要的问题上力求使对方先让步，而在较为次要的问题上，根据需要，我方可以考虑先作让步。

⑤不要承诺作同等程度的让步。因为这种让步所达成的协议仅是双方机械妥协的结果，不是理想的协议，同时费尽心机获得的承诺也没有什么意义。

⑥如果作出的让步欠周，要及早收回，不要犹豫。许多人喜欢如果让步欠妥，就以沉默或"忘记"来掩饰，这不是君子风度，也不合规矩。

⑦一次让步的幅度不宜过大，节奏也不宜太快，应做到步步为营。不要轻易让对方得到好处，要让对方感觉到己方每次所作的让步都是重大的、来之不易的。实践证明，当一个人轻而易举地得到对方作出的某种让步时，别人给予的东西往往会贬值。最后，当某件东西得来全不费功夫时，人们又会希望得到类似的东西。

⑧在准备让步时，尽量让对方开口提条件，表明其要求。许多情况下，你会发现他的要求其实没有你想象的那样高。

⑨让步的目标必须反复明确，让步不是目的，只是实现目的的手段，任何偏离目标的让步，都是一种浪费。让步也要定量化，在每次让步之后，都要明确让步已到何种程度，是否获得了理想的效果。

⑩在接受对方让步时要心安理得，不要有负疚感，如果马上考虑是否做出什么让步给予回报，那么己方争取到的让步就失去了意义。

另外，让步还要选择恰当的时机，比如，成交期之前可以作出主要让步，用次要的、象征性的让步作为对方"最后的甜头"。

(2) 价格让步模式

价格让步是让步策略中最重要的内容。让步的方式、幅度直接关系到让步方的利益。假设谈判的一方在价格上让步的幅度是100，共分4次作让步，那么应怎么让步呢？请看下面几种可能的让步形式（见表7-4）：

表 7-4　价格让步的模式

让步方法	第一次让步	第二次让步	第三次让步	第四次让步
1	100	0	0	0
2	50	50	0	0
3	25	25	25	25
4	10	20	30	40
5	50	30	25	—5
6	40	30	20	10

①第一种让步模式：100/0/0/0

这种让步方式是一次就全部让出，不留任何余地，然后坚守阵地，再也不让了。这会让对方觉得不可理解，一次就全让出，会使对方认为你报价的"水分"较大，不然怎么会一下子让出100，在以后的讨价还价中你没有一点通融余地，会使知足的人感到得到了很多，不知足的人感到，你还有余地，所以并不感谢你。这就是作出了让步，却没有收到让步的效果。

②第二种让步模式：50/50/0/0

这是分两次作均等让步，让步幅度较大，而且是均等让步，这也不可取。一是让对方感觉到你的让步是大概，而不是精确；二是他还想要求你作让步，而你又拒不让步了，会使对方感到缺乏诚意。

③第三种让步模式：25/25/25/25

这是分四次作均等程度的让步，这种让步方式更不可取。它只是在理论上成立，实际上只会让对方产生无休止要求让步的欲望，而且均等让步不符合成本、价格计算精确的原则。

④第四种让步模式：10/20/30/40

这是递增式让步，是最忌讳的让步方式。越让越大，每次让步之后，对方不但感到不满足，反而诱发了要求更大让步的欲望。

⑤第五种让步模式：50/30/25/—5

这种让步模式给人以过头之嫌，让步到最后又加价，会使对方感到不理解，弄不好还容易产生怀疑和不信任。在实际谈判中，这种让步方式也有人使用，但主要是为了遏止对方无限制地要求让步，而不是真的要加价。

⑥第六种让步模式：40/30/20/10

这种让步方式为最理想，即每次作递减式让步，它克服了上述几种让步形式的弊病，又能做到让而不乱，成功地遏止了对方可能产生的无限制让步的要求。因为每次让步都给对方一定的优惠，表现了让步方的诚意，同时保全了对方的面子，使对方有一定的满足感；让步的幅度越来越小，越来越困难，使对方感到我方让步不容易，是在竭尽全力满足对方的要求；最后的让步方式不大，是给对方以警告，我方已经让步到了极限，也有些情况下，最后一次让步幅度较大，甚至超过前一次，这是表示我方合作的诚意，发出要求签约的信息。

4. 化解僵局的策略

谈判磋商中出现僵局时，谈判人员要想法设法进行化解。通常使用的策略有改变环境，改变谈判人员（包括主谈），暂停休息，最后通牒等，如表7-5所示。改变环境主要是通过暂时改变谈判双方人员所处的地理环境，进而改变谈判人员的心理环境，缓和之前谈判桌上的紧张、对峙、冲突的氛围；改变人员有多种情况，一种是通过调整谈判小组成员甚至主谈以便发挥谈判人员特长，有效应对与处理对方的谈判策略与交易条件，另外一种是将小组成员无权处理的谈判关键问题或价格条件"升格"到一方或双方的上级继续进行谈判；暂停休息属于一种时间策略，通过短暂休会使双方冷静下来理智思考，或者利用休息的短暂时间讨论打破僵局的应对策略，或者请示上级；最后通牒属于一种强势的进攻策略，一般是指谈判中处于优势的一方给处于劣势的一方下出最后通牒，通过施加压力促使对方接受交易条件的策略；仲裁策略是指当遇到争议双方各执一词无法调和时，谈判双方选择权威、公认的第三方进行裁决处理的方法。

表7-5　化解僵局的策略

序号	常见策略	实施方式
1	环境改变策略	利用游乐项目等改变谈判环境，打破僵局
2	升格策略	上升到一方或双方上级继续谈判
3	最后通牒策略	一方亮出最后条件，行则行，不行则罢
4	休会策略	通过暂停使双方冷静下来理性思考，缓和紧张气氛
5	换将策略	更换主谈人
6	仲裁策略	双方自愿将争议提交双方认可的第三者进行裁决

（三）商务谈判成交策略

谈判双方的期望已相当接近时，就都会产生结束谈判的愿望。成交就是双方下决心按磋商达成的最终交易条件成交，双方签订协议书。这一阶段的主要目标有三方面：一是力求尽快达成协议；二是尽量保证已取得的利益不丧失；三是争取最后的利益收获。为达到这些目标，可以采用以下谈判策略：

1. 把握签约意向

（1）识别成交信号

常见的成交信号有以下几种：

①谈判人员所提出的建议是完整的，绝对没有不明确之处；如果他的建议未被接受，除非中断谈判，谈判者没有别的出路。

②谈判者用最少的言辞阐明自己的立场，谈话中表达出一定的承诺思想，但不含有诈诈的成分，例如"好，这就是我最后的主张了，现在您的意见如何？"

③谈判者在阐明自己的立场时，完全是一种最后决定的语气，坐直身体，双臂交叉，文件放在一边，两眼紧盯着对方，不卑不亢，没有任何紧张的表示。

④回答对方的任何问题尽可能简单，常常只回答一个"是"或"否"，使用短词，很少用论据，表明确实没有折中的余地。

⑤一再向对方保证，现在结束对他是最有利的，并告诉他理由。

（2）最后一次报价

在一方发出签约意向的信号，而对方又有同感时，谈判双方都需要做最后一次报价。对最终报价，要注意以下几点：

①不要过于匆忙报价。否则，会被认为是另一次让步，令对方觉得还可以再努力争取到另一些让步；如果报价过晚，对局面已不起作用或影响很小，也是不妥的。为了选好时机，最好把最后的让步分成两步，主要部分在最后期限之前提出，刚好给对方留一定时间回顾和考虑（回味功能）。如果有必要的话，次要部分应作为最后的"甜头"，安排在最后时刻抛出（甜头功能）。

②控制最后让步的幅度。让步幅度过大会让对方认为这不是最后的让步，幅度过小会让对方认为微不足道。在决定最后让步幅度时，一个主要因素是看对方接受这一让步的人在对方组织中的位置。如果让的幅度比较大，应是大到刚好满足较高职位的人维持他的地位和尊严的需要。作出最后让步后必须保持坚定，否则对方会继续紧逼。最后让步必须足以成为预示最后成交的标志。

③让步与要求同时并提。除非己方的让步是全面接受对方现时的要求，否则，必须让对方知道，不管在己方作出最后让步之前或作出让步的过程都希望对方予以响应，作出相应的让步。例如，在提出己方让步时，示意对方这是谈判个人自己的主张，很可能会受到上级的批评，所以要求对方予以同样的回报。

2. 促成签约的策略

（1）期限策略

谈判中买方和卖方都可以采用这一策略。谈判中的买方采用期限策略的实例有：

①"我方 12 月 31 日以后就无力购买了"；

②"如果你不同意，下星期一我们就要找别的卖主商谈了"；

③"我方要在 4 月 1 日之前完成全部订货"；

④"这是我们的生产计划书，假如你们不能如期完成，我们只好另找其他的供应

商了。"

谈判中的卖方采取期限策略的例子有：

① "存货不多，欲购从速"；

② "如果你方不能在 9 月 1 日以前给我们订单，我们将无法在 10 月 30 日前交货"；

③ "如果我方这星期收不到货款，这批货物就无法为你方保留了"；

④ "从 5 月 1 日起价格就要上涨了"；

⑤ "优惠价格将于 9 月 30 日截止"。

（2）最后通牒策略

最后通牒策略其实也属于一种时间期限的策略，是指在谈判进行到中后期遇到僵局时，为打破僵局，又为避免对方的纠缠，一方提出某个新条件或某个新期限，作为决定合同成败的最后条件，并逼对方作出最终答复或选择的做法。使用该策略时应注意，"通牒"必须令人可信，即宣布的警告有可能存在，否则，会弄巧成拙。

（3）取舍由之策略

该策略往往与最后通牒策略一起使用比较有效，即当最后通牒策略使用之后，对方仍然对条件进行纠缠时，可以让对方知晓己方可以以谈好的条件成交，当然，如果对方不接受的话，我方对于谈判破裂的后果也可以轻松承受，这就是所谓的"取舍由之"。

另外，从使用该策略的时间来看，越在谈判后期使用效果越好，如果在谈判前期就使用该策略，会使对方感觉没有受到尊重。如果是在谈判之中采用该策略，会使对方怀疑有第三方竞争人介入谈判，必然会产生质疑，从而影响谈判进程。

（4）让利结束法策略

让利结束法是谈判中最常用的结束方式，它通过一些让步来终止继续磋商，以求达成协议。当对方对大部分交易条件不很满意，而价格又较高的情况下，谈判人员可以考虑对方压价的要求，通过减价让利给对方。谈判者还可以提议让对方订购一笔少量廉价的样品，或者无偿使用，来达到让利给对方的目的，从而促成交易。此外，还可以进行优惠劝导，即向对方提供某种特殊的优待，促成尽快签订合同。例如，采用买几送一、折扣销售、附送零配件、提前送货、允许试用、免费安装、免费调试、免费培训、实行"三包"等手段。

（5）一揽子交易策略

该策略是指双方将所有分歧条件以有的利于对方、有的利于己方的新条件，组成一个方案向对方提出的做法。也就是说，把对己方有利的条件和对己方不利的条件以及对谈判对手有利和不利的条件进行区分之后，在分别承担一些不利条件的同时获得一些有利条件，从而形成一个新的谈判方案，由于该方案包括了所有谈判存在的分歧，故称"一揽子交易"。

（6）场外交易策略

当谈判进入成交阶段，双方已经在绝大多数的议题上取得一致意见，只在某一两个问题上存在分歧、相持不下而影响成交时，仍把问题摆到谈判桌上来商讨往往难以达成协议，即可考虑采取场外交易，例如酒宴上、游玩场所等。需要指出的是，场外交易的运用，一定要注意谈判对手的不同习惯。有些国家的商人忌讳在酒席上谈生意，为此必须事先搞清楚，以防弄巧成拙。

五、商务谈判禁忌

(一) 商务谈判常见禁忌

为了保证谈判顺利进行和成交，获得己方利益的最大化，在商务谈判中必须要尽可能地少犯或不犯错误。比如，一些文化差异、礼仪方面的禁忌要尽量避免，而谈判对手设置的陷阱和圈套也要能够及时识破，这就对谈判人员的综合素质和谈判准备提出了非常严苛的要求。一般来说，商务谈判禁忌主要表现在以下几个方面：

1. 谈判准备不充分

谈判准备不充分体现在以下几个方面：

(1) 调查不够细致

信息搜集不全，"不知彼，不知己"，忽略了与谈判相关的文化差异、法律法规、礼仪等；信息处理方面视假为真，以偏概全，以旧为新，先入为主，道听途说，简单推论等。

(2) 制订的谈判方案不合理

只考虑眼前利益而忽视长远利益；不预测偶然情况的存在；没有妥协和让步的考虑；一厢情愿，没有换位考虑，不顾及对方利益；内容空泛、抽象、不具体，概念、原则、方法、数字、目标不明确；保密不严，事先泄密；谈判时间与谈判策略安排不协调；没有细则议程；议题模糊。

(3) 谈判队伍胜任力不够

比如谈判人员不熟悉业务，不懂规则；队伍组成有缺位；岗位性质与人员性格不协调；谈判队伍内耗，分工不合作，或只在谈判桌上进行合作，其他场合不合作；谈判人员与后方沟通不及时。

2. 谈判过程中出现失误

谈判过程中的失误主要集中在以下几个方面：

(1) 开局不利

谈判开局时还没有建立起良好的谈判气氛就马上进入实际谈判；态度过分谦虚或骄横傲慢。

(2) 不会"听"和"说"

陈述时滔滔不绝、拖沓、烦琐，没有发言提纲或未打腹稿；直接提出反对意见，经常打断对方陈述；只听不记。

(3) 报价方式不当

报价时作过多说明；开盘价报得过低或过高；报价犹豫含糊。

(4) 讨价还价不够老练

主观臆测对方的意图和观点；在具体问题上纠缠过多；让步太快，幅度太大；不讨价还价，只作说明和解释；在谈判终结阶段再度让步。

(5) 不会化解谈判僵局

谈判出现僵局时，不采取措施，一味地进行人身攻击或轻视对方；或者是屈服于对方的压力，单方面率先作出让步；弄虚作假，企图蒙骗对方；简单使用高压手段，企图使对方屈服，以求全胜。

（6）功亏一篑

对谈判结束时机判断不准确；起草或签订成交协议时文字含义模棱两可；协议条款与达成的共识不相符合；签订最终协议之后得意忘形；谈判破裂之后反目成仇。

3. 谈判策略使用不当

谈判策略使用不当主要体现在以下几个方面：

（1）过分依赖谈判策略

为了达到谈判目的不择手段，在谈判中进行商业贿赂、损害长期利益；或者机械呆板地套用谈判策略，缺乏灵活变通。

（2）缺乏对对方的基本尊重

谈判中不尊重对方的言辞、举动；营造不适宜的谈判环境；故意欺骗对方、故意隐瞒真实情况和数据；轻诺寡信、贪得无厌等。

（3）谈判者心理素质不强

缺乏警觉，反应迟钝；脾气暴躁，不能控制情绪，不留情面；谦虚过分、过分紧张或缺乏信心，被对方轻视或产生戒备心理，增加不信任感；疏忽大意、泄露底牌，或被对方所误导。

（二）外包项目风险管理

风险管理意识淡薄也是外包项目谈判中的一个重要的禁忌。因此，在外包项目谈判全过程中，从最初的准备环节到谈判结束时的外包合同签订，谈判双方都必须对外包项目本身的风险管理有清楚的规划，在谈判中增强风险管理意识。

风险管理（Risk Management）是指经济单位对可能遇到的风险进行预测、评估、分析并在此基础上有效地处置风险，以最低成本实现最大安全保障的科学管理方法。对于发包方而言，必须根据外包项目的特点和要求，制订切实可行的计划，选择合适的接包方，并且密切监控项目的实施过程。发包方可以通过下列方式来控制风险：通过考察企业实力、资格认证和服务经验严格选择接包方；通过严密的法律条款、严格的合同审核来保障知识产权和商业机密；通过严格的过程控制来控制外包业务的质量和进度。对于承接离岸服务外包的中国企业来讲，离岸外包中常见的接包风险有项目难度风险、人力资源风险、财务风险、组织差异性风险、合同风险、汇率风险、政策风险等。接包方可以通过下列方式来控制风险：进行严格的需求管理和控制，充分挖掘客户需求；执行规范的项目管理和控制，严格控制质量和进度；通过有效的人力资源管理来稳定队伍、建立后备队伍和提升团队的技术能力和综合素质；建立和保持畅通的沟通渠道；严格规范合同起草、谈判、审查和签署，在合同条文中明确规定外包服务过程的责、权、利、知识产权和商业机密保护。

以外包谈判中的合同风险为例，合同规定了发包方与接包方之间的权利和义务，是双方合作的纽带，规范服务外包合同有利于减少合作过程中的摩擦，以合理地规避因合同书不完整而引发的客户关系风险。商务谈判中发包方与接包方都不可能完全预测未来合同执行过程中可能存在的各种情况及变化，现实中也客观存在着各种不确定因素，而且服务外包业务也很难像具体产品生产那样，只需提供产品的标准即可，因而服务外包合同不仅要有规范性，同时也要有灵活性，但是规范性与灵活性之间很难平衡，这就容易引发合同风险。而要订立完善的、规范化的合同，首先要详细标明项目的内容、明确项目目标和任务。其次，要特别指出合同变更条件。服务外包业务在执行过程中变化较大，初始合同往往很难完全定义整个服务项目，合同变更条件有利于减少双方在服务项目合同执行过程中的摩擦。再次，合同要详细列出服务费用支付计划以及支付货币。接包方在合同执行过程中需要垫付部分或全部服务成本，详细列出费用支付计划有利于减少企业的财务风险。同时，详细列出支付货币在一定程度上能减少汇率风险，因为在较长的服务周期内汇率变动往往较大，风险也较大，如果接包方签订以本国货币支付的合同，则汇率风险由发包方承担，若双方无法达成一致，则应要求以合同签订期汇率为准。

案例与分析

物流外包谈判心得

下文是公司谈判代表 A 的谈判经历与心得：公司最近要把公司的物流外包出去，我作为谈判代表和两家物流公司进行了谈判。先与第一家物流公司谈了 N 次，取得了重要进展，物流费用从销售额的 3%，降到销售额的 2.1%，再谈到销售额的 1.4%，直至最后原仓库的违约金 1.35 万也由合作方承担。我感觉事情已经到了可以合作的地步，就与对方草拟了一个协议签了。但是后来大区经理来电说这个条件不能接受，要按照经销商供价的 1.4%进行核算。没有办法，我经过努力说服了第一家物流公司的业务经理接受了这个条件，这时感觉到"世上无难事，只怕有心人"。接下来我又与第二家物流公司谈了 3 次，最后报价到销售额的 1.22%，相对于第一家物流公司谈的结果又迈进了一步。这一次我是完全清醒了，觉得世界上没有不能谈的事情，任何事情和问题都可以找到突破口，都能够达到更好的结果。今天下午，第一家物流公司说按照经销商的价格核算做不了，他们老总要和我的大区经理谈一次。晚上，经过 4 个小时的艰苦谈判，最终结果太不可思议了，仓储加物流合计 3.5 元/件，算下来是经销商价格的 1.3%！在原来的基础上迈了好几步。虽然谈判几经周折，但我们了解到了物流公司的底线，也获得到了满意的结果。

经历了这次谈判，我对谈判有了新的认识。我们常说共赢才能实现成交，但成交点往往不是两者的中间点上，因为，共赢它不是一个点而是一个区域。在谈判中我们应该做到以下几点：

（1）牢记我们的目标是什么。这是成交的原则，在谈判过程中不可轻易动摇，即使可能不成交也不要轻易放弃目标，等一等说不定对方会松动，要比信心、比耐心、比恒心，坚持的人肯定是笑到最后的那一个，目标不可定的太低。

（2）对方的底线是什么。知己知彼方能百战不殆，了解对方的底线是争取主动权的唯一途径。

（3）不要被"糖衣炮弹"迷惑了。对方讲的所有东西可能都是在忽悠，对方表达的所有情感和物质投入都是"抛砖引玉"，所有的信息自己都要去核实。

（4）不要感情用事。谈判的软肋就是"心太软"，有些人可能为了对方的利益去说服自己接受，虽然很愚蠢但现实中常有发生。如果有一丝的同情，利益的天平马上向对方倾斜，到头来自己可能哭笑不得。

（5）千万不要太急。谈判就是一个心理战的过程，一次谈判可以将成交点向对方推一小步，两次谈判推两小步，N 次谈判推 N 小步，只有经过多次的谈判我们才能将对方吃透，也才能量出对方的底线。

分析思考：

1. 结合案例分析×公司在谈判中采取了哪些策略？

2. 结合案例分析 A 在谈判中存在哪些失误和禁忌？如果你是第一家物流公司的谈判代表，你会采取哪些谈判策略？

3. 结合你对商务谈判的理解，对 A 的谈判心得进行评价。

小　结

外包合同，是发包方与接包（承包）方通过协商谈判，经过一系列的调查，就某一事项，将双方的权利义务分配、可能的风险承担、责任方式等以成文形式固定化的合同。外包合同订立主要包括要约和承诺两个阶段。外包合同履行中需注意检验、抗辩权、保密、仲裁和法律适用等问题。

商务谈判是指有关商务活动的双方或多方为了达到各自的目的，就一项涉及双方利益的标的物的交易条件，通过沟通和协商，最后达成各方都能接受的协议、取得各自的经济利益的过程。谈判之前各方都要在谈判人员、谈判知识、谈判素质、谈判方案、谈判模拟等环节进行充分的准备，以保证在谈判中能争取主动、获得谈判优势。在商务谈判准备充分的基础上，按照谈判流程可以将商务谈判区分为开局、磋商、成交三个阶段。在每个阶段适当、适时地使用策略，可以突出己方优势作为谈判筹码，进而争取谈判的主动，并在谈判中根据对方的条件随机应变、灵活调整，以保证谈判圆满完成，使己方获得利益的最大化。此外，在商务谈判中必须要尽可能地少犯或不犯错误，在外包项目谈判中要强化风险管理意识。

习　题

1. 简述外包合同签订与履行中的注意事项。

2. 简述商务谈判的基本流程。

3. 商务谈判报价有哪些策略？让步有哪些注意事项？

4. 商务谈判中如何促成最后的成交签约？

第八章 服务外包会务及文档管理

学习目标

1. 了解服务外包会务及文档管理的基本内容；
2. 掌握服务外包会务及文档管理的主要特征；
3. 了解会务管理的类别和各项会务内容；
4. 了解会务流程及注意事项；
5. 掌握文档管理内容及流程。

引 言

　　服务外包产业的兴起带动了产业改革，同时也促进了周边产业的发展和相关业务的综合处理。特别是与会议相关的业务发展成为了一个值得关注的新兴点。通过顺畅的会议对综合业务进行支持，然后通过有效的文档工作对服务外包进行记录和存档等都是整个产业中不可或缺的部分。从人类文明开始，就充满着交流和调和，自文字产生的时候，人类就使用文字来记录话语。在现代社会中，任何社会组织和国家管理机构都会设立会务相关部门来对交流进行保障，同样，在外包产业中，发包商和接包商之间的沟通也需要通过有效的会议进行，而文档则作为记录和凭证对整个流程进行监控，也方便后续工作展开。

第一节　服务外包会议和文档管理概述

一、服务外包会议概述

现代社会中，会议普遍存在于人们的生活和工作中。小到家庭会、班会，大到人民代表大会、联合国大会等，会议在人类进步的道路上已经必不可少，会议作为一种沟通平台，成为人们在解决问题时的一种有效渠道。

无论在远古时代人类的祖先为了分配狩猎任务，还是在现代社会中公司之间达成协议，会议都已经深入人心。作为现在工作中必不可缺甚至是必要的手段之一，会务的外包业务也在 21 世纪得到了迅猛的发展。以会务的特殊形态——奥运会为例，中央电视台中标 2012 伦敦奥运会信息处理系统软件集成项目，并圆满地完成了转播，这就是一个简单的会务外包实例。在现代社会中，很多会务，特别是大型的国际性会议都是由一个甚至多个公司来共同承担并完成的，有些负责展馆、有些负责同传、有些负责餐饮等。

（一）会议的基本职能

在进行阐述前，首先需要了解会议这一概念。现代汉语词典中定义："会议是有组织、有领导地商议事情的机会。"通过定义可以简单分析会议的关键词并通过这些关键词来认识会议。会议就是一种有组织、有领导地商议某种事情的机会，是按照规定的时间、地点、程序组织有关人员活动的一种方式，是社会活动的一种重要形式，是有组织、有领导地召集相关成员研究、讨论、分析问题或现象的一种社会活动的形式。它被用来进行重要决策的时候具有重要的领导职能。

1. 会议是群体性活动

一个人的思考是冥想，多个人的思考就是会议。本章中对会议的定义中最重要的一点就是会议是由多人组成的，一般由三人以上构成，是在群体中进行的讨论活动。人是社会性动物，那么会议就可以看成是社会性动物之间交流的一种手段。

2. 会议是目的性活动

原始人类的氏族会议或当代的国际会议都是为了解决一定的现实矛盾和问题而举行的，因而，目的性显得更加重要。会议自身的目的一般是通过议题、议程、会议的结果来实现的，体现了会议组织者的意愿，也反映了与会者的愿望，是会议活动最基本的驱动力。

3. 会议是组织有序的活动

最早会议被称为"围立"，当时指民众站在会场四周，并享有发言的权利。这种活动在后来的进化中，变得更加有组织、更加的规范。大多数政府很早就对会议进行了规定。1817 年英国颁布《煽动集会法》，对群众集会进行了限制。会议的组织性还通过制定会议的议事规则、确立会议的领导机构和工作机构、确定会议议程等体现。大型会议及重要会议须在会前拟定相应的方式。

4. 会议也可以是以口头交流为主的多向性的沟通活动

通过报告、发言、讲话、辩论等交流形式，与会成员之间进行信息传递、思想交流、意志表达等。沟通是会议的重要组成部分。在欧美国家，最为普遍的大众会议的模式主要是议会，"拳脚议会"在一定程度上也是会议中解决矛盾的表现形式。

（二）服务外包会议的概念

服务外包会议也符合会议基本的条件和性质，可以总结如下：

1. 基本条件

组成人员需要三人及三人以上，具有基本的会议规模；过程需要有目的、有组织、有领导；主要为事件或事情商议的集会。

2. 性质

会议是贯彻民主集中制原则，发扬民主，实行集体领导的重要形式；是实施决策、计划、组织、智慧、控制、协调等现代化管理智能必不可少的重要手段；是贯彻政策、统一思想、议事决策、布置工作、沟通信息、统筹协调的有效途径。

3. 特色

由于服务外包产业的产业特点，服务外包中的会议涉及近岸、离岸的情况，这也就导致了服务外包会议的形式多样化，同时，需要具备一定的国际性视角来组成会议。

（三）会议的组成

（1）按照内容、程序、形式来进行会议组成分析

会议包括指导思想、主题、目的、任务、作用等。程序包括会前组织准备、会间协调服务、会后落实反馈等。形式包括名称、时间、地点、人员、方式等一些基本内容。大部分会议都具有共通性。

（2）按照基本要素和选择要素来进行会务组成的分析

基本要素包含进行会务必需的组成部分，即会务目的、召开时间、地点、组织者、主持者、与会者、主题、议题、日程等。选择要素为按照会务实际需求可以调整的部分，即会务名称、服务机构、秘书机构、经费、文件材料、专用工具、各种耗材等。

（四）会议的分类

会议有很多分类方法进行区分，大致可以分为以下几种：

1. 按组织的分类可分为内部会议和外部会议，正式会议和非正式会议。

内部会议主要为组织内部进行的会议，成员为组内成员，不涉及外部成员；外部会议为组织外会议，成员可以来自组内组外，有多个来源。正式会议具备一定的规章流程，具备独有的形式或要求，例如，中共十八大会议等；非正式会议则形式较为自由，不拘泥于规章流程，如一些具有前期交流性质的准备信息交流会议。

2. 按时间的分类可分为定期会议和不定期会议。

定期会议的主要特点为有固定的召开时间，企业中大部分表现为例会的形式，按约定的时间举行固定的组织会议进行交流，如周例会、季度例会、年度例会等；不定期会议则主要表现为召开时间不固定，可能是出于一些需要特别召开的会议，时间不固定，按照当时的需求决定。

3. 按出席对象可分为联席会（由若干单位共同召集并参加）、内部会议、代表会、群众会等。

4. 按照出席会议人员的身份对会议进行分类，如我国的人民代表大会、党代会、团代会、董事会等。

5. 按功能性质可分为：

（1）法定性会议：组织按照法规召开的具有法定效力的会议，一般具有审议、报告和决定重大事项的职能。

（2）决策性会议：组织和企业的领导人员对工作中的重大问题集体讨论作出决定。

（3）执行性会议：分配工作、布置任务、执行政策。

（4）告知性会议：发布会、说明会。

（5）学术性会议：为研讨和传播学术问题而召开。

（6）协同会商性会议：以协调某一事项为主要内容。

（7）现实性会议：报告、谈判、动员、纪念等性质。

6. 按议题性质可分为专业性会议、专题性会议、综合性会议。大部分会议的主题是固定的，如学术性质、商业性质等，通过议题性质可以对会议进行简单的分类，如学会、报告会等都是很常见的会议。

7. 按规模可分为特大型会议（万人以上，在露天广场等大型场地举行）、大型会议（千人以上、在礼堂等地举行）、中型会议（百人以上，在会议室等举行）、小型会议（百人以下三人以上）。

8. 按采用的方式分为常规会议、广播会议、电话会议、电视会议、计算机网络终端会议等。由于现代通信手段的发展，会议可以通过电子设备进行，跨越地区、时间差异，为现代会议发展提供了革新可能。

9. 按与会国家与议题可分为国内会议、国际会议。

10. 按照会议的服务外包分类。按会议外包的规模分为全部外包、部分外包。即会议主办方将部分业务或者全部业务发包给相应的外包企业，由接包的企业完成相应的会议任务；按会议外包的模块分为会议主题外包、展会外包、餐饮外包、安保外包、医疗外包等。将会议进行主动拆分，按照不同的模块进行任务发包，可以使一家企业承担全部业务，也可以是不同的企业进行承担。

二、服务外包文档管理概述

一般来说，文档是党政机关、人民团体、企事业单位和个人、家庭、家族在公务和私人活动中形成和使用的书面文字材料的总称。文档是记录和传递信息的载体，是管理实务的重要工具。在服务外包过程中，文档作为传递信息的工具，成为必要的信息记录手段。而档案则作为对这些附加信息的文档的整理，进行分类、存档。简而言之，文档为项目运营留下"痕迹"。

（一）文档及文档管理

按照《中华人民共和国档案法》的表述，"档案是指过去和现在的国家机构、社会组织以及个人从事政治、军事、经济、科学、技术、文化、宗教等活动直接形成的对国家和社会有保存价值的各种文字、图表、声像等不同形式的历史记录"。

可以说，文档是在人类社会实践中形成的，文档用文字的形式表达并赋予一定载体的信息记录，反映了思考的观点。其主体可以是社会组织，也可是个人。一般的文档工作具备政治性、机密性、时间性、规范性和程序性，是单位和单位之间工作的纽带，是保守信息内容的重要环节。同时，文档具有服务性、管理性、程序性和时效性的特点。即文档是以提高组织效率为目的的，是一项专门的服务并且一般由专人负责，具有固定的流程，并遵守一定的时间要求，要迅速和适时。

社会事务中，文档是各个单位的重要的智力资产。主要内容有商务合同、会议记录、产品手册、客户资料、设计文档、推广文案、竞争对手资料、项目文档、经验心得等。这些文档可能是过程性质的，也可能是公司正式发布的文档，可能处在编写阶段，也可能是已经归档不能再修改的。文档管理就是指这些文档、电子表格、图形和影像扫描文档的存储、分类和检索。文档管理的关键问题就是解决文档的存储、文档的安全管理、文档的查找、文档的在线查看、文档的协作编写及发布控制等问题。文档管理在法律事务所、保险公司、政府财政部门、广告代理公司和其他具有大量书面文件或影像操作活动的商业领域中最为有用。随着信息化进程，文档管理越来越受到重视。

（二）文档管理的类别

一般文档具有三个条件：办理完毕的文件，对今后工作有一定考察和利用价值的文件及按照一定规律集中保存起来的文件材料。文档按照多种标准进行分类，主要有：

1. 从领域划分

公、私角度划分，可以将文档分为公务文档和私人文档。公务文档主要是指人们在公务活动中形成的档案，一般主体是公务机关或其他社会组织。服务外包文档归属于此类文档。

2. 从时间划分

按照时间长短分为历史文档和现行文档，历史文档主要起到历史文化作用，而现行文档一般指对现在的活动仍然有实际作用的文档。这两类在服务外包中都有发生。

3. 从产生领域划分

一般从文档产生的领域、社会重要程度、管理方法、载体特称等方面区分，将文档分成一般档案、科技档案、专门档案和新型载体档案。

三、服务外包会务和文档管理的重要意义

（一）服务外包会务管理的意义

在服务外包产业发展中，会务不可或缺。两个独立单位通过发包和接包的形式展开工作的时候，需要有效的沟通。会议就是承载这种沟通的平台。迈克尔在《开会的革命》一书中提到美国每天开会超过1100万次。开会能让成员对组织增加归属感，影响成员对决策的参与程度、影响团队的工作效率和个人工作的成绩。会议作为提高工作效率的一种有效手段也被广泛应用，所以一个成功的会务意义重大。

一般来说，会议的目的都是用来解决某一问题的。

1. 头脑风暴，寻找更好的解决办法

会议是许多人共同讨论的平台，许多创造性的想法就是在会议中产生的。同时，通过多人的讨论也可使想法得到进一步完善；显示一个组织或一个部门的存在，会议在很多的组织和部门中展开，可以说没有不开会的公司。虽然现代的信息传达技术已经得到广泛的应用，即时信息发布系统也被很多机构采用，但是一个没有会议的组织也是不可想像的，因为会务保障了信息往来的直面性和通畅性。会务能够充分显示组织或部门的存在价值。

2. 发布信息

会议是信息的承载体，通过会议，与会人员进行信息的分享，并最终将有效信息记录下来。一些由上至下的会务通常还承担着决策发布的功能，向下级与会人员告知决定等。例会是在公司中普遍存在的形式，主要是进行任务汇报和新任务下达，监督员工、协调矛盾，了解任务进度和完成情况的同时进行协调。员工之间有时候难免会有矛盾发生，特别是发包公司和接包公司在进行协商、员工和员工在进行实际流程操作时，这些问题都是需要通过会务来大事化小、小事化无的。

3. 达成协议与解决问题

在会务中通过发现问题、分析问题、提出办法、实施办法、验证办法等过程可达到问题的缓解或解决；通过会务可实现资源共享，对现有资源、资料和信息进行传播，可形成有效的信息流通体系。这点对于外包行业十分重要，一般一场大型会务都是由多个企业共同完成的，这时候资源共享的重要性就不言而喻了。保障关键信息的畅通是会务正常进行的保障。

4. 激励士气

很多公司也通过会务来提高气势，激励员工，类似于颁奖大会、年终团拜会等都可以看成其中的一种。通过公开表彰的形式，让优秀员工得到激励，同时也激发员工的攀比心，努力做得更好。拥有良好的、长期关系的外包公司也可以通过向优秀合作商颁发奖杯、锦旗等方式的会务促进合作关系。

现代的服务外包会务已经不单单是圆桌会谈，会务所涉及的产业范围相当广，包括场地、试听设备、展览、航空、陆地交通、旅游、饭店、餐饮、网络、印刷、媒体、翻译、礼品等。良好的服务外包会务工作，可以协助工作完成，保证项目有条不紊地进行并达到相关的要求；可以综合信息、调配调剂；及时对项目情况进行了解、沟通，促进问题的解决。

（二）文档管理的意义

文档工作是现代社会文化中重要的组成部分，因为文档是传递信息和处理关系的纽带。大部分的信息沟通、意见交换等都是通过文档来实现的；文档工作可以提高质量和效率。一份信息完整的文档可以大大提高两者沟通、理解的成果。

文档管理以实事求是为基本原则，客观记录情况，并且能够做到准确、及时及保密等要求。有效的文档管理可保证服务外包项目的安全与可靠，保障工作的顺利进行。

1. 文档的凭证价值和参考价值

文档的凭证价值是档案的第一价值。文档保留着历史标记，是历史的证据，具有不容置疑的权威性。同时，文档还有极大的参考价值。它是人们获取和继承已有经验的媒介，蕴藏着丰富的知识和应对问题的解决方法。

2. 服务外包项目中文档管理的作用

（1）传达具体工作的主要途径。一般在服务外包项目中，都是通过文书来进行两方的沟通工作，反映相关单位的意图。因此，文档工作就成为了各个单位或小组传达具体工作的最主要的途径，起到整体连接的作用，使得项目能够达成，推动项目的前进。

（2）传递信息和处理关系的纽带。一般来说服务外包项目的沟通中需要进行大量的信息传递、确认工作，这些信息沟通、思想交流、意见交换等都是通过文档工作来完成的。通过文档连接各个相关部门，并达到传递信息和处理关系的目的。

（3）文档工作影响项目质量。质量高的文档工作可以大大提高项目的完成效率，也会提高职能部门的威信，而模糊的文档工作可能对服务外包项目产生巨大的不利影响，导致项目失败及引发经济损失。

（4）文档工作是项目管理的助手。在运行项目过程中，需要了解各方面的情况，如小组间的进度、发包商要求与接包商完成度等，文档的任务之一就是为决策提供支撑和证据，可以从繁杂的项目资料中进行分析，从而协助作出正确的判断。

第二节　服务外包会务管理

在整个服务外包过程中，会议的主要类别可以分为立项会议、项目执行会议、中期检查会议、结项会议、应变性会议等。各个会议的基本流程不变，由准备、进行、总结阶段组成，见图8-1，但是由于会议的目标不同，其各个子项目或规模会有不同。

图 8-1　会议基本流程图

在对各会议进行详细介绍前，首先需明确会议文档中的一些基本要求和内容。

一、会议的通用流程

会议管理流程中，会务文书是很重要的组成部分，大部分环节都需要用到。会务文书中主要包含标题、题注、正文和制订机构和制订日期等。完整有效的会务文书能够使会议的组织者、参加者或者会务文件的接收者一目了然地对本次内容有所了解，快速进入状态。以下将会从会务文书在各个流程中的不同使用情况进行说明。不同的内容下关注的重点会有所不同。

1．标题

标题是整份文件的开始，阅读人员可以通过标题内的关键字对正文内容有大概了解。标题一般有完全式和省略式。完全式中需要包含单位、内容和文种，如"××公司××项目投标书"。省略式则会只包含单位、内容、文种、人员中的部分信息，如"××公司邀请函"或"××外包会议筹委会邀请函"等。

2．题注

题注一般位于标题之下，需要注明发布机关和发布日期，如"项目承接小组 二零一零年九月四日"等。

3．正文

正文包含开头、主题和结尾。开头一般包含依据、目的、宗旨、背景、基本原则、意思和要求。在开头中，需要对下面准备论述的内容进行一定阐述并说明基本准则。主题则包含文件的中心内容，要求周密、准确、调理分明，写法则根据内容和范围确认。一般的服务外包会议中的正文内容包含需要讨论的内容条款。结尾则是对主要的补充说明，包括制定权、修订权、解释权与其他规章制度的关系、有效期、原文件的废止等，这是对整体内容的总结。

4．制订机构和制订日期

在末尾右下角写上机构名和日期，正规文件中的日期用"二〇一四"等标注方法，零标注为"〇"，一般也可以使用阿拉伯数字。

（一）确定会议名称与会议议题

会议名称即会议活动的正式称谓，是对会议活动基本特征的信息标识。会议名称要能够概括并显示会议的内容、性质、参加对象、主办方、时间、届次、地点或地区、范围、规模等。

为便于会后立卷归档，可以利用会议名称进行归档分类操作。为此，会议议题需要注意：标识会议举办者与突出会议主题；强调会议方式；反映会议时间；体现与会者身份；说明与会者范围；标示会议地点。在正式场合、正式文件、会议纪录中应当使用会议全称，会议简报和新闻宣传报道中可以使用简称；如果两个会议合并举行，可以在会议名称中间加"暨"字作为连接词；会议名称要尽量简洁。

（二）制订会议议程

会议议程就是会议的前后内容安排，是对会议需要讨论和研究的问题作出的进程安排。一般有以下几个部分：

1．标题。会议名称加上"议程"两字，见表8-1。

2．题注。议程的时间，一般位于标题下方居中。

3．正文。只需要撰写主体部分，并用序号标注，一般句末不加句号。

4．制订机构和制订日期。写在正文右下方。

表 8-1　会议议程模板

××会议议程	××××四月份部门例会	总部
	2014—04—19　10：00	
	主持人：	

出席人员	
会议目的	进行上月份工作总结与下月份工作计划安排，进行业务培训，了解公司最新的发展动向
会议准备工作	会议通知下发、培训教材准备
会议发放资料	会议议程表

会议议程				
序	时间		发言人	发言时间
1	10：00—10：10	下月工作重点	×××	10 分钟
2	10：10—11：10	各主任上月工作汇报以及下月工作计划（以周为单位）（每名主任 10 min）	×××	60 分钟
3	11：10—11：20	五一小黄金周促销活动与突发事件培训	×××	10 分钟
4	11：20—11：30	KPI 培训，员工入职流程培训、周报上报制度	×××	10 分钟
5	11：30—11：35	进销存管理要求	×××	5 分钟
6	11：35—11：40	近期采购工作成果	×××	5 分钟
7	11：40—12：00	POS 机使用培训与会议小结	×××	20 分钟
9		午餐时间（12：00—14：00）		
10	14：00—17：30	公司全体员工大会		180 分钟
11	18：00—21：00	部门会议聚餐，部门文化交流		180 分钟
预计需时				11 小时

（三）制订会议日程

会议日程是整个会务的一览表，从开始到结束都要在会务日程中体现。会议日程的制作中，要注意流程流畅性、整体一致性和准确性。要符合整个会议进程中所有议题进行前后顺序的总体安排；日程内容要做到张弛有度，劳逸结合；把相似的会议内容尽量集中处理。会议日程一般有文件式和表格式，表 8-2 是表格式的一份简易会议日程表。会议日程表主要包含标题、题注、正文和制订机构与制订日期：

1. 标题。标题由会议名字加上日程组成。

2. 题注。题注中要写清起止时间。

3. 正文。主要包含日期、时间（上午、下午）、活动内容、地点、参加对象、负责人（或主持人）和备注。

4. 制订机构与指定日期。如果相关内容已经在标题和题注中出现，为了避免重复，可以作省略处理。

表8-2　会议日程表

某外包项目组会议议程模板			
至： 自： 日期： 主体： 我们下一次团队会议计划在××召开（后面列出日期、时间、地点以及对背景或问题的解释说明） 会议目标：为了…… 会议议程：我们的会议将按照下面的议程进行			
议程事项	责任人		时间
介绍	经理		4分钟
讨论合理及不合理	团队		30分钟
讨论新方法	团队		10分钟
下一步	团队		15分钟
准备：请在会议开始之前对目前正在使用的方案提出优缺点			
议程事项	目标	暂定时间	演示者（准备内容）
审查提议内容	获取信息	5分钟	经理（熟悉提议内容及附加的方案）
讨论优缺点	讨论	20分钟	协调人（思考提议的优缺点）
会议细节 日　期　　　　　　　　　时　间 地　点　　　　　　　　　参加人 会议目标：讨论方案并提出优缺点 会议准备内容：遵从要求指标来审查候选方案			

（四）会议通知

会议通知是向与会者传递有关会议信息的载体，是两方沟通的重要媒介。规范而准确地拟写会议通知和及时有效地传递会议通知是会议文档工作的一个重要环节。会议通知作为开会信息的发布，一般有文件式、书信式、备忘录式、请柬式等多种形式。

1. 文件式会议通知

主要包含以下内容，见表8-3：

（1）标题。由会议主办、会议事由和通知组成，居中。

（2）主送机关。即会议通知所发给的单位。

（3）正文。含有交代会议目的意义的开头；包括会议主题、意义、议程和日程安排的主体；一般用特此通知作为结尾。

（4）发文机关。发文机关、联合主办单位的全称，并盖章。

（5）成文日期。写清年、月、日。

表 8-3　文件式会议通知

关于召开 2013 年度信息化和服务外包工作培训会议的通知

区内各有关企业：

为全面实施开发区"三化"战略，大力发展"四新四优"产业，推动产业结构转型升级，实现以软件与信息服务业为基础的服务外包产业跨越式发展，我局拟召开 2013 年度信息化和服务外包工作培训会议。具体通知如下：

一、会议时间与地点

时间：2013 年 12 月 24—25 日，会期 2 天

地点：×××市×××会议中心

二、参会对象

1. 开发区嵌入式软件企业技术部门和财务部门负责人、服务外包企业负责人；

2. 开发区信息化人才培训机构和服务外包人才培训机构负责人。

三、会议内容

1. 介绍服务外包产业发展情况和相关政策；

2. 服务外包企业和培训机构认定情况介绍及相关统计工作网上操作培训；

3. 电子信息产业发展情况介绍和相关政策讲解；

4. 信息化统计工作培训。

四、其他事项

1. 请各有关单位落实专人认真填写《开发区 2013 年度信息化和服务外包工作培训会议回执单》（登录经发局网站 www.hedajfj.gov.cn 下载），并于 2013 年 12 月 23 日（星期三）下午 5：00 前以电子版或传真的形式反馈至经发局科技与信息科（管委会大楼 401 室）；

2. 参会单位务必准时出席，有不明事宜请及时与科技与信息科联系。

联系人：××××××××××　联系电话：××××××××××、××××××××××

传真：××××××××××　　E-mail：××××××××@×××××××××.gov.cn

附：开发区 2013 年度信息化和服务外包工作培训会议回执单

开发区经济发展局

二〇一三年十二月二十二日

2. 书信式会议通知

书信式会议通知一般以邮寄形式对会议进行通知，如表 8-4 所示。

（1）信头。信笺顶端用醒目字体标注主办者全称或者使用标有单位姓名的信纸。

（2）标题。标题一般由会议名称加邀请函组成。

（3）称呼。写给单位的写单位名称，写给个人的写个人姓名，前面冠尊敬的、后面缀"先生""女士"。

（4）正文。正文含交待会议的目的、意义的开头；包括会议主体、议题、议程、日程等具体安排的主体。参加对象要写清楚要求，如职务、级别等。会议时间一般要包括会议报到时间、会议正式开始与结束的具体时间、会期。会议地点要写清会议所在地的地名、路名、门牌等具体信息。写清参会费用、报名方式和截止日期。同时会议主办方地

址、邮编、银行帐号、电话传真、网址、相关联系人姓名等都要写清除。结尾一般使用特此通知。

（5）发文机关。发文机关、联合主办单位的全称，并盖章。

（6）成文日期。写清年、月、日。

表8-4　书信式会议通知

××会议通知	
尊敬的＿＿＿＿先生/女士： 　　随着……为了探讨……现定于××年×月×日至×日在江苏苏州召开"××研讨会"，特邀您出席。 　　一、会议主题：××× 　　二、会议议题 　　……………………… 　　三、会议时间：会期5天（含1天报到），××年×月×日至×日 　　四、报到地点：江苏苏州××路××号会议中心（电话××××××） 　　五、有关事项： 　　　　与会者需提交论文，填写报名表并在××日前邮寄或传真给会议秘书处。 　　联系人：××× 电话×××××××××× 　　　　　　　　　　　　　　　　　　××市××研究所 　　　　　　　　　　　　　　　　　　××年×月×日	××先生/女士 会议具体内容 会议议题 参加会议的具体要求（会议地点、地址、会议组电话；会议食宿安排、接站等事宜；会议费用等） （落款及时间）

3. 备忘录式会议通知

备忘录式会议通知一般用于单位内部事务性或例行会议。格式上以会议通知为标题，正文部分只写清会议名称、时间、地点，如表8-5所示。

表8-5　书信式会议通知

会议通知
各位同事： 　　定××年×月×日上午9：00-9：30在103会议召开××会议，请准时参加。 　　　　　　　　　　　　　　　　　　　　　　　　　　　　　　　　××办公室 　　　　　　　　　　　　　　　　　　　　　　　　　　　　　　　　××年×月×日

4. 请柬式会议通知

请柬式会议通知可以自行拟稿打印，也可以使用市面上买好的请柬进行填写。一般用于通知上级、兄弟单位、社会名流等，要注意语气措辞，见表8-6。

表8-6 请柬式会议通知

尊敬的___先生/女士： 　　您好！ 　　我们很荣幸地邀请您参加将于×月××日在×××××举办的××会议。本次会议的主题是：××。 　　真诚地期待着您的积极支持与参与！ 　　　　　　　　　　　　　　　　　　　××公司 　　　　　　　　　　　　　　　　××××年×月×日	请 柬

（五）会议纪录

会议纪录是对会议进程客观真实、原始信息的记载，为日后查考、研究提供第一手的资料，也为形成决定、决议、会议纪要等最后的会议文件打好基础，也便于传达和学习会议精神。

会议记录包含标题、首部、主题和尾部，见表8-7。

1. 标题

会议记录标题一般为会议名义名称加上"纪录"两字，也可以加入日期及届次进行区分。

2. 首部

会议名称；会议时间，包括开会时间、休息时间等；会议地点；会议主席；参加人员；缺席人员，纪录原因；记录人。

3. 主题

会议议题与议程；发言情况。会议重点纪录发言人姓名及发言内容；讨论问题、提出建议等；会议结果。指通过会议进程所取得的成果或通过的决议等；会场情况。会场内发生的事的纪录与会议相关的情况。

4. 尾部

尾部一般用于各种署名，由记录人和审核人的署名。

表8-7 会议记录单

××公司会议记录单		
会议名称		
主办部门：	参加部门：	
时间：××年×月×日×时×分	地　　点：	
参加人：	缺席情况：	
主持人：	记　录　人：	
（会议进程纪录，发言及决议） 一、主持人讲话 二、发言		
签名：记录人	审核人	
		共　页

二、招标、竞标、立项会议

服务外包流程中，发包商通过发包、接包商通过接下项目进行商务合作。立项会议就是两者之间互相要求满足的平台。外包前期主要涉及的是具有谈判性质的会议（具体请参照第七章谈判章节），即双方通过会议对外包项目进行充分的沟通以期达成合作意向。一般立项会议由发包商筹办，向社会公布自己所需要的信息，并等待服务外包企业的竞标。

（一）明确会议主题，准备会议资料

招标会议一般为项目开始前的选拔会，挑选良好的供应商对发包企业也尤为重要。而服务外包企业则要完成竞标文件的撰写和提交。

首先确定会议主题，完成会议日程表和会议计划表，递交相应机构审核后，向相关企业机构发出会议邀请及会议日程表，组织会议进行，签署相关文件。

1. 招标、竞标、立项会议相关文档

招标、竞标会议中的招标信息要明确，要求要尽量清晰。招标文件一般包括：招标单位、招标时间、招标内容、资格要求，见表8-8。

表 8-8　招标书

2012—2013年××展会会议外包项目招标公告
（略）受（略）（采购人）的委托，对（略）××××—××××年展会会议外包项目进行国内公开招标，兹邀请符合招标要求的供应商参加投标。 　一、招标编号：（略） 　二、资金来源：（略） 　三、采购内容： 　本次采购内容为（略）××××—××××年承办展会会议外包，负责（略）××××—××××承办展会市场开发项目××伙伴权益回报中涉及的会议策划、会场搭建、会议服务、礼仪接待、商务考察等事宜。由于会议场次较多，为保证顺利履约，分为以下三个包件（投标人只能选择其中一个包件参加投标）： 　A 包：（略） 　B 包：（略） 　C 包：（略） 　具体内容详见招标文件第六章。 　四、投标人的资格条件： 　1. 持工商行政管理部门颁发的企业法人营业执照并通过最近1年的年检； 　2. 持有效的税务登记证； 　3. 具有从事会议接待外包服务的业务； 　4. 具有良好的信誉和健全的财务等管理制度； 　5. 承诺服从（略）管理和统一安排。 　本项目在评标时进行资格审查。投标人应在投标文件中按招标文件的规定和要求附上所有的资格证明文件，要求提供的复印件必须加盖单位印章，并在必要时（略）。 　五、招标文件发售时间、地点： 　招标文件自××××年7月24日至××××年7月31日09：00—17：00（××时间，法定节假日除外）在××市人民中路三段33号、（略）三楼招标四部购买。招标文件售价人民币150元（售后

续表

不退，投标资格不能转让）；邮购另加邮费人民币 100 元（请将汇款凭证、购买招标文件须提供的资料、单位名称、联系人、联系方式、邮箱地址、所购项目名称及包件号等信息传真至我中心）。

供应商在购买招标文件时须携带下列有效证明文件：

1、营业执照副本；

2、法定代表人授权委托书或介绍信；

3、税务登记证副本；

4、组织机构（略）

注：以上 1、3、4 项各收一份加盖公章的复印件，第 2 项收一份原件。

六、投标截止时间和开标时间：××××年 8 月 15 日上午 10：00（××时间）

投标文件必（略），逾期送达（略）。本次招标不接受邮寄的投标文件。

七、开标地点：××市文殊院街（略）（文殊院大门东侧），××矿产安全技术培训中心西楼 101 室。

八、本投××××××上以公告形式发布。

九、联系方式：

1、采购人：（略）　　　　　　联系人：（略）　　　　　　电话：（略）

2、采购代理机构：（略）

开 户 行：（略）　　　　　　银行账号：（略）

地　址：（略）　　　　　　邮　编：（略）

联系人：（略）　　　　　　联系电话：（略）；××××

二〇一二年七月二十三日

2. 竞标企划书的内容

以某会议服务外包公司竞标撰写要求为例，会议竞标要考虑以下项目：

（1）支持信函

承办一个大型重要会议，单靠一个组织的力量往往无法实现，需要获得国家与当地政府单位全力支持，所以竞标企划书中的支持信函就变得相当重要。一般来说，支持信函包括政府高层支持函，如××市长亲自出函，还有旅游局、会展中心、展览中心、饭店、航空公司主管出函支持，级别越高的函效果越好，表示本次会议受到的重视程度越高。

（2）硬件设备

详细提供会议中心、展览中心的面积、容量以及周边环境。例如，会议室的数量、会议室的容量、租金价格、内部设备与外部环境，以及展览中心的面积、摊位数、水电设施等数据作为参考。

（3）费用预算

举办大型会议需要花费庞大的费用，详细地进行预算并提交相关预算表非常必要。有些城市消费水平高，有些城市消费水平相对较低，这些都对会议经费有较大的影响。有些会议可以获得政府机关的补助，但是大部分会议比较难获得这类支持。现有会议外包市场中，只要将会议做出口碑，并且受到与会者和赞助商的肯定，完全可以做到盈利。

（4）承办过的会议纪录

将历年来举办过的重要会议的日期、人数、主办单位分别列出，显示本单位有能力提供符合会议要求的服务。

（5）饭店

依据大会预估出席的人数来决定饭店的使用。可以针对不同客户提供不同档次的酒店，让与会者根据自己的经济能力作选择。可以与饭店洽谈优惠房价，一般按照惯例，会议前后饭店也要提供优惠价。国际大型会议建议采用四星及以上饭店用作会议，级别过低的饭店也会变相降低会议的满意度。

（6）交通

飞机是大型会议的主要交通工具。基本上航空公司对大型会议都会有一定的支持，特定的航空公司也可以成为大会指定的航空公司，可以为大会提供一系列的协助，例如，免费运送大会资料，为演讲者升仓等。

（7）旅游与活动

地面交通状况与文化景点游览安排也是竞标力重要的组成部分。地面交通的便捷度，会场到饭店之间的交通运输等都需要进行规划。文化活动可以吸引更多的与会人员，文化活动的主要意义是介绍本土文化和艺术，不易重复，要有一定的多样性。惜别晚宴的节目可以由下一届主办方进行涉及，参考奥运会闭幕式。

（8）餐饮

对于大型会议，有一些惯例的餐饮，如欢迎酒会、惜别晚宴以及会期中的三餐。场地的选择规划、菜单的涉及，都要进行说明。有创新的规划也会提高中标的可能性。

3. 评比人员

一个重要的大型会议是由各个公司通过竞争获得的，竞标书、企划案仅仅是第一步，通过初步审核后，一般会有评比人员进行实地勘察。一般评比人员数量在 5 名以内，由于评比人员对最终中标有比较大的影响，需要对此予以重视。

（1）接待。使用最高礼遇的接待方式，使评比人员了解到本单位对会议的重视，可以透过相关的渠道让评比人员在抵达机场、火车站时能快速通关，全程安排陪同。

（2）住宿安排。通常会将评比人员安排在靠近会议中心与展览中心附近的五星饭店。五星饭店对重要人物接待比较有经验，让评比人员感到整个行程丰富、紧凑、贴心，获得良好的心情。也可以要求饭店提供一些附加服务，如提供鲜花、水果等。

（3）结合会议相关产业的简报。可以提前与发送评比人员的组织单位联系后获得行程表。简报最好能够结合会议相关产业如观光、航空、会议中心、展览中心等产业分别进行，对各简报进行事前搜集、撰写、检查，保证一定的逻辑联系，并确认内容信息的正确性。

（4）实地参观。实地参观主要包括考察拟举办会议的地点，如会议中心、展览中心、饭店等。

（5）会见政府人员。为了显示所在地区对会议的重视，争取会议的单位可尽量安排评比人员与政府相关人员会面，让评比人员当面获得政府首脑的支持。

（6）参观活动。安排专业导游陪同游览当地的文化代表区域，让评比人员了解当地文化的多样性。

（7）礼品赠送。评比人员对最后的决定有很大的影响力，在其进行来访期间，可以赠送一些具有特色的礼物。

在大型，特别是国际性会议竞标中，需要注意一些综合情况。

第一，获得政府的支持。在会议评比人员考察时，尽量安排较高级别的政府人员会见，安排的人员级别越高，越显示政府的大力支持。有些会议事务需要政府级别的支持操作，如包机、关税、签证等事宜。

第二，与评比人员建立个人关系。由于评比人员通常是在国际组织中具有分量与影响力的人，与他们建立良好个人关系有助于获胜。也可以通过事先了解评比人员的嗜好来获得好感，良好的关系也可以获得一些意外的提示和资料。

（二）竞标会议中的特殊文档的使用

由于竞标会议往往有多个公司参加，文档工作需要做到整理有序，准确记录，方便招标公司进行选择和对比。

1. 会议召开前使用统一的招标文件格式

以某图书馆招标文件为例，明确要求接包企业完成格式资料，见表8-9。

表 8-9 投标文档

（投标文件之一）
投 标 书
我方作为投标人正式参与××项目投标，在此重申以下几点：
1. 我方已认真研究并完全理解招标文件中的所有内容，我方放弃在此方面提出含糊或争议意见的一切权利。
2. 我方郑重声明：所提供的投标文件内容及信息真实。
3. 若我方中标，我方保证将按时签订合同并按投标承诺和合同约定执行。
4. 同意中标通知书、本投标文件和评标过程中的澄清文件均将构成约束双方合同的组成部分。
所有与本招标有关的通信和汇款联系地址如下：
地 址：_____邮 编：_____
电 话：_____传 真：_____
开户银行：_____账 号：_____
联 系 人：_____授权代表（签字或盖章）：_____
投标人（公章）：_____
日 期：_____
（投标文件之二）
授 权 书
我方正式授权_____（授权代表全名/职务/身份证号码）全权代表我进行有关本投标及合同签定与执行事宜。其以我公司的名义所作的法律行为及签署的文件，我公司均予认可。委托期限为_____年_____月_____日至_____年_____月_____日。
法人代表（签字或盖章）：
（投标文件之三）
报 价 表
报价项目名称：
谈判响应单位（盖章）：

项目名称	投标报价（元）	投标折扣率（%）	到货周期	备注
×××	100000			

续表

| | 法定代表人或其授权代表（签字或盖章）： |
| 公司联系电话： |
| 公司传真电话： |
| 公司 E-mail： |
| 日期： |
| 注：上述报价包含一切由供方承担的费用，各投标单位可参照上述格式自制《报价表》。 |
| 本项目设最高折扣率为 75%，折扣率高于 75% 为废标。 |

（投标文件之四）

投标分类报价一览表

投标人名称（公章）：

序号	类别	供货折扣	备注
1			
2			
3			
4			

供货平均折扣率：%

注：本报价已包含采购、数据、加工、运输等所有费用。

法人代表（或授权代表）（签名）：

日期： 年 月 日

注：此表除按照要求装订在投标文件中外，请另行复印 8 份后与《投标报价及对招标文件的响应一览表》一起密封在一单独的小信封内。

（投标文件之五）

投标人资格的证明文件
（根据实际情况详细列示）

（投标文件之六）

数据样本
（根据附件二、附件三要求著录）

（投标文件之五 附件）

附件一

××样本（EXCEL 格式）

供货单位： 批次号：

序号	项目	详细	价格	备注

本批共 种，总码 元

2. 采用统一的格式进行比对，方便发包商选择

由于现在电子设备先进，可以采用收取文件的同时进行文档处理的方式。可以根据自

己的需求进行更改和修正，见表 8-10。

表 8-10　竞标对比表

公司	项目 1	价格 1	项目 2	价格 2	总计	备注	初级审核	中级审核	最终审核

三、项目执行会议

在发包商与接包商达成一致，完成了竞标项目对接后，主要的会议内容将集中在项目执行即完成任务上。

（一）过程会议

外包项目中，会议主要按照项目的进行程度开展，如图 8-2 所示。

1. 动员会议。围绕项目开始前的各项内容进行再确认。

2. 培训会议。就项目的主要事项对相关人员进行培训。

3. 评审会议。也称作里程碑会议，主要对计划、测试、过程等进行评审。

4. 迭代会议。以项目周期为单位进行的周期性会议。

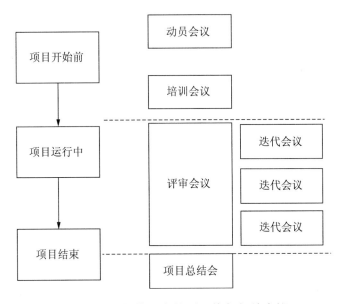

图 8-2　服务外包中的项目执行相关会议

在这些会议中，首先要做好基础的会议工作。即会议主题、会议议程、会议出席人员及时间。在进行会议通知后，对会议进行记录和总结，由于是过程中会议，需要做好项目小组内的信息沟通，可以通过制作会议简报进行传阅，见表8-11。

表8-11　会议准备单

会 议 准 备					
项目	内　容	制定人	审核人	接收人	备注
会议议题	1. 2.				
会议议程					
会议日程					
参加人员					

（二）会议简报

会议简报是反映会议活动动态、进程和主要成果的内部简要报道。在大会交流时间有限的情况下，会议简报作为书面交流的补充形式，可促进会议内部的交流与沟通。

会议简报主要涉及报头、报体、报尾部分，见表8-12。

1. 报头：报头位于首页上方约三分之一版面，包括编号、秘密级别与注意事项，简报名称，期号，编印机构，印发日期。

2. 报体：标题，只用精炼的语言尽量简短地概括出内容；导语或按语，使用简明的几句话概括全文的内容；主体，介绍会议的过程和主要内容；结尾，小结全文。

3. 报尾：注明简报发送单位和印发份数。

表8-12　会议简报

	编号：001 会后清退
××会议简报（×期） 大会秘书处编 ××年×月×日	
××× .... 报：×××××× 送：×××××	

（三）会议纪要

会议纪要分为决议性纪要与通报性纪要。决议性会议纪要反映的是会议的结论性成果，具有决定和决议的性质，有较强的政策性，对会议纪要的下发单位具有指示和指导的作用；通报性会议纪要反映会议的基本情况，没有指示或指导的作用，只是让与会单位了解会议进程及基本情况。见表8-13。

会议纪要主要包含标题、正文和落款部分。

1. 标题。会议纪要的标题一般由会议名称加纪要组成。

2. 正文。包括前言、主体、结尾。前言一般概括介绍会议整体情况，包括会议的名称、时间、地点、参加人、主持人、会期、会议形式、主要内容和收获情况等。主体是会议的核心内容，主要反映会议情况和会议结果。撰写时要注意围绕会议中心议题，把会议的基本精神，特别是会议形成的决定、决议，准确地概述。结尾部分一般是向收文单位提出贯彻执行的希望和要求。

3. 落款。包括署名和时间。

表 8-13　会谈纪要案例

国民旅游休闲卡及相关配套服务外包项目答疑会议纪要 2013—05—04
各投标人： 　　受××省旅游局委托，××采购招标代理有限公司就 2013 年 3 月 27 日发布的××省旅游局国民旅游休闲卡及相关配套服务外包项目（项目编号：PSGD20907015C06B22）于 2013 年 4 月 2 日在××省旅游局 9 楼多功能会议室举行公开答疑会议，会议内容如下： 　　一、答疑会议内容 　　（一）请问技术标部分中"会员管理功能"和"组织、执行配套的服务措施合理性"在技术标评分中无评分项，此两项内容评分如何计算？是否计入到其他评分项目内？ 　　答：这两项内容不单独评分。国民旅游休闲卡和国民旅游休闲网中均需要考虑"会员管理功能"，因此"会员管理功能"部分的内容体现在整体方案中，也需在国民旅游休闲卡和网站中体现并接受专家评审。除了国民旅游休闲卡和网站，如投标人在其他服务部分中也设计了会员管理功能，亦可在投标文件中阐明，以供评标委员会评审。 　　"组织、执行配套的服务措施合理性"属于总体方案中的一部分，由评标委员根据各投标人的具体方案进行评定。"组织、执行配套的服务措施合理性"可以直接糅入整体方案也可以单独阐述。 　　（二）请问技术标部分中"项目部门成立及运行方案"和"组织及执行团队"两项内容是否重叠？各自侧重如何？ 　　答：不重叠。"项目部门成立及运行方案"主要侧重于阐述各类资源如何进行协调以确保项目运营部门的顺利运作。"组织及执行团队"主要侧重于对团队人力资源的阐述。 　　（三）请问国民旅游休闲卡项目中呼叫中心使用的服务电话是使用 12301，还是由营运商在标书中提出使用哪类号码？ 　　答：国民旅游休闲卡项目中呼叫中心的服务电话不使用 12301 号码，而由营运商自行投入与建设、维护、运营。 　　二、答疑会议日期及地点 　　答疑会议日期：2013 年 4 月 2 日 14：30 　　答疑会议地点：××市××大道西 463 号××省旅游局 9 楼多功能会议室 　　三、采购代理机构的名称、地址和联系方式 　　1. 采购人名称：××省旅游局 　　2. 采购代理机构联系方式 　　采购代理机构名称：××采购招标代理有限公司 　　采购代理机构地点：××环市东路××号××大厦××楼 　　采购代理机构联系人：×× 　　采购代理机构联系电话：×××××× 　　采购代理机构传真：××××××× E-mail：×××××× 　　　　　　　　　　　　　　　　　　　　　　　××××采购招标代理有限公司 　　　　　　　　　　　　　　　　　　　　　　　二〇一三年四月二日

在服务外包会议中，接包商与发包商进行电话会议或电视会议的情况不在少数，同样也需要做好文档记录工作，参见表8-14、表8-15。

表8-14　接听电话记录

接听电话记录
时间：年　月　日　时　分 单位： 来电话人：电话号码 来电内容：   处理情况： 1. 请交_____办理 2. 请_____回电话 3. 再次致电时间 <div align="center">接电话人</div>

表8-15　打出电话记录

打出电话记录
时间：年　月　日　时　分 去电单位： 去电内容：   通话结果与处理意见：   备注： <div align="center">通话人</div>

（四）会议项目完成计划

商务会议过程就是沟通协调的过程，要充分利用信息，实现有效的沟通。在会期较长的会议上要做好会议简报，并根据会议文件信息内容，对项目进行检查催办工作，使得项目能够有条不紊地进行。外包项目一般周期不统一，且往往多个项目重叠进行，需要有明确的责任制度和要求，使得任务得以顺利完成，见表8-16。

表 8-16　会议决议催办表

会议决议催办表							
决议事项	办理时限	现状评估	催办原因	催办结果	确认完成时间	责任人	催办人

通过催办表，对会议决定的项目进行确认和落实，见表 8-17。

表 8-17　会议决议落实表

会议决议落实一览表							
日期	会议名称	决议议项	决议落实情况	问题及原因	处理意见	责任人	备注

三、中期检查会议

为了让项目能够顺利进行，会对项目进行中期检查，确认项目进度，保证项目的完成。

中期检查会议准备工作参照一般的会议准备流程。一般中期检查会议参加者包含发包商及接包商。中期检查会议中会对项目进行全盘审核，所以会议过程中需要对项目和决议进行检查确认，并明确责任人，见表 8-18、表 8-19。

表 8-18　中期检查会议工作表

中期检查会议工作表					
会议时间	任务	详细任务	负责人	完成情况确认	评估
××年××月××日	中期检查	议程确认 会议通知 会议记录 项目检查表 会后情况总结			

表 8-19　会议决议催办表

项目中期检查项目表							
决议事项	办理时限	现状评估	催办原因	催办结果	确认完成时间	责任人	催办人

四、结项会议

（一）结项会议

结项会议是项目的总结性会议。会后的工作也同样需要有条不紊地进行，做到有始有终。作为会议的服务外包企业，会后工作也代表了该外包项目的完结，可以参照表 8-20 和表 8-21 进行收尾处理。

表 8-20　结项会议工作表

××会议外包结项会议工作表					
会议时间	任务	详细任务	负责人	完成情况确认	评估
会议结束后	收尾工作，便于下一次工作的开展	统计与会者情报 支付住宿费用 财务结算 撰写、寄发感谢函 整理大会资料并归档 召开总结会 论文集编撰 薪资结算 申报所得税 制作会计报表 结案			

表 8-21　结项会议工作表

项目结项情况表			
项目序号 项目名称 项目内容 完成情况			
项目问题及原因	处理情况	责任人	备注

（二）会后评估

对于重大会议，会议结束后，需要有一个收尾的过程。以下为收尾中需要注意的一些重要工作内容：

1. 会议的评估。会议的评估涉及会议的所有内容，从场地、宣传、印刷、展览、试听、工作人员、旅游、住宿、社交等方方面面进行回顾。

2. 运行观察员机制。为了更好地监督会议的进行，会指派观察员进行监督，观察员通常具有丰富的经验。大型会议则需要指派 3 名以上的观察员。观察员能够提供详细的意见，对问题进行详细的解释，但是，由于人数少，所反映的问题一般不够全面。

通过指派观察员等手段，对会议形成书面报告，并存档。特别是有些会议达成了巨大的、有意义的成果时，需要将这些内容做好记录并归档，以便未来查询或追究责任。

五、应变性会议

（一）特殊形态会议

特殊形态会议，主要是一些在特殊情况下会采用的会议形式。例如，每日短会（stand up meeting）。对于一些周期短的外包项目，一些时间短的会议会更加常用。短会即每日进行的十分钟左右内容的会议。

（二）质量性质会议

质量会议是指对外包项目进行跟踪调查、具有监督性质的会议。

1. 项目例会（project standard reporting）。会议主要由管理项目办公室（project management office）主办，用于对各个外包项目进行掌控。主要针对一个公司承担多个外包项目的时候。

2. 质量会议（quality management reporting）。该会议主要经过独立第三方的审计后进行评估，记录外包项目过程中的不规范之处，并进行讨论。

3. 其他会议。验收会议：产品交付后的验收会议。客户例会：与发包商达成合作协议后，与客户约定好时间进行客户例会，确认会议的时间和地点等，达到与客户及时沟通的目的。

第三节　服务外包会议管理过程

一个成功的会议就像盖房子，地基打得好才能将房子建设好。在建设房子之前，通常会进行图纸绘制、建设流程等会务管理工作。在服务外包会议中，可以将会议的会议流程和各个节点内容根据会议的阶段分为会前、会期、会后部分。本小节将从三大阶段点进行会议流程分析。见图 8-3。

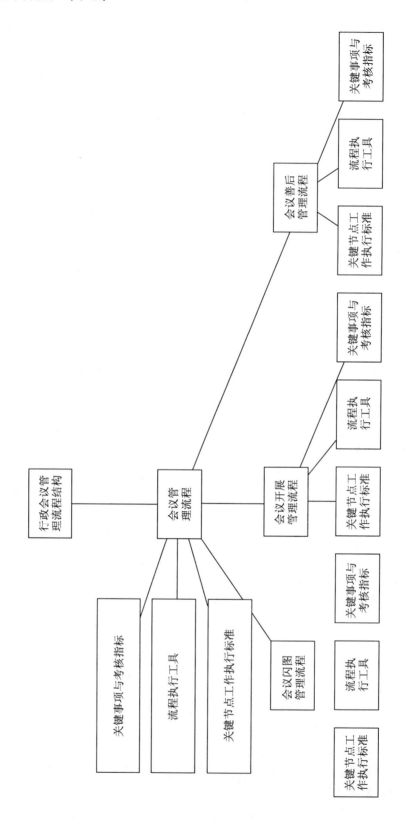

一、会前会务管理工作

(一) 会前重要准备工作

在进行会议的服务外包过程中，会议的前期筹备工作非常重要。为了保证会议的正常进行，需要设立必要的机构、建立基本的流程操作文档。

1. 会议组织结构

由于服务外包行业中的会议一般涉及发包商和接包商，必然会出现两个或两个以上单位的沟通。会议筹备委员会的设立就像建设地基，有时一个会议的成功与否完全取决与筹备委员会。

当确定会议召开时，首先就需要组织一个筹备委员会来专门处理会议相关的工作。一般由负责人组织会议委员会并任命相应职责的工作人员，提供会议服务外包的接包商应该具备以下相应部门并确保提供会议的必需品，按照会议规模的大小来确定筹备时间，避免因为仓促准备而造成会议失败。一般300人以上的会议至少需要提前一年筹备，在筹备阶段许多重要决策及相关细节需要周全讨论并形成决议后再对外通告会议的时间等信息。同时，筹备委员会需尽量避免组织过于庞大，以免工作职责形式化、推卸责任、效率低下。

(1) 会议的基本组成单位

会议越大，需要的组织结构一般也相应庞大。会议的服务外包普遍涉及的是大型会议，而大型会议一般具备以下会议组织筹备机构，见图8-4。

①指导委员会 (advisory board)。大型会议通常需要涉及政、商、法等多个组织，因此成立指导委员会并由相关单位领导人担任荣誉主任委员，其他负责人担任委员，能够更好地达成沟通的效果。

②筹备委员会 (organizing committee)。筹备委员会负责决定政策原则，并负责后期的监督工作。此委员会组成人员大部分为专业人员。因会议筹备工作复杂，筹备委员会需定期召开筹备会议并制定应对政策。

③执行委员会 (executive committee)。该委员会负责筹备进度控制、决定筹备会议议程、召开筹备会议、定期向筹备委员会提出进度报告、召开执行委员会议、协调各组工作、控制预算等。

④各秘书处及各执行小组。如财务相关设立财务部门、预算许可小组等。保持主任委员与各组负责的委员及秘书处之间的密切联系。

当然，当会议比较小的时候也可以简化或者合并各组织结构，但是其执行的任务内容的本质是不变的。

(2) 组别工作内容

各个小组的简要工作内容如下：

①学术组。一般国际性的学术会议必须要有一个学术组委员会，策划会议议程及讲员邀请等事宜。

a. 讲员邀请小组。负责演讲人邀请、确认，演讲各场次主持人选邀请、确认。

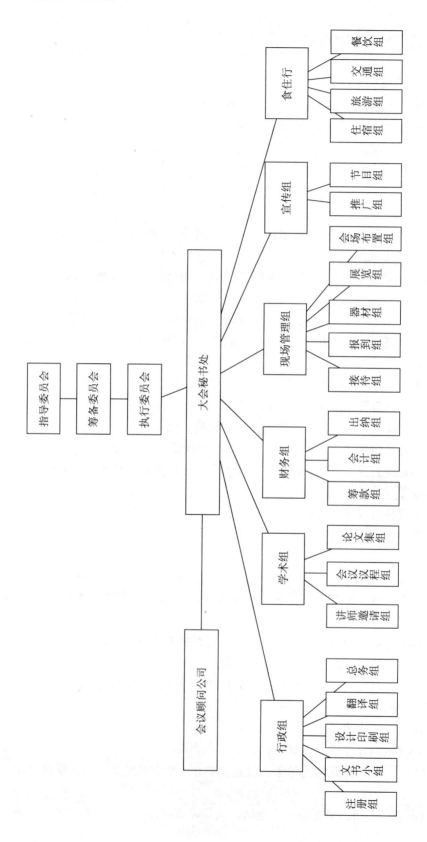

b. 会议议程小组。会议日程拟定，演讲时间排定。

c. 摘要与论文集小组。制定摘要与论文编写格式，审核校对学术论文。

②行政组。如果主办单位有聘请专业会议顾问公司，则大会秘书处通常会设在会议顾问公司，并处理行政组工作。

a. 注册小组。会前报名流程设计与规划；报名资料处理；报名人数统计；票务管理。

b. 文档小组。文档事务工作处理；筹备会议资料统筹、建档；公函、书信往返的处理；会议纪录整理、分送；论文摘要处理分类再转交学术组。

c. 设计/印刷小组。各项印刷品文字资料设计，包括信封、信纸、海报、贴纸、会议通告、报名表、邀请函、证书、节目手册等；已编辑的印刷资料付印安排；印刷品文字校对；印刷品印制进度及质量控制。

d. 通译服务小组。翻译人员的甄选、联络与协调；翻译设备器材安排、联络。

e. 总务小组。会议安排协调、场地签约事宜；各会议室座位安排；纪念品、奖牌、资料袋等制作统筹；会议资料运送安排；会场办公室及办公设备用品安排准备。

③财务组。根据行政组所编列的预算，经筹备委员会通过之后，交由财务组作为收入及支出的把关依据，最重要的是每次筹备会议还需制作财务报表告知大会收支情况。

a. 筹款小组。赞助企划书制作；接洽赞助厂商；赞助厂商协调联络；赞助款项收取。

b. 会计小组。收入支出要项的预算编列；各组预算审核；财务结算。

c. 出纳小组。筹备期间的收支管理；规划费用申请程序；各项发包事宜处理；登账及定期制作报表。

④现场管理组。会议期间，会场的控制及协调很重要，负责的会议筹办人需要对所有相关事宜全盘了解。

a. 接待小组。贵宾的接待事宜规划；工作人员的招聘、训练协调；接送机事宜安排；参观旅游活动安排；记者会/司仪的统筹安排管理。

b. 报到小组。报到处规划；报到相关事宜处理；报到处工作人员训练；报到人数及相关报到资料用品统计。

c. 器材小组。视听设备使用规划；视听设备租用联络及协调；工程人员沟通协调；现场设备使用状况掌控。

d. 展览小组。展览规划安排协调；征展企划书制作；厂商参展招标、收款；厂商进撤场事宜协调；厂商代表参加大会节目的安排。

e. 会场布置小组。会场布置事宜规划；协作商联络、议价、协调；现场布置时间及相关事宜协调安排；布置物检视、验收；布置物撤出检视。

⑤宣传与节目组。会议筹备阶段，节目规划及宣传最为重要，本组需要有经验的小组长来担任。

a. 推广小组。国内外新闻发布；新闻稿拟定；新闻媒体及刊物报道的接洽；电视、广播采访报道的安排；记者会安排；拟定推广计划，以协助增加与会人数；大会公关活动安排；大会相关报道及新闻资料建档留存。

b. 节目小组。大会社交节目规划；表演团体接洽、议价；表演现场相关事宜协调安排；设计节目。

⑥住宿/旅游/餐饮组

a. 住宿小组。大会旅馆洽商、议价、签约；大会贵宾、讲员、工作人员住宿房间安排；住宿协调。

b. 旅游小组。参观旅游活动安排协调；旅行社洽商；旅游人数统计。

c. 交通小组。会场接送安排；机场接送安排；社交活动的交通安排；相关活动的交通安排。

d. 餐饮小组。晚宴就会安排；午餐安排；茶歇安排；餐饮安排协调。

以上各个小组的工作内容安排要清晰明了，责任到位。

（二）会前工作

通常会议在前期的设计决定了会议的走向。周密的筹备计划能够让会议安全进行。

1. 会前工作进度表

制订一份完整的工作进度表能够监督会议准备工作的进展情况。一份好的工作进度表要做到以下几点：

第一是条理明确。准备、运行、收尾等工作流程能够清晰地得到反映，形成可靠的时间表。

第二是简单易懂。工作进度表一般是所有工作小组共同拥有的一份表单，这就需要工作进度表做到人人都能看懂。简单、易懂是工作进度表的最基本要求。

第三是言简意赅。工作表由于具有指示性，在表述时要做到言简意赅，尽量能够做到一页内体现必要内容。

以下以某国际会议外包的筹备会议为例，以 30 个月的筹备期为限，需要进行的项目，如表 8-22 所示。

表 8-22　会议筹备项目表

某国际会议筹备项目列表示例		
会议时间前	任务	详细任务
30 个月	确定会议日期、场地、评估并商议费用	评估财源并制作预算； 成立筹备委员会； 成立秘书处； 会议设计； 确定房间数及价； 制作工作进度表； 搜集准备发送的宣传对象名单； 召开若干筹备会议；

续表

会议时间前	任务	详细任务
24个月	制作筹备企划书（为募款准备）	拟定邀请阵容 各组进度表 拟定推广计划 选择专业顾问公司或协助性公司 草拟学术节目 决定报名费及相关费用 搜集旅游资料 确定是否使用翻译或同步翻译，并调整相应预算
18个月	草拟会议通告（邀请函、日期地点等）	印刷并寄发会议通告 确定学术节目形态及内容（发主讲人、主持人邀请函） 确定社交节目的安排（开幕式、闭幕式等） 设定会议印刷品时间表 确定寄发资料的内容 设计会议网页
12个月	草拟展览说明书及合约	收集参展商名单 征展 寄发材料 确定主讲人、主持人并确认备案 选制大会纪念品 向有关机关单位报备会议举行 确定供应商
6个月	审核投稿	安排投稿节目议程 寄发投稿结果通知 寄发主持人通知
3个月	发布新闻	邀请嘉宾 现场工作人员规划与招聘 草拟大会节目手册 安排VIP接待事项 会场布置设计 报道流程规划 确认餐饮安排 社交活动表演节目设计
1个月	报名截止，统计数据	核定住宿 现场工作人员训练 印制节目手册、论文集、名册等 检查安排 协调供应商 确认会场

2. 会前宣传

如何宣传也是会议中需要注意的部分。一份好的宣传手册能够准确地传达会议的重要思想。在现代会议中，网络宣传也是非常重要的，由于互联网技术的发达，通过网络进行会议信息的传达也越来越普遍。

此外，为了能够有效地扩大宣传效果和宣传半径，制作一份宣传推进时间表也至关重要。一份合理的时间安排不但能够保证任务完成，也可以作为会议工作时间截点的参照。

表 8-23　会议宣传时间表

时间	项目
2012 年 11 月 1 日	确定宣传策略
2012 年 11 月 3 日	草拟宣传内容
2012 年 11 月 4 日	联络设计厂商
2012 年 11 月 11 日	确定宣传内容
2012 年 11 月 13 日	确定制作厂商
2012 年 11 月 20 日	制作宣传品
2012 年 11 月 25 日	发放宣传品
注：时间以实际会议时间为准	

根据会议实际情况，会前需要准备好会议的海报、通知、报名表、信封信纸等；会议期间需要准备好会议手册及其他相关材料。如某学科交流大会一般需要准备论文摘要及相应的论文内容展示。

一般海报需要包含会议名称、会议标志、日期、地点、主办单位、摘要和会议标语。会议宣传品上的内容则需要将重要讯息放在醒目位置，尽可能地凸显会议要点。注意，与会者的名牌、职称、演讲人的题目等都需要确认清楚，以免引起疏漏和不必要的麻烦。

3. 会前硬件相关准备

会议的同时举办展览项目是现在大型会议比较通用的一种方式，除了增加会议收入以外，也是丰富会议内容的一个重要手段，与会者也能在展览中更新知识，展商也通过会议增加潜在客户。

展览场馆的选择遵循近便原则，选择离会议场所近、交通便利的地方。这里需要特别注意的是，由于展会展品千万种，对于展馆的选择要遵循产品的特点。比如大型机械类展览就不适合在一般酒店进行。展览场馆的防水、防火等功能也是在会议开始前需要考核的一个方面。

一旦展场确定，就需要充分利用场地。一般有三种基本形式的展览：摊位、桌子（只分配一张桌子）、展区。摊位通常分为五种形式：标准摊位（只有一边临通道）、展场周边摊位（在墙壁外围，可以使用较高背板）、角落摊位（临两边通道的摊位，两边都可看见）、半岛型摊位（三边临通道）、岛屿型摊位（四边临通道）。

如图 8-5 所示，周边灰色为整个会场的沿墙展示区域，中间 5 个灰色方块区域为可以进行展示的中间区域，白色为过道。

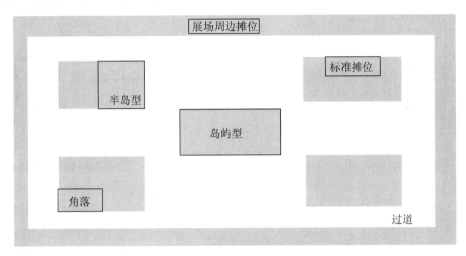

图 8-5　简要摊位示意图

展览作为与会议共同进行的项目，在进行展览时最好能够尽早选定摊位承包商，他们不但可以提供展场专业知识和资料，还可以提供很多附加服务，为展览进行提供便利。分配摊位时，可以采用先到先得、指派、抽签、预先销售等方式进行。同时为避免纠纷，建议及早介入法律相关程序。

按照会议要求，需要按照规格和要求配备相应的试听设备。放映设备包括会议室内用到的演讲辅助器材，如幻灯机、投影仪、视频展示台、银幕、视讯设备、电脑等。音响设备包括麦克风（有线、无线）、录音、室内音响、扩音器等。特殊设备包括同步翻译设备等。

由于会议是在会议室内部进行的，会议室内部的结构等也需要关注。天花板高度、墙壁、地板、室内柱子、窗户、窗帘、镜子、门、电力、通道等都是很重要的。比如中国崇尚红色，大型会议时多会采用红黄色作为会议布置基调。

4. 会前协调会和培训

会前可以采取召开会前协调会的方式对会期准备进行最后一次审视。会议必须及时地、清晰地、完整地交代下达的任务，可以设计并发放统一的协调清单，见表 8-24。会前协调会是会议开始前最后的调整机会。首先是与场地人员协调，确定最初合约内容、前期协调书信、大会节目、座位安排等必须要完整，并且在会前协调会最晚两周前送达场地负责人处。在这两周与相关人员做最后的核对工作，确定无误后分发给场地工作人员。其次要建立工作时间表，便于人员管理；印刷工作手册等。

表 8-24　会前协调清单

会前协调清单	
会议日期	2012 年 9 月 2 日
受文者	××公司
发文者	××公司
会议名称	4th meeting of the ITO research group
会期	2012 年 10 月 11 日—15 日
预期参加人数	500 人（60%国内与会者）
房间预定	2012 年 10 月 11 日 180 人
	2012 年 10 月 12 日 200 人
	2012 年 10 月 13 日 200 人
	2012 年 10 月 14 日 200 人
	2012 年 10 月 15 日 100 人
房价	与会者：RMB 170 单人房，RMB180 双人房
	演讲者：RMB200 单人房或双人房
预约方式	根据会前预约，工作人员和演讲者住房名单已在 2012 年 9 月 20 日前寄给负责人
免费房间	同意每 50 间订房就有一间免费房间，依据 2012 年 4 月 5 日的协议
入住和退房	10 月 11 日下午是入住高峰，指派足够人员在报名柜台，贵宾入住在副经理柜台
结账	房价、税金、个人费用由与会者承担，所有宴会的费用记在主办方名下，所有明细表和发票寄到主办方地址
授权签署人	××公司 经理
VIP	
会议期间办公室	地点、办公时间
报到处	
时间	2012 年 10 月 11 日 12：00—18：00
	2012 年 10 月 12 日 9：00—17：00
	2012 年 10 月 13 日 9：00—17：00
	2012 年 10 月 14 日 9：00—17：00
展览	有
餐饮	茶憩时间 7：00—8：00，10：00—10：30，15：30—15：50；全体午餐 10 月 12 日—10 月 14 日；晚餐 10 月 12 日欢迎酒会，10 月 13 日 特色餐饮，10 月 14 日 闭幕晚宴
房间服务	建议尽量少用

电话服务	饭店免费提供办公室电话，会期有关会议电话全部转接办公室，由责任人核准
保安	每天会议结束后由场地人员锁门，楼层管理人员协助负责安全
车辆	委托车辆公司
试听器材	饭店全部提供
工程	饭店提供
清洁房间	VIP 服务
收货	

同时，在会议开始前要进行人员估算、人员规划和人员培训。在会议开始前试预演以检验前期准备情况。一般会议工作人员需要配备相应的服装、胸牌等辨识装备，用于在会场中的会议组织有效推进。

5. 会议现场报名表

报名表设计必须要有效及正确，同时也要让阅读者容易了解和使用。首先是报名的类别和费用，然后再填写相关资料，见表 8-25。报名者的资料有助于处理报名和程序，报名者的职称和公司、单位名称可以提供未来会议节目设计参考，从这些资料也可以看出报名者的购买力，如果购买力强也可预见参展厂商的实力。一份新的正确的邮寄名单对将来推广会议或其他活动相当有用。

（1）表格设计要简单。不要使用过多字体或花哨字体，对特别重要的部分可以使用加粗、斜体、下划线等方式进行突出。

（2）使用正规中英文档书写方式。

（3）不要让填表者思考，选择"是""不是"问题。

（4）利用方框填写号码类信息，避免因字迹难以辨认而引发的问题。

（5）报名表纸张要使用便于书写的，不要使用打光等签字笔不好填写的纸张。

以下以某国际会议的邀请函英文版为例。

表 8-25　会议报名表

Registration Form
Please complete and return this form to：
the 10th SISO and BPO
C/O SISO Ltd.
ad：　　　　　　　　For secretariat use only
Tel：　　　　　　　　Reg. No：
Fax：　　　　　　　　Date：
E-mail：
http：//
Please type or print （make copies if needed）
Bame _____　　Degree _____
Organization _____
Address _____

City _____ Zip _____ Country _____
Office tel _____ Office tel _____E-mail _____
A REGISTRATION FEE

　　　　　　　　　Before Jan. 20 2013　Before May. 20 2013　on site

♯
♯
♯
B OPTIONAL TOURS
♯ Tour 1（half day）USD150
♯ Tour 2（half day）USD150
♯ Tour 3（half day）USD150
TOTAL REGISTRATION FEE：USD _____
Payment Method：
♯ Card ♯Visa ♯Master Card ♯JCB
Card Number：_____
Expiration Date _____
Cardholder's Name _____
Sign _____

（三）会议筹备委员会第一次会议准备

1. 筹备委员会委员遴选

对于会议组成员的选择要重在专业性。委员会的召集人或项目的主要负责人要有足够的能力，具有一定的控制与主导能力。对其的邀请函中要详细说明他们的职责和时间，有酬劳的要说清楚酬劳。

大会筹备委员会委员需要了解委员工作时间和截止日期；如果截止日期无法配合，要立即向召集人和助理报告；与相关人员联络，获得其全名、地址、电话，告知研讨会进行方式与开会人员的期望，包括主题和纲要，告知酬劳；索要讲题大纲与详细文字；询问可以演讲的时间；将完整的人物分配表给召集人和助理人员。如果人物分配表中有人信息不正确或无法完成每一阶段工作时，要立刻通知节目组。

在第一次筹备委员会召开前寄出准备工作指南，包含以下内容：筹备委员会名单，包括电话、地址、email等；报名费及作业规则；工作人员名单，并简述其角色与职责；会议的目标和主旨；大致简述节目的结构；过去几年的宣传资料；过去节目的评估摘要；过去的会议议程；有关酬劳和费用政策；会议场地资料和地图；预计出席人数；会议日期和过去比较；会场平面图及会议室容量；当地联络点和资料来源；会议预算；每一场会议进行方式；视听器材资料；展览、节目、旅游、餐饮等节目相关资料；特殊考虑或问题；其他包括主办单位资料和企划程序。

2. 节目组筹备会议议程

一般对外规格的会议中都会对节目进行安排。一般这类会议的主要议程内容如下：

（1）介绍筹备委员及工作人员。项目组内成员熟悉，方便项目组展开工作。

（2）会议宗旨、目的和主题。确定会议宗旨和目标，明确整个方向。

（3）委员收费方式。财务工作也需要做好预算工作。

（4）会议场地使用说明。对详细的内容进行分析和布置，从小细节开始进行安排。

（5）主办单位政策：委员费用申请；演讲人酬劳；委员和演讲人免收报名费。

（6）审视评估摘要、出席人数及过去节目内容。通过资料整合对节目组的结构进行综合评定。

（7）节目形式：大型会议、午餐圆桌讨论、研讨会形式、辩论形式。使用符合本次会议的形式对节目进行安排，不能过度，要合情合理。

（8）节目时间表。安排节目时间表，对节目可以进一步展开审视。

（9）演讲者建议。以筹备组的名义，为保障会议质量对演讲者展开沟通和建议。

（10）委员工作分配。责任分配。

（11）下次会议时间。对于一个大型项目，一次会议不能够将问题一次性解决，在本次会议时要确定好下一次会议时间，这样也是对分配下去的责任项目进行确认。

（12）会议记录只需要纪录重点，一项一项列出每人负责的工作项目、完成日期。

3. 编写预算与财务管理

会前要进行预算编列及资金筹措。要事先了解会议的预算目的，是追求利润还是持平。追求利益的部分是多少，大致金额等，都需要事先了解。确定预算后再决定费用预算，收支要配合。以下为一些注意事项：

（1）相关费用归类记录。从供应商处索取估价单，费用预估尽量做到正确，见表 8-26。

（2）部分项目要预加一些预算。可以与前两年做比较来进行预测。

（3）设计一本估价手册。将所有情报集中，随时参考比较。

（4）避免重复预算。

表 8-26　会议支出预算表

某国际会议支出预算表（单位：元）	
（1）场地费 60,000	
	合 计：60,000
（2）演讲者酬劳、旅费住宿 720,000	
	合 计：720,000
（3）筹备委员会费用 3.1 节目委员会费用 58,000 3.2 旅费、住宿 250,000 3.3 筹备会议费用 50,000	
	合 计：358,000
（4）印刷费 4.1 会议通告印制、分发 120,000 4.2 海报印制、分发 50,000 4.3 网页制作 50,000 4.4 大会手册印制 330,000 4.5 入场券/邀请卡 30,000 4.6 摘要印制、分发 220,000	
	合 计：800,000

续表

（5）展览

5.1 推广、简介 65,000

5.2 布置、运送 120,000

5.3 海报板 50,000

5.4 保全 100,000

5.5 展览场地租金 250,000

合计：585,000

（6）报名

6.1 名牌、表格 75,000

6.2 人事费用 65,000

6.3 电脑分析 85,000

合计：225,000

（7）视听器材 350,000

合计：350,000

（8）社交活动

8.1 开幕酒会 450,000

8.2 晚宴 650,000

8.3 午餐 300,000

8.4 咖啡点心 200,000

合计：1,600,000

（9）执行费

9.1 人员/顾问费用 1,200,000

9.2 电话/复印/传真费 200,000

9.3 纪念品/资料袋 200,000

9.4 邮费 100,000

9.5 保险 80,000

9.6 人员旅费、住宿 60,000

9.7 会场布置费 280,000

9.8 临时工作人员费用 150,000

合计：2,270,000

支出总计 7,508,000

收入预算，将每项收入分开，主要项目为报名费、展览摊位出租、社交活动收入等。应注意以下事项：

（1）每一项收储正确记录，见表 8-27。

（2）会前收缴的报名费、摊位费等所产生的利息也可以记入收入。

（3）政府单位补助和民间赞助款比较难以获得，使用要谨慎，仔细规划。

（4）当完成收入预算时，对照一下支出预算，是否有盈余，如果收入预算太低，需重新再审核。将截止日后报名者与现场报名者收费提高；调整摊位租金费用；适当调降或放宽部分费用。

表 8-27　会议收入预算表

某国际会议收入预算表（单位：元）
（1）报名费收入 1.1 会员（400 人＊3000）1,200,000 1.2 非会员（200 人＊3500）700,000 　　　　　　　　　　　　　　　　　　　　　　合计：1,900,000 （2）摊位出租 （50 个＊35000）1,750,000 　　　　　　　　　　　　　　　　　　　　　　合计：1,750,000 （3）社交活动 3.1 开幕酒会　大会招待 3.2 晚宴　900,000 　　　　　　　　　　　　　　　　　　　　　　合计：900,000 （4）利益收入 150,000 　　　　　　　　　　　　　　　　　　　　　　合计：150,000 （5）政府单位补助 1,800,000 　　　　　　　　　　　　　　　　　　　　　　合计：1,800,000 （6）民间组织赞助 1,200,000 　　　　　　　　　　　　　　　　　　　　　　合计：1,200,000 　　　　　　　　　　　　　　　　　　　　　　收入总计 7,700,000

　　预算列表通过之后，财务人员需要建立一些流程及报表，以便于专款专用，妥善管理大会的经费。同时建立会计报表，当预算被核准后，财务组相关人员要开始准备制作会计报表并建立筹备委员会会计流程，定期将财务报表交财务组负责人及秘书长审核签章后，在筹备会议中提出报告，见表 8-28。

　　（1）数据表。以月为基准制作，用于控制确实收入和支出，将总预算分摊于每个月，预计何时收入何时支出，显示每个月现金流动情况。

　　（2）资产负债表。资产负债表是对会议财务的分析，如资产、负债和净值。

表 8-28　会议资产负债表

某国际会议资产负债表 2013 年 1 月 8 日　　单位：元	
资产部分 活期（银行）1,000,000 定期（6 个月）800,000 预付费用 150,000 零用金 5,000 应收账款 50,000 总计资金 2,005,000	负债部分 应付账款 800,500 总计负债 800,500
收入超过支出 1,204,500	

如上面的资产负债表显示，会议还有一段时间才召开，而付款多半发生在后期，所以财务管理需要调整，应将小部分资金放在活期中，大部分钱存在定存中生息。

二、会期会务管理工作

（一）会期工作进度表

仍以上文为例，30 个月的筹备结果即将展示。为了更好地进行会议，对会期工作进度表进行安排，见表 8-29。

表 8-29　会期工作进度表

某国际会议会期工作进度表		
会议时间	任务	详细任务
会前 3 天	对会议召开进行确认	召开记者会、准备新闻稿等 预演 相关材料装袋 检查现场 节目彩排 会场确认（灯光音响等） 报到处、秘书处确认 展览厂商进场 确认餐饮
会议正式开始		按照工作流程表进行每一项工作并及时总结当天的情况

会期可以设立秘书处对各种问题加以解决。秘书处是会议主办单位的对外联络部门，也是筹备工作办公室。在会前可以设立在主办单位，会议时须移至会议场馆。秘书处的功能：是大会文档、书信、问询、承包商等相关所有事情的联络处；是大会的行政办公室；是大会的报名处、是大会的财务中心；是大会的宣传中心，发放会议资料等。

一般在会期中，需要做到有项目就有安排，有对应的人员进行处理。会期是对会前准备的全面复查。作为会议的服务外包机构，可以设立对应的应对办公室，面对各种可能的问题。对于重要工作，可以列表详细安排，如会议内容安排、行程、座位安排等，并发放到工作人员手中，见表 8-30、表 8-31。

表 8-30　会议内容安排表

某国际会议内容安排		
会前一天	上午	办公室与记者室设置；报到区与展览区设置
	下午	布置会议室
第一天	上午	报到区、办公室、记者室开始使用；会议室、展览区布置
	下午	会前研讨会；旅游观光
	晚上	开幕酒会
第二至第四天	上午	筹备会人员早餐会；大会开幕；专题演讲；展览开放；报到区、办公室、记者室开放
	下午	7 个小组分组研讨；展览开放；闭幕典礼
	晚上	大会晚宴
第五天	上午	展览拆场；撤场

表 8-31　会议行程表

会议行程表和座位安排表		
日期	时间	安排项目
10 月 11 日	8：00—次日 8：00	左侧为会议秘书处，6 张 2 米桌子，垃圾桶，办公室布置，电话分机，杯子和水
	12：00—18：00	报到，4 张 2 米铺紫色围裙桌子，6 张椅子，4 个架子，4 个垃圾桶，2 个白板笔，杯子和水 大会开幕
	13：30—14：00 14：00—16：40	研讨会，舞台两侧放置荧幕，舞台右侧放置主桌，3 个麦克风，桌上放水杯和矿泉水，镭射笔，遥控器，直立式麦克风
	15：00—15：20	teatime
10 月 12 日—15 日	8：00—17：00	全天 秘书处不变 报道
	7：30—8：30	西餐厅早餐
	10：00—10：30	Teatime
	15：00—15：20	Teatime

（二）会议报到

根据会议筹备委员会制订的报到规定进行报道操作，并且做到专人统筹管理，以便现场出现问题时能够及时地协调沟通。

1.报到的程序

有些报到还存在着排队等候的情况，这大大降低了与会人的满足程度，因此，如何能够更好地进行会议报到也非常重要。可以采用以下一些方法：

会前报名：提前报名能够有效地改善排队的情况，同时也能使资金运转顺利。利用电脑会前报名能够保证速度、准确度。一般会前报名通知中需要包含：报名对象、资格限制、每次的报名费、会前报名优惠及现场报名费、报名费所含内容、会前报名截止日期、关于收取支票、汇票等规定、有关取消和退费的规定、报名邮寄地址、问询电话、现场报名时间地点等。报名表的设计要尽量简单大方，保持字体风格的一致。

现场报名：大部分会议采用会前报名的手段进行报名，但是部分报名仍旧因为种种原因采用现场报名。此时由工作人员现场登记、收费、制作相关资料。这对工作人员要求较高，可以通过会前统一培训。

电脑报名作业：一个大型会议在要求资料准确无误的同时也要求效率。此时电脑报名能够快速地进行表单制作、统计等工作。一般可以由赞助厂商提供相关服务。

2. 现场沟通

现场沟通换言之就是检验团队合作。会前协调会时要与所有会议相关单位进行协商，邀请所有的工作人员参与。协调会为大家提供再一次检查工作内容及提出问题的机会，有问题的部分可以及时与相关负责人沟通。现场沟通时要安排好联络工具，如电话、无线对讲机、呼叫机等，也可以设置留言板作为沟通工具。

建立工作人员简报机制。对工作进行总结，对于需要解决的问题提出方案并及时讨论，使第二天的会议工作顺利进行。并且对简报进行共享，使得每天的工作能够进行总结，将好的处理办法和经验进行传达。

（三）会期特殊事件

1. 记者会

（1）会前记者会

在会前 2—3 天建议举办记者会，这样可以在开幕前进行有效的宣传工作，扩大会议影响。具体安排参考如下：

一是确定日期及时间。一般下午 2—3 点比较适合召开，便于媒体参加。

二是确定地点。建议在会场进行。

三是确定主办方参加人。一般为大会主席、秘书长、公关负责人。

四是收集相关媒体名单。索要负责记者名片。

五是寄发记者会通知。

六是准备记者会资料。包括新闻稿、记者证、会议议程、演讲者介绍资料、大会纪念品、记者签名簿。

七是协调场地。包括场地布置、座位安排、茶水预定、接待桌设置、音响麦克风设置。

八是确认记者出席人数。

九是会前检查。

（2）会期记者会

会议期间的记者会主要针对会议邀请的知名演讲人，在事前获得演讲人同意后举办。具体安排与会前记者会类似。要注意是否要追加翻译人员。

2. 紧急事件

会议中难免会发生意料之外的情况，这也是检验会议筹备工作的一个地方。例如，紧急医疗。会议与会者的个人情况大不相同，紧急医疗是比较常见的事件。比较可能的有心脏病、中风等，有些人也会发生水土不服。可以通过建立以下防御措施进行调整：一是紧急医疗系统。会议筹办人可以与当地医院或相关部门联络，确定会议专门的医生，能够在短时间内赶到处理突发情况。二是会场医务室。设置简易医务室、安排医务人员，医务室需有氧气筒、绷带等必需的医疗用品。三是饭店紧急救护系统。一般饭店都配备有自己的医疗人员，在会议前确认相关信息。

三、会后会务管理工作

主要指会议的总结和评估。会后的总结和评估可以作为下一次会议组织的参考。

（一）执行会议总结与评估

当会议结束后，主办单位希望知道与会者对会议的反应如何，有时可能会出现夸大或因为个人习惯问题而被过分否定，为了使得会议能够得到正确的公正的评估，会议的评估要事先计划好资料，再进行回收分析。

在进行会议评估前，要首先确定评估目标，即希望获得哪种方面的信息。

1. 对于节目内容的评估。包括主题、内容、演讲人，并探索对未来会议内容的期望。

2. 评估其他相关活动包括会议中的娱乐性内容、社交活动，需要从参会双方进行信息统计和反馈。如与会者和邀请贵宾双方。

3. 评估场地、设备和当地相关服务。

4. 与会者出席资料。

可以从以上四个项目中选择需要的部分进行目标确定，按照最终目的对评估内容进行增减。根据需要评估的内容进行问卷设计，问卷计划要尽量清晰简单清楚。为了保证本次会议会后评估能够对后期其他会议工作提出建议和意见，要尽量保持问卷的单一统一性，即每次设计的问卷和调查表的内容要具备相似的结构和内容，以后只做小幅度的修改就可以使用。

（二）评估会议各项安排

对会议要进行自我综合评估，了解会议安排是否合适，各项服务有无缺失。

1. 场地

会场选择是否正确，除了在会前做详细的选择评估外，会期场地的使用才是对会场场地选择的最终评估，因此会后对于场地的优劣报告非常重要，可以作为下次会议的重要参数。评估内容包括会议室容量、视听器材、餐饮、服务等综合内容。

2. 宣传和推广

有些会议的节目设计相当精彩，却因为推广和宣传不利导致会议失败。对于宣传的评估可以侧面评估会议的到会率等信息。

3. 印刷设计与制作

由于科技快速发展，会议中印刷辅件已经逐步减少，但印刷品在会议中仍有其必要性。精美的印刷可能让与会者做保留，会后大量会议印刷品浪费也需要关注。会后的数量统计与报告是下次会议的重要参考。

4. 展览

展览是会议中非常重要的收入来源。展览的宣传要尽早开始，掌握每个公司编列年度预算的时机。较好的会前宣传和厂商沟通可以加强展览的效益。会后可以与参展厂商联系，表示感谢的同时询问对于展会的意见和建议。

5. 视听设备

现代会议对视听设备依赖较大，好的视听享受也提高了与会者的参与感。银幕大小、麦克风声音效果等在会后评估报告中要详细说明，用于改善下次会议。

6. 临时工作人员

由于会议期间要使用大量工作人员，人员的分配是否得当、工作熟练程度、人员闲置情况、人员不足情况等都要在会后评估报告中进行详细说明。

7. 国际会议中的签证和通关

对于国际会议来说，参会者通关、展会产品通关等情况都要事先充分沟通，所携带的设备等都要完成相应手续。在过程中发生的各种意外情况，要在会后评估报告中进行详细叙述，这是后续工作中的重要参考。

8. 旅游与交通

旅游是吸引与会者参加会议的重要诱因，会期旅程中要指派相应的工作人员陪同，并要求工作人员详细记录国外与会者对于旅游内容与交通安排的满意度，对于改进点等进行询问。交通方面需要对驾驶员的态度、车况、车辆整洁与空调等进行评估。

9. 住宿与餐饮

住宿方面要详细记载入住情况，包括住宿人数、订房情况、每日住宿房间数及会期总计使用房间数。

餐饮方面尤为重要。一般来说，餐饮费用占会议预算比例很高，会后对于本次会议中餐饮数量的掌握、菜色、场地服务等都要详尽评估，评估范围包括早餐、午餐、茶歇、晚宴等，评估报告的内容要尽量详尽。

10. 社交节目

社交节目通常安排在开幕闭幕时，一般由主办区域最具代表性的文化艺术形式组成。

会后评估报告是非常重要的，对于会议承包方来说，是评估筹办会议成功程度的重要参考，可以改进缺点，累积客户的更多信任。

（三）观察员

在会议期间，可以聘任对会议有经验的人员来担任观察员。观察员要保持良好的判断力、客观性，并且愿意提出不带偏见的意见和建议。好的观察员能够正确代表与会者的反应。

在评估前，可以召集观察员开会，确定评估范围，并将评估表提前交付，与观察员进行沟通，回答观察员的问题。制作会议简报可以加强评估报告的一贯性。

一般来说，每一个会议可以派两个或两个以上观察员，交叉观察，获得相对客观的评估结果。

聘请观察员也有一定的优缺点。可以不需要设计和分发问卷，可以不要整理分析问卷，观察员可以提供详细的叙述，对某一点做详细的解释。但是观察员只能代表部分与会人员的想法，不可避免地会带有一些主观偏见。观察员比较适用于专题演讲和各组研讨。

（四）问卷或调查表

会后评估可以采用现场分发或会后邮寄问卷的方式进行，或者直接采用电子邮件的形式回收问卷。对于会议问卷，建议进行事先问题测试，排除可能的误差选项。

四、注意事项

（一）会前项目注意事项

在会议前的工作烦琐且复杂，其中有一些相对重要的项目，需要会议筹备人员注意。在选择场地之前，必须要确认会议目的、会议形态、实质上的需求、与会者的期望、选择的场地及设备，然后进行评估。

1. 会议评估

（1）会议的目的。大部分的会议有教育、学术交流、商业讨论、社交联谊等多重目的。现在一般企业会议都是具有激励性的研讨会结合休闲活动。

（2）会议形态。会议的形态决定正确的安排。例如议程安排为公司特定短期目标的商务会议一般可选择在商务饭店；非正式讨论则可以安排在度假村等。

（3）会议实质上的需求。会议日期、与会人员、住宿、会场大小、餐饮、展览、报道、其余所需空间、其他注意事项等。

（4）与会者的期望。与会者的年龄、是否携带家属、是否对家属安排节目、当地观光点对与会者的重要性、附近是否有购物中心和餐厅、与会者的宗教信仰等。

（5）会议地点与设备的选择。选址的时候需要考虑到赞助商、交通便利性、就近参与人数等。一般会议会需要的主要是多媒体播放，涉外会议需要同声传译设备，特殊行业性会议一般需要相应的设备。

2. 会议场地的选择

会议场地一般分为以下几种：

（1）中心大城市综合饭店。可提供高级饭店、会议场地、宴会场地、相关设备，博物馆、酒吧、购物等场所，交通便利，安全系数较高。

（2）周边城市饭店。通常地处相对偏远，提供餐饮、会议服务，提供设备，交通较为不便利。

（3）机场饭店。适合于半天、一天的短期会议，该类饭店一般提供短期研讨会及公司董事会场地。靠近机场，有一定的噪音，但是由于空中交通便利，方便与会者在一天内的往返。

（4）度假村饭店。该类饭店提供轻松的环境，以休闲为主要目的，但是交通不便利，须确认会议设备是否充足。同时，在该类饭店进行会议时应注意议程的合理安排，让与会人能够重复享受休闲设施。

（5）会议中心（私人）。会议中心一般主要为开展会议而建设，能够提供长期会议和夜间会议功能。同时该类场地一般具有优良的隔音效果，各种设备器材完备。

（6）会展中心（国立）。该类中心一般规模大，能够提供多样化、多功能的会议功能。但是一般不提供住宿，也不单独提供餐饮。

（7）会议评估。场地的选择需要合理的评估，从空间估计入手，对座位安排、试听结构、多媒体应用、座位间隔、报到处理、经费等各方面着手。

（二）会期会议角色责任与协调

1. 会议角色分配

为了确保会议正常、有效地进行，在会议中，一般会进行角色的分配，不同的角色可以在会议中履行其责任，保障会议中有人带头、有人进行、有人主动、有人被动的协调的局面。

（1）会议领导者。作为会议的领导者，要做到准时开会；确定会议的重要性；通过确定会议角色，设定会议的基本规则。基本规则一般包括：尊重他人发言；全员参与、严格按照会议议程进行；会议期间按照日程安排进行，开始时宣布会议目标及会议步骤；适时调整会议形式以达成会议目标；对关键的决定和行为做总结，重复重要决议；提示记录员进行记录；准时结束会议。

（2）会议协调员。会议协调员要明确自身的职责，保证每个人的发言权，防止发言者发言被打断；防止攻击性语言等不合适的行为，监督会议时间，确保进程顺利，确保议题进行，督促以议题为中心展开讨论，对有冲突的意见进行调节，接受领导者的建议和指示。会议协调员的原则：充当讨论的协调者；凝聚团队的注意力；确保与会者的参与；当会议出现问题时，重启讨论；辨别矛盾和个人冲突；记住注意力要集中在会议上；保持中立。

（3）会议记录员。会议记录员要做好：记录会议，按照事实记录发言；定期进行会议记录核对；有疑问时及时确认；记录完整的思想，可要求其他人在纸上抄写会议内容。会议记录员要做到客观记录，不能夹带个人感情色彩、个人喜恶等对会议内容进行偏向记录。这种行为不但不能够促进会议有效进行，反而会对会议造成破坏性的影响。因为会议的基础就是信任。

（4）与会者。作为与会人员，参加会议时候要注意以下几点：为会议做好准备；准时参加会议；积极参加讨论；倾听他人意见；遵守会议规则。

2. 会议的成功因素

一般来说，达成会议的成功四要素则能够基本保证会议不会失败。

（1）必须有一个共同的内容注意点。这一点保证了会议能够持续在一个方向上进行下去，并就需要解决的问题进行叙述和讨论，从而达成会议的最终目标。一般来说，会议在开始前都会在会议通知或发起文件中对本次会议的内容注意点进行说明，邀请共同关注该会议内容的人员参会，这也在一定程度上保证了这一点。比如，动漫会一般主要由关心动漫及相关产业的人参加。

（2）必须有一个共同的过程注意点。会议内容确定后，在会议中就要始终围绕该内容进行，即分析、解决讨论题目，做好过程上的统一调节。

（3）必须有人负责维持一个开放而平衡的会议环境。会议中，各个人员要达成一致，共同对会议负责。同时会议需要具有开放性，人人都可以参与到会议中，发表建议和意见，形成良好的信息交流平台，不会倾斜一方而忽略其他的会议参与者，促进和谐的会议环境。

（4）必须有人负责保护与会人员不受人身攻击。在信息交换的过程中，难免会有一些摩擦和不愉快，特别是在会议中为了保证会议持续进行，每个参会成员需要达成一致，会议主持人也可以适当担任协调的角色，使得会议顺利进行。

一般情况下，开会时每个人的角色必须分配明确，责任必须划分清楚、并认真遵守。一般来说，大小会议都会有主持人、参与人，大型会议则会有更多的分工，如记录员、翻译员等。要保证会议能够正常进行，特别是大型正式会议，详细到位的会议责任分工能够保证会议的完美落幕。

（三）会后注意事项

会后除了总结以外，为了下一次会议，还要对会议进行一些善后工作。大型会议往往要结合许多人的力量，当会议圆满落幕的时候，要对个人或单位进行感谢。大会秘书处在完成大会资料整理归档之外，要事先准备一封感谢函，由会议主办负责人具名，寄送相关人员，感谢他们对大会的支持及贡献。

1. 大会邀请主讲。会议通常会邀请与会议主题相关的学术前沿或产业前沿的具有一定影响力的人员在会议上进行演讲。为了表达对他们的感谢，通常会在会期致赠任命状或感谢函，也可以在会后寄送。最好会后再发一封感谢信，感谢其演讲及对大会的支持。

2. 大会邀请座长。在学术研讨会中，大会邀请的座长是每一场研讨会的中心人物，通常他们都具有较高的学术地位和专长，为了表达感谢他们对会议的支持，通常会在会期致赠任命状或感谢函，也可以在会后寄送。最好会后再发一封感谢信，感谢其演讲及对大会的支持。

3. 开幕式、闭幕式演讲贵宾。重大的会议都会邀请级别较高的行政领导进行致辞，以增加会议的隆重性。会后需要发感谢信，感谢其对大会的支持。

4. 政府相关单位。有些会议手册中会将所有协助会议举办的相关单位名称都进行印刷，以表示感谢。会后建议发送感谢函对其表示感谢。

5. 协办/赞助单位。协办单位通常是出钱出力，赞助单位是会议最重要的收入来源之一。赞助可能包括展览、广告、餐饮等，在会议圆满完成后应该表达感谢之意，可以制作感谢牌，赠送给相关赞助单位。

6. 其他相关人员或组织。每一位工作人员对会议来说都很重要，对于他们长期的努力付出，应予以感谢，在预算内可以考虑给相关人员实质性的报酬。

（四）记者会

除了在会前定期发布大会新闻稿之外，会议前甚至会议期间还需要召开记者会，借以加强新闻发布及宣传。通常由会议筹办人配合筹备委员会的宣传组或者公关组进行相关作业。大型国际会议的媒体活动通常交由专业公关公司进行。

1. 会前记者会

在会前2—3天建议举办记者会，这样可以在开幕前进行有效的宣传工作，扩大会议影响。可以通过会前记者会，告知媒体会议开幕时间、出席嘉宾，同时可以将会议议程及相关资料发给媒体，让媒体了解之后可为会期中的采访及记者会预先做准备。

会前记者会的安排：

（1）确定日期及时间。一般下午 2－3 点比较适合召开，便于媒体参加。

（2）确定地点。建议在会场进行。

（3）确定主办方参加人。一般为大会主席、秘书长、公关负责人。

（4）收集相关媒体名单。索要负责记者名片。

（5）寄发记者会通知。

（6）准备记者会资料。包括新闻稿、记者证、会议议程及演讲者介绍资料、大会纪念品、记者签名簿。

（7）协调场地。包括场地布置、座位安排、茶水预定、接待桌设置、音响麦克风设置。

（8）确认记者出席人数。

（9）会前检查。

2. 会期记者会

会议期间的记者会主要针对会议邀请的知名演讲人，在事前获得演讲人同意后举办，可以一次一位，也可以一次多位。具体安排与会前记者会类似。要注意是否要追加翻译人员。

会期记者会的召开时间及方式可以通过会议宣布，由于部分主讲人可能具备一定的媒体号召力，会期记者会需要事先做好安排工作。可以参考下列流程：

（1）确定日期及时间，由于会期记者会主要针对演讲人，可以将记者会时间安排在讲演结束后。

（2）确定并预定地点。使用会场内场所对记者会召开有利，可以先与使用会场单位预定。

（3）确定出席人员。除演讲人外，一般大会主席、秘书长及公关部负责人必须到场。

（4）通知相关媒体，发送记者会通知，可以附上回执。

（5）准备记者会资料。新闻稿、会议议程及演讲者介绍资料、记者签名簿。

（6）与场地服务人员联系协调。横幅、指示海报、桌花及主桌标牌等场地布置，座位安排，预定饮料点心，影音设备调试。

（7）如果为外文，安排翻译人员。

（8）会期检视及准备。

（9）安排记者在媒体报道处领取记者证及相关资料。

（10）记者会开始。

可以在会场安排记者室，让记者在记者室写稿、发稿、采访。会后可以将各种报道进行简报收集，留作纪录。

（五）国际会议注意事项

当举办国际会议时，因涉及出境、入境等手续问题，会议的举办需要注意更多的方面。

1. 签证与通关

根据主办国即会议举办国的规定，提醒参会人员办理相关手续，最好能够同时告知具体的操作方法。部分国家有落地签证的优惠条款则也应当告知，方便参会人员的参加。对于国际大型会议，可以通过筹备委员会与相关部门进行协调，针对与会人员的通关给予便利。有些会议举办方将会议通关记号做成贴纸寄给与会人员，并告之可以将行李贴上标记便于海关通关识别。部分展品的通关需要提前协商。

2. 交通

国际会议的与会人一般来自全世界，很多人可能第一次来到主办国并且语言不同，所以需要考虑交通的问题，安排好交通接送等问题。

3. 住宿

一般由以下集中形式进行住宿的安排：可以是与会者自己安排。这种方式对于主办方最为便利，但是对于与会人员而言容易产生较大的经济负担。也可以由会议举办方直接安排。向与会人员寄发订房卡或住宿单，同时附上酒店的路线图及联系电话等。一般向与会人员提供多种价格的房间，使得与会人能够根据情况自主选择。

4. 餐饮

会前需提前前往会餐地点确定场地大小、容纳程度、是否可以搭舞台等信息。按照与会人员的生活习惯进行会餐的安排。可以事先征询与会人员的餐饮习惯进行餐饮配置。对于穆斯林及印度地区的与会人员需要特别注意，以免引发不必要的矛盾。

（六）会议服务外包的特别注意事项

由于会议服务是针对人的服务，那么会议的服务外包中就有很多与人相关的实际性的操作需要注意。比如，餐饮中对于宗教的注意事项，穆斯林不吃猪肉、印度教不吃牛肉、西方部分人吃素等。

1. 会议外包的企业选择

会议的外包企业的选择和其他外包项目一样，首先要对接包商进行严格的审核，选择具有资质的、合适的企业进行接包。如部分外包中的接包餐饮部分的企业就必须拥有食品卫生资质。针对大型综合会议，对于接包商的选择就需要更加慎重。选择沟通良好的外包企业才能使得会议能够进行整体规划。

选择外包企业的参考点：

（1）会议接包企业的口碑。

（2）会议接包企业的从业经验，即之前承接过的会议。

（3）某领域下的会议采用某领域的会议外包企业。如大型重工、国内会议和国外会议等，需要的设备及语言要求等。

2. 会议外包形式的选择

会议外包的形式建议根据具体情况进行选择：

（1）全部外包

全部外包的优点是会议发包商与接包商责任明确；会议外包企业专业性强，举办会议经验丰富；会议发包商可以集中精力于会议内容，提高会议效率。缺点是发包商对会议的控制减弱；有可能无法达到最理想的效果；受企业规模限制，接包商选择余地较少；中途更换接包商的可能性小。因此，对于会议全部外包，需要事前进行充分的沟通，明确举办的所有内容，并再三进行确认，以保证会议的要求得到充分的满足。

（2）部分外包

部分外包的优点是会议发包商对会议仍旧具有较大的控制力；会议接包商的选择较多；具有可替换性。缺点是接包商良莠不齐，质量掌控较难；接包商与接包商之间、接包商与发包商之间的沟通较为复杂，容易产生信息障碍。

我国的会议外包还在起步阶段，大部分企业只能承接部分会议外包，如餐饮等现有条件充分的外包。对于会议外包企业未来可以考虑采用星级评定或按照会议类别进行评定。

另外，我国的会议外包人才储备仍旧不足。大部分从事会议外包的人才的水平并不足以支撑大规模的国际会议。同时完备的会议服务人才培训体系、流程手册等都需要进一步的完善。

第四节　服务外包文档管理

一、服务外包文档管理概述

服务外包文档管理主要分为服务外包的文档与档案工作，针对服务外包会议过程中出现的各种相关信息进行记录并存档。

从项目接洽、项目完成到项目结项的文字记录及重要文件都需要通过文档管理进行统筹安排。以一场普通中期项目检查为例，会议计划、会议通知、会议记录、会议小结、项目总结表、项目催办表等文件都会收存记录并在必要的时刻调出后进行研究学习或作为处理纠纷的重要凭证。

文档管理是文档资料管理的一项重要内容，企业文件资料都应具有一定的完整性、保密性和实效性，需要进行妥善管理。标准化的档案管理可以统一档案的管理与标准，分清权责，降低企业经营风险；科学归档保管档案，提高档案管理工作的质量和效率；尽量减少档案的复印份数及保管场所，节约资源，提高档案的保密系数和安全性；实现管理规范化、标准化和程序化。

1. 文档规范化

文档进行集中管理后可以通过统一的培训，设立规范，通过系统的方法进行整理、入库和验收，保证了质量。同时对借阅等进行登记。

2. 文档信息化

为了提高工作效率，可以利用特殊的软件或平台进行文档的信息化处理，推进符合服务外包产业的现代化文档处理。并且可以借助科学手段将文档的交叉对比调用化为可能，加强文档管理效果。

3. 信息安全化

有些文档，如合同、协议等具有一定的保密性，在对文档管理方面可以提高档案管理的安全系数。通过制度化，对档案进行全面管理。

二、文档管理内容

除了会议中的会议通知、会议纪要等文件外，一般会议中还会有一些常用的文档资料。

（一）谈判契约文档

1. 商务谈判方案。商务谈判方案一般由标题、主体、落款三部分组成，见表8-32。
2. 标题。一般为事由加方案组成。
3. 主体。包括前言和具体条款。

方案要符合国家的有关规定，拟定前要做好调查研究工作，以实际情况和可靠的数据为协作依据。

表 8-32　谈判方案表

关于××的谈判方案
（产生谈判的事由和即将发生的时间） 1. 谈判主体 2. 目标设定 （各种要求事项）（试用）（价格） 3. 谈判程序 （阶段性谈判内容） 4. 日程安排 （谈判的具体时间进度） 5. 谈判地点 6. 谈判小组分工 主谈：　　　　副主谈：　　　　翻译：　　　　成员： 　　　　　　　　　　　　　　　　　　　　　　　　　　　　　××公司 　　　　　　　　　　　　　　　　　　　　　　　　　　　　　（时间）

（二）商务谈判备忘录

备忘录是指在谈判过程中，记载双方的谅解与承诺并作为下一步洽谈参考的文档。一般由标题、谈判双方的情况、事项、落款组成。题目一般用文名加备忘录；谈判双方情况包括双方单位名称，谈判代表姓名，会谈时间、地点和会谈内容等；事项是指双方通过谈判后，各自作出的承诺；落款是双方谈判代表署名并写明日期，见表8-33。

商务谈判备忘录要全面体现谈判的内容，包括分析、尚未达成的共识的事项等，充分体现备忘功能。

表 8-33　谈判备忘录

××备忘录
（谈判简要的时间、地点及会谈内容） （各项谈判内容，含达成一致和未达成一致的内容） 　　　　　　　　　　　　　　　　　××公司　　　　　　　　　　××公司 　　　　　　　　　　　　　　　　　　　　　　　　　　　　　（时间）

（三）谈判纪要

谈判纪要是记载谈判的目的、主要议程、内容和结果的纪录性文件。谈判纪要主要是在谈判记录的基础上整理而成，集中反映了谈判的基本精神和议题、结果，是下一步签订协议或合同的依据。有些谈判纪要要经过会谈双方签字确认。

谈判纪要一般包括标题、正文和落款。标题为谈判事由加谈判纪要。正文分为开头和主体两个部分。开头是谈判情况的综述，包括谈判时间、地点、谈判双方国别、单位名称及谈判代表姓名，谈判目的和谈判取得的主要成果。主体主要包括双方取得一致意见的主要目标及其具体事项；双方的权利和义务；需要进一步磋商的问题，有时候会写明"对未尽事宜另行协商"字样，以便以后的谈判具体化或更趋完美。最后的落款为双方代表签名，并注明日期，见表 8-34。

谈判纪要对撰写者的业务素质要求较高，要有一定的概括能力和语言表达能力，要突出纪实性，不能因为个人的喜好而随意更改，同时也要体现协商性，一般常会使用"双方一致认为"等表述方式。

表 8-34　谈判纪要

谈判纪要
谈判时间： 谈判地点： 谈判双方：×××（甲方） 　　　　　×××（乙方） 谈判人员：甲方代表 ××公司××× 　　　　　乙方代报××公司××× 经过前期的招标、投标工作，双方已经确定由乙方承担××会议，此次会谈双方只是就最后的改造方案、价格以及售后服务等问题进行磋商。双方主要意见如下： 　1. 乙方代表介绍，××××，甲方原则上接受乙方调整方案。 　2. 乙方此次报价为×××，经过双方协商，乙方同意下浮 2 个百分点，双方最终议定项目价格为××元。 甲方：××××公司　　　　乙方：××公司 　　　　×××　　　　　　　　　×××

（四）意向书

意向书是当事人双方或多方在实质性谈判前，表达和记录某一合作意向的文档。意向书一般包括标题、正文和落款。标题采用事由加意向书字样。正文要写明双方出席代表的姓名、时间、地点，以及协商经过、协商的主要事项等。落款要双方代表署名并注明具体日期，见表 8-35。

意向书不具备法律效力，仅表明合作的意愿和去向，其作用是为日后签订合同做好准备。因此，涉及自身利益的具体内容、需要上级申请的内容等不宜列入。意向书是进一步洽谈成交的基础，具有协商性、灵活性和临时性的特征，涉及双方权益的表述要留有余地。

表 8-35　意向书

合作意向书
甲方： 乙方： ××年×月×日，甲乙双方本着××原则，经过平等协商，达成如下合作意向： 一、合作内容 二、双方职责 （一）甲方职责 1 2 3 （二）乙方职责 1 2 3 三、附则 1. 双方合作中应严格遵守国家相关法律及双方的规定。 2. 本意向书一式两份，甲乙双方各执一份。 3. 未尽事宜，由双方进一步友好协商解决。 甲方：××××公司　　　　　　　　乙方：××公司 　　　　　×××　　　　　　　　　　　×××

（五）会议材料印刷设计与制作

根据会议实际情况，会前需要准备好会议的海报、通知、报名表、信封、信纸等；会议期间需要准备好会议手册及其他相关材料。如某学科交流大会一般需要准备论文摘要及相应的论文内容展示。

1. 会议海报

一般海报需要包含会议名称、会议标志、日期、地点、主办单位、摘要和会议标语，与会者的名牌、职称、演讲人的题目等都需要确认清楚，以免引起疏漏和不必要的麻烦。

（1）封面上须含有会议名称、logo；日期和地点；主办单位；摘要；大会标语。

（2）内容须有详细叙述，特别要强调重要的演讲人及讲题，并对讲员和讲题详细介绍，以鼓励大家参与，主题要醒目，要让读者认识到会议的价值。大致包含：时间、日期和地点；会议名称；主办单位及协办单位或指导单位；大会筹备委员会名单及秘书处；主题；邀请函；参加理由；暂定会议日程表；演讲人名字、职称；会场简介；报名费用及内容；报名表；住宿资料；眷属活动和相关旅游资料；特别活动。

2. 宣传小册

会议宣传品上的内容则需要将重要讯息放在醒目位置，尽可能的凸显会议要点。重要信息放在封面；宣传时候要注意统一性；封面利用单一统一图样；选择照片并说明；避免陈词滥调；加强重点；用统一信封邮寄；提供报名方法；利用别人的推荐来增加可信度等，这些都是宣传册可以利用或注意的地方。

在会议宣传册上列上优点，使用一看就可知的主题；利用副标题加强效果；例举参会优点；使用三分之一的内容对会议进行描述；利用过去与会者的推荐；介绍演讲者；使用肯定句。

3. 大会手册

与会者到大会场报到时所领取到的由大会制作的关于本次会议所有议程、活动及相关信息的手册，这本手册需要提供准确、详细的资料，呈现会议筹办者所有筹备工作的成果。

（1）封面：大会 logo 和名称；手册名称；日期、时间和地点；主办单位；大会标语或主题。

（2）内容：时间、日期和地点；会议名称；主办单位及协办单位或指导单位；大会筹备委员会名单及秘书处；会议主题；会议主席欢迎词；贵宾贺词；开幕典礼程序表；会议日程表；演讲人名字、职称、演讲题目、演讲地点、发言人名字；报到时间、茶水供应时间、秘书处开放时间等大会相关资讯；社交节目介绍；旅游/节目介绍；会场平面图；展览摊位平面图；展览厂商及展品介绍；停车场及收费等。

4. 其他印刷项目

根据预算及早规划印刷品需求。

（1）名牌。用于识别与会者进出会场、展览场，也用于社交场合彼此交谈辨认之用，可以提前邮寄也可以现场领取。名牌可以与会议其他印刷件的设计相统一，使用不同的颜色对身份进行区分即可。同时尽早规划好与会人名单，留足时间印刷名字。

（2）与会证书/感谢状。通常与会者会希望在出席会议后，能由主办单位颁发一张出席证明，留作纪念或其他用途。证书上要有大会名称和 logo，时间、地点及证明某人参加了此次会议，最后由主办单位负责人签名。感谢状具体内容类似，如果经费充足还可以印刷奖牌发放，见表 8-36。

表 8-36　感谢状

CERTIFICATE
presented to
zhang San
who had attended
International SISO Reform
on
June 23—25，2013
in
shanghai，China

（3）晚宴邀请卡、餐券。设计一份大会晚宴邀请卡可提高会议的隆重性。餐券可以让与会者知道在何处用餐，也可以使主办单位控制人数易于结账。

（4）论文摘要集/与会者名册。一般学术会议才会需要论文摘要集。封面设计与手册大致相同，内容则是论文加以编号后成册。与会者名册大部分会议不会印刷，也可以参照会议传统对参会者的姓名、单位、地址、国家印编成册。

三、文档管理流程

对于项目的文档管理也需要遵循一定的流程标准。首先对会议中产生的文档进行汇总，并且根据文档的重要性进行区分后进入存档流程，见表 8-37。一般在服务外包会议中，协议或合同等具备法律效应的文档、重要的会议记录等都需要进行归档管理，方便后期调用。

表 8-37　文档管理流程表

阶段	序号	内　　容
文档鉴定与分配登记	1	在相关部门的配合下收集文档；将新收集的文档和已有的进行分类整理
	2	对文档进行鉴定，整理出有价值的文档，并拟定保管期限；编制文档鉴定表，提交上级领导审批
	3	确认文档鉴定的各项手续齐全，并已经审批，根据审批结果对文档进行分类并编号登记
文档保管维护	4	将登记表及齐全文件的修订稿、正本和材料归档保管；
	5	档案借阅
	6	收集相关材料，对文档进行更新完善；整理出没有价值和已经损坏的档案，并进行相应处理
文档销毁与记录存档	7	文档销毁
	8	将文档更新、销毁记录表进行存档保存

（一）文档分类

凡是反映项目活动的文件、材料、声像、报表等都要及时地进行文档化。负责管理的人员必须坚持文档随时立卷归档并做好分类工作。同时文档来源复杂，内容广泛，需要根据需求，鉴别出需要进行文档化的资料。基本程序主要包含收集、整理、鉴定、保管、销毁、统计、检索、编码和利用。这些程序是互相融合、相互制约的关系。

1. 文档的鉴定

（1）鉴定文档的含义。文档鉴定的时候要注意对文档真伪的鉴定，判定是否属实，同时对文档的价值进行区分，以判断文档的保密程度和保存时长。

（2）鉴定文档的工作内容。一是判断是否需要文档化，没有价值的就予以放弃处理。二是进一步鉴定文档级别。三是对过期的文档进行处理。可以将文档工作看成是将记录进行整理、归类的操作。

2. 文档的分类

根据服务外包的特点，可以根据不同主题、时期等项目进行分类：

（1）根据项目进行时期，可按会前、会期、会后进行分类。

（2）根据文档的性质进行分类，如法规性文档、决议文件、计划性文件、总结性文件、凭证性文件等。

（3）根据文档的存档形式进行分类，如影像文件、文档文件等。

（4）根据项目的类型进行分类，如长期项目和短期项目、软件项目和服务项目等。

文档是一项涉及档案的严肃工作，要定期进行整理。

3. 文档相关组织

对于文档工作的开展，建议设立相应的专门组织机构，如成立管理委员会或其他相应机构，统一对文档进行管理。同时，文档工作要设置一定的审批流程，采用责任制下的文档流动方式。

（二）文档保管和维护

1. 保管

文档的保管过程中可能因为人为或自然因素导致消耗，而文档工作要最大限度地防止这种消耗。所以，对于文档的保管要注意：

（1）防止文档损坏。从总体来看，文档的损坏是不可避免的，纸质文档可能文字会模糊，电子文档也可能因为硬件损坏而无法修复。所以，要改善保存环境，尽量做好日常保管和保护工作，以防护为主。

（2）延长文档寿命。采取先进的手段和技术延长文档寿命，提高修复技术等。

（3）维护文档安全。外包项目中很多内容涉及企业机密，如报价、技术数据等，为了不让恶性事件发生，安全问题也需要重视。

对文档进行鉴定后，可以对分类的进行命名。如机密性质的为一级档案，非机密的为二级档案。根据分类，文档保管和维护中主要使用以下审批程序：

（1）查阅：在档案室现场查阅，不得带离。查阅本部门档案由查阅人填申请表，由部门负责人审批。查阅非部门档案则由查阅人填申请表，部门负责人审批，再由档案相关部门的负责人审批，并由公司负责人审批。

（2）借阅程序是由借阅人填申请表，部门负责人审批，若不能按时归还，则需再次填写申请表。

（三）文档销毁与记录存档

一般来说档案的保管期限定为永久、定期两种。定期一般分为 30 年、10 年，并且在达到年限后作销毁处理。

1. 永久保管的文档档案主要包括：

（1）制定的法规政策性文件材料；

（2）召开重要会议、举办重大活动等形成的主要文件材料；

（3）职能活动中形成的重要业务文件材料；

（4）关于重要问题的请示与上级机关的批复、批示，重要的报告、总结、综合统计报表等；

（5）机构演变、人事任免等文件材料；

（6）房屋买卖、土地征用，重要的合同协议、资产登记等凭证性文件材料；

（7）其他上级组织制发的属于本机关主管业务的重要文件材料；

（8）同级、下级组织关于重要业务问题的来函、请示与复函、批复等文件材料。

2. 定期保管的文档档案主要包括：

（1）职能活动中形成的一般性业务文件材料；

（2）召开会议、举办活动等形成的一般性文件材料；

（3）人事管理工作形成的一般性文件材料；

（4）一般性事务管理文件材料；

（5）关于一般性问题的请示与上级机关的批复、批示，一般性工作报告、总结、统计报表等；

（6）上级组织制发的属于本机关主管业务的一般性文件材料；

（7）上级、同级组织制发的非本组织主管业务但要贯彻执行的文件材料；

（8）同级、下级组织关于一般性业务问题的来函、请示与本组织的复函、批复等文件材料；

（9）下级组织报送的年度或年度以上计划、总结、统计、重要专题报告等文件材料。

四、注意事项

（一）文档工作的注意事项

在撰写文档时，要使用简练的语言和客观的态度。要清楚阐述项目中的内容并进行记录，对会议的记录要清晰、明确，并客观地记录下显示的情况。可以完全记录下项目内发生的问题，并将问题通过文档的形式带入下一次会议中进行讨论。文档可以很大程度上帮助决策者进行决策。在进行文档处理的时候，要注意以下几个方面：

1. 时效性

一般要保证会议结束后能够快速地进行文件的整理，这样可以一方面避免由于时间引起的误差，另一方面也可以提高工作的效率。

2. 流程化

文档工作有一定规律和要求，需要按照规律和要求进行服务外包会议文件的管理，要做到好存好拿，当出现问题和分歧时，也方便及时查阅。

3. 专门化

文档档案管理需要有专门的地点和人员进行管理，对文档的入库和调用做好记录工作，方便未来追溯。档案是活动的记录，是一种凭证和参考。项目中的各个环节都会产生相应的记录，这些记录可以提供企业运营分析。

4. 真实性

文档档案是当时、当地、当事人在业务活动中的原始记录，真实可靠，是令人信服的真凭实据，能够保护合法权益不受侵害，明确各方面的责任，减少不必要的纠纷。

（二）服务外包文档工作注意事项

服务外包产业有其特殊性，针对其特殊性需要注意以下内容：

1. 国际化

服务外包文书大部分要求使用多种语言，所以文档要做好翻译、核对等工作，并且注意因文化差异而使用的不同的内容，并且严格考虑对方的地方文化和习惯。

2. 继承性

服务外包项目一般具有累积和借鉴的特色。即前一个项目可以作为后一个项目的参考。这也说明了文档是一种重要的教育资源，其真实性和原始记录性可以作为项目成员培训的重要参考材料。这就要求服务外包项目的文档要能够具备一定的继承性，具备一定的标准化。

案例与分析

【案例一】

会议外包会是门好生意么？

创业者：小戴

创业时间：2007 年

商业模式：

上游扩充大量酒店、度假村等会场资源，帮下游公司提供会议场地预订及会议执行等综合服务，盈利主要来自酒店返佣。快到年底了，小戴变得格外忙碌。这段时间里，他不断穿梭于广深等地的各家酒店、度假村之间，查看着员工们布置的一个个会场。

当然，他并不是去开会。小戴是一家叫作会×佳的公司创始人，专门为各类公司机构提供会议场地及综合配套的"会议外包"服务，年底正是其业务高峰期。2007 年初办会×佳时，小戴还待在一个 6 平米单间，购买笔记本靠的是分期付款，但不过 4 年时间，他已成为华南地区最大的会议外包提供商。

工作会议、表彰大会、企业年会、客户联谊会、员工培训会……各类大小会议充斥在几乎所有公司机构的日程表上，会议工作变得烦琐。尤其是上百人的中大型会议，不少公司都要成立专门的会议组，提前筹备，其间的会场预订、布置等细节都劳神费力。

这让会×佳看到了商机———会议外包。然而，会议外包绝不是会×佳的首创。在它之前，旅行社、公关公司等都早已涉及此业务，而且各有优势。前者拥有庞大的酒店、度假村等下游资源，为客户提供会议场地预订是"举手之劳"；后者手握的，往往是合作多年的公司伙伴等上游资源，为其衍生会议外包服务，并非难事。

集成方案帮客户节约成本。"平均可节省10％的费用。"经过 4 年沉淀，会×佳已整合了一个会场连锁信息平台，聚集了近900家度假村、5000 多家酒店以及超过 2 万个会场资源，这使得会×佳能快速为客户找到合适的、成本低的会议场地。

在会×佳的后台，除了将上游酒店、度假村等会场资源按照星级、档次、价格、规模等一一录入详细信息，还专门对客户开出了"选择题"，比如参会人数、规格要求、是否住宿、报价等，有一套详细的标准化清单。此时，小型智能电脑的作用就显现出来，因为它已预装了与会×佳后台对接的系统，客户只要根据自己的需求在后面标注，即可在会×佳内部自动对接到上游酒店、度假村等供应商，由会×佳生成一套解决方案。

"客户的需求参数一般是标准化的，如场地价格、人数等，只要按会×佳的清单提供完整的标准化参数，基本可完成方案的八成，再加上客户的个性化需求，比如开表彰会和工作会议对会场布置的礼花摆放要求就不一样，就是一份完整的解决方案。"小戴说，会×佳的IT系统能实现标准化需求，个性化则由专门服务人员跟进。

目前，会×佳的业务大多集中在广州、深圳等华南地区。小戴并不急于向外扩张，他说自己的当务之急反而是如何把华南市场做扎实，在业务上拉长线路，从会场预订扩展到团体旅游预订等，"这的确需要一笔资金，但我不急"。他说现在已有不少登门的，会仔细从中选出"投缘"的，一旦把规模做上去，未来的盈利点会有更合理配比。

（稿源：南方都市报　2012—01—02）

分析思考：

1. 请分析会议的类型、形式，以及会议外包的优点、缺点。

2. 请根据案例介绍一下会务管理流程是怎样的。

小　结

在现代服务业完成业务的流程中，会议是发包商和接包商进行信息交换的重要手段。在日常工作生活中会议无所不在，会议的开展要遵从群体性、目的性、有组织性等基本原则。在选择会议方式时要根据实际情况选择合适的模式和方法。在明确会议的目的后，理清会议的大概流程，形成简要的会议概要，方便过程中的沟通。

会议的准备和实施主要分为会前准备、会期、会后总结阶段。会前需要拟定大致的会议筹备委员会等基本组织架构，确定会议需要的各种信息摘要，制作工作进度表等其他工作需求事项，以确保会议能够正常进行。文档就是会议的脚印，是项目完成过程中的凭证。文档能够协助提高文件处理效率和处理的科学性，帮助更好地完成项目，同时也能够起到回顾并提高下一次工作效率的作用。

习　题

1. 简述服务外包会议的分类。

2. 简述服务外包会议的目的和意义。

3. 简述服务外包产业中的文档的意义。

4. 简述会议的流程。

5. 简述文档管理的流程。

第九章　人力资源管理外包

学习目标

1. 理解人力资源管理概念及其外包策略；
2. 熟悉人力资源规划的内容和程序；
3. 掌握招聘选拔和录用决策的方法；
4. 掌握绩效考核管理的实施过程；
5. 熟悉劳动关系管理的内容和程序；
6. 理解人事外包和劳务派遣的内容和程序。

引　言

知识经济时代背景下，人力资源管理业务职能的外包先行一步，不但向规范化、专业性发展，还出现了市场细分。在以知识、技术、信息为关键要素的现代经济条件下，企业组织开始表现出一些新的特征，人力资源成为企业的关键资源。如何把握人力资源管理的发展趋势，顺应变革，实现管理理念的创新成为企业管理的重要课题。人力资源已经成为知识经济时代的第一资源，人力资源管理及其外包相关职业，也成为全球组织最热门的职业之一。

人力资源管理是指根据企业发展战略的要求，有计划地对人力资源进行合理配置，通过对企业员工的招聘、培训、使用、考核、激励、调整等一系列过程，调动员工的积极性，发挥员工的潜能，为企业创造价值，确保企业战略目标的实现。几乎所有的人力资源管理业务都可以外包给第三方专业机构完成。在服务外包行业中，人力资源管理的外包已是非常普遍的业务。据统计，有85％以上的跨国企业都实施了相当程度的人力资源外包。

本章阐明了人力资源管理的概念内涵以及企业实施人力资源外包的策略，详细叙述了人力资源管理包含的人力资源规划、工作分析、招聘与录用、培训与开发、绩效考核管理、薪资福利管理、员工劳动关系管理以及人事外包与劳务派遣的业务内容和过程，旨在帮助学员理解人力资源管理的相关知识，掌握人力资源管理职能及其外包业务的实施技能。

第一节　人力资源管理策略

一、人力资源管理的概念内涵

（一）人力资源管理的概念

人力资源（Human Resource）是指在一定社会组织范围内能够作为生产性要素投入社会经济活动的全部劳动人口总和。人力资源包括数量和质量两个方面的属性。数量属性是指可以投入使用的适龄人口；质量属性是指人的体质、智质、心理素质、品德、能力素养等。

人力资源管理（Human Resource Management，HRM）是指对人力资源的生产、开发、配置、使用等诸环节所进行的计划、组织、指挥和控制的管理活动。它是研究组织中人与人关系的调整、人与事的配合，以及充分开发人力资源潜能，调动人的积极性，提高工作效率，改进工作质量，实现组织目标的理论、方法、工具和技术。理解人力资源管理概念的内涵从以下三方面着手：

1. 人力资源管理的内容

人力资源管理是指企业的一系列人力资源政策以及相应的管理活动。这些活动主要包括企业人力资源战略的制定，员工的招募与选拔，培训与开发，绩效管理，薪酬管理，员工流动管理，员工关系管理，员工安全与健康管理等。即：企业运用现代管理方法，对人力资源的获取（选人）、开发（育人）、保持（留人）和利用（用人）等方面所进行的计划、组织、指挥、控制和协调等一系列活动，最终达到实现企业发展目标的一种管理行为。

人力资源管理包含以下六大模块的内容：

（1）人力资源规划：人力资源规划是指使企业稳定地拥有一定质量和必要数量的人力，以实现企业未来发展过程中人员需求量和人员拥有量之间的相互匹配。

（2）招聘与录用：根据企业发展的要求，针对企业将要空缺的职位，找到企业需要的人员。

（3）培训与开发：从企业发展的需要出发，拟订企业下一期的培训工作安排，培训计划应该务实，并注重培训工作的效果。

（4）绩效管理：绩效管理是收集、评估并传递员工在其职位上的工作行为和工作成果信息，并利用考核结果提高和改善工作绩效的系统过程。

（5）薪酬管理：薪酬设定是指根据员工对企业目标实现贡献的大小，集合薪酬调查，给予员工相应的物质、经济报酬。

（6）劳动关系管理：劳动关系管理，是指用人单位对其雇员（职工）进行有效的劳动管理，处理双方的权利和义务的关系。

2. 人力资源管理的功能

现代企业人力资源管理，具有以下五种基本功能：

（1）获取。根据企业目标确定的所需员工条件，通过规划、招聘、考试、测评、选拔、获取企业所需人员。

（2）整合。通过企业文化、信息沟通、人际关系和谐、矛盾冲突的化解等有效整合，使企业内部的个体、群众的目标、行为、态度趋向企业的要求和理念，使之形成高度的合作与协调，发挥集体优势，提高企业的生产力和效益。

（3）保持。通过薪酬、考核、晋升等一系列管理活动，保持员工的积极性、主动性、创造性，维护劳动者的合法权益，保证员工在工作场所的安全、健康、舒适的工作环境，以增进员工满意感，使之安心满意地工作。

（4）评价。对员工工作成果、劳动态度、技能水平以及其他方面作出全面考核、鉴定和评价，为作出相应的奖惩、升降、去留等决策提供依据。

（5）发展。通过员工培训、工作丰富化、职业生涯规划与开发，促进员工知识、技巧和其他方面素质的提高，使其劳动能力得到增强和发挥，最大限度地实现其个人价值和对企业的贡献率，达到员工个人和企业共同发展的目的。

3. 人力资源管理的职责

人力资源管理职责是指人力资源管理者需要承担的责任和任务。以公司为例，人力资源管理者在有效的人力资源管理方面所负的责任可描述为以下十大方面：

（1）把合适的人配置到适当的工作岗位上；

（2）引导新雇员进入组织（熟悉环境）；

（3）培训新雇员适应新的工作岗位；

（4）提高每位新雇员的工作绩效；

（5）争取实现创造性的合作，建立和谐的工作关系；

（6）解释公司政策和工作程序；

（7）控制劳动力成本；

（8）开发每位雇员的工作技能；

（9）创造并维持部门内雇员的士气；

（10）保护雇员的健康以及改善工作的物质环境。

（二）战略性人力资源管理的特点

人力资源管理伴随着未来组织的网络化、灵活化、多元化和全球化趋势，在管理目标、管理职能、管理技术以及对管理人员的要求方面将会发生新的变化。在管理目标方面，现代人力资源管理是战略性人力资源管理。

战略性人力资源管理，即围绕企业的战略目标而进行的人力资源管理。人力资源管理开始进入企业决策层，人力资源管理的规划和策略与企业经营战略相契合，不仅使人力资源管理的优势得以充分地发挥，更给企业的整个管理注入新的生机和活力。战略性人力资源管理的特点主要体现在以下几个方面：

1. 在管理理念上

认为人力资源是一切资源中最宝贵的资源，经过开发的人力资源可以升值增值，能给企业带来巨大的利润。

2. 在管理内容上

重点是开发人的潜能，激发人的活力，使员工能积极、主动、创造性地开展工作。

3. 在管理形式上

强调整体开发，要根据企业目标和个人状况，为其做好职业生涯设计，不断培训，不断调整职位，充分发挥个人才能。

4. 在管理方式上

采取人性化管理，考虑人的情感、自尊与价值。

5. 在管理手段上

在人力资源信息系统等方面均由计算机自动生成结果，及时准确地提供决策依据。

6. 在管理层次上

人力资源管理部门处于决策层，直接参与企业的计划与决策。

（三）人力资源管理的发展趋势

随着知识经济时代的来临，人力资源管理正遭受到前所未有的来自经济全球化、信息网络化、教育投资大众化、工作方式在家化、社会知识化、人口城市化、顾客的力量、投资者的力量、组织发展的速度与变革的力量等的挑战和冲击。现在的中国正经历着工业化没有完成却又面临着信息化的挑战，因而，中国的人力资源管理既具有工业文明时代的深刻烙印，又要反映新经济时代游戏规则的基本要求，其发展呈现如下的趋势：

1. 由战术性向战略性人力资源转变

人力资源管理不仅仅是人力资源职能部门的责任，而是全体员工及全体管理者的责任。过去是人事部的责任，现在企业高层管理者必须承担对企业的人力资源管理责任，关注人力资源的各种政策。人力资源管理者逐渐从作业性、行政性事务中解放出来，改变过去那种行政、服务和服从的角色，转变为关心组织发展和管理者能力的战略角色，从而使人力资源管理在更高的层次上得到不断的深化，更趋于强调战略问题，强调如何使人力资源管理为实现组织目标作更大的贡献。

2. 人力资源管理工作外包化趋势日益明显

为了能够适应组织内部投资结构和工作量的经常变化，使组织能够维持较为明快有效的系统和程序，于是，出现了人力资源管理工作外包（HR Outsourcing）现象。人力资源管理外包的实质就是降低管理成本，通过从战略高度对企业成本结构和成本行为的全面了解、控制和改善，寻求长久的竞争优势，以达到有效地适应外部的持续能力，当组织发生变化时，人力资源部门通过它的机构和运行以使它变得更精干和更灵活。

3. 人力资本的投资将不断增大

人力资源是企业所有资源中增值潜力最大、最具有投资价值的资源，而员工培训是企业所有投资中风险最小、收益最大的战略性投资。从社会的角度来看，信息技术和互联网的发展，使科技进入几何级跳跃式发展阶段，人类进入一个信息爆炸的时代，学习将成为一个人毕生的需要。从员工的角度来看，工作成为一个继续学习的过程，是为提高自身价值而进行的投资。员工不仅重视完成工作的质量，更看重从工作中学习新知识、新技术，实现自身人力资源增值。

4. 人力资源开发成为培育企业核心竞争力的源泉

企业核心竞争力是一个以企业技术创新能力为核心，包括企业的反应能力、生产制造能力、市场营销能力、连带服务能力和组织管理能力在内的复杂系统，而技术创新能力等多项能力的状况与增强主要取决于人力资源的状况与开发。因此，企业核心竞争力的根本在于企业人力资源的开发。离开了企业人力资源的开发，企业核心竞争力便会成为无本之木、无源之水。可见，招聘和培养人力资源已不再是维持企业运行所需要的第二职能，而成为企业竞争的核心。

5. "e-HR" 工作方式将导致根本性的变革

"e-HR"，是新经济时代下人力资源管理的趋势，网络技术的成熟与运用是其基础，ERP，CRM，SCM 以及 ASP 等概念的出现和具体实施是其存在和发展的大环境，而对于人力资本开发和增值的迫切性是其终极原因，原因在于人力资源是企业经营诸要素中的第一位的资源，技术和资金相对于人力资源已经退居于其次。"e-HR" 不仅使企业的人力资源管理自动化，实现了与财务流、物流、供应链、客户关系管理等系统的关联和一体化，而且整合了企业内外人力资源信息和资源与企业的人力资本经营相匹配，使 HR 从业者真正成为企业的战略性经营伙伴。

"e-HR" 的 "e" 体现在以下三个方面：

（1）基于互联网的人力资源管理流程化与自动化。

（2）实现人力资源管理的 B2B。

（3）实现人力资源管理的 B2C。

二、人力资源管理的外包策略

人力资源管理外包就是企业根据需要将某一项或几项人力资源管理工作或职能外包出去，交由其他企业或组织进行管理，以降低人力成本，实现效率最大化。从人力资源管理外包的发展趋势看，其业务已经渗透到企业内部的所有人力资源管理领域，包括人力资源策略、制度设计与创新、流程整合、员工满意度调查、薪酬和福利管理、绩效管理、培训与开发、员工关系管理、劳动争议调理等方面。

人力资源管理的外包是企业降低人力资源投资风险、优化人力资源管理的一种新型选择。它是利用组织外部的专业优势资源，更经济、更有效地解决组织内部人力资源管理活动所涉及的工作、增强自身竞争力的一种企业管理策略。

（一）人力资源外包的形式和内容

一般来说，人力资源管理的大部分职能都可以外包。从目前人力资源管理的现状看，可行的外包服务形式主要有劳务派遣、人事代理和人力资源咨询服务。

1. 常见的劳务派遣服务内容

（1）负责派遣员工的劳动合同的审查和签订；

（2）劳动合同履行过程中的日常管理；

（3）负责办理派遣员工的工资发放、社保和住房公积金业务；

（4）协助客户处理工伤、死亡事故；

（5）负责解除与终止劳动或劳务合同。

2．常见的人事代理服务内容

（1）受用人单位委托招聘所需人才；

（2）代办员工的录用、调档、退工手续、社保开户变更手续、年检手续、外来人员综合保险；

（3）代办人才引进、居住证、就业证手续；

（4）代理户口挂靠及档案委托管理相关人事手续；

（5）薪资计算和代理发放、社保服务等。

3．常见的人力资源咨询服务内容

（1）人力资源规划（包括组织规划、人员需求及配置规划、培训、薪酬与激励规划等）；

（2）提供各类商业保险、福利及培训方案，规章制度设计、薪酬体系设计等；

（3）提供人事政策、法规咨询、调解劳动争议等；

（4）调查员工满意度、调查薪资、拟定岗位描述；

（5）员工保留计划、职业生涯规划；

（6）e-HR 系统相关服务。

（二）人力资源管理外包的作用

人力资源管理外包的作用体现于微观企业层面和宏观社会层面：

1．人力资源外包可使专业机构规模化社会运作，降低单个企业成本

多个企业相同的工作集中于一家专业机构处理，除了技术熟练程度的优势外，专业机构可使三个企业三件相同的工作转为一个企业三件相同的工作，从而在人工、时间和流程的总成本上大大下降，降低单个企业的成本。

2．人力资源外包可使企业减轻基础性工作，更关注促进企业竞争力的核心工作

根据"二八原则"，80％的企业利润是由 20％的核心工作创造的，将这 80％非核心的工作部分外包出去，则可令企业人力资源人士有更多时间和精力关注这 20％的工作，从而有效保持和提升企业核心竞争力。

3．人力资源外包促使社会分工进一步细化，有利于社会整体运作效率

分工的进一步细分，必然是技能的专门化和效率的提升，社会每个细胞组织的效率提升也必然促进整个社会效率的提高。

4．简化和整合工作流程

企业通过外包服务能够获取一站式公共人事服务平台处理和政府相关部门的关系，简化自身在多个相关政府部门来回奔波的工作流程，同时通过人力资源外包服务，企业可以重新设计人力资源服务流程并将行业最佳实践统一应用到企业的各个分支机构，整合流程，方便管理。

5．规避管理风险，提高企业运营效率

国家和地方的劳动人事政策法规的不断修订和增加，以及跨地区的政策法规差异，使得企业不但需要为掌握和遵守复杂的法规花费大量时间精力，还面临因违法或管理失误导致遭受处罚的风险。专业的外包商则可以帮助企业发现其人力资源管理的盲区，协助企业

解决用工过程中出现的争议、纠纷并提供合法解决方案，从而规避人力资源管理风险，大大提高企业的运营效率。

（三）人力资源外包的决策与管理

人力资源管理外包可以帮助企业提高竞争力，但是需要科学的决策和管理。发包企业的人力资源管理外包的实施大致可以分为三个关键步骤。

第一步，外包业务分析，即外包哪些业务；

第二步，合作对象分析，即寻找合适的人力资源外包专业服务企业作为合作对象；

第三步，实施与运营，即明确目标、组织实施、管理运行等。

1. 外包业务分析

企业选择外包业务，需要综合考虑各种因素。

（1）要考虑企业战略的需求。人力资源外包必须有利于企业战略的实施。人力资源管理策略可以分为"吸引策略"、"投资策略"、"参与策略"三种类型，相应的外包业务选择各有侧重。

（2）要考虑企业的能力。企业具有显著优势的业务，可以继续内部提供。企业不具备优势的业务，应尽量寻求外包合作。对于企业根本没有力量完成的业务，如短期内建立全国性甚至全球性的销售网络，开展外包合作是明智的选择。

（3）要考虑业务的性质。一般来说，属于企业人力资源战略型与特有型业务不适合外包，比如组织规划，人力资源政策的制定、执行，中高层主管的甄选，员工职业生涯规划等。而专业型或附加型业务可以实行外包。专业性项目有人才测评、员工培训、绩效考评、薪资福利等工作，附加性项目有考勤、人事档案、劳动合同管理等工作。对专业型或附加型业务实行外包时，应该选择适合的外包方式，才能使外包业务顺利有效地进行。

2. 合作对象分析

市场上的人力资源专业服务机构越来越多，企业需要从业务、价格、服务质量等几个维度选择合作对象。合作对象的选择没有统一的标准，企业自身的需求是主要尺度。现阶段对人力资源管理外包的接包方，通常认为有三类。

（1）专业的人力资源外包机构。这类服务机构集中配置了人力资源各方面的专业人才，从事人力资源管理外包专营活动，如人才市场、培训公司、招聘网站、猎头公司等组织机构。由于长期从事某一种或某几种职能的外包业务，他们具有较强的专业性，而且比较容易形成规模效益，运营更加有效快捷。

（2）独立于人力资源管理外包行业之外、隶属于其他的行业。此类机构有广泛的业务，人力资源管理外包只是他们诸多业务中的一项，此类多数为其它行业中的企业或机构，例如数据调查公司、保险公司等。

（3）人力资源管理专家。他们大多为国内外高等院校与科研机构的教授学者们。人力资源管理专家的专业知识丰富权威、与时俱进，而且由于经常被聘为企业的顾问或从事相关活动，他们也具备比较强的实践经验。这三类外包方式没有明显的界限，如人力资源专家可以置身于专业人力资源外包机构或是某咨询公司，企业在选择时应该根据自己的实际情况挑选适合的外包方式。

3. 实施与运营

人力资源外包的实施与运营要抓好五个关键环节：现状与目标分析，找出现状与目标的差距；流程再造，为业务外包和提高效率创造条件；执行监管，保证各个实施阶段达到计划目标；充分交流，在合作的各个阶段加强信息和观点沟通；持续改进，在运营中不断提高服务质量。另外，人力资源管理外包策略实施中还应着重注意以下问题：

（1）外包过程中企业对外包业务的控制力问题

人力资源管理外包并不是意味着某项工作可以放弃，不能让外包服务商全权负责而不加以监督管理，要防止企业责任外移，外包是使用企业本身不拥有的资源，与外包服务商建立长期或短期的伙伴关系，是不参与作业但参与控制的过程。在实践中应该监控外包服务商的行为，确保业务的顺利进行。

（2）外包过程中的安全问题

在现代竞争激烈的市场中，寻找一个忠实可靠的合作伙伴至关重要。我国还没有完整的法律法规来规范外包行业的运作，因而容易出现外包服务商向企业提供不充分或不真实的信息，泄露企业的内部资讯与商业机密，降低服务级别，增加潜在费用等现象。因此，在外包商的选择上要注意对方的信誉度，在外包过程中要注意对本企业重要讯息保密等协议的签订与施行。

（3）内部员工与外部人才的平衡问题

人力资源管理业务的外包必然会影响本企业部分员工的自身利益，若忽略内部员工，会挫伤他们的工作积极性，从而影响整体士气，因此，在人力资源外包的实施过程中要注意协调好外包服务商与内部人力资源管理部门以及各个岗位员工的关系，寻求较好的平衡点，达到企业整体效益的提高。

第二节　人力资源规划服务

一、人力资源规划概述

（一）人力资源规划的定义

任何组织的发展都离不开优秀的人力资源和人力资源的有效配置。

人力资源规划（Human Resource Planning，HRP），也叫人力资源计划，是指在企业发展战略和经营规划的指导下进行人员的供需平衡，以满足企业在不同发展时期对人员的需求，为企业发展提供符合质量和数量要求的人力资源的综合性发展计划。

广义的人力资源规划是企业所有人力资源计划的总称，是战略规划和战术计划的统一。狭义的人力资源规划是指为了实现企业的发展战略，完成企业的生产经营目标，根据企业内外环境和条件的变化，运用科学的方法，对企业人力资源的需求和供给进行预测，制定相宜的政策和措施，从而使企业人力资源供给和需求达到平衡，实现人力资源的合理配置，有效激励员工的过程。

人力资源规划的外包形式一般采用咨询服务的形式。

（二）人力资源规划的内容

从广义的范围看，人力资源规划的内容可以包括：战略发展规划、组织人事规划、制度建设规划、员工开发规划、经费预算规划。

从狭义的角度出发，人力资源规划的内容是指对人力资源内外供需状况作出预测，从而制定在一定时期内的人员政策和配置计划。

从具体的人力资源规划工作上看，人力资源的规划包括总体规划和业务规划。总体规划旨在规划一定时期内人力资源管理的总目标、总政策、实施步骤和总预算的安排等内容；业务规划指人力资源各项业务的规划，包括人员补充规划、分配规划、晋升规划、教育培训规划、薪酬规划、保险福利规划、劳动关系规划、退休规划等内容。这些业务规划是总体战略规划的具体化，每一项业务规划都由目标、任务、政策保证、实施步骤及经费预算等内容组成，见表9-1。

表9-1 人力资源规划内容表

规划项目	具体内容
总体规划	依据企业发展战略规划，通过建立人力资源信息系统，预测人力资源供给和需求状况，采取措施平衡人力资源的供给和需求
人员补充规划	确定需补充人员的数量、类型、层次，拟定人员任职资格，拟招募地区、形式及甄选方法
培训开发规划	拟定重点培训项目。有关培训时间、培训对象、培训教师、培训方式、培训效果的保证以及与工资、奖励、晋升制度的联系
人员分配规划	规划部门编制，拟定各职位人员任职资格，做到人适其位，并规定工作轮换的范围与时间以及轮换人选等
人员晋升规划	建立后备管理人员梯队，规划员工职业发展方向，确定晋升比例和标准，以及未提升人员的安置
工资奖励规划	进行薪资调查和内部工作评价，拟定工资制度、奖励政策及绩效考核指标
劳动关系规划	为了提高员工满意度，加强沟通，实行全员参与管理，建立合理化建议制度等
退休解聘规划	退休政策及解聘程序，制定退休解聘规定，拟定退休解聘人选

1. 人力资源规划的种类

（1）从规划的时间期限上看，人力资源规划可分为长期规划（五年以上）、短期规划（一年及以内）或介于两者的中期计划。

（2）从规划的范围上看，人力资源规划可分为整体性人力资源规划、部门人力资源规划、某项任务或工作的人力资源规划。

（3）从规划的性质上看，人力资源规划可分为人力资源战略性规划和人力资源战术性规划。长期的人力资源规划多属于战略性和整体性的；短期规划多属于战术性的和策略性的。

人力资源战略规划应主要阐明组织内人力资源需求和配置的总框架；阐明人力资源管

理的重大方针、政策和原则；确定人力资源管理工作投资的预算等问题。

2. 人力资源规划的作用

（1）有利于组织制订战略目标和发展规划

人力资源规划是组织发展战略的重要组成部分，同时也是实现组织战略目标的重要保证。

（2）确保组织生存发展过程中对人力资源的需求

人力资源部门必须分析组织人力资源的需求和供给之间的差距，制订各种规划来满足对人力资源的需求。

（3）有利于人力资源管理活动的有序化

人力资源规划是企业人力资源管理的基础，它由总体规划和各种业务计划构成，为管理活动（如确定人员的需求量、供给量、调整职务和任务、培训等）提供可靠的信息和依据，进而保证管理活动的有序化。

（4）有利于调动员工的积极性和创造性

人力资源管理要求在实现组织目标的同时，也要满足员工的个人需要（包括物质需要和精神需要），这样才能激发员工持久的积极性，只有在人力资源规划的条件下，员工对自己可满足的东西和满足的水平才是可知的。

（5）有利于控制人力资源成本

人力资源规划有助于检查和测算出人力资源规划方案的实施成本及其带来的效益。要通过人力资源规划预测组织人员的变化，调整组织的人员结构，把人工成本控制在合理的水平上，这是组织持续发展不可缺少的环节。

（三）人力资源规划的程序

人力资源规划需要按照一定的程序来进行，这一程序如图 9-1 所示。

从图 9-1 可以看出，人力资源规划的过程一般包括以下五个步骤：

1. 准备阶段：内外部环境信息采集

调查、收集和整理涉及企业战略决策和经营环境的各种信息，主要包括外部环境信息和内部环境信息。根据企业或部门实际确定人力资源规划的期限、范围和性质，建立企业人力资源信息系统，为预测工作准备精确而翔实的资料。

2. 预测阶段：预测人力资源的需求和供给

在分析人力资源供给和需求影响因素的基础上采用以定量为主，结合定性分析的各种科学预测方法，对企业未来人力资源供给和需求进行预测。在整个人力资源规划中，这是最为关键的一步，也是难度最大的一部分，直接决定了规划的成败。

3. 制订规划阶段：确定企业人员的净需求

对人力资源供求预测的结果进行对比分析，制订人力资源供求平衡的总计划和各项业务计划，通过具体的业务计划使未来组织对人力资源的需求得到满足。

4. 实施和控制阶段：措施落实、积极反馈

（1）明确相关部门、部门应承担的责任及必要的职权；

（2）建立有效的监控体系；

（3）制定有效可行的应急（整改）方案。

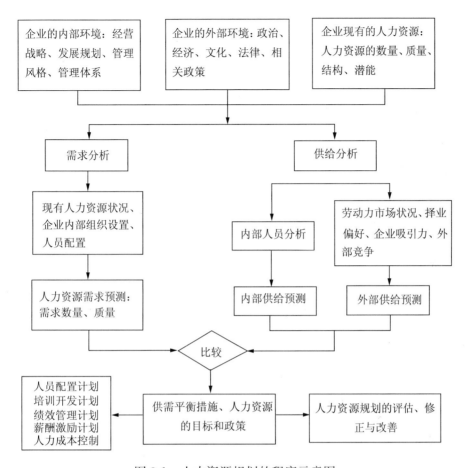

图 9-1　人力资源规划的程序示意图

5. 评估阶段：总结、修正和改善

对人力资源规划实施的效果进行评估是整个规划过程的最后一步。对人力资源规划的评估包括两层意思：一是指在实施过程中，要随时根据内外部环境的变化来修正供给和需求的预测结果，并对平衡供需的措施作出调整；二是指要对预测的结果以及制定的措施进行评估，对预测的准确性和措施的有效性作出衡量，找出其中存在的问题以及有益的经验，为以后的规划提供借鉴和帮助。

二、人力资源供求预测及综合平衡

人力资源预测，是对未来一段时间内人力资源发展趋势的推测，是根据人力资源的现状，运用科学的方法对一定时期内人力资源发展的状态进行定性与定量的估计和判断。

（一）人力资源需求预测

人力资源的需求预测，是指以组织的战略目标、工作任务为出发点，综合考虑各种因素的影响，对组织未来人力资源的数量、质量进行估计的活动。

1. 定性预测方法

（1）现状规划法

人力资源现状规划法是一种最简单的预测方法，较易操作。它是假定企业保持原有的生产和生产技术不变，且企业的人力资源也应处于相对稳定状态，即企业目前各种人员的配备比例和人员的总数将完全能适应预测规划期内人力资源的需要。在此预测方法中，人力资源规划人员所要做的工作是测算出在规划期内有哪些岗位上的人员将得到晋升、降职、退休或调出本组织，再准备调动人员去弥补就行了。

（2）经验预测法

经验预测法就是企业根据以往的经验对人力资源进行预测的方法，简便易行。采用经验预测法是根据以往的经验业进行预测，预测的效果受经验的影响较大。因此，保持历史的档案，并采用多人集合的经验，可减少误差。现在，不少企业采用这种方法来预测本组织对将来某段时期内人力资源的需求。企业在有人员流动的情况下，如晋升、降职、退休或调出，等等，可以采用与人力资源现状规划结合的方法来制订规划。

（3）德尔斐专家意见征询法

德尔斐法是美国兰德公司于20世纪40年代后期首先用于技术预测的。这种方法是依靠专家的知识、经验与判断能力，对未来发展趋势做出定性估测，然后将定性资料转换成定量的估计值。

德尔菲法分几轮进行，第一轮要求专家以书面形式提出各自对企业人力资源需求的预测结果。在预测过程中，专家之间不能互相讨论或交换意见；第二轮，将专家的观测结果加起来进行综合，再将综合的结果通知各位专家，以进行下一轮的预测。反复几次直至得出大家都认可的结果。通过这种方法得出的是专家们对某一问题的看法达成一致的结果。

2. 定量预测方法

（1）趋势预测法

是指根据企业过去几年的人员数量，分析它在未来的变化趋势并依此来预测企业在未来某一时期的人力资源需求量。

（2）劳动定额法

劳动定额，是对劳动者在单位时间内应完成的工作量的规定。在已知企业的计划任务总量，以及科学合理的劳动定额的基础上，运用劳动定额法能够比较准确地预测企业人力资源需求量。

该方法可以运用公式 $N=W/q(1+R)$ 进行计算。式中，N 为企业人力资源需求量，W 为计划期任务总量，q 为企业制定的劳动定额，R 为部门计划期内生产率变动系数。$R=R1+R2+R3$，其中，$R1$ 为企业技术进步引起的劳动生产率提高系数，$R2$ 为由经验积累导致的劳动生产率提高系数，$R3$ 为由于员工年龄增大以及某些社会因素导致的劳动生产率下降系数。

（3）回归预测法

它是一种定量预测技术，通过建立人力资源需求量及其影响因素间的函数关系，从影响因素的变化来推知人力资源需求量的变化的一种预测方法。目前，可以利用计算机建立数学模式，对在各种情况下企业组织人员的数量和配置运转情况进行模拟预测，提供人力资源需求的各种方案以供组织备择。

回归预测法的步骤：

①找出那些与人力资源需求关系密切的因素。

②依据过去的相关资料确定它们之间的数量关系，建立一个回归方程。

③根据这些因素的变化以及确定的回归方程来预测未来的人力资源需求。

（二）人力资源供给预测

人力资源供给预测，是预测在未来某一时期，组织内部所能供应的（或经由培训可能补充的）及外部劳动力市场所提供的一定数量、质量和结构的人员，以满足企业为达成目标而产生的人员需求。

从供给来源看，人力资源供给包括内部和外部两个方面。人力资源供给预测首先从内部开始，弄清计划期内现有人力资源能够满足企业战略规划需要的程度。这就要考虑到计划期内人员的流动及适应未来工作的状况。

1. 企业内部人力资源供给

最常用的方法有马尔可夫模型和人员接替模型。

（1）马尔可夫模型

A. A. Markow 是俄国的数学家，以他的名字命名的数学方法称为马尔可夫方法。这种方法目前广泛应用于企业人力资源供给预测，其基本思想是找出过去人力资源变动的规律，以推测未来人力资源变动的趋势。

马尔可夫模型的基本表达式为：

$Ni(t) = \sum Ni(t-1)Pji + Vi(t)$ $(i, j = 1, 2, 3, \cdots\cdots, k;$ $t = 1, 2, 3, \cdots\cdots, n)$

式中：k—职位类数；$Ni(t)$—时刻 t 时 I 类人员数；Pji—人员从 j 类向 I 类转移的转移率；

$Vi(t)$—在时间 $(t-1, t)$ 内 I 类所补充的人员数。

某类人员的转移率（P）＝转移出本类人员的数量/本类人员原有总量。

（2）人员接替模型

人员替换模型主要是针对企业内部人员供给预测的一种简单而有效的方法。这种方法要通过工作分析明确职位对员工的具体要求，确定达到工作要求的员工或者具有潜力、经过培训后能够胜任工作的员工作为候选人。然后，把各职位候补人员情况与企业员工流动情况综合考虑，形成如图 9-2 所示的接替模型。

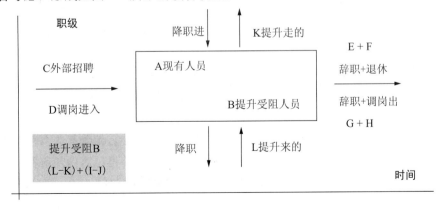

图 9-2 接替模型图

内部供给量 M＝现有员工数量 A＋提升受阻人员 B－流出总量 N＋流入总量 P

流出总量 N＝辞职数 E＋退休数 F＋辞退数 G＋调岗出数 H

流入总量 P＝外部招聘数 C＋内部调岗进数 D

2．企业外部人力资源供给预测

企业职位空缺不可能完全通过内部供给解决，企业人员因各种主观或自然原因退出工作岗位是不可抗拒的规律，这必然需要企业不断地从外部补充人员。

企业外部人力资源供给的渠道主要有：大中专院校应届毕业生、复转军人、技职校毕业生、事业人员、其他组织人员、流动人员等。

在劳动力市场上，供给曲线显示着随着工资率的提高，劳动力供给必然增加。如图 9-3 所示。

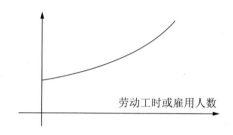

劳动工时或雇用人数

图 9-3　劳动力市场供给曲线图

另外还要考虑到影响劳动力供给的主要因素，如人口政策及人口现状、劳动力市场的发育程度、社会就业意识及择业心理偏好等。严格的户籍制度也制约着企业内部人员的供给。

（三）人力资源供求的综合平衡

人力资源供求平衡是企业人力资源规划的目的，人力资源供求预测是为制定具体的供求平衡规划而服务的。但是企业人力资源供求平衡很少存在，即使总量上达到平衡，也会在层次、结构上发生不平衡。

人力资源规划就是根据企业人力资源供求预测结果，制定相应的措施，使企业未来人力资源供求实现平衡。

1．人力资源供求总量平衡、结构上不匹配

对于结构性人力资源供需不平衡，一般要采取下列措施实现平衡：

（1）进行人员内部的重新配置，包括晋升、调动、降职等。

（2）对人员进行有针对性的培训，使他们能够具备所需的岗位能力。

（3）进行人员置换，释放那些企业不需要的人员，补充需要人员。

2．企业人力资源供不应求的措施

预测企业的人力资源未来可能发生短缺时，可根据具体情况选择下列不同方案以弥补不足：

（1）将符合条件，而又处于相对富余状态的人员调往空缺职位。

（2）重新设计工作以提高员工的工作效率，形成机器替代人力资源的格局。

（3）制订聘用非全日制临时用工计划，如返聘已退休者或聘用小时工。

（4）制订聘用全日制临时用工计划。

（5）培训或晋升，补充高技术人员缺口，内部无法满足时拟定外部招聘计划。

（6）采取应急措施，延长工时，适当加报酬。

3. 企业人力资源供大于求的措施

（1）依法永久性辞退那些劳动态度差、技术水平低、劳动纪律观念不强的职工。

（2）合并精简一些不盈利的分厂或车间，撤并某些臃肿的机构。

（3）鼓励提前退休或内退。

（4）加强培训，提高员工的整体素质，使员工掌握多种技能，增强其竞争力。

（5）开办第三产业，支持员工转岗。

（6）减少工作时间，随之降低工资水平。

（7）多人分担一人或少数人完成的工作，降低工资水平。

三、人力资源规划的制订与实施

人力资源规划的制订与实施是一个动态过程，需要不断调整，使之达到预想的目标。

（一）人力资源规划制定的原则

1. 充分考虑内部、外部环境的变化

人力资源计划只有充分地考虑了内、外环境的变化，才能适应需要，真正做到为企业发展目标服务。内部变化主要指销售的变化、开发的变化或者说企业发展战略的变化，还有公司员工的流动变化等；外部变化指社会消费市场的变化、政府有关人力资源政策的变化、人才市场的变化等。为了更好地适应这些变化，在人力资源计划中应该对可能出现的情况作出预测，最好能有面对风险的应对策略。

2. 确保企业的人力资源保障

企业的人力资源保障问题是人力资源计划中应解决的核心问题。它包括人员的流入预测、流出预测、人员的内部流动预测、社会人力资源供给状况分析、人员流动的损益分析等。只有有效地保证了对企业的人力资源供给，才可能去进行更深层次的人力资源管理与开发。

3. 使企业和员工都得到长期的利益

人力资源规划不仅是面向企业的计划，也是面向员工的计划。企业的发展和员工的发展是互相依托、互相促进的关系。如果只考虑企业的发展需要，而忽视了员工的发展，则会有损企业发展目标的达成。优秀的人力资源计划，一定是能够使企业员工达到长期利益的计划，一定是能够使企业和员工共同发展的计划。

（二）人力资源规划的编制

根据组织战略目标及人力资源供需平衡的结果，编制人力资源规划，包括总体规划和各项业务计划。同时要注意总体规划和各项业务计划及各项业务计划之间的衔接和协调，提出调整供给和需求的具体政策和措施。一个典型的人力资源规划应包括：规划的时间段、计划达到的目标、情景分析、具体内容、制订者、制订时间。

1. 规划时间段

确定规划时间的长短，要具体列出从何时开始，到何时结束。若是长期的人力资源规划，可以长达 5 年以上；若是短期的人力资源规划，如年度人力资源规划，则为 1 年。

2. 规划达到的目标

确定达到的目标要与组织的目标紧密联系起来，最好有具体的数据，同时要简明扼要。

3. 情景分析

目前情景分析：主要是在收集信息的基础上，分析组织目前人力资源的供需状况，进一步指出制订该计划的依据。

未来情景分析：在收集信息的基础上，在计划的时间段内，预测组织未来的人力资源供需状况，进一步指出制订该计划的依据。

4. 具体内容

这是人力资源规划的核心部分，主要包括以下几个方面：①项目内容；②执行时间；③执行负责人；④检查人及检查日期；⑤费用预算；⑥规划制订者：规划制订者可以是一个人，也可以是一个部门；⑦规划制订时间：主要指该规划正式确定的日期。

（三）人力资源规划的实施

1. 人力资源规划实施的层次

人力资源规划的实施不仅是人力资源管理部门的责任，也是非人力资源管理部门管理者的责任。

人力资源规划的实施涉及三个层次：组织层次、跨部门层次和部门层次。

（1）组织层次：组织层次上的人力资源规划需要企业高层管理者的亲自参与，尤其是组织经营战略对人力资源规划的影响，人力资源规划对人力资源管理各个职能体系的影响及其指导方针、政策，必须由组织的高层管理者进行决策。

（2）跨部门层次：跨部门层次上的人力资源规划需要组织高层管理者统筹和监督，分解到各个部门，由各个部门的管理者负责实施，并对人力资源规划的实施进行评估和总结。

（3）部门层次：部门层次上的人力资源规划又分成两种情况。

一种情况是人力资源管理部门。人力资源管理部门不但要完成本部门的人力资源规划工作，还要担任"工程师＋销售员"的角色，即人力资源管理部门的主管既要做人力资源规划的制订者和实施者，又要做人力资源规划的销售员和指导者。人力资源管理部门负责人将为各部门提供人力资源规划的系统解决方案，并为各类岗位特别是核心人员提供个性化服务，如制订专门的继任者管理计划等。

另一种情况是其他部门。人力资源规划工作应该是每个部门负责人工作的组成部分。部门负责人要依据组织的发展战略和本部门经营计划，提出本部门的人力资源计划，经过人力资源部门的统筹调整后形成或分解为部门的人力资源规划，据此实施，结束人力资源管理部门的指导和监督。

在人力资源规划的实施过程中，要注意协调好各部门、各环节之间的关系，需要注意以下几点：

在实施前要做好沟通和准备，必须要有专人负责既定方案的实施，要赋予负责人拥有保证人力资源规划方案实现的权利和资源；

实施时要全力以赴，要确保不折不扣地按规划执行；

要有关于实施进展状况的定期报告，以确保规划能够与环境、组织的目标保持一致。

2. 人力资源规划实施的步骤

人力资源规划在实施过程中要分步、分阶段进行。

第一阶段：系统完善，建立健全阶段。建立人力资源规划体系，全面推动人力资源战略规划的运作，对人力资源规划工作进行综合统筹、分级管理，引进相关方法和手段，推进入力资源规划方案中的各项制度、措施的开展、实施与完善，并落到实处。

第二阶段：改进和提升阶段。发挥战略牵引作用，全面夯实人力资源规划工作，根据内外环境变化对人力资源规划体系进行升级、维护，在此基础上，进行人力资源规划的综合升级性整合。

第三阶段：持续改进阶段。适时调整完善和改进人力资源规划体系，使人力资源规划全面支持、推动和加速企业变革及战略实现。

第三节 人力资源管理职能

人力资源管理的主要活动又称为人力资源管理的各项职能，是指组织中人力资源职能管理人员所从事的具体工作环节。不同规模的组织所涉及的活动略有区别，但其重要的职能工作在人力资源管理中应必须包括：工作岗位分析、人员招聘选拔与录用、绩效考核管理、薪资福利管理。这些管理职能都可以作为外包形式进行。

一、工作岗位分析

（一）工作分析概述

1. 工作分析的定义

所谓工作分析，即是分析者采用科学的手段和技术，对每个同类岗位工作的结构因素及其相互关系，进行分解、比较与综合，确定该岗位的工作要素特点、性质与要求的过程。工作分析是对工作的全面信息的了解和提取的基础性管理活动；是对各类工作岗位的性质任务、职责权限、各类岗位关系、劳动条件和环境以及员工承担本岗位任务应具备的资格条件所进行的系统研究，并制订出工作说明书等岗位人事规范的过程。

2. 工作分析的内容

工作分析的内容包含三个部分：对工作内容及岗位需求的分析；对岗位、部门和组织结构的分析；对工作主体员工的分析。

对工作内容的分析是指对产品（或服务）实现全过程及重要的辅助过程的分析，包括工作步骤、工作流程、工作规则、工作环境、工作设备、辅助手段等相关内容的分析；由于工作的复杂性、多样性和劳动分工使岗位、部门和组织结构成为必然，不同的行业和不同的业务都影响着岗位、部门和组织结构的设置，对岗位、部门和组织结构的分析包括对岗位名称、岗位内容、部门名称、部门职能、工作量及相互关系等内容的分析；对工作主体员工的分析包括对员工年龄、性别、爱好、经验、知识和技能等各方面的分析，通过分析有助于把握和了解员工的知识结构、兴趣爱好和职业倾向等内容。在此基础上，企业可以根据员工特点将其安排到最适合他的工作岗位上，达到人尽其才的目的。

3. 工作分析的作用

从组织的角度，工作分析是一个基础的工具，是维系和发展组织系统的基础，从人力资源管理角度上讲，工作分析为组织人力资源规划、人员招聘、人力资源培训和开发、绩效管理、薪酬管理、劳动关系管理的一系列职能活动提供了支持。当完成以工作分析为基础的岗位工作描述以后，就建立了整个人力资源管理系统的核心。

工作分析与人力资源管理各任务之间的关系如图 9-4 所示。

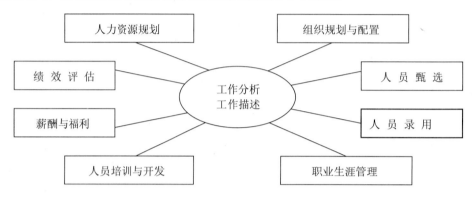

图 9-4　工作分析的地位和作用

（二）工作分析的程序

工作分析可以分为四个步骤来进行。

1. 准备阶段

（1）根据工作分析的总目标、总任务，对企业各类岗位的现状进行初步了解，掌握各种基本数据和资料。

（2）设计岗位调查方案。明确岗位调查的目的，确定调查的对象和单位，确定调查项目，确定调查表格和填写说明，确定调查的时间、地点和方法。

（3）为了搞好工作分析，还应做好员工的思想工作，说明该工作分析的目的和意义，建立友好合作的关系，使有关员工对岗位分析有良好的心理准备。

（4）根据工作分析的任务、程序，分解成若干工作单元和环节，以便逐项完成。

（5）组织有关人员，学习并掌握调查的内容，熟悉具体的实施步骤和调查方法。

2. 调查阶段

该阶段的主要任务是根据调查方案，对岗位进行认真细致的调查研究。在调查中，灵活运用访谈、问卷、观察、小组集体讨论等方法，广泛深入地搜集有关岗位的各种数据资料。对各项调查事项的重要程度、发生频率详细记录。

3. 分析阶段

该阶段首先对岗位调查结果进行深入分析，采用文字图表等形式作出归纳、总结。对岗位的特征和要求进行全面深入的考察，充分揭示其主要任务结构和关键影响因素，并在系统分析和归纳总结的基础上，撰写工作说明书、岗位规范等人力资源管理的规章制度。

4. 完成阶段

根据规范和信息编制"岗位规范"或"工作说明书"。本阶段是前三个阶段的最终目标。

（1）岗位规范

岗位规范是对于岗位构成内容所作的统一规定，属于工作标准的范畴。

岗位规范也就是岗位标准，即岗位构成内容的标准化，包括职责和权利的标准化。在实际工作中，每一个岗位的工作内容和形式都有具体性、特殊性、变化性，但这个岗位之所以设立，是因为在其工作内容和形式中，又必然存在一般的、共同的、稳定的东西。正由于后者的存在，这一岗位才是必要的。岗位规范的意义，就在于对该岗位共性的东西加以明确的概括和说明，从而使从事该岗位的工作人员具有如何理解和开展工作的依据。因此，岗位规范对于个人来说，是一种工作指导，对于组织来说，是一种工作要求。

岗位规范的形式实例：

①管理岗位知识能力规范；

②管理岗位培训规范；

③生产岗位技术业务能力规范；

④生产岗位操作规范。

（2）工作说明书

工作说明书是用文件形式来表达工作分析的结果，其基本内容包括工作描述和任职要求两个方面。工作描述一般用来表达工作内容、任务职责、环境等，而任职要求则用来表达任职者所需的资格要求，如技能、学历、训练、经验、体能等。

二、招聘与录用

（一）人员招聘概述

1. 招聘的含义

招聘就是发现和吸引符合条件、有资格和能力的人员来填补企业的职务空缺。成功和有效的招聘意味着企业有更多的人力资源优势。招聘有助于改善企业的劳动力结构与数量。通过有目的、有计划地录用工作人员，企业可以控制人员类型和数量，改善人力资源结构，保证年龄结构、知识结构、能力结构等符合企业发展的整体目标。

人员招聘是企业为了弥补岗位的空缺而进行的一系列人力资源管理活动的总称。它是人力资源管理的首要环节，是实现人力资源管理有效性的重要保证。

一般情况下，企业招聘工作是源于以下几种情况的人员需求：

（1）因生产或业务的扩展而计划的人员招收；

（2）因人员离职等突发原因产生的缺员补充；

（3）为了确保企业所需的专门人员；

（4）为了确保新规划事业的人员；

（5）企业组织机构有所调整之时；

（6）根据企业发展战略，必须引进新人员之时。

2. 人力资源招聘服务

作为人力资源服务机构，在招聘过程中应该注意以下几个问题：

（1）对提出招聘要求的用人单位进行资质的合法性、有效性验证，及企业委托人力资源服务机构进行招聘时，应提供有效的营业执照复印件。

（2）对于招聘内容的合法、合理性进行审查，应注意不出现歧视、欺诈等内容条款。

（二）招聘的程序

招聘是个连续的过程。从广义上讲，人员招聘包括招聘准备、招聘实施和招聘评估三个阶段。

1. 准备阶段

（1）进行人员招聘的需求分析，明确哪些岗位需要补充人员。

（2）明确掌握需要补充人员的工作岗位的性质、特征和要求。

（3）制订各类人员的招聘计划，提出切实可行的人员招聘策略。

2. 实施阶段

招聘工作的实施阶段是这个招聘活动的核心，也是最关键的一环，先后经历招募、筛选、录用三个步骤。

（1）招募阶段：根据招聘计划确定的策略和用人条件与标准进行决策，采用适宜的招聘渠道和相应的招聘方法，吸引合格的应聘者，以达到适当的效果。

（2）筛选阶段：在吸引到众多的符合条件的应聘者之后，还必须善于使用恰当的方法，挑选出最合适的人员。

（3）录用阶段：在这个阶段，招聘者和求职者都要做出自己的决策，以便达成个人和工作的最终匹配。

3. 评估阶段

这是整个招聘过程的最后阶段。对进行过的招聘过程作总结和评价，并将有关资料整理归档。进行招聘评估，可以及时发现问题、分析原因、寻找解决的对策，有利于及时调整有关计划并为下一次招聘提供经验教训。

（三）人员招聘的实施

1. 选择招聘渠道

在人员招聘时，企业可以根据招聘职位的类型、层次、能力要求等，结合企业特点，包括财务状况、紧迫性、招聘人员素质等，来选择适当的招聘渠道。

常用的招聘渠道有以下几种：

（1）现场招聘。现场招聘是企业和人才通过第三方提供的场地，进行直接面对面对话，现场完成招聘面试的一种方式。现场招聘一般包括招聘会及人才市场两种方式。

（2）网络招聘。网络招聘一般包括企业在网上发布招聘信息甚至进行简历筛选、笔试、面试。企业通常可以通过两种方式进行网络招聘，一是在企业自身网站上发布招聘信息，搭建招聘系统；二是与专业招聘网站合作，如中华英才网、前程无忧、智联招聘等，通过这些网站发布招聘信息，利用专业网站已有的系统进行招聘活动。

（3）校园招聘。校园招聘是许多企业采用的一种招聘渠道，企业到学校张贴海报，举行宣讲会，吸引即将毕业的学生前来应聘，对于部分优秀的学生，可以由学校推荐，对于一些较为特殊的职位也可通过学校委托培养后，企业直接录用。

（4）传统媒体广告。在报纸杂志、电视和电台等载体上刊登、播放招聘信息。目前这种招聘渠道受众面广、过程简单，同时能对企业起到一定的宣传作用，但因针对性不强、时效性差，在招聘中较少采用。

（5）人才中介机构。这种机构一方面为企业寻找人才，另一方面也帮助人才找到合适的雇主。一般包括针对中低端人才的职业介绍机构以及针对高端人才的猎头公司。

2. 发布招聘信息

招聘的第一步是在媒体上发布招聘信息。招聘信息兼具公司宣传作用，因而也被称为招聘广告。一个完整的招聘信息包括如下内容：

（1）公司简介，包括公司名称、规模、经营业务、联络方式；

（2）招聘职位名称、招聘人数、期限等基本信息；

（3）招聘职位的要求，包括任职者学历、能力、资格、经验等；

（4）招聘职位的职责，包括从事的工作内容和管理权限；

（5）福利待遇、劳动合同和培训机会等。

3. 人员选拔

人员选拔，也就是甄选或筛选，它是指通过运用一定的工具和手段对已经招募到的求职者进行鉴别和考察，区分他们的人格特点与知识技能水平，预测他们的未来工作绩效，从而最终挑选出企业所需要的、合适的职位空缺填补者。

为了保证人员选拔的效果，按照上面所提到的几项标准的内容，人员选拔的程序一般来说要按照相应进行，见图 9-5。

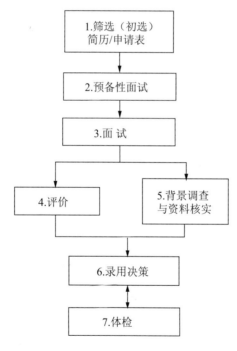

图 9-5　人员选拔程序

（1）初步筛选

初步筛选通常指的是简历筛选，是对应聘者提供的个人简历或招聘申请表等材料进行判定选择。目的是筛选出那些背景和潜质都能满足岗位任职要求标准和基本要求的候选人，为后面阶段的细选奠定基础。

（2）预备性面试或笔试

经过简历筛选选出的应聘者，首先可以安排进行预备性面试或笔试。

预备性面试是个简短的见面过程，目的是核实本人的资质和经历是否与提供的应聘资料一致，同时通过接触从应聘者的语言谈吐及外形气质等方面判断是否适合所需岗位要求。

笔试是对应聘者进行相关知识能力方面的纸笔考试，在员工招聘中有相当大的作用，尤其是在大规模的员工招聘中，它可以一下子把员工的基本活动了解清楚，然后可以划分出一个粗略的、基本符合需要的界限。

（3）面试

面试是用人单位最常用的也是必不可少的选拔手段。在现代社会，用人单位越来越注重员工的实际能力与工作潜力，因此面试在人员挑选环节中占有不可或缺的重要地位。

在面试过程中，代表用人单位的面试考官与应聘者直接交谈，根据应聘者对所提问题的回答情况，考察其对相关知识的掌握程度，以及判断、分析问题的能力；根据应聘者在面试过程中的行为表现，观察应聘者的主观态度、风度气质，以及现场的应变能力，以此判断应聘者是否符合应聘岗位的标准和要求。

面试的一般步骤包括以下三个阶段：

①面试前的准备阶段。本阶段包括确定面试的目的，科学地设计面试问题，选择合适的面试形式，确定面试的时间、地点等。面试官要事先确定需要面试的事项和范围，准备面试提纲。并且在面试前要详细了解应聘者的资料，发现应聘者的个人信息、社会背景及对工作的态度、是否具有发挥潜力等。

②面试开始阶段。面试时应从应聘者可以预料到的问题开始发问，如教育程度、工作经历等，然后再过渡到其他问题，以消除应聘者的紧张情绪。这样才能营造和谐的面谈气氛，有利于观察应聘者的表现，力求全面客观地了解应聘者。

③正式面试阶段。正式面试中，面试考官可以采用灵活的提问和多样化的形式，交流信息，进一步观察和了解应聘者。

正式面试阶段是面试的实质性阶段，面试考官通过广泛的话题从不同侧面了解应聘者的心理特点、工作动机、能力、素质等，评价内容基本上是"面试评价表"中所列的各项要素，见表9-2。

表9-2　面试成绩评定表

姓名		性别		年龄		学历		专业	
应聘岗位						所属部门			
面试项目	好		分数	中		分数	差		分数
仪表	端庄整洁		10	一般		5	不整洁		0
态度	诚恳		10	一般		5	随便		0
情感	稳重		10	一般		5	轻浮		0
表达能力	清晰流畅		20	基本达意		15	含糊不清		5
专业知识	对口扎实		20	有一定知识		15	肤浅		5
实际经验	丰富		15	有一定经验		10	没有		5
进取心	强烈		15	一般		10	欠缺		5
评定总分				评定等级					
评语结论									

（4）评价中心测试

在招聘选拔中选拔高级管理人员和专业技术人员的时候，为使招聘单位进一步掌握应聘者的能力，有时会安排各种有针对性的测试。这种方法是将应聘者置于一个逼真的模拟环境中，采用多种测评技术来观察和评价其心理、行为和技能表现。评价中心最突出的特点是情景模拟性。常见的测试形式有：人格测试、智力测试、职业心理测试、公文筐测试、无领导小组讨论等。

4. 人员录用

人员录用是依据选拔的结果作出录用决策并进行安置的活动。其中最关键的内容是做好录用决策。录用决策是依照人员录用的原则，避免主观武断和不正之风的干扰，把选拔阶段多种考核和测试结果汇总起来，进行综合评价，从中择优确定录用名单。一般来说，人员录用的主要策略有以下三种：

（1）多重淘汰式

是指在招聘的每个环节都是淘汰制的，应聘者必须在每一种测试中都达到一定水平，方能合格。该方法是将多种考核与测试项目依次实施，每次淘汰若干低分者。全部通过考核项目者，再按他们最后面试或测试的实际得分，排定名次，择优确定录用名单。

（2）补偿式

不同测试的成绩可以互为补充，最后根据应聘者在所有测试中的总成绩作出录用决策。如分别对应聘者进行笔试和面试选择，再按照规定的笔试和面试的权重比例，综合算出应聘者的总成绩，决定录用人选。

（3）结合式

有些测试是淘汰性的，有些是可以互为补偿的，应聘者先通过淘汰性的测试后，才能参加其他测试。

5. 招聘评估

招聘评估是招聘过程最后的一个环节。招聘评估由两部分指标组成，第一部分是招聘的效果，包括招聘人员的质量和岗位匹配度等。招聘效果的评估，可检验招聘工作成果与方法的有效性，有利于招聘方法的改进。第二类指标是招聘的成本与效益，包括招聘周期和招聘费用等。成本核算能够使招聘人员清楚地知道费用的支出情况，区分哪些是应支出项目，哪些是不应支出项目，有利于降低今后招聘的费用，为组织节省开支。招聘评估的内容参照表9-3。

表9-3　招聘评价指标体系

Ⅰ类指标效度与信度评价指标	1. 申请职位人员的数量（搜索、推荐、投递简历的应聘人数）
	2. 参加面试人数及最终被录用人数及比率
	3. 填补岗位空缺的数量和百分比
	4. 对录用员工质量的评价
	5. 对录用员工的满意度评价
Ⅱ类指标成本与效益评价指标	1. 招聘周期（整个招聘过程的时间）
	2. 招聘总成本及每位录用员工的招聘单位成本
	3. 以职务区分平均每个员工的招聘成本
	4. 招聘新员工在一定期间内所产生的效益
	5. 成本效益比及改进措施评估等

三、员工培训

（一）员工培训概述

1. 员工培训的内涵

员工培训是指企业为开展业务及培育人才的需要，采用各种方式对员工进行有目的、有计划的培养和训练的管理活动，其目标是使员工不断地更新知识，开拓技能，改进员工的动机、态度和行为，是企业员工适应新要求，更好地胜任现职工作或担负更高级别职务的重要手段，也是促进组织效率的提高和组织目标的实现的关键途径，培训的出发点和归宿是"企业的生存与发展"。

2. 员工培训的分类

（1）岗前培训：指对新近入职员工和调岗员工在上岗之前的培训。培训内容一般为以下几个方面：

①公司简介、员工手册、企业人事管理规章的讲解。

②企业文化知识的培训。

③请所在部门进行业务技能、工作要求、工作程序、工作职责等的说明。

（2）在职培训：在职培训的目的主要在于提高员工的工作效率，以更好地协调公司的运作及发展。培训的内容和方式均由部门决定。

（3）专题培训：公司根据发展需要或者部门根据岗位需要，组织部分或全部员工进行某一主题的培训工作。

（4）员工业余自学：员工业余自学是指员工利用业余时间参加的自费学历教育、自费进修或培训、自费参加的职业资格或技术等级考试及培训。

3. 员工培训的方法

（1）讲授法。讲授法是指教师通过课件和语言表达，系统地向受训者传授知识。

（2）演示法。演示法是通过实务和教具，通过操作示范使受训者掌握某些技能的实施过程。

（3）研讨法。研讨法是通过培训师与受训者互动，或者受训者划分小组相互讨论，以解决设定的问题。

（4）视听法。是指利用多媒体软件、视频影片等视听教材，组织学员培训。

（5）角色扮演法。角色扮演法也叫情景模拟，就是让受训者模拟担任相关的角色，利用培训内容的指导来完成设定的任务。

（二）培训的实施程序

1. 培训需求分析

培训需求分析就是采用科学的方法弄清谁最需要培训、为什么要培训、培训什么等问题，并进行深入探索研究的过程。

企业的培训需求是由各个方面的原因引起的，确定进行培训需求分析并收集到相关的资料后，就要从不同层次、不同方面、不同时期对培训需求进行分析。

（1）培训需求的层次分析

需求分析一般从三个层次上进行：战略层次、组织层次、员工个体层次。

①战略层次分析。一般由人力资源部发起，需要企业的执行层或咨询小组的密切配合。必须弄清楚企业战略目标，方可在此基础上作出一份可行的培训规划。

②组织层次的分析。主要分析的是企业的目标、资源、环境等因素，准确找出企业存在的问题，并确定培训是否是解决问题的最佳途径。

③员工个人层次分析。主要是确定员工目前的实际工作绩效与企业的员工绩效标准对员工技能的要求之间是否存在差距，为将来培训效果和新一轮培训需求的评估提供依据。

（2）培训需求的对象分析

①新员工培训需求分析。对于新员工、特别是对于从事低层次工作的新员工的培训需求分析，通常使用任务分析法来确定其在工作中需要的各种技能。

②在职员工培训需求分析。在职员工培训需求是指随着新技术在生产过程中的应用，在职员工的技能不能满足工作需要等原因而产生的培训需求，通常采用绩效分析法评估在职员工的培训需求。

（3）培训需求的阶段分析

①目前培训需求分析，是指针对企业目前存在的问题和不足而提出的培训要求。

②未来培训需求分析，是为满足企业未来发展过程中的需要而提出的培训要求。

2. 培训计划的制订

培训计划是企业在需求分析基础上提出的培训组织管理的实施规程，一个完善的培训计划在拟订阶段，必然会涉及许多在实施中将发生的事情。包括：学员、培训师的选择，培训时间、场地的安排，教材、讲义的准备，培训经费的落实，培训评估方法的选择等。

（1）培训的目的或目标，即培训计划中的培训项目需要达到一个什么样的培训目的、目标或结果。

（2）培训对象，即回答培训计划中的培训项目是对什么人或者什么岗位的任职人员进行的，他们的学历、经验、技能状况如何。

（3）培训内容，即回答培训计划中每个培训项目的内容是什么。

（4）培训时间和地点，培训时间是指培训计划中每一个培训项目的实施时间和每一个培训项目的培训周期或者课时；培训地点包括每个培训项目的实施地点。

（5）培训形式和方式，即培训计划中的每个培训项目所采用的培训形式和培训方式。如：是外派培训还是内部组织培训；是外聘教师培训还是内部人员担任；是半脱产培训、脱产培训还是业余培训等。

3. 培训的组织与实施

（1）前期准备工作。

在新的培训项目即将实施之前做好各方面的准备工作，是培训成功实施的关键。准备工作包括以下几个方面：

①确认并通知参加培训的学员。须考虑的相关因素如下：学员的工作内容、工作经验与资历、工作意愿、工作绩效、公司政策、所属主管的态度等。

②培训后勤准备。须考虑的相关因素如下：培训性质、交通情况、培训设施与设备、

行政服务、座位安排、费用（场地、餐费）等。

③确认培训时间。须考虑的相关因素如下：能配合员工的工作状况，合适的培训时间长度（白天 6-8 个小时，晚上 2-3 个小时为宜）；符合培训内容，教学方法的运用，时间控制。

④相关资料的准备。主要包括：课程资料编制、设备检查、活动资料准备、座位或签到表印制、结业证书等。

⑤确认理想的培训师。尽可能与培训师事先见面，授课前说明培训目的、内容。须考虑的相关因素如下：符合培训目标、培训师的专业性、培训师的配合性、培训师的讲课报酬在培训经费预算内。

（2）培训实施阶段

①课前工作。准备茶水、播放音乐；学员报到，要求在签到表上签名；引导学员入座。

②培训开始的介绍工作。课程及讲师介绍；培训目标和日程安排的介绍；宣布课堂纪律；后勤安排和管理规则介绍；"破冰"活动、学员自我介绍。

③培训器材的维护、保管。

④课堂教学管理。通常包括由培训者讲授、通过教学媒体传授、分小组讨论、模拟演示，以及提问和解答等。注意课堂纪律、休息时间的控制；做好上课记录（录音、摄影、录像）。

⑤对学习进行回顾和评估。做任何一件事情都要有始有终，培训也是一样。回顾和评估具有承上启下的作用，它既高度概括培训的中心内容，又要提示学员注意将所培训的内容应用到今后的工作中去。

（3）培训后的工作

培训后的主要工作有向培训师致谢、作问卷调查、颁发结业证书、清理和检查设备、进行培训效果评估等。

4. 培训效果的评估

培训效果评估是一个运用科学的理论、方法和程序，从培训项目中收集数据，并将其余整个组织的需求和目标联系起来，以确定培训项目的价值和质量的过程。

柯克帕特里克（Kirkpatrick）的四层次模型是最著名的评估框架。该模型认为评估必须回答四个方面的问题，即受训者的反应（受训者满意程度）、学习（知识、技能、态度、行为方式方面的收获）、行为（工作中行为的改进）、结果（受训者获得的经营业绩）对组织的影响。另外需考虑培训的成本效益（培训投资与由此产生的收益），即增加成本评估，总体上可从五个层面分别对培训进行评估。

培训评估可以采用笔试、访谈、问卷调查、操作模拟、论文答辩等各种形式进行。培训经过评估后需要将结果反馈给企业的管理层以确定培训的效果。为了激发员工参加培训的积极性，促进培训效果的转化，还应将评价考核的结果作为企业内部提升、奖励的参考依据。

四、员工绩效管理

（一）绩效管理概述

1. 什么是绩效

绩效，是指具有一定素质的员工在职位职责的要求下，实现的工作结果和在此过程中表现出的行为。绩效是对工作行为以及工作结果的一种反映，也是员工内在素质和潜能的一种体现。

2. 什么是绩效考核

绩效考核也叫绩效评价、绩效考评，是指考查和评定员工个人工作绩效的过程和方法，是员工绩效形成的不可或缺的因素。

3. 什么是绩效管理

绩效管理（Performance Management），是指管理者与员工之间在目标与如何实现目标上所达成共识的过程，以及增强员工成功地达到目标的管理方法以及促进员工取得优异绩效的管理过程。绩效管理的目的在于提高员工的能力和素质，保留、激励员工，持续地培养和发展员工，改进与提高公司绩效水平，从而提升企业的核心竞争力。

绩效管理不仅仅是绩效考核，而是一个完整的系统，主要包括制订绩效计划、绩效监控、绩效考核、绩效反馈与改进四个步骤。绩效考核只是绩效管理的一种工具。绩效管理离不开绩效考核，并且绩效考核也应该与绩效管理的其他方面紧密联系。

（二）绩效管理的实施

1. 绩效管理的程序

绩效管理强调组织目标和个人目标的一致性，强调组织和个人同步成长，形成"多赢"局面；绩效管理体现着"以人为本"的思想，在绩效管理的各个环节中都需要管理者和员工的共同参与。

绩效管理的过程通常被看作一个循环，这个循环分为四个环节，即：绩效计划制订、绩效监控与辅导、绩效考核评价及绩效结果反馈与运用，见图 9-6。

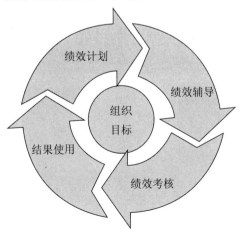

图 9-6 绩效管理循环

（1）绩效计划

绩效计划是绩效管理的第一个环节，也是绩效管理过程的起点。作为绩效管理系统闭合循环中的第一个环节，绩效计划是在新绩效周期开始时，管理者和员工经过一起讨论，就员工在新的绩效周期将要做什么、为什么做、需要做到什么程度、何时应做完、员工的决策权限等问题进行识别、理解并达成绩效目标协议。也就是说，绩效计划是管理者和员工就工作目标达成一致意见，形成契约的过程。

（2）绩效监控与辅导

绩效监控与辅导是绩效管理的第二个环节，是连接绩效计划和绩效考核的中间环节，也是耗时最长的一个环节。

在整个绩效周期内，管理者采取恰当的领导风格，积极指导下属工作，与下属进行持续的绩效沟通，预防或解决绩效周期内可能发生的各种问题，以期达到更好地完成绩效计划的目标，这就是绩效监控。在绩效监控阶段，管理者主要承担两项任务：一是通过持续不断的沟通对员工的工作给予支持，并修正工作任务与目标之间的偏差；二是记录工作过程中的关键事件或绩效数据，为绩效评价提供信息。

（3）绩效考核

绩效考核是绩效管理的关键环节，绩效考核的成功与否直接影响到整个绩效管理过程的有效性。绩效考核是指考评主体对照工作目标或绩效标准，采用科学的方法，评定员工的工作任务完成情况、员工的工作职责履行程度和员工的发展情况，并且将评定结果反馈给员工的过程。

（4）绩效反馈与应用

在绩效评价之后进行的绩效反馈面谈是一种正式的绩效沟通。现代绩效管理的根本目的是不断提高员工的能力和持续改进员工工作绩效。反馈面谈不仅是主管和下属对绩效评估结果进行沟通并达成共识，而且要分析绩效目标未达成的原因，从而找到改进绩效的方向和措施。

①绩效考核应用于衡量招聘结果。如果绩效考核的结果令人满意，说明招聘工作比较成功；反之，就要进一步寻找原因。

②绩效考核的结果为员工晋升、调整、淘汰提供决策支持。如果员工的绩效较出色，可以考虑让其承担更多的责任；如果员工的绩效较小、较差，可以考虑通过职位调整改善他的绩效水平；如果经过多次工作调整，绩效结果仍不能令组织满意，就要考虑将其解聘。

③绩效考核为奖金分配提供依据。将绩效考核的结果应用于薪酬发放，可以强化薪酬的激励作用。目前很多组织倾向于将薪酬与绩效挂钩，挂钩的方式主要有两种：第一，绩效与一次性的绩效工资或奖金的发放对接；第二，绩效与固定工资基数的调整对接。

④绩效考核应用于员工的培训与开发。绩效考核的结果可以加深组织对员工能力、素质水平的认识，尤其是员工的劣势与不足。据此，一方面人力资源部门可以制订更有针对性的员工培训计划，帮助员工弥补不足、提升绩效；另一方面，绩效考核的结果也可用于衡量培训的有效性。

⑤绩效考核应用于员工职业生涯发展规划。员工职业生涯规划是组织根据员工目前的

绩效水平，与员工协商制订长期的工作绩效改进计划和职业发展路径的过程。通过绩效考核的结果，主管人员和员工都可以清晰地认识到员工的优势和不足，经过沟通和讨论，员工便能更加了解工作目标、明确自身的发展路径。

2. 绩效管理的方法

目前企业采用的绩效管理方法或工具常用到关键绩效指标法、目标管理法、平衡记分卡法、等级评估法以及 360 度反馈法。

（1）关键绩效指标法

关键绩效指标法（Key Performance Indicator，KPI）是以企业年度目标为依据，通过对员工工作绩效特征的分析，据此确定反映企业、部门和员工个人一定期限内综合业绩的关键性量化指标，并以此为基础进行绩效考核。

（2）目标管理法

目标管理法（Management By Objective，MBO）是通过将组织的整体目标逐级分解直至个人目标，最后根据被考核人完成工作目标的情况来进行考核的一种绩效考核方式。在开始工作之前，考核人和被考核人应该对需要完成的工作内容、时间期限、考核的标准达成一致。在时间期限结束时，考核人根据被考核人的工作状况及原先制订的考核标准来进行考核。

（3）平衡记分卡法

平衡记分卡（Balanced Scored Cards，BSC）从企业的财务、顾客、内部业务过程、学习和成长四个角度进行评价，并根据战略的要求给予各指标不同的权重，实现对企业的综合测评，从而使得管理者能整体把握和控制企业，最终实现企业的战略目标。

（4）等级评估法

等级评估法根据工作分析，将被考核岗位的工作内容划分为相互独立的几个模块，在每个模块中用明确的语言描述完成该模块工作需要达到的工作标准。同时，将标准分为几个等级选项，如"优、良、合格、不合格"等，考核人根据被考核人的实际工作表现，对每个模块的完成情况进行评估。总成绩便为该员工的考核成绩。

（5）360 度反馈考核法

360 度反馈考核法也称全方位考核法，即由上级、同事、下属、自己和相关的顾客对被考核者进行考核的一种考核方法。通过这种多维度的评价，综合不同评价者的意见，则可以得出一个全面、公正的评价。

3. 绩效考核的流程

绩效考核是绩效管理的核心部分，也是绩效管理的具体实施部分。

（1）制订考核计划

①明确考核的目的和对象。

②选择考核内容和方法。

③确定考核时间。

（2）进行技术准备

绩效考核是一项技术性很强的工作。其技术准备主要包括确定考核标准、选择或设计考核方法以及培训考核人员。

（3）收集资料信息

收集资料信息需要建立一套与考核指标体系有关的制度，并采取各种有效的方法来达到。

（4）做出分析评价

①确定单项的等级和分值。

②对同一项目各考核来源的结果综合。

③对不同项目考核结果的综合。

（5）考核面谈与结果反馈

绩效反馈面谈是管理者就上一绩效管理周期中员工的表现和绩效评价结果与员工进行正式面谈的过程。对绩效评价的结果达成共识，分析原因，找出需要改进的方面。制订绩效改进计划，共同协商确定下一个绩效管理周期的绩效目标和绩效计划。

五、员工薪酬管理

（一）薪酬管理的内涵

1. 薪酬的概念

薪酬是指员工向其所在单位提供所需要的劳动而获得的各种形式的补偿，是单位支付给员工的劳动报酬。薪酬包括经济性薪酬和非经济性薪酬两大类。

（1）经济性的薪酬一般可分为工资、奖金、津贴和福利四个部分。工资一般是指在正常工作状态下，以货币形式或可以转化为货币形式的报酬。奖金是对员工的劳动绩效突出部分所支付的报酬，是单位为了鼓励员工提高工作效率和工作质量付给员工的货币奖励。如：全勤奖，超产奖，质量奖，节约奖等。津贴是对员工在特殊劳动条件（时间、地点、岗位、环境）下工作所支付的超额劳动补贴及额外的生活补助，是工资的补充形式。如：高温津贴、岗位补贴、住房补助等。福利是指企业基于雇佣关系，依据国家的法律规定，以企业自身支付能力为依托，向员工所提供的补充性报酬与服务。如社会保险、带薪休假、集体旅游、免费班车等。

（2）非经济性薪酬是指无法用货币等手段来衡量，但会给员工带来心理愉悦效用的一些因素，包括工作、社会和其他方面。其中工作方面包括工作成就、工作有挑战感和责任感等的优越感觉；社会方面包括社会地位、个人成长、实现个人价值等；其他方面包括友谊关怀、舒适的工作环境、弹性工作时间等。

2. 薪酬管理概念

薪酬管理，是在组织发展战略指导下，对员工薪酬支付原则、薪酬策略、薪酬水平、薪酬结构、薪酬构成进行确定、分配和调整的动态管理过程。

薪酬管理包括薪酬体系设计、薪酬日常管理两个方面。薪酬体系设计主要是薪酬水平设计、薪酬结构设计和薪酬构成设计；薪酬日常管理是由薪酬预算、薪酬支付、薪酬调整组成的循环，这个循环可以称之为薪酬成本管理循环。

3. 薪酬管理的原则

要让薪酬发挥应有的作用，薪酬管理应遵循以下三个原则：效率、公平、合法。达到效率和公平的目标，就能促使薪酬激励作用的实现，而合法性是薪酬基本要求，因为合法是公司存在和发展的基础。

（1）效率原则

效率原则就是要达到两个层面的目标，第一个层面是站在产出角度来看，薪酬能给组织绩效带来最大价值；第二个层面是站在投入角度来看，实现薪酬成本控制。薪酬效率目标的本质是用适当的薪酬成本给组织带来最大的价值。

（2）公平原则

公平原则包括三个层次：分配公平、过程公平、机会公平。

分配公平是指组织在进行人事决策、决定各种奖励措施时，应符合公平的要求。如果员工认为受到不公平对待，将会产生不满。

过程公平是指在决定任何奖惩决策时，组织所依据的决策标准或方法符合公正性原则，程序公平一致、标准明确、过程公开等。

机会公平指组织赋予所有员工同样的发展机会，包括组织在决策前与员工互相沟通，组织决策考虑员工的意见，主管考虑员工的立场，建立员工申诉机制等。

（3）合法原则

合法性的原则是企业薪酬管理的最基本前提，要求企业实施的薪酬制度符合国家、省区的法律法规、政策条例要求，如不能违反最低工资制度、法定保险福利、薪酬指导线制度等的要求规定。

（二）薪酬管理的业务内容

1. 企业薪酬制度设计与完善

企业薪酬制度设计完善是企业薪酬管理的一项重要任务，包括工资结构设计完善，即确定并调整不同员工薪酬项目的构成，以及各薪酬项目所占的比例，还包括工资等级标准设计，薪酬支付形式设计，即确定薪酬计算的基础，是按照劳动时间，还是按照生产额、销售额计算。

不同的企业薪酬制度有不同的适用对象和范围，要选择与企业总体发展战略以及实际情况相适应的薪酬制度。企业要明确界定各类员工的薪酬水平，以实现劳动力与企业之间公平的价值交换。同时，还必须根据劳动力市场的供求关系以及社会消费水平的变化，及时对企业员工的薪酬水平适时地进行调整，以调动员工的工作积极性、主动性和创造性。

2. 企业员工工资总额管理

工资总额是指在一定时期内直接支付给本单位全部职工的劳动报酬。工资总额管理不仅包括工资总额的计划与控制，还包括工资总额调整计划与控制。国家统计局对于工资总额的组成有明确的界定，确定工资总额的组成是：

工资总额＝计时工资＋计件工资＋奖金＋津贴和补贴＋加班工资＋特殊情况下支付的工资

工资总额的管理方法，首先需考虑确定合理的工资总额需要考虑的因素，如企业支付能力、员工的生活费用、市场薪酬水平，以及员工现有薪酬状况等，然后计算合理的工资总额。可以采用工资总额与销售额的方法推算合理的工资总额，或采用盈亏平衡点方法推算合理的工资总额，还可以采用工资总额占附加值比例的方法来推算合理的工资总额。

3. 日常薪酬管理工作

日常薪酬管理工作具体包括：

（1）开展薪酬的市场调查，统计分析调查结果，写出调查分析的报告；

（2）制订年度员工薪酬激励计划，对薪酬计划执行情况进行统计分析；

（3）深入调查了解各类员工的薪酬状况，进行必要的员工满意度调查；

（4）对报告期内人工成本进行核算，检查人工成本计划的执行情况；

（5）根据公司薪酬制度的要求，结合各部门绩效目标的实现情况，对员工的薪酬进行必要的调整。

（三）员工福利管理

1. 员工福利的含义

福利是指企业基于雇佣关系，依据国家的强制性法令及相关规定，以企业自身支付能力为依托，向员工所提供的用以改善其本人和家庭生活质量的各种以非货币工资和延期支付形式为主的补充性报酬与服务。

员工福利包括两个层次。首先是社会福利，作为一个合法的国家公民，有权享受政府提供的文化、教育、卫生、社会保障等公共福利和公共服务；其次，作为组织的成员，可以享受组织为满足劳动者的生活需要，在工资收入之外，向员工本人及其家属提供的货币、实物及服务。

2. 员工福利的内容

员工福利是薪酬体系中的重要组成部分，也是一个比较复杂的系统。按照不同的标准，可以划分成不同的类型。从福利支付的形式上划分，可分为具有延期支付性质的货币收入和实物性报酬两大类；从福利是否具有法律强制性划分，可分为法定福利和自主福利；从福利实施范围上划分，可分为全员性福利和特种福利。

（1）员工享有的法定福利

法定福利是国家通过立法的形式来强制实施的员工福利政策，又称为强制性福利，主要包括：社会保险、住房公积金和带薪休假制度三大类。

社会保险，是国家通过立法的形式，由社会集中建立基金，以使劳动者在年老、患病、工伤、失业、生育等暂时或永久性丧失劳动能力的情况下能够获得国家和社会补偿和帮助的一种社会保障制度。我国的法定社会保险有五种，即失业保险、基本养老保险、医疗保险、生育保险、工伤保险，加上住房公积金，通常被称为"五险一金"。

住房公积金也属于法定福利的一部分，是指国家机关、企事业单位、社会团体及其在职职工缴存的长期住房储金。其具有强制性、互助性、保障性的特点。职工个人缴存的住房公积金和职工所在单位为职工缴存的住房公积金，都归属于职工个人所有。住房公积金的缴存由地方制定法规，只能专用于职工住房消费支出。

带薪休假制度，是指中国公民依法享受的公休假日、法定节假日制度、年休假以及婚、丧、产休假等。

（2）企业自主福利

企业福利的类型很多，包括免费工作餐、交通服务或交通补贴、住房福利、补充养老保险、带薪假期、卫生设施及医疗保健、文娱体育设施、教育培训福利、法律和职业发展咨询、休闲旅游、员工股票所有权计划等。

第四节 劳动关系管理

一、劳动关系及其调整方式

（一）劳动关系与劳动法律关系

1. 劳动关系的含义

一般而言，所谓劳动关系通常是指用人单位（雇主）与劳动者（雇员）之间在运用劳动者的劳动能力，实现劳动过程中所发生的关系。

在劳动关系领域，劳动者通常被表述为雇员，用人单位通常被表述为雇主。雇员是与雇主相对的一个概念，通常可以理解为基于劳动合同，为获取工资而有义务处于从属地位，为他人即雇主提供劳动，而且，所从事的劳动是雇主业务的组成部分。公务人员，如各级政府官员不是雇员，因为此类人员是公法上的聘用关系，有独立的公法规则进行调整。家庭使用的保姆、装修工人等也不是劳动关系，因为他们与服务家庭虽然有雇佣关系，却没有从属关系，而且他们的劳动并不属于雇主的业务内容，这种关系被称作劳务关系，有劳务合同或协议进行调整。

2. 劳动法律关系的含义

劳动关系经劳动法律规范、调整和保护后，即转为劳动法律关系，雇主和雇员双方有明确的权利义务。这种受到国家法律规范、调整和保护的雇主与雇员之间以权利义务为内容的劳动关系即为劳动法律关系，它与劳动关系的最主要的区别在于劳动法律关系体现了国家意志。任何一方违反法律规范，都将承担法律责任。

3. 劳动法律关系的构成要素

劳动法律关系构成要素分别为劳动法律关系的主体、内容与客体。

（1）劳动法律关系的主体

劳动法律关系的主体是指依据劳动法律的规定，享有权利，承担义务的劳动法律关系的参与者，包括企业、个体经济组织、机关、事业组织、社会团体等用人单位和与之建立劳动关系的劳动者，即雇主与雇员。依据我国劳动法的规定，工会是团体劳动法律关系的形式主体。

（2）劳动法律关系的内容

劳动法律关系的内容是指劳动法律关系主体依法享有的权利和承担的义务。以劳动法律关系为双务关系，当事人互为权利义务主体，故一方的义务为另一方的权利。

（3）劳动法律关系的客体

劳动法律关系的客体是指主体权利义务所指向的事物，即劳动法律关系所要达到的目的和结果。如劳动、工资、保险福利、工作时间、休息休假、安全卫生等。

（二）劳动关系调整方式

劳动关系调整方式依据调节手段的不同，主要分为七种，即通过劳动法律、法规对劳动关系的调整；劳动合同规范的调整；集体合同规范的调整；民主管理制度的调整；企业内部规章制度的调整；劳动争议处理制度的调整；劳动监督检查制度的调整。

二、劳动合同的管理

（一）劳动合同的含义

劳动合同是指劳动者与用人单位之间通过平等协商，依据国家法律签订的明确有关劳动行为、权利与义务的协议。劳动合同是企业员工进入企业的首要行为，是为了保证在以后的劳动过程中，双方的权利都能得到有效的维护，使劳动关系更加和谐和顺利，以有效预防双方发生冲突，是劳动管理的依据。

劳动合同的内容确定、订立或续订、履行、变更、解除或终止的管理过程是人力资源管理的重要内容，是进行人力资源管理的重要基础。

（二）劳动合同的内容

劳动合同的内容是双方当事人依法经过平等协商达成的有关权利和义务的条款。根据国家法律规定和其他方面的情况，劳动合同条款可分为法定条款与约定条款两个部分。

1. 法定条款

法定条款是国家劳动法、合同法等相关法律规定的，在劳动合同中必须具有的条款，是关系劳动权利与义务的主要条款，缺少其中的任何条款，都是不完整、不合法的劳动合同。

（1）用人单位的名称、住所和法定代表人或者主要负责人；

（2）劳动者的姓名、住址和居民身份证或者其他有效身份证件号码；

（3）劳动合同期限：有固定期限、无固定期限和以完成一定工作任务为期限三种形式；

（4）工作内容和工作地点；

（5）工作时间和休息、休假；

（6）劳动报酬；

（7）社会保险；

（8）劳动保护、劳动条件和职业危害防护；

（9）法律、法规规定应当纳入劳动合同的其他事项。

2. 约定条款

劳动合同除上述必备的法定条款外，双方当事人可以根据实际情况和需要，经过协商，约定以下一些条款，以更好地维护当事人的权利。

（1）试用期：第一次签订劳动合同时，双方当事人为加强相互了解，可以约定试用期。

（2）培训：培训是促进员工发展、提升员工各方面素质的重要途径，也是员工的基本权利。

（3）保密事项：双方当事人可以约定保密的事项、期限、责任等内容。

（4）补充保险和福利：国家法定的社会保险之外的保险与福利待遇。

（5）其他事项：如家属赡养、子女教育、住房、出国等事项。

（三）劳动合同订立的原则

《中华人民共和国劳动合同法》第三条规定：订立劳动合同，应当遵循合法、公平公正、平等自愿、协商一致、诚实信用的原则。

1. 合法原则

合法原则是劳动合同订立的基本原则，它要求合同主体合法，合同的内容合法，合同订立的程序合法，合同的形式合法，对于违反合同的行为依法予以追究。

2. 公平公正原则

公平公正原则是指订立合同的双方当事人不论其规模大小、体制形式，也不论其出身、年龄、民族等情况如何，他们的法律地位是平等的，签订的劳动合同对双方都是公正和公平的。

3. 平等自愿原则

双方当事人在平等的基础上，自由表达自己的意见，经过充分地协商交流，对有关权利和义务等方面的基本内容达成一致意见，签订劳动合同。

4. 诚实信用原则

双方当事人是在自主意识支配下，为了实现自身的利益和愿望，在平等的基础上达成协议。不得强迫一方当事人在违背自己意志的情况下签订劳动合同。也不得欺骗当事人，使其在不知情的情况下订立劳动合同。

（四）劳动合同的履行

劳动合同的履行，是指劳动合同订立以后，用人单位和劳动者双方当事人按照合同条款的要求，共同实现劳动过程和相互履行权利和义务的行为和过程。劳动合同是依法订立的，双方当事人必须履行合同，是法律赋予双方当事人应尽的义务。

1. 劳动合同履行的形式

劳动合同的履行，又分为全部履行和不适当履行两种。全部履行，是指合同双方当事人履行合同中规定的全部义务和实现合同中规定的全部权利，这是劳动合同履行的理想模式。不适当履行，是指合同双方当事人或一方当事人只履行合同中规定的部分义务，或只实现合同中规定的部分权利。由于不可抗力等特殊的原因，包括双方当事人自己的责任、企业经营状况的变化以及社会经济宏观环境的改变等，导致了劳动合同不适当履行的情形出现。

2. 劳动合同履行的原则

（1）实际履行的原则

所谓实际履行的原则，就是指合同双方当事人要按照合同规定的标准，履行自己的义务和实现自己的权利，不得以其他标准或方式来代替。一方当事人不履行合同时，另一方当事人有权请求法院或仲裁机构强制或敦促其履行。

（2）亲自履行原则

就是指双方当事人要以自己的行为履行合同规定的义务和实现合同规定的权利，不得由他人代为履行。这就是说，劳动者的义务只能由劳动者自己去履行；用人单位的义务只能由管理部门和管理者在其管理活动中履行。

（3）全面履行的原则

是指当事人要按照合同规定的内容，不折不扣地遵照执行。当事人履行合同的全部条款，即按照合同约定的标准及其种类、数量和质量履行，又按照合同约定的时间、地点和方式等履行，才算是合同的全面履行。

（4）协作履行的原则

要求任何一方在保证自己能够实际、亲自、全面和正确地履行合同内容和条款基础上，应当为对方履行义务提供条件，进行必要的相互检查和监督，共同实现合同规定的权利。遇到问题，双方都要寻找解决问题的办法，协商提出解决办法。

（五）劳动合同管理

加强劳动合同管理，能充分发挥劳动合同在人力资源管理中的作用，明确双方的权利和义务，激励员工，实现员工与组织的共同发展。

劳动合同管理主要包括以下内容：

1. 建立劳动合同台账

为有效管理劳动合同，必须准确记录合同同期的各种台账，根据情况进行分类归档。台账一般包括员工登记表、劳动合同、员工统计表、专项协议、福利待遇、解除劳动关系后的去向等内容。

2. 劳动合同变更

劳动合同在履行的过程中，受许多方面因素的影响，会发生一系列变化。劳动合同因为某一事件的出现，或约定事实的出现，双方当事人对各自的权利和义务进行变更，形成新的约定和条款。

3. 劳动合同解除

解除劳动关系，终止双方的权利和义务，结束双方的联系状况。解除劳动合同必须符合法律规定的情形，符合劳动合同的约定条款，解除程序、形式和结果必须合理。

4. 劳动合同终止

由于环境、组织和成员等方面发生了变化，或因为某一事件的出现，使得劳动合同的履行没有了实际意义，双方的利益都不能得到有效的保护和实现，劳动合同即告终止。

（六）集体合同制度

集体合同，是指用人单位与本单位职工根据法律、法规、规章的规定，就劳动报酬、工作时间、休息休假、劳动安全卫生、职业培训、保险福利等事项，通过集体协商签订的书面协议。根据劳动法的规定，集体合同由工会代表职工与企业签订，没有成立工会组织的，由职工代表与企业签订。

集体合同可分为基层集体合同、行业集体合同、地区集体合同等。

1. 集体合同的形式

集体合同的形式可以分为主体和附体。主体是综合性集体合同，其内容涵盖劳动关系的各个方面。附件是专项集体合同，是就劳动关系的某一特定方面的事项签订的专项协议。比如，工资协议作为集体合同的附件，与集体合同具有同等效力。

2. 集体合同的期限

集体合同均为定期合同，我国劳动立法规定集体合同的期限为1～3年。期限过短，不利于劳动关系的稳定，而且加大集体协商的成本；期限过长，不利于适应实际情况的变化和劳动权益的保障。在集体合同的期限内双方可以根据集体合同的履行情况，对集体合同进行修订。

3. 集体合同的内容

双方可以就劳动报酬、保险和福利、劳动安全与卫生等多项或某项内容进行集体协商，签订集体合同或专项集体合同。

集体合同中劳动报酬和劳动条件等标准不得低于当地人民政府规定的最低标准；用人单位与劳动者订立的劳动合同中，劳动报酬和劳动条件等标准不得低于集体合同规定的标准。

三、企业劳动争议处理

（一）劳动争议的内容

1. 劳动争议的范围

企业劳动争议，又称企业劳动纠纷，或称企业劳资争议和企业劳资纠纷，是指企业劳动关系双方主体及其代表之间在实现劳动权利和履行劳动义务等方面产生的争议或纠纷。根据我国《劳动争议调解仲裁法》第2条规定，劳动争议的范围包括以下几点：

（1）因确认劳动关系发生的争议；

（2）因订立、履行、变更、解除和终止劳动合同发生的争议；

（3）因除名、辞退和辞职、离职发生的争议；

（4）因工作时间、休息休假、社会保险、福利、培训以及劳动保护发生的争议；

（5）因劳动报酬、工伤医疗费、经济补偿或者赔偿金等发生的争议；等等。

2. 劳动争议的分类

劳动争议按照不同的标准，可划分为以下几种：

（1）按照劳动争议当事人人数多少的不同，可分为个人劳动争议和集体劳动争议。个人劳动争议是劳动者个人与用人单位发生的劳动争议；集体劳动争议是指劳动者一方当事人在3人以上，有共同理由的劳动争议。

（2）按照劳动争议的对象内容，可分为履行劳动合同争议、开除争议、辞退争议、辞职争议、工资争议、保险争议、福利争议、培训争议等。

（3）按照当事人国籍的不同，可分为国内劳动争议与涉外劳动争议。

（二）企业劳动争议的处理程序

简单地讲，我国企业劳动争议的处理，实行"一调一裁两审"制度。

一调一裁两审制是我国现行法律规定的劳动争议处理机制。一调是指，发生劳动争议，首先在双方当事人自愿的前提下，由依法设立的调解组织或劳动人事争议仲裁委员会调解；一裁是指，在当事人不愿调解或调解不成的情况下，由劳动人事争议仲裁委员会对劳动争议作出仲裁裁决；两审是指，当事人不服劳动人事争议仲裁委员会作出的仲裁裁决，可以向人民法院提起诉讼，人民法院作出一审判决后，当事人还不服的，可以上诉至上一级人民法院。

1. 劳动争议的协商

劳动争议协商是指劳动争议发生后，当事人双方就争议事项进行商量，使双方消除矛盾，找出解决争议的办法。协商是一种完全自愿的、灵活的争议处理方法。协商不是处理劳动争议的必要途径；不愿协商或者协商不成的，当事人可以并有权申请调解或仲裁。从法律角度看，当事人能够协商解决问题的，可以看作没有形成事实上的劳动争议，所以协商并非是一种法律手段。

协商有三种形式：一是当事人双方协商；二是请工会或其他第三方参与协商；三是集体协商、召开协商大会。无论何种协商形式，如果达成和解意见和方案的，应该以书面协议的形式明确下来，争议双方应按照协议内容执行。

2. 劳动争议的调解

作为处理企业劳动争议的基本办法或途径之一，是指企业调解委员会对企业劳动争议所做的调解活动。企业劳动争议调解委员会由职工代表和企业代表组成。职工代表由工会成员担任或者由全体职工推举产生，企业代表由企业负责人指定。企业劳动争议调解委员会主任由工会成员或者双方推举的人员担任。企业调解委员会所做的调解活动主要是指，调解委员会在接受争议双方当事人调解申请后，首先要查清事实、明确责任；在此基础上根据有关法律和集体合同或劳动合同的规定，通过自己的说服、诱导，最终促使双方当事人在相互让步的前提下自愿达成解决劳动争议的协议。

3. 劳动争议的仲裁

仲裁是指劳动争议仲裁机构依法对争议双方当事人的争议案件进行居中公断的执法行为，其中包括对案件的依法审理和对争议的调解、裁决等一系列活动或行为。

4. 劳动争议的诉讼

诉讼又称法院审理，是指法院依照法定程序，以有关劳动法规为依据，以争议案件的事实为准绳，对企业劳动争议案件进行审理的活动。

第五节　人力资源外包

一、人力资源外包概述

为了适应迅猛发展的技术革命，迎接知识经济的挑战，参与世界竞争，许多企业都积极进行组织及管理方式的变革和创新，努力朝着柔性化、扁平化、虚拟化的方向发展。"人力资源外包"正是在这样的社会大背景下应运而生的帮助企业提高效率、赢得竞争优势的一种新型管理模式。

人力资源外包指企业将更多的精力用于核心的人力资源管理工作，而将一些较为烦琐且程序性很强的人力资源管理的日常性工作，通过招标的方式签约付费委托给专业的人力资源管理服务机构进行运作的新型的人力资源运营模式。从广义上讲，任何以购买或付费的方式将企业内部人力资源管理活动交由企业外部机构或人员完成的做法，都可视为人力资源外包。

人力资源外包，在具体操作上，表现为人事外包（代理）和劳务派遣两种形式。

（一）人事外包

1. 人事外包的概念

人事外包或者叫做人事代理，是指由政府的人力资源与劳动保障部门许可的人力资源公司，按照国家有关人事政策法规要求，接受单位或个人委托，在其服务项目范围内，为各类企事业单位尤其是非公有制经济单位及各类人才提供人事档案管理、职称评定、社会养老保险金收缴、出国政审等全方位服务，是实现人员使用与人事关系管理分离的一项人事改革新举措。

人事外包（代理）的方式为委托人事代理，可由单位委托，也可由个人委托；可多项委托，如将人事关系、工资关系、人事档案、养老保险社会统筹等委托人力资源公司管理，也可单项委托，如将人事档案委托人力资源公司管理。

2. 人事外包的具体内容

人事外包代理的具体内容由代理方和委托方协商确定，代理方可以提供如下服务：

（1）人力资源咨询服务：为委托方（客户单位）提供人事政策咨询，并协助委托方研究制订人才发展规划和人事管理（包括培训、绩效考核、薪酬福利）方案、规章制度等。

（2）代办员工录用手续：为客户单位代办员工录用手续，包括人员调动、毕业生就业申报、工人招工、外来人员聘用、录用备案、劳动合同鉴定等。

（3）代办员工离职手续：客户单位员工劳动合同期满不再续签、合同期内辞职、辞退或解除劳动合同的，由外包服务商代办其解聘、退工等有关手续。

（4）代理员工人事关系和人事档案：为客户员工建立包括工作情况、业绩情况、培训、健康及考核等方面内容的工作档案。负责客户员工的人事档案管理、出具人事证明、工作调动、档案转递等工作。

（5）工资发放及个人所得税申报：代客户单位发放员工工资及申报个人所得税等工作。同时，也为客户办理工资手册的申领和审批手续等。

（6）代办社保及公积金：为委托方代办失业、养老等社会保险参保及变动手续、住房公积金增减手续，也进行补充养老金、补充公积金、残疾人就业保障金的缴纳等。

（7）培训服务：根据委托方要求，开展岗位培训，并协助委托方制订培训计划。

（8）人才测评：根据委托方要求，开展人才测评业务。

（9）组织员工体检：根据客户要求，组织员工进行体检。

（10）工伤事故处理：协助客户处理工伤事故理赔。

（11）法律援助：代理进行劳动调解、劳动仲裁、劳动诉讼等事务。

（12）代理其他与人事管理相关业务，如集体户口挂靠、职称评定、办理婚育及独生子女证明、转接党、团组织关系、办理出国政审公证和归国留学生安置等。

（二）劳务派遣

1. 劳务派遣的内涵

劳务派遣又称人才派遣、人才租赁、劳动派遣，是指由劳务派遣机构与派遣劳工订立劳动合同，由要派企业（实际用工单位）向派遣劳工提供劳动岗位并给付劳务报酬，劳动合同关系存在于劳务派遣机构与派遣劳工之间，但劳动力给付的事实则发生于派遣劳工与要派企业（实际用工单位）之间。

劳务派遣是我国在建立劳动力市场机制的实践过程中形成的发展迅速的新型用工形式。劳务派遣是由企业单位将劳动合同关系和人力资源职能管理服务一起外包给人力资源服务商的方式。

劳务派遣包含三方关系：一是用人单位（企业）与外包服务商之间的劳务派遣协作关系；二是外包服务商与劳动者个人之间的劳动合同关系和员工服务关系；三是企业与员工之间的工作安排与使用管理关系，见图9-7。

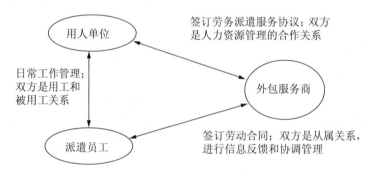

图 9-7 劳务派遣的三方关系

2. 劳务派遣的形式

劳务派遣是企业的一种正常存在的、有效率的用工形式。劳务派遣的目的是提高用工效率，化解用工风险，进而提高企业的经济效益。外包服务商可为委托方提供以下形式的劳务派遣：

（1）全程派遣：由外包服务商负责员工招聘、入职手续、日常服务、离职手续的全部工作。

（2）试用派遣：用人单位在试用期间将新员工转至外包服务公司，然后以租赁的形式试用，试用合格的员工可以转为正式员工，不合格员工可以退回外包服务公司。该试用期与劳动合同中的试用期概念可以不同，是指委托单位与外包服务商约定的试用租赁期限。

（3）转接派遣（转移派遣）：用工单位负责员工招聘，然后转给外包服务商签订劳动合同（或集体合同），为员工提供办理入、离职手续和日常服务。

（4）减员派遣：经用工单位和外包服务商协商，用工单位先将员工与用工单位的劳动关系解除，再由员工与外包服务商重新建立新劳动关系，员工依旧在用工单位工作。

（5）项目派遣：用工单位为某一临时项目而委托外包服务商聘请各种人才，项目完成后便解散工作人员。

（三）人事外包与劳务派遣的区别

人事外包和劳务派遣都是将人力资源管理的部分工作（通常是建立劳动关系、录用退工手续、档案管理、保险福利管理、工资发放等），以协议方式交由专门的人力资源外包服务商完成。两者都是人力资源外包的具体形式。

区分人事外包和劳务派遣的关键点在于谁同员工签订劳动合同。人事外包代理是员工与用人单位建立劳动关系，员工归属于用人单位，企业只是将人力资源非核心部分的工作，部分或全部委托专业机构代理；而劳务派遣则是员工与人力资源外包服务商签订劳动合同，外包服务商成为员工的法定雇主，实际用人单位同外包服务商签订人才派遣或租赁合同，用人单位只负责派遣员工的工作管理，而把人力资源管理的职能事务委托人力资源服务外包商进行管理。

二、人力资源外包的实施

（一）人事外包的程序

1. 确定外包的内容

在组织准备实施人力资源管理外包之前，必须先界定清楚，某一职能是否真的适宜外包。要熟知组织的现状和目标需求，有效地节约成本和降低风险。

一般来说，如果在价值链上的某一环节对于组织来说做的不好或者成本过高，而它又不能形成组织的竞争优势，那么可以考虑选择外包。同时要坚持不能把关系组织核心发展能力的工作外包出去的原则。对于人力资源管理来讲，工作分析与岗位描述、员工招聘、培训与发展、人事管理信息系统等事务性、社会性的工作是可以考虑进行外包的。

2. 挑选服务机构

人事外包的内容确定以后，就要考虑如何选择服务商。外包服务机构的选择对于组织人事外包成败有着重大影响，因此组织在进行外包服务商的挑选时要综合考虑多种影响因素。

除了考虑价格、外包服务商的经济实力因素外，还应对服务机构的整体能力进行综合评估，具体包括如下内容：

（1）外包服务机构的资质：即业务许可的范围是否覆盖需要外包的内容；

（2）业务能力：即外包服务机构的组织配置及人员能力；

（3）外包服务的信誉和质量，主要指行业内的评价和口碑。

此外，组织还需根据本组织人力资源管理工作量的大小，选择适合于本组织的服务商。

人力资源外包服务商也是组织的供应商之一，可以参照组织的供应商管理程序评价和管理。

3. 实施人事外包

人事外包核心的任务是外包事务的实施和管理。经过上述工作，人力资源外包就可以由相应的服务商来负责实施。

（1）签订外包服务协议。组织在与外包服务机构签订外包协议时，要考虑到服务机构方面的风险问题，外包项目预期效果、阶段考核、信息安全、损失赔偿等方面的条款规定应当明确、详细。

（2）管理外包实施。人事外包实施过程中，组织的人力资源管理部门并不能消极等待，而应该积极的参与，概括起来包括三个方面内容：

首先是要注意人力资源外包风险的防范与控制，在外包实施过程中对工作的进展作定时检查，确保工作的顺利、安全实施。

其次，组织人力资源部门还应积极参与配合，为外包服务商尽可能提供帮助，双方应建立起双赢的合作关系，共同把工作做好。

第三，建立完善的监督反馈机制。组织可以成立考评小组，负责对外包服务工作进行评估，并与组织有关部门和服务商就前期成果和问题进行反馈和交流，以便改善工作质量。

（二）劳务派遣的程序

1. 选择派遣机构

对于采取劳务派遣用工形式的企业而言，选择优秀、专业的劳务派遣机构有助于降低企业管理成本、便捷企业人事管理、减少劳动纠纷等。企业对劳务派遣机构进行选择时，至少要考虑如下六个因素：

（1）派遣机构的资质合法

资质，是企业选择劳务派遣服务机构的关键因素。企业要查看人力资源服务机构的经营证照，包括政府行政部门批准的许可证和营业执照。特别要查看派遣服务机构的许可证和业务范围。

（2）派遣服务内容对路

企业选择具有劳务派遣资质的服务机构时，要注重在广度上和深度上是否能够满足企业需求。另外，还要考察派遣服务机构增值服务的内容和水平，如对派遣员工的岗前培训教育、企业劳动政策法律咨询、劳动争议调解等。

（3）派遣机构的品牌实力

调查行业内的知名度及其他企业对它的评价，选择信誉好、品牌影响力大的服务商可以较为可靠地规避用工风险。派遣机构的品牌实力还包括资金实力（注册资本、流动资金）和经营现状（盈利或亏损）。

（4）派遣机构的运作经验

劳务派遣服务涉及的是人的服务，是一个非常复杂的服务领域，由于劳动关系的转移，变传统企业员工的直线关系为企业、员工和劳务派遣服务机构之间的三角关系，所以要求服务机构一定要具有丰富的行业经验，能为企业预防和处理可能出现的争议和纠纷，并能够为企业提供一定的政策咨询。这些经验主要包括劳务派遣服务时间长短、客户类型多少和行业分布、预防争议和突发事件的处理经验及能力、服务案例的收集和分析能力、典型事件处理经历等。

（5）派遣机构的公司规模

主要包括服务机构具有哪些服务职能、派遣员工的数量、客户的数量、从事派遣服务工作人员的数量、业务增长速度或减少情况等。企业应该选择适合自己的劳务派遣服务机构。

（6）派遣机构的服务水平

包括服务机构专业化水平、服务人员的职业化程度、对客户提出问题的响应速度和技术支持以及服务满意度（包括企业和派遣员工双方的满意程度）。

2. 签订劳务派遣合同

这里所指的劳务派遣合同包括两个方面：实际用工单位与劳务派遣公司签订《劳务派遣合同》；劳务派遣公司与被派遣劳务人员签订《劳动合同》。有些用工单位与劳务人员签订《劳务协议》，但双方之间只有使用关系，没有聘用合同关系。

（1）订立劳务派遣合同

《中华人民共和国劳动合同法》第五十九条第一款规定：劳务派遣单位应当与用工单位订立劳务派遣协议。劳务派遣协议应当约定派遣岗位和人员数量、派遣期限、劳动报酬和社会保险费的数额及其支付方式、违反协议的责任。

（2）订立劳动合同

劳动派遣单位和被派遣劳动者订立《劳动合同》、建立劳动关系，但是实际上不用工。

劳务派遣单位与被派遣劳动者订立的劳动合同，其必备条款除《劳动合同法》规定的一般劳动合同的必备条款以外，还包括被派遣劳动者的用人单位以及派遣期限、工作岗位等。

从以上必备条款可以看出，劳动派遣单位要与用人单位协商确定被派遣劳动者的工作内容和工作地点、劳动保护和劳动条件、派遣期限、工作岗位等事项，并就用人单位履行这些事项的情况对劳动者负责，而不是仅仅为劳动者找一个用工单位并派遣出去就履行完了全部义务。

《劳动合同法》第五十八条规定：劳动派遣单位应当与被派遣劳动者订立两年以上的固定期限劳动合同。

3. 管理被派遣员工

被派遣员工的管理由以下两方面构成：

（1）劳务派遣单位对被派遣员工的管理

①劳务派遣单位应当将劳务派遣协议的内容告知被派遣劳动者。

②劳务派遣单位不得克扣用工单位按照劳务派遣协议支付给被派遣劳动者的劳动报酬。

③劳务派遣单位跨地区派遣劳动者的，被派遣劳动者享有的劳动报酬和劳动条件，按照用工单位所在地的标准执行。

（2）用工单位对被派遣员工的管理

①执行国家劳动标准，提供相应的劳动条件和劳动保护。

②告知被派遣劳动者的工作要求和劳动报酬。

③支付加班费、绩效奖金，提供与工作岗位相关的福利待遇。

④对在岗被派遣劳动者进行工作岗位所必需的培训。

⑤连续用工的，实行正常的工资调整机制。

⑥用工单位不得将被派遣劳动者再派遣到其他用人单位。

在劳务派遣中，用工单位作为被派遣劳动者管理的单位，对被派遣员工的工作能力、工作业绩及工作表现都有直接的评价，但用工单位不能直接辞退被派遣员工，而是根据《劳动合同法》的相关规定将被派遣员工退回劳务派遣单位。同时，用工单位也不能接受被派遣员工的辞职，即使该员工在退回派遣公司的同时解除劳动合同关系，也应注意是从劳务派遣单位辞职，而不是从实际用工单位辞职。

案例与分析

【案例一】

跨国企业在中国培育创新人才的思考

优秀的中国人才越来越不能接受跨国企业对待他们的方式，原因并不是跨国企业愿意付多少钱那么简单。中国员工期待得到跟跨国企业其他地区员工同样的待遇——最起码要有让人满意的职业发展规划。因此，跨国企业应积极尝试不同的职业发展规划和新奇的研发平台，让中国优秀的研究人员和科学人才感觉到被接纳与受欢迎，从而帮助他们挖掘创新潜能。跨国企业在中国的研发活动正处于转折点，要充分掌握中国的创新机遇，就必须重新思考聘才和留才的方式。

一、人才招聘的挑战

中国的教育制度重理论而轻应用。相较于西方学子，中国学生一般在实务经验上比较欠缺，例如参加实际的项目和学习团队合作等经验。中国学生的管理技能和英语能力普遍不强。这些能力缺口会阻碍他们在跨国企业内的升迁发展，但在国内企业就不是大问题。熟悉的工作环境，以及薪水三级跳和快速升迁的可能性，说明了为什么越来越多的求职者被中国本地企业所吸引。

跨国企业面临的另一项挑战是，优秀的人才通常更有野心。如果野心能促进生产力或提升绩效，就是一个正面特质。但在中国竞争激烈的人才市场上，野心往往演变成频繁地跳槽。许多行业都出现八成以上跨国企业员工工作两年后就离职的现象。即使是名列前茅的企业雇主也无法避免这些问题。

许多跨国企业都试图通过优越的薪资条件来克服招聘困难，但这一方式已成为不利因素。目前，各行业的薪资都已接近欧美水平，粉碎了跨国企业一向期待的中国成本优势。部分企业已经难以合理化目前的薪资水平，尤其是那些刚到中国发展业务，还未能开始盈利的企业。

我们认为中国人才对薪资期望的提高，只不过是他们对跨国企业员工价值主张普遍感到失望的表现之一。不论是研发或其他职能部门，一个强有力的员工价值主张应包含四大关键要素：

☆ 有趣的工作

☆ 良好的公司声誉

☆ 激发活力的企业文化

☆ 明确、有效的人才管理和发展流程

二、迈向新的人才发展模式

为了应对这些趋势，跨国企业应重新审视人才招聘和发展计划。跨国企业也可以在中国尝试创新的研发模式，同时更努力营造出有助于强化和奖励员工，提高专业和个人发展的企业文化。

1. 营造孕育英才的企业环境

在仓促招聘，让中国进驻单位能快速运作的情况下，部分企业忽略了应该要建立有助于提升中国员工满意度的组织文化，例如，对公司品牌的自豪感，属于同一个团体的归属感，以及对公司提供专业和个人支持的信任感等。

跨国公司必须同时将中国的文化规范植入本地团队。通过内部通讯、小组会议和与高管一对一会面等方式肯定员工的成就，对于创造员工的公司荣誉感和主人翁意识也相当有用。跨国企业有责任了解员工的倾向，更努力营造中国员工自在表达内心想法的工作环境。让他们工作更自在，从而提高其创造力和生产力。

2. 投资发展公司内部培训

培训课程若要发挥效能，就必须针对候选学员制订明确标准。

以通用电气公司为例，该公司拥有一流的研发人才管理模式。通用电气为研发人才提供两条职业路线：研究路线和管理路线。其中研究路线员工可以晋升至资深首席科学研究员的位置，对于需要高深技术知识的项目拥有相当大的决定权。若是选择管理路线，毕业生加入公司时先从科学研究员做起，随后逐步晋升至特定领域的实验室经理或全球技术经理一职。不论在哪一个层级，公司都设立了一套清楚的考核标准，并且会向员工清楚传达，同时配合奖励制度的设置，表扬做出贡献的员工。此外，如工程背景的毕业生在选择科学专家路线一段时间后，希望能增加对商业和经营管理的了解，有机会转岗。通用电气的企业声誉和诱人且灵活的职业路径规划，确保其持续吸引中国顶尖学府的优秀人才。

3. 给予员工更大的决策自由度

跨国企业在中国基地的员工管理中，可以给予更大的自由度，尝试采用更精益的模式来进行公司运行，例如，通过调整"阶段关卡"（"做"或"不做"）的决策流程，以及项目团队结构等方式。一旦这样做，团队中的优秀人才就会有相当大的成就感和归属感，也就能主动地为公司奉献更多的价值。

基于上述理由，礼来公司（Eli Lilly）在中国以外的地区，设立了前期药品开发单位科乐斯（Chorus），希望通过删减官僚程序加大研究人员的决策权，以及采用根据创新能力给薪的做法，达到加速药品发现和开发流程的目的。在不到十年的时间里，科乐斯在初期药品开发上展现的生产力效率就已经远高于传统方式。

（资料来源：麦肯锡季 http：//www. sino—manager. com/201236 _ 31708. html）

分析思考：

1. 跨国公司在使用中国优秀人才时面临哪些挑战？

2. 跨国公司在中国企业的用人方面应采取哪些重要的手段？

【案例二】

外资企业人力资源部门业务重组

某外资企业在中国发展已有约 20 年的时间，随着近年来中国经济的快速发展，公司规模迅速扩大，目前员工总数已超过五千人。由于公司在中国许多城市都设有分支机构，且业务领域十分广泛。有很多条业务线，从而使得近百人的人力资源部门架构变得十分复杂。除大家广泛了解的人力资源的基本职能，如招聘部门、薪资福利管理部门、培训部门等（称为核心专业人力资源部门）以外，公司还要根据业务需要为每个业务线安排专门的人力资源团队（称为业务人力资源部门），而针对不同区域又要安排区域的人力资源团队（称为区域人力资源部门）。

由于架构的交叉，人力资源部门人员的工作势必因重叠而造成重复工作，形成资源浪费，职责不清，工作压力大，工作时间长等问题。因此，界定核心专业的人力资源部门与不同业务、不同区域的人力资源部门（以下简称 HRRM）之间的职责显得更为重要。而由于 HRRM 介于核心专业人力资源部门和实际业务部门之间，起到一个上传下达的桥梁作用，加之日常更多的行政、事务性工作。其结果，浪费了很多的专业人力资源工作人员的时间。

据分析，HRRM 有超过三分之一的时间花费在一般性事务工作上，如上传下达不同的问题，督促管理人员完成他们作为员工经理所应完成的工作，而这些工作并不能很有效地帮助业务部门完成他们的业务目标。这种工作实际上完全可以通过以下方式，更简单有效地完成，即一般性事务工作可以外包，而不由人力资源部门完成，管理人员通过系统提示以确保完成人员管理的职责，员工问题可以通过联系指定人员进行询问。

公司整体的指导原则是"从现状出发，利用公司所有的资源，做到最好"。该公司希望通过人力资源外包实现的目标包括：

让所有员工和经理更多更好地使用人力资源系统来自行操作，完成一些系统中的信息维护和变化，使人力资源部门可以关注在更有价值的核心工作上。把行政性的事务性工作外包，并进行流程优化，使这些人力资源部门的工作人员更合理调配资源，发挥专家作用，更好地支持公司业务的快速发展。人力资源部门可以通过提供更多专业的咨询指导，来更好地支持业务部门的工作，以提升其工作的价值。通过该人力资源外包项目，希望实现 HRRM 有更多的时间来帮助业务部门完成目标，如：绩效的管理、领导力的提升、员工凝聚力的增强等。

（资料来源：制造信息化网 http：//articles. e—works. net. cn/HR）

分析思考：

1. 公司需要外包哪些人力资源部门的工作内容？
2. 怎样合理安排人力资源管理外包后的工作流程？

小　结

人力资源管理外包是服务外包中重要的内容之一，为了让从事人力资源管理及其外包工作的人员掌握必要的知识和技能，本章简明扼要地阐述了人力资源管理的内涵、工作职能及其外包流程。

人力资源管理策略，从了解人力资源管理的概念和内容出发，掌握战略性人力资源管理的特点，顺应人力资源管理的发展趋势，保证人力资源管理与外包战略的成功实施，以降低人力成本，实现效率最大化。

人力资源规划服务，根据组织的发展战略和经营计划，评估组织的人力资源现状及发展趋势，收集和分析人力资源供给与需求方面的信息和资料，预测人力资源供给和需求的发展趋势，制订人力资源招聘、调配、培训、开发及发展计划等政策和措施。

人力资源管理的主要职能，是指工作分析、员工招聘、员工培训、绩效管理和员工薪资福利管理。在工作分析过程中，要对某一岗位的员工职责作仔细分析，并做出岗位描述。人员招聘工作，应制订招聘计划，选择合适的渠道发布招聘信息，然后是选拔和录用，最后进行招聘效果的评估。绩效管理分为四个阶段，即绩效计划、绩效辅导、绩效考核评价、结果的反馈和应用。员工培训包括需求分析、方案制订、培训实施和培训效果评估。薪资福利管理工作的范围很广，包括设计薪资福利制度、确定工资级别和水平，薪资与福利的计算和发放，社保的缴纳等。

劳动关系管理包括与员工签订劳动合同，劳动合同履行，处理员工与公司或员工之间可能出现的劳动争议。

人力资源外包，简称HRO。指企业根据需要将某一项或几项人力资源管理工作或职能外包出去，交由其他企业或组织进行管理，以降低人力成本，实现效率最大化。人力资源外包从性质关系上区分有两种典型的形式，即人事外包和劳务派遣。

习　题

1. 什么是人力资源？什么是人力资源管理？
2. 如何实行人力资源管理外包策略？
3. 请说明人力资源规划的五个步骤。
4. 简述人力资源供需平衡的策略。
5. 简述工作分析的过程。
6. 人力资源招聘渠道有哪些选择？
7. 企业员工培训的形式和目的是什么？
8. 简述绩效管理的过程。
9. 企业薪酬管理的业务内容有哪些？
10. 企业员工福利有哪些主要形式？
11. 劳动合同管理有哪些内容？
12. 人事外包和劳务派遣有何联系和区别？

附　　录

经过 20 年的努力，我国已经形成比较完备的知识产权法律制度，相继颁布实施了专利法、商标法、著作权法等近 10 部知识产权领域法律以及 30 多部相关法律。但是，与世贸组织《与贸易有关的知识产权协定》的要求相比，仍然存在许多需要完善的地方。由于中国对知识产权的保护仍有不足，在一定程度上导致外商选择其他国家的企业。为此，进一步加强知识产权的保护对于争夺外包业务至关重要，未来我国需要通过立法来维护服务外包产业和市场的发展壮大。

我国在知识产权保护方面虽然仍落后于欧美国家以及竞争对手印度，但已经开始加强知识产权保护相关法律的建设，知识产权创造与应用的良性循环体系逐步形成，目前，已有多部关于服务外包知识产权保护方面的政策，虽然近年来已建立起较完善的知识产权保护体系，但总体来看，我国对于知识产权的保护力度较弱，执行力度较差，至今没有出台一部关于知识产权细则方面的相关政策，只有杭州、昆山、武汉三个城市推出服务外包知识产权保护政策。为完善我国知识产权保护体系，我国政府应在现有的法律框架下，完善司法诉讼程序，提高行政效率，增强法律威慑力。同时不断提高服务外包企业知识产权保护意识和能力，引导企业诚实守信，严格履行合同，严守客户机密，遵守国际信息保密规则。从政府、社会、企业多个层面改善发展服务外包业的良好环境，树立中国服务外包业在国际外包市场上的良好形象。

第一部分　与服务外包业相关的政策法规

　　发展服务外包的意义绝不仅仅是增加了产值和利润，更重要的是促进了我国经济发展方式的转变和经济体制改革，对实现"保增长、扩内需、调结构、惠民生、促就业"等目标，具有十分重要的战略意义，国家与各地方政府对此高度重视，相继发布了促进服务外包产业发展的一系列政策法规。

附录一：

国务院《关于加快发展服务业的若干意见》

（国发〔2007〕7号）

各省、自治区、直辖市人民政府，国务院各部委、各直属机构：

　　根据"十一五"规划纲要确定的服务业发展总体方向和基本思路，为加快发展服务业，现提出以下意见：

一、充分认识加快发展服务业的重大意义

　　服务业是国民经济的重要组成部分，服务业的发展水平是衡量现代社会经济发达程度的重要标志。我国正处于全面建设小康社会和工业化、城镇化、市场化、国际化加速发展时期，已初步具备支撑经济又好又快发展的诸多条件。加快发展服务业，提高服务业在三次产业结构中的比重，尽快使服务业成为国民经济的主导产业，是推进经济结构调整、加快转变经济增长方式的必由之路，是有效缓解能源资源短缺的瓶颈制约、提高资源利用效率的迫切需要，是适应对外开放新形势、实现综合国力整体跃升的有效途径。加快发展服务业，形成较为完备的服务业体系，提供满足人民群众物质文化生活需要的丰富产品，并成为吸纳城乡新增就业的主要渠道，也是解决民生问题、促进社会和谐、全面建设小康社会的内在要求。为此，必须从贯彻落实科学发展观和构建社会主义和谐社会战略思想的高度，把加快发展服务业作为一项重大而长期的战略任务抓紧抓好。

　　党中央、国务院历来重视服务业发展，制定了一系列鼓励和支持发展的政策措施，取得了明显成效。特别是党的十六大以来，服务业规模继续扩大，结构和质量得到改善，服务领域改革开放不断深化，在促进经济平稳较快发展、扩大就业等方面发挥了重要作用。但是，当前在服务业发展中还存在不容忽视的问题，特别是一些地方过于看重发展工业尤其是重工业，对发展服务业重视不够。我国服务业总体上供给不足，结构不合理，服务水平低，竞争力不强，对国民经济发展的贡献率不高，与经济社会加快发展、产业结构调整升级不相适应，与全面建设小康社会和构建社会主义和谐社会的要求不相适应，与经济全球化和全面对外开放的新形势不相适应。各地区、各部门要进一步提高认识，切实把思想统一到中央的决策和部署上来，转变发展观念，拓宽发展思路，着力解决存在的问题，加快把服务业提高到一个新的水平，推动经济社会走上科学发展的轨道，促进国民经济又好

又快发展。

二、加快发展服务业的总体要求和主要目标

当前和今后一个时期，发展服务业的总体要求是：以邓小平理论和"三个代表"重要思想为指导，全面贯彻落实科学发展观和构建社会主义和谐社会的重要战略思想，将发展服务业作为加快推进产业结构调整、转变经济增长方式、提高国民经济整体素质、实现全面协调可持续发展的重要途径，坚持以人为本、普惠公平，进一步完善覆盖城乡、功能合理的公共服务体系和机制，不断提高公共服务的供给能力和水平；坚持市场化、产业化、社会化的方向，促进服务业拓宽领域、增强功能、优化结构；坚持统筹协调、分类指导，发挥比较优势，合理规划布局，构建充满活力、特色明显、优势互补的服务业发展格局；坚持创新发展，扩大对外开放，吸收发达国家的先进经验、技术和管理方式，提高服务业国际竞争力，实现服务业又好又快发展。

根据"十一五"规划纲要，"十一五"时期服务业发展的主要目标是：到 2010 年，服务业增加值占国内生产总值的比重比 2005 年提高 3 个百分点，服务业从业人员占全社会从业人员的比重比 2005 年提高 4 个百分点，服务贸易总额达到 4000 亿美元；有条件的大中城市形成以服务经济为主的产业结构，服务业增加值增长速度超过国内生产总值和第二产业增长速度。到 2020 年，基本实现经济结构向以服务经济为主转变，服务业增加值占国内生产总值的比重超过 50%，服务业结构显著优化，就业容量显著增加，公共服务均等化程度显著提高，市场竞争力显著增强，总体发展水平基本与全面建设小康社会的要求相适应。

三、大力优化服务业发展结构

适应新型工业化和居民消费结构升级的新形势，重点发展现代服务业，规范提升传统服务业，充分发挥服务业吸纳就业的作用，优化行业结构，提升技术结构，改善组织结构，全面提高服务业发展水平。

大力发展面向生产的服务业，促进现代制造业与服务业有机融合、互动发展。细化深化专业分工，鼓励生产制造企业改造现有业务流程，推进业务外包，加强核心竞争力，同时加快从生产加工环节向自主研发、品牌营销等服务环节延伸，降低资源消耗，提高产品的附加值。优先发展运输业，提升物流的专业化、社会化服务水平，大力发展第三方物流；积极发展信息服务业，加快发展软件业，坚持以信息化带动工业化，完善信息基础设施，积极推进"三网"融合，发展增值和互联网业务，推进电子商务和电子政务；有序发展金融服务业，健全金融市场体系，加快产品、服务和管理创新；大力发展科技服务业，充分发挥科技对服务业发展的支撑和引领作用，鼓励发展专业化的科技研发、技术推广、工业设计和节能服务业；规范发展法律咨询、会计审计、工程咨询、认证认可、信用评估、广告会展等商务服务业；提升改造商贸流通业，推广连锁经营、特许经营等现代经营方式和新型业态。通过发展服务业实现物尽其用、货畅其流、人尽其才，降低社会交易成本，提高资源配置效率，加快走上新型工业化发展道路。

大力发展面向民生的服务业，积极拓展新型服务领域，不断培育形成服务业新的增长点。围绕城镇化和人口老龄化的要求，大力发展市政公用事业、房地产和物业服务、社区

服务、家政服务和社会化养老等服务业。围绕构建和谐社会的要求，大力发展教育、医疗卫生、新闻出版、邮政、电信、广播影视等服务事业，以农村和欠发达地区为重点，加强公共服务体系建设，优化城乡区域服务业结构，逐步实现公共服务的均等化。围绕小康社会建设目标和消费结构转型升级的要求，大力发展旅游、文化、体育和休闲娱乐等服务业，优化服务消费结构，丰富人民群众精神文化生活。服务业是今后我国扩大就业的主要渠道，要着重发展就业容量大的服务业，鼓励其他服务业更多吸纳就业，充分挖掘服务业安置就业的巨大潜力。

大力培育服务业市场主体，优化服务业组织结构。鼓励服务业企业增强自主创新能力，通过技术进步提高整体素质和竞争力，不断进行管理创新、服务创新、产品创新。依托有竞争力的企业，通过兼并、联合、重组、上市等方式，促进规模化、品牌化、网络化经营，形成一批拥有自主知识产权和知名品牌、具有较强竞争力的大型服务企业或企业集团。鼓励和引导非公有制经济发展服务业，积极扶持中小服务企业发展，发挥其在自主创业、吸纳就业等方面的优势。

四、科学调整服务业发展布局

在实现普遍服务和满足基本需求的前提下，依托比较优势和区域经济发展的实际，科学合理规划，形成充满活力、适应市场、各具特色、优势互补的服务业发展格局。

城市要充分发挥人才、物流、信息、资金等相对集中的优势，加快结构调整步伐，提高服务业的质量和水平。直辖市、计划单列市、省会城市和其他有条件的大中城市要加快形成以服务经济为主的产业结构。发达地区特别是珠江三角洲、长江三角洲、环渤海地区要依托工业化进程较快、居民收入和消费水平较高的优势，大力发展现代服务业，促进服务业升级换代，提高服务业质量，推动经济增长主要由服务业增长带动。中西部地区要改变只有工业发展后才能发展服务业的观念，积极发展具有比较优势的服务业和传统服务业，承接东部地区转移产业，使服务业发展尽快上一个新台阶，不断提高服务业对经济增长的贡献率。

各地区要按照国家规划、城镇化发展趋势和工业布局，引导交通、信息、研发、设计、商务服务等辐射集聚效应较强的服务行业，依托城市群、中心城市，培育形成主体功能突出的国家和区域服务业中心。进一步完善铁路、公路、民航、水运等交通基础设施，优先发展城市公共交通，形成便捷、通畅、高效、安全的综合运输体系，加快建设上海、天津、大连等国际航运中心和主要港口。加强交通运输枢纽建设和集疏运的衔接配套，在经济发达地区和交通枢纽城市强化物流基础设施整合，形成区域性物流中心。选择辐射功能强、服务范围广的特大城市和大城市建立国家或区域性金融中心。依托产业集聚规模大、装备水平高、科研实力强的地区，加快培育建成功能互补、支撑作用大的研发设计、财务管理、信息咨询等公共服务平台，充分发挥国家软件产业基地的作用，建设一批工业设计、研发服务中心，不断形成带动能力强、辐射范围广的新增长极。

立足于用好现有服务资源，打破行政分割和地区封锁，充分发挥市场机制的作用，鼓励部门之间、地区之间、区域之间开展多种形式的合作，促进服务业资源整合，发挥组合优势，深化分工合作，在更大范围、更广领域、更高层次上实现资源优化配置。防止不切实际攀比，避免盲目投资和重复建设。

五、积极发展农村服务业

贯彻统筹城乡发展的基本方略，大力发展面向农村的服务业，不断繁荣农村经济，增加农民收入，提高农民生活水平，为发展现代农业、扎实推进社会主义新农村建设服务。

围绕农业生产的产前、产中、产后服务，加快构建和完善以生产销售服务、科技服务、信息服务和金融服务为主体的农村社会化服务体系。加大对农业产业化的扶持力度，积极开展种子统供、重大病虫害统防统治等生产性服务。完善农副产品流通体系，发展各类流通中介组织，培育一批大型涉农商贸企业集团，切实解决农副产品销售难的问题。加快实施"万村千乡"市场工程。加强农业科技体系建设，健全农业技术推广、农产品检测与认证、动物防疫和植物保护等农业技术支持体系，推进农业科技创新，加快实施科技入户工程。加快农业信息服务体系建设，逐步形成连接国内外市场、覆盖生产和消费的信息网络。加强农村金融体系建设，充分发挥农村商业金融、合作金融、政策性金融和其他金融组织的作用，发展多渠道、多形式的农业保险，增强对"三农"的金融服务。加快农机社会化服务体系建设，推进农机服务市场化、专业化、产业化。大力发展各类农民专业合作组织，支持其开展市场营销、信息服务、技术培训、农产品加工储藏和农资采购经营。

改善农村基础条件，加快发展农村生活服务业，提高农民生活质量。推进农村水利、交通、渔港、邮政、电信、电力、广播影视、医疗卫生、计划生育和教育等基础设施建设，加快实施农村饮水安全工程，大力发展农村沼气，推进生物质能、太阳能和风能等可再生能源开发利用，改善农民生产、生活条件。大力发展园艺业、特种养殖业、乡村旅游业等特色产业，鼓励发展劳务经济，增加农民收入。积极推进农村社区建设，加快发展农村文化、医疗卫生、社会保障、计划生育等事业，实施农民体育健身工程，扩大出版物、广播影视在农村的覆盖面，提高公共服务均等化水平，丰富农民物质文化生活。加强农村基础教育、职业教育和继续教育，搞好农民和农民工培训，提高农民素质，结合城镇化建设，积极推进农村富余劳动力实现转移就业。

六、着力提高服务业对外开放水平

坚定不移地推进服务领域对外开放，着力提高利用外资的质量和水平。按照加入世贸组织服务贸易领域开放的各项承诺，鼓励外商投资服务业。正确处理好服务业开放与培育壮大国内产业的关系，完善服务业吸收外资法律法规，通过引入国外先进经验和完善企业治理结构，培育一批具有国际竞争力的服务企业。加强金融市场基础性制度建设，增强银行、证券、保险等行业的抗风险能力，维护国家金融安全。

把大力发展服务贸易作为转变外贸增长方式、提升对外开放水平的重要内容。把承接国际服务外包作为扩大服务贸易的重点，发挥我国人力资源丰富的优势，积极承接信息管理、数据处理、财会核算、技术研发、工业设计等国际服务外包业务。具备条件的沿海地区和城市要根据自身优势，研究制定鼓励承接服务外包的扶持政策，加快培育一批具备国际资质的服务外包企业，形成一批外包产业基地。建立支持国内企业"走出去"的服务平台，提供市场调研、法律咨询、信息、金融和管理等服务。扶持出口导向型服务企业发展，发展壮大国际运输，继续大力发展旅游、对外承包工程和劳务输出等具有比较优势的服务贸易，积极参与国际竞争，扩大互利合作和共同发展。

七、加快推进服务领域改革

进一步推进服务领域各项改革。按照国有经济布局战略性调整的要求，将服务业国有资本集中在重要公共产品和服务领域。深化电信、铁路、民航等服务行业改革，放宽市场准入，引入竞争机制，推进国有资产重组，实现投资主体多元化。积极推进国有服务企业改革，对竞争性领域的国有服务企业实行股份制改造，建立现代企业制度，促使其成为真正的市场竞争主体。明确教育、文化、广播电视、社会保障、医疗卫生、体育等社会事业的公共服务职能和公益性质，对能够实行市场经营的服务，要动员社会力量增加市场供给。按照政企分开、政事分开、事业企业分开、营利性机构与非营利性机构分开的原则，加快事业单位改革，将营利性事业单位改制为企业，并尽快建立现代企业制度。继续推进政府机关和企事业单位的后勤服务、配套服务改革，推动由内部自我服务为主向主要由社会提供服务转变。

建立公开、平等、规范的服务业准入制度。鼓励社会资金投入服务业，大力发展非公有制服务企业，提高非公有制经济在服务业中的比重。凡是法律法规没有明令禁入的服务领域，都要向社会资本开放；凡是向外资开放的领域，都要向内资开放。进一步打破市场分割和地区封锁，推进全国统一开放、竞争有序的市场体系建设，各地区凡是对本地企业开放的服务业领域，应全部向外地企业开放。

八、加大投入和政策扶持力度

加大政策扶持力度，推动服务业加快发展。依据国家产业政策完善和细化服务业发展指导目录，从财税、信贷、土地和价格等方面进一步完善促进服务业发展政策体系。对农村流通基础设施建设和物流企业，以及被认定为高新技术企业的软件研发、产品技术研发及工业设计、信息技术研发、信息技术外包和技术性业务流程外包的服务企业，实行财税优惠。进一步推进服务价格体制改革，完善价格政策，对列入国家鼓励类的服务业逐步实现与工业用电、用水、用气、用热基本同价。调整城市用地结构，合理确定服务业用地的比例，对列入国家鼓励类的服务业在供地安排上给予倾斜。要根据实际情况，对一般性服务行业在注册资本、工商登记等方面降低门槛，对采用连锁经营的服务企业实行企业总部统一办理工商注册登记和经营审批手续。

拓宽投融资渠道，加大对服务业的投入力度。国家财政预算安排资金，重点支持服务业关键领域、薄弱环节发展和提高自主创新能力。积极调整政府投资结构，国家继续安排服务业发展引导资金，逐步扩大规模，引导社会资金加大对服务业的投入。地方政府也要相应安排资金，支持服务业发展。引导和鼓励金融机构对符合国家产业政策的服务企业予以信贷支持，在控制风险的前提下，加快开发适应服务企业需要的金融产品。积极支持符合条件的服务企业进入境内外资本市场融资，通过股票上市、发行企业债券等多渠道筹措资金。鼓励各类创业风险投资机构和信用担保机构对发展前景好、吸纳就业多以及运用新技术、新业态的中小服务企业开展业务。

九、不断优化服务业发展环境

加快推进服务业标准化，建立健全服务业标准体系，扩大服务标准覆盖范围。抓紧制订和修订物流、金融、邮政、电信、运输、旅游、体育、商贸、餐饮等行业服务标准。对新兴服务行业，鼓励龙头企业、地方和行业协会先行制订服务标准。对暂不能实行标准化的服务行业，广泛推行服务承诺、服务公约、服务规范等制度。

积极营造有利于扩大服务消费的社会氛围。规范服务市场秩序，建立公开、平等、规范的行业监管制度，坚决查处侵犯知识产权行为，保护自主创新，维护消费者合法权益。加强行政事业性收费管理和监督检查，取消各种不合理的收费项目，对合理合法的收费项目及标准按照规定公示并接受社会监督。落实职工年休假制度，倡导职工利用休假进行健康有益的服务消费。加快信用体系建设，引导城乡居民对信息、旅游、教育、文化等采取灵活多样的信用消费方式，规范发展租赁服务，拓宽消费领域。鼓励有条件的城镇加快户籍管理制度改革，逐步放宽进入城镇就业和定居的条件，增加有效需求。

发展人才服务业，完善人才资源配置体系，为加快发展服务业提供人才保障。充分发挥高等院校、科研院所、职业学校及有关社会机构的作用，推进国际交流合作，抓紧培训一批适应市场需求的技能型人才，培养一批熟悉国际规则的开放型人才，造就一批具有创新能力的科研型人才，扶持一批具有国际竞争力的人才服务机构。鼓励各类就业服务机构发展，完善就业服务网络，加强农村剩余劳动力转移、城市下岗职工再就业、高校毕业生就业等服务体系建设，为加快服务业发展提供高素质的劳动力队伍。

十、加强对服务业发展工作的组织领导

加快发展服务业是一项紧迫、艰巨、长期的重要任务，既要坚持发挥市场在资源配置中的基础性作用，又要加强政府宏观调控和政策引导。国务院成立全国服务业发展领导小组，指导和协调服务业发展和改革中的重大问题，提出促进加快服务业发展的方针政策，部署涉及全局的重大任务。全国服务业发展领导小组办公室设在发展改革委，负责日常工作。国务院有关部门和单位要按照全国服务业发展领导小组的统一部署，加强协调配合，积极开展工作。各省级人民政府也应建立相应领导机制，加强对服务业工作的领导，推动本地服务业加快发展。

加强公共服务既是加快发展服务业的重要组成部分，又是推动各项服务业加快发展的重要保障，同时也是转变政府职能、建设和谐社会的内在要求。要进一步明确中央、地方在提供公共服务、发展社会事业方面的责权范围，强化各级人民政府在教育、文化、医疗卫生、人口和计划生育、社会保障等方面的公共服务职能，不断加大财政投入，扩大服务供给，提高公共服务的覆盖面和社会满意水平，同时为各类服务业的发展提供强有力的支撑。

尽快建立科学、统一、全面、协调的服务业统计调查制度和信息管理制度，完善服务业统计调查方法和指标体系，充实服务业统计力量，增加经费投入。充分发挥各部门和行业协会的作用，促进服务行业统计信息交流，建立健全共享机制，提高统计数据的准确性和及时性，为国家宏观调控和制定规划、政策提供依据。各地区要逐步将服务业重要指标纳入本地经济社会发展的考核体系，针对不同地区、不同类别服务业的具体要求，实行分

类考核，确保责任到位，任务落实，抓出实绩，取得成效。

各地区、各部门要根据本意见要求，按照各自的职责范围，抓紧制定加快发展服务业的配套实施方案和具体政策措施。发展改革委要会同有关部门和单位对落实本意见的情况进行监督检查，及时向国务院报告。

国务院

二〇〇七年三月十九日

附录二：

商务部《关于实施服务外包千百十工程的通知》

（商资发［2006］556 号）

服务外包产业是现代高端服务业的重要组成部分，具有信息技术承载度高、附加值大、资源消耗低、环境污染少、吸纳就业（特别是大学生就业）能力强、国际化水平高等特点。当前，以服务外包、服务贸易以及高端制造业和技术研发环节转移为主要特征的新一轮世界产业结构调整正在兴起，为我国发展面向国际市场的现代服务业带来新的机遇。牢牢把握这一机遇，大力承接国际（离岸）服务外包业务，有利于转变对外贸易增长方式，扩大知识密集型服务产品出口；有利于优化外商投资结构，提高利用外资质量和水平。

根据《国民经济与社会发展第十一个五年规划纲要》关于"加快转变对外贸易增长方式，……建设若干服务业外包基地，有序承接国际服务业转移"的要求，为促进服务外包产业快速发展，优化出口结构，扩大服务产品出口，商务部决定实施服务外包"千百十工程"。服务外包"千百十工程"的工作目标和主要政策措施如下：

一、服务外包"千百十工程"的工作目标

"十一五"期间，在全国建设 10 个具有一定国际竞争力的服务外包基地城市，推动 100 家世界著名跨国公司将其服务外包业务转移到中国，培育 1000 家取得国际资质的大中型服务外包企业，创造有利条件，全方位承接国际（离岸）服务外包业务，并不断提升服务价值，实现 2010 年服务外包出口额在 2005 年基础上翻两番。

本通知"服务外包企业"是指根据其与服务外包发包商签订的中长期服务合同向客户提供服务外包业务的服务外包提供商；"服务外包业务"系指服务外包企业向客户提供的信息技术外包服务（ITO）和业务流程外包服务（BPO），包括：业务改造外包、业务流程和业务流程服务外包、应用管理和应用服务等商业应用程序外包、基础技术外包（IT、软件开发设计、技术研发、基础技术平台整合和管理整合）等；"国际（离岸）服务外包"是指服务外包企业向境外客户提供服务外包业务。

二、实施服务外包"千百十工程"人才培训计划

（一）在商务领域人才培训资金中，安排服务外包公共培训专项资金，实施"千百十

工程"人才培训计划。

（二）服务外包公共培训专项资金主要用于支持大学生（含大专，下同）增加服务外包专业知识和技能，鼓励服务外包企业新增大学生就业岗位的各类人才培训项目，重点培训大学应届毕业生和尚未就业的大学毕业生，以及服务外包企业新入职员工，力争在五年内培训 30－40 万承接服务外包所需的实用人才，吸纳 20－30 万大学生就业，有效解决服务外包产业人才短缺和大学生就业问题。

（三）服务外包培训内容包括：服务外包企业人才定制培训、从业人才资质培训、国际认证培训、行业标准及相关知识产权培训、大学生实习项目及勤工俭学培训、企业新入职人员岗前业务技能培训、服务外包产业储备人才培训等。

服务外包"千百十工程"人才培训计划具体方案根据《商务部关于做好服务外包"千百十工程"人才培训有关工作的通知》（附件一）实施。

三、支持服务外包企业做强做大

（一）鼓励服务外包企业取得国际认证。根据《商务部关于做好服务外包"千百十工程"企业认证和市场开拓有关工作的通知》（附件二）的有关规定，对符合条件且取得行业国际认证的服务外包企业给予一定的奖励，并采取有效措施支持其国际认证的维护和升级，力争五年内促进 700 家企业取得 CMM/CMMI3 级认证，300 家企业取得 CMM/CM-MI5 级认证。国际认证包括：开发能力成熟度模型集成（CMMI）认证、开发能力成熟度模型（CMM）认证、人力资源成熟度模型（PCMM）认证、信息安全管理标准（ISO27001/BS7799）认证、IT 服务管理认证（ISO20000）、服务提供商环境安全性认证（SAS70）。

（二）为服务外包企业发展提供政策性贷款和相关服务。国家开发银行与商务部合作，为符合条件的服务外包企业采购设备、建设办公设施、开展服务外包业务、开拓国际市场扩大出口等提供政策性贷款。中国出口信用保险公司与商务部合作，为符合条件的服务外包企业提供信用保险及相关担保服务，并协助服务外包企业建立信用风险管理机制。

（三）支持服务外包企业大力开拓国际市场承接国际（离岸）服务外包业务。对符合条件的服务外包企业进行国际市场开拓活动可根据《中小企业国际市场开拓资金管理办法》的相关规定给予资金支持。

四、大力开展"中国服务外包基地城市"建设

（一）商务部、信息产业部将选定一批具有服务外包发展基础和增长潜力的中心城市为"中国服务外包基地城市"（以下简称基地城市），在宏观政策、规划设计、人才培训、招商引资、综合协调等方面给予支持，并设立专项资金，支持基地城市的建设。开展"中国服务外包基地城市"建设按照《商务部、信息产业部关于开展"中国服务外包基地城市"认定工作有关问题的通知》（附件三）实施。

（二）国家开发银行与商务部合作，对基地城市根据服务外包产业发展需要进行的服务外包技术支撑公共服务平台建设、公共信息网络建设、基础设施和投资环境建设提供政策性贷款。技术支撑公共服务平台的建设应着力于为服务外包企业提供基于技术研发、质

量保证、测试、演示、验证、培训、项目管理、知识产权保护等公共服务，基础设施和投资环境建设应涵盖数据存储、信息传输、电力保障、后勤服务等共用设施的建设和改善。

五、创建中国服务外包信息公共服务平台

商务部牵头，以各基地城市、跨国公司、服务外包企业和服务外包知名机构、相关研究部门为支持单位，建立中国服务外包信息公共服务网站，为服务外包企业、国内外服务外包发包企业、相关政府部门和研究机构，以及高等院校、大学、大专毕业生等提供与服务外包相关的各类信息，建立服务外包业务交易平台，为服务外包企业人才招聘和大学、大专毕业生在服务外包行业就业提供公共服务，并加大对外宣传力度，打造"中国服务"良好形象。

六、鼓励和支持中西部地区发展服务外包业务

充分发挥中西部地区、东北等老工业基地人才资源优势，在认定基地城市的工作中，优先考虑高等院校科研院所相对集中的中西部城市，适当降低认定条件；采取有效措施，鼓励东部基地城市与中西部基地城市进行战略合作；对中西部地区国家级经济技术开发区为承接服务外包进行基础设施和完善投资环境建设予以贷款贴息支持。

七、完善服务外包知识产权保护体系

在基地城市建立知识产权投诉中心，严厉打击各类侵权行为，加大对知识产权保护的力度；各基地城市应根据服务外包产业的特殊需求进一步完善保护知识产权法规体系，制定服务外包数据保密相关规则，建立服务外包产业知识产权保护综合评价体系，并在全社会营造诚信为本的良好氛围。

八、积极有效开展服务外包投资促进工作

认真研究全球服务外包发展的最新趋势，借鉴其他国家的成功经验，拟定符合中国国情的投资促进政策，提高我国承接服务外包的国际竞争力；在商务部指导下，统筹规划，形成合力，积极有序开展服务外包投资促进工作；充分发挥中国国际投资促进会、商务部投资促进局、各地投资促进机构等中介组织的作用，针对跨国公司外包服务战略和具体意向，制定专项工作方案，通过多元化定制服务，积极有效开展投资促进工作，大力推进跨国公司将其具有一定规模的服务外包业务转移到中国。

九、做好服务外包业务的统计工作

进一步完善现有服务贸易统计制度，将国际（离岸）服务外包业务纳入服务贸易统计，建立科学、全面、系统的服务外包全口径统计规范；商务部将加强与各级商务部门的合作，建立有效的数据采集渠道，及时了解服务外包"千百十工程"的实施情况，评估工作成效。

各地商务主管部门要统一认识，高度重视实施服务外包"千百十工程"的重要性，并结合本地区的实际情况，做好相关落实工作，积极营造服务外包产业发展的良好环境。在

实施过程中发现的问题，及时向商务部报告。

附录三：

财政部《关于鼓励政府和企业发包促进我国服务外包产业发展的指导意见》

（财企〔2009〕200号）

各省、自治区、直辖市、计划单列市财政厅（局）、发展改革委、科技厅（局）、工业和信息化主管部门、商务主管部门、国资委、银监局、证监局、保监局：

服务外包产业是智力人才密集型的现代服务业，具有信息技术承载度高、附加值大、资源消耗低、环境污染少、吸纳大学生就业能力强、国际化水平高等特点。贯彻落实科学发展观，按照保增长、扩内需、调结构的工作要求，支持和鼓励服务外包产业的发展，对当前和今后的经济发展具有重要意义。根据《国务院办公厅关于促进服务外包产业发展问题的复函》（国办发〔2009〕9号）的精神，为鼓励政府和企业通过购买服务等方式，将数据处理等不涉及秘密的业务外包给专业公司，促进我国服务外包产业又好又快发展，现提出如下指导意见：

一、积极支持服务外包产业发展，各级政府要抓住服务外包产业发展的难得机遇，把促进政府和企业发包作为推动我国服务外包产业的重点。加大服务外包的宣传力度，改变国内对外包模式的传统观念，让服务外包得到各级政府和大中型企业的认可。

二、积极发挥服务外包示范城市的示范和带动作用，在发展政务信息化建设、电子政务，以及企业信息化建设、电子商务过程中，鼓励政府和相关部门整合资源，将信息技术的开发、应用和部分流程性业务发包给专业的服务供应商，扩大内需市场，培育国内服务外包业的发展。

三、本着合理配置，节约资源的原则，进一步发挥政府采购的政策功能作用，鼓励采购人将涉及信息技术咨询、运营维护、软件开发和部署、测试、数据处理、系统集成、培训及租赁等不涉及秘密的可外包业务发包给专业企业，不断拓宽购买服务的领域。凡购买达到政府采购限额标准以上的外包服务，必须按照政府采购有关规定，采购我国符合国家相关标准要求、具备相应专业资质的外包企业的服务。

四、制定相关的发包规范和服务供应商提供服务的技术标准，积极引导和促进中央企业和地方企业加大外包力度，让服务外包企业有更多的机会参与国内企业外包业务。

五、研究建立服务外包企业服务评价制度机制，选择具有一定承接能力的信息技术服务等服务外包企业，优先承接政府服务外包业务。扶持服务外包企业做强做大，尽早形成一批服务外包龙头企业。

六、积极研究政府职能部门或大中型企业将其现有的IT和相关服务部门进行业务剥离，采用多种形式与专业的服务外包供应商整合，扩大服务对象和业务规模，提升业务水平。

七、在已有软件与信息服务外包公共支撑平台基础上，进一步建立和完善发包项目信息和接包企业对接平台，促进发、接包业务的顺利对接。积极搭建大中型企业和服务外包企业之间的桥梁，组织安排大中型企业和服务外包商的洽谈会，建立两者之间的沟通渠道。研究支持组建服务外包企业与大中型企业的合作联盟，加强业务交流和沟通，鼓励大中型企业分步骤地将业务外包。

八、加强对地方政府和企业相关人员的培训，培养一批熟悉服务外包业务，深入了解市场的中高层管理人员，做好政府和企业发包的工作。

九、综合运用财政、金融、税收、政府采购等政策手段，积极推动服务外包产业的快速发展。通过政策扶持加强对服务外包企业的品牌宣传和推介，打造中国服务外包品牌。

十、政府或企业在开展服务外包业务时要遵守国家法律，严格按照《中华人民共和国保守国家秘密法》的规定，加强保密管理。同时增强服务外包过程中的发包、接包、分包、转包等环节的法律风险意识，促进服务外包行业的规范运作。

财政部国家发展改革委科技部

工业和信息化部商务部国资委

银监会证监会保监会

二〇〇九年九月二十三日

附录四：

上海市人民政府《关于促进上海服务外包发展若干意见的通知》

（沪府发〔2006〕26 号）

服务外包是指企业将信息服务、应用管理和商业流程等业务，发包给企业外第三方服务提供者，以降低成本、优化产业链、提升企业核心竞争力。它是当前以跨国公司为主体的国际服务业转移的新形式，也是上海生产性服务业快速发展的新增长点。为抓住发展机遇，加快形成以服务经济为主的产业结构，现就促进上海服务外包发展提出如下意见：

一、提高认识，明确服务外包发展目标和重点

（一）提高对加快发展服务外包重要性的认识。积极承接国际服务外包，是上海主动加强与国际经济接轨、提升产业能级的重要抓手，是上海优化外贸结构、增强城市国际竞争力的重要途径，是上海加快发展生产性服务业、更好地服务全国的重要举措。

（二）明确发展目标。未来几年，上海要紧紧抓住新一轮国际服务业加速转移的契机，重点发展国际离岸服务外包业务，加快形成以服务经济为主的产业结构，大力培育一批具有自主知识产权、自主品牌、高增值服务能力的服务外包企业，积极打造以浦东新区为代表的国家级服务外包示范区，努力将上海建成全球服务外包的重要基地之一。

（三）确定发展重点。主动承接跨国公司内部的离岸外包，大力吸引既承接全球的服务外包，也可向我国发包的跨国公司地区总部和研发中心；巩固目前服务市场，加快向高端服务市场转变，进一步拓展服务空间；重点发展软件开发外包、研发设计外包、物流外包和金融后台服务等领域，提升上海服务外包能级；大力培育若干个知名的本土服务外包

企业，使之成为国际离岸服务外包总承接商和对内服务外包总发包商。

二、聚焦重点区域，打造服务外包园区

（四）开展上海服务外包园区的认定工作。对符合条件的国家级、市级软件产业基地或其他产业集聚区，由市政府相关部门进行认定，启动一批上海服务外包园区建设。

（五）优化空间布局。以浦东国家软件出口基地建设为契机，大力推进张江软件出口、生物医药研发和金融后台服务示范基地，金桥研发设计服务示范基地，陆家嘴信息技术服务示范基地以及外高桥信息技术和物流服务示范基地建设。鼓励各区县在符合条件的专业产业园区或服务业集聚区内建立外包产业基地，各有侧重地发展服务外包业务，充分发挥区域特色产业集聚效应。

（六）加大服务外包园区建设的资金支持力度。各区县对入驻服务外包园区内的国内外著名服务业企业总部、研发中心等的购地建设、购买或租赁自用办公用房，给予适当补贴。市、区县两级政府设立的现代服务业引导资金，要支持重点服务外包园区建设，对在园区内建设公共服务平台、购买大型设备和专业软件供入驻企业租用的，给予一定资金支持。

（七）积极创建国家级服务外包示范区。以浦东新区综合配套改革试点为契机，积极争取国家在浦东新区等区域开展服务外包试点工作，在扩大部分领域的市场准入、完善外汇管理办法、创新人才培训机制等方面积极探索，先试先行。

三、扶持服务外包企业做大做强，提高国际竞争能力

（八）进一步放宽市场准入，对从事服务外包的企业给予前置审批和工商登记便利。对于不涉及前置审批的业务，工商部门将根据企业申请，直接在其经营范围中核定"以服务外包方式从事×××"。对需要前置审批的，相关部门要简化审批程序、加快审批速度；在企业取得相关部门审批后，工商部门在其经营范围中核定"以服务外包方式从事×××"，以方便企业按照国际惯例承接外包业务。

（九）给予服务外包企业专项资金扶持。支持本市服务外包企业争取商务部扶持出口型企业研发资金、中小企业开拓国际市场资金等；调整优化本市地方外贸扶持专项资金支出结构，逐年提高支持服务外包企业发展的资金比例。

（十）对服务外包企业实施优惠政策。对本市符合条件的服务外包企业，可按规定享受促进高新技术成果转化、鼓励软件产业发展、激励自主创新36条等优惠政策；对本市服务外包企业申请服务标准国际认证的，相关行业主管部门给予认证费用的补贴。

（十一）鼓励服务外包企业拥有自主知识产权。将符合条件的服务外包企业列为上海市知识产权试点、示范企业，并给予相应的支持；将服务外包业务中取得重大社会或经济效益的知识产权项目列入政府奖励范畴，以激励企业自主创新。

（十二）鼓励企业实施品牌战略。对服务外包企业开展自主品牌建设、培育发展出口名牌，符合国家及本市有关规定的，可享受外贸发展基金中安排的出口品牌发展资金的优惠政策；对已形成规模、具有一定知名度的现有外包企业品牌，给予保护。

（十三）改善服务外包企业投融资条件。支持大中型服务外包企业的资产重组、收购

兼并和海内外上市；推动市、区县两级政策性担保公司积极为中小服务外包企业提供短期资金贷款的担保。

（十四）支持企业拓展海内外市场。继续办好每年的软件外包峰会，积极组织外包企业参加国内外各类专项会展，大力开展国内外宣传和推介；利用政府现有的海外资源，发挥留学生积极性，建立境外接包网络。

（十五）为企业提供高质量的互联网服务。鼓励主要电信运营商增加带宽、优化数据流向，为服务外包企业提供多元化和个性化服务，进一步提高互联网服务的质量；有针对性地开展互联网应用业务知识的宣传和培训，帮助服务外包企业选择适合自身业务的互联网服务。

四、加快人才引进培养，构筑服务外包人才高地

（十六）吸引服务外包高级人才集聚上海。将服务外包紧缺急需的各类高级人才列入《上海市重点领域人才开发目录》；对他们申办上海市居住证给予加分，申办户籍予以政策倾斜，并在提供人才公寓、简化出入境手续等方面给予便利。

（十七）加快服务外包专业人才的培养。引导各级各类院校和社会培训机构，设置相关专业和课程，开展多层次、多类型的服务外包专业教育。

（十八）加强服务外包紧缺人才的职业培训。拓展上海人才发展资金的使用功能，支持建立校企结合的服务外包人才综合培训和实验基地；充分利用和提升现有公共实训基地，大力培养适合外包企业发展需要的实用技能型和创业型人才；加大对服务外包领域急需的新职业开发，每年推出若干个服务外包领域的职业培训项目，本市劳动者参加服务外包市场急需并纳入政府补贴目录的培训，按有关规定予以补贴。

（十九）实施服务外包人才奖励机制。对本市服务外包园区内从事服务外包业务、工作一年以上并为企业发展作出突出贡献的中高级人才，经申报和认定，在市、区县两级人才发展专项资金中给予一定奖励。

五、完善配套服务，营造服务外包发展良好环境

（二十）建立联席会议制度。由分管副市长牵头，市外经贸委、市发展改革委、市经委、市信息委、市科委、市教委、市金融办、市财政局、市人事局、市工商局、市知识产权局、市统计局、市劳动保障局、市社会服务局、市通信管理局、国家外汇局上海市分局、上海海关、浦东新区政府等部门和单位负责同志参加，建立推进上海服务外包发展的联席会议制度，联席会议办公室设在市外经贸委，负责协调推进工作。

（二十一）发挥行业协会的作用。鼓励在上海现代服务业联合会中成立服务外包专业委员会，更好地发挥行业内信息交流、中介协调、标准制订、规范自律、市场拓展、人才培训等作用。

（二十二）加快政府管理模式的创新。进一步制定和完善促进服务外包发展的规章和规定，健全相关行业的管理规范和行政执法机制，推动行业信用管理，规范市场秩序，提高行业服务质量。

（二十三）加强知识产权保护的管理和服务。设立市知识产权举报投诉中心，依法严

惩知识产权侵权行为和违法行为。通过知识产权公共服务平台建设，为服务外包企业提供方便、快捷、专业的知识产权创造、保护、管理和运用的信息服务。

（二十四）建立服务外包统计指标体系。根据国家最新统计标准，结合上海实际，研究建立反映服务外包发展特点的统计指标体系，并试行服务外包统计制度；加强服务外包发展的趋势分析，为服务外包企业提供市场信息服务。

本市各有关部门、各区县政府要按照本意见要求，进一步转变观念，统一思想，提高认识，抓紧制定实施细则，确保本意见落到实处。

附录五：

南京市政府《关于促进南京服务外包发展的若干意见》

（宁政发［2006］248号）

各区县人民政府，市府各委办局，市各直属单位：

服务外包是近年来随着跨国公司运营虚拟化而出现的新的需求形式，它是国际分工的高端表现，已成为全球新一轮产业转移的主要形式，也是我国拓展吸收利用外资的新增长点。为促进我市服务外包工作发展，加快现代服务业中心建设，提升利用外资和生产性服务业的结构和层次，增强我市经济在全球资源配置中的竞争力，现就促进南京服务外包发展提出如下意见：

一、充分认识发展服务外包的重要性，明确工作目标和重点领域

（一）充分认识加快发展服务外包的重要性

服务外包是指通过服务外包提供商向外包发包商提供包括IT系统架构、应用管理以及业务流程优化在内的产品支持与服务，达到后者的业务目标。按承接外包的境内外地域分，包括"域内外包"和"离岸外包"。按业务领域分，主要有信息技术外包（ITO）和商务流程外包（BPO）。服务外包的发包方主要是美国、欧洲、日本的跨国公司和国际机构。积极承接服务外包，是南京贯彻科学发展观要求，主动加强与国际经济接轨、提升产业能级的重要抓手，是南京优化外贸结构、提升外资层次的重要途径，是南京加快发展生产型服务业、构建现代服务业中心城市的重要举措。要充分认识做好服务外包工作对提升南京城市综合竞争力、促进经济持续快速健康发展的重要意义，从城市发展战略高度来重视、研究和推进服务外包工作。

（二）确定服务外包的主要工作目标

在新一轮发展中，要紧紧抓住国际服务外包市场转移的机遇，充分利用和发挥我市作为区域性中心城市的综合优势，把服务外包作为全市现代服务业发展的重要方向，重点发展国际离岸服务外包业务。积极争取国家鼓励服务外包发展的先行先试政策，努力将南京建设成为发展环境优良、企业和人才集聚度较高、国际竞争力较强的国家级服务外包基地城市。大力培育一批具有自主知识产权、自主品牌、高增值服务能力的服务外包企业，积极打造国家级服务外包示范区，建设成为国际服务外包业务的重要集聚区。

（三）明确服务外包的重点发展领域

抓好软件外包、IC 设计、后台服务、办公室支持、财务管理等五大重点领域，以软件外包和业务流程外包（BPO）为突破口，尽快形成软件外包产业体系和软件外包企业集群；巩固目前服务市场，拓展研发设计外包、物流外包和金融后台服务外包等领域，提升外包服务能级；鼓励和培育本土服务外包企业发展壮大，使之成为国际离岸服务外包总承接商和对内总发包商；加快引进跨国公司地区总部和研发中心，引进软件外包渠道企业和加工企业，尽快形成服务外包企业集聚效应。

二、加强服务外包示范区建设，打造国际化承接载体

（四）优化服务外包布局规划，多层次打造特色产业集聚区

发挥南京高新技术产业开发区（南京软件园）、鼓楼区（南京大学高校科技园）、玄武区（江苏软件园）、江宁开发区、雨花台区等园区优势，学习借鉴先进地区发展经验，按照国际标准建设硬件基础设施，打造承接国际服务外包的示范基地，积极创建国家级服务外包示范区。加快河西新区、仙林大学城等地区的金融、教育等特色服务示范基地建设，鼓励各区县在符合条件的专业产业园区或服务业集聚区内建立外包产业基地，各有侧重地发展服务外包业务，充分发挥区域特色产业集聚效应。市和区县设立的服务业、软件、金融等有关专项资金，要支持重点服务外包园区建设，对在园区内建设公共服务平台、购买大型设备和专业软件供入驻企业租用的，给予一定资金支持。

（五）实施有效的招商促进方式

把推进服务外包放在与制造业招商同等重要的地位，加大服务外包对外推介、宣传和招商力度，并纳入各责任单位的考核范围。瞄准全球服务外包巨头和世界 500 强企业，积极吸引服务外包企业来宁投资，尤其要大力引进软件外包、后台服务、办公室支持、财务管理等领域国际知名外包企业等高端项目，提升南京服务外包企业的层次和规模。积极发展离岸外包，在巩固现有外包市场的基础上，积极拓展国际市场，并利用各种招商会、推介会等活动，为企业提供更好的服务平台。

（六）创建国际化服务外包沟通和交易平台

通过建立服务外包电子化网站、在境内外举办服务外包交易会等形式，建立服务外包的专业平台，向本市企业介绍国际服务外包的发展趋势、技术运用和管理经验，通过信息咨询、技术入股管理合作，推动我市服务外包产业发展。鼓励各电信运营商采取多种有效手段，增加带宽，优化数据流向，为服务外包企业提供高效、稳定、多元化的网络服务。利用服务外包专业平台，以核心企业为中心，加强企业间的业务合作和信息共享，形成具有紧密联系的产业链，为我市服务外包企业走向国际市场提供市场开发和客户服务的渠道。

三、积极采取多项措施，扶持企业做大做强

（七）实施服务外包优惠政策

1. 市政府每年将安排一定数额的专项资金，根据国家给予的资金支持，按照 1∶1 的

比例安排地方配套扶持资金，促进服务外包业快速发展。

2. 大力吸引既能承接国际服务外包业务，又可向国内企业发包的跨国公司地区总部和研发中心落户南京，在实际缴纳税收的前提下，对其在南京购买自用办公用房的，或租用办公用房3年以上的，实行租金补贴，最高不超过企业缴纳税收南京市实得财力部分。

3. 对新办服务外包企业，经有关部门批准，在规定期内减征或免征企业所得税。

4. 服务外包企业发生的技术开发费按实计入管理费，技术开发费比上年实际增长10％以上的，允许再按实际发生额的50％抵扣当年应纳税所得额。

5. 经认定的软件外包企业，自获利年度起企业所得税享受"两免三减半"政策。对研发、设计、创意等科技服务企业可认定为高新技术企业，享受相应的高新技术企业优惠政策。

6. 鼓励服务外包企业技术改造，使用国产设备的，经主管税务机关审核后，按规定抵免企业所得税。

7. 服务外包企业为完成特定服务项目，凡聘请属于海外留学人员和国内享受政府特殊津贴的专家，所支付的咨询费、劳务费用可直接进入成本。

8. 对引进的国内外软件企业总部、地区总部、研发中心等，在南京软件园、江苏软件园及经市认定的软件基地内新建或新购置的研究开发场所，自建成或购置之日起，3年内免征房产税或城市房地产税，所涉及的土地出让金减半征收。

9. 对经有关部门批准的转制科研外包企业，从转制之日起或注册之日起5年内免征企业所得税和科研开发自用土地、房产的城镇土地使用税、房产税；5年期满，经审定后可再延长2年。

10. 对承接国际服务外包的生产性外商投资企业，实行2年内免征企业所得税，免征期满后再减半征收企业所得税3年。对缴纳增值税的服务贸易出口企业，出口后享受出口退税政策。对直接向外商独资企业提供软件及服务的，可享受软件出口相关优惠政策。

11. 支持软件企业争创国家级品牌，对获得"中国优秀软件产品"称号的给予5万元奖励。对服务外包企业进行CMM/CMMI认证给予20－30万元的奖励。对软件服务外包企业每年出口新增部分，经海关认定，每1美元奖励人民币5分钱。对企业"双软"认定及软件著作权登记费用给予补贴。对通过系统集成资质认证企业给予2万元的一次性奖励。

12. 市高新技术风险投资公司设立软件风险种子资金不低于2000万元，大力吸引国内外各创业基金、投资公司、上市公司等风险投资机构，共同投资南京软件产业。

13. 支持各类文化企业开展对外经贸活动，对在境外提供文化劳务取得的境外收入不征营业税，免征企业所得税。对符合计算机软件出口条件的动漫软件、网络游戏软件等文化产品出口实行免税，其进项税不予抵扣或退税。

14. 凡符合土地利用总体规划、城镇建设规划、国家产业政策和供地政策的服务外包项目，优先安排土地利用年度计划，优先办理农用地转（征）用报批手续。对大型服务外包项目，经市政府批准后，可采取"一次规划、分期出让、分期发证"的方式供地。对世界500强企业、世界知名品牌服务企业和跨国采购中心在宁投资项目，在符合城市总体规划的前提下，尽量满足投资商的第一选址要求，优先供地。对经依法批准开发利用国有荒山、荒地、荒滩用于建设服务外包项目的，5年内免征土地使用税。对依法可以协议出让供地的服务外包企业用地，通过法定程序提高规划容积率的，免交相应部分的土地出让金。

15. 大力吸引海内外具有从事服务外包经验和对国际外包市场熟悉的外包人才，特别是熟悉国际外包业务流程管理、能与国外外包客户进行直接业务沟通的中高级专业技术人才和管理人才，创造条件解决社会保障、子女入学、家属择业就业等后顾之忧。

16. 积极培育软件行业领军人物，每年对于软件产业发展作出特别贡献者，给予表彰、奖励。

17. 支持海外留学归国人员在宁创办软件服务外包企业，每年从海外留学人员新创办的企业中选出若干优秀创业项目给予扶持。

18. 对新引进的国际知名服务外包企业，其高级管理和技术人员在南京居住的，其子女入学、家属就业、医疗保健、户籍迁移、出入境管理等项服务，由所在区政府及公安部门优先安排。

四、完善配套服务，打造服务外包发展良好环境

（八）建立畅通的工作机制

为加强领导，市政府成立服务外包工作领导小组，由市长任组长，分管副市长任副组长，分管秘书长及市发改委、市经委、市外经贸局、市科技局、市教育局、市财政局、市人事局、市统计局、市工商局、市劳动局、南京海关、人民银行南京分行、各服务外包示范区的分管领导任领导成员。领导小组下设办公室，办公室设在市外经贸局，负责服务外包基地规划、建设和发展的协调推进和日常工作。

（九）大力引进和培养人才，构建完善的人才保障体系

通过政策导向、环境营造和校企联合等，充分调动在宁高校、国家级示范软件学院和科研院所的积极性，扩大服务外包专业办学规模，开展多层次、多类型的服务外包专业教育，迅速提升服务外包中、高端人才培养数量。大力发展职业教育，引进国外先进的外包人才培训模式，按照企业的需求进行"订单"培训，促进跨国公司、大企业与学校的结合，建立外语语言培训和应用的环境，形成多层次、多体制的外语语言培训体系，增加计算机和软件类人才的外语语言应用培训。针对英语、日语等专门开设短期培训和定向培训，提高服务外包从业人员的整体外语应用水平。

（十）实施品牌企业发展战略

选择一批规模效益好、自主创新能力强、管理技术水平高、产品优势明显、市场潜力大的本土软件企业，集中市场资源、技术资源和资金资源等，实施重点扶持。要采取多种措施充分发挥南京的科技优势和人才资源优势，鼓励和支持服务外包企业加大技术创新投入，建立研发机构，确立企业技术创新的主体地位，在服务外包领域形成一批具有自主知识产权的技术、产品和标准。在积极扶持引导中小型企业走专业化发展道路，培育自主创新能力的基础上，通过有力的市场资源配置和积极的财政政策扶持等杠杆作用，引导和鼓励一批中小企业实施调整、联合、并购、重组等聚集性措施，力求形成大型企业集团。在引进和推动国内外服务外包企业来宁发展的过程中，帮助企业实现本土化。

（十一）降低服务外包企业的准入门槛

对于从事服务外包的企业在准入审批和工商登记时，在不违背国家现有法规的前提下，给予审批和登记的便利。不涉及准入审批的，工商部门可根据企业的申请，直接在其经营范围中核定服务外包的相关内容。需要准入审批的，审批部门要简化审批程序，加快审批速度，最大限度的方便企业。

（十二）帮助企业争取专项资金扶持

各服务外包的园区和相关部门要指定专人，制定相关措施，采取多种手段和各种途径，大力支持服务外包企业争取国家扶持出口企业研发资金、中小企业开拓国际市场资金等各种专项资金。调整和优化我市地方外贸扶持专项资金支出结构，增加支持服务外包的专项资金，并根据服务外包的发展情况适时调整。

（十三）加快政府管理模式的创新，加强知识产权保护和诚信体制建设

进一步制定和完善促进服务外包发展的规章和规定，健全相关行业的管理规范和行政执法机制，推动行业信用管理。强化知识产权保护，对符合条件的服务外包企业在知识产权试点、示范和保护等方面予以支持，对取得重大社会经济效益的自主知识产权项目要予以奖励。建立行业诚信数据库，加强从业人员诚信管理，规范市场秩序，提高行业服务质量，形成"政府引导、行业自律、社会监督"的诚信环境。

（十四）建立科学合理的服务外包指标统计制度

依照国家有关统计规定，结合本地实际，建立科学合理的服务外包指标统计制度，加强服务外包发展趋势研究，做好信息收集、整理、归纳和分析，为科学决策提供依据。

附录六：

安徽省人民政府关于加快发展服务业的若干政策意见

（皖政〔2007〕70号）

各市、县人民政府，省政府各部门、各直属机构：

服务业是国民经济的重要组成部分，服务业的发展水平是衡量现代社会经济发达程度的重要标志。当前，我省正处于工业化、城镇化加速发展时期，加快发展服务业，既是推进经济结构调整、转变经济增长方式、实现可持续发展的必由之路，也是解决民生问题、构建"和谐安徽"、全面建设小康社会的内在要求。各地各部门要从贯彻落实科学发展观、推进安徽奋力崛起的高度，把加快发展服务业作为一项重大而长期的战略任务，切实抓紧抓好。

发展服务业，要以市场化、产业化、社会化为方向，大力发展面向生产的服务业，鼓励发展现代物流、信息服务、金融服务、科技服务和法律咨询等商务服务业，不断优化服务业发展结构，努力促进现代制造业与服务业有机融合、互动发展。要积极发展面向民生的服务业，大力推进市政公用事业、房地产和物业服务、社区服务、家政服务和社会化养老等服务业发展，不断培育新的服务业增长点。要进一步完善覆盖城乡、功能合理的公共服务体系和机制，积极构建充满活力、特色明显、优势互补的服务业发展格局，不断推动

服务业扩大对外开放，全面提高服务业竞争力，努力推动服务业又好又快发展。

根据"十一五"服务业发展规划纲要，到 2010 年，全省服务业增加值占国内生产总值的比重比 2005 年提高 3 个百分点，服务业从业人员占全社会从业人员的比重比 2005 年提高 5 个百分点，现代服务业产值占全部服务业产值的比重达到 50％，服务业总体发展水平与全面建设小康社会的要求基本相适应。为实现上述目标，依据《国务院关于加快发展服务业的若干意见》（国发〔2007〕7 号）和《安徽省国民经济和社会发展第十一个五年规划纲要》确定的服务业发展总体方向、基本思路，结合我省实际，现就进一步推进服务业加快发展提出如下政策意见：

一、放宽市场准入

1. 拓宽准入领域。凡是法律法规没有禁止进入的服务业领域，各类资本均可进入；凡是向外资开放的领域，都要向内资开放；凡是对本地区企业开放的服务业领域，应全部向外地企业开放。大力发展非公有制服务企业，提高非公有制经济在服务业中的比重。鼓励民间资本参与科技研发、对外贸易、交通运输、水利、通信、城市公交和体育场馆、垃圾处理、污水处理、环境绿化、教育、卫生、旅游、文化娱乐、社区服务、老年服务等领域的投资经营。

2. 放宽注册条件。对具备注册资金、经营场所、人员机构等要素申请设立的服务企业和组织，管理部门应及时注册登记，核发执照。除国家法律、法规限制经营的行业、项目外，企业可根据需要自主调整经营范围和方式，工商部门应按企业要求予以核定。

3. 简化连锁企业证照办理手续。除药品、食品、互联网上网服务营业场所、娱乐场所、危险化学品经营实行"一店一证"外，文化、新闻等管理部门的行政许可，均由连锁企业总部统一办理，各分支机构无须单独申报，管理部门应当在其批准的许可证上标明许可的行政区域范围。

二、消除政策差异

4. 保障生产资料供给。服务业企业用水、用电、用地、用煤、用油、用气等应与工业企业一样对待，不得实行产业歧视性分配供给政策。

5. 实行产业间同等的价格（收费）政策。对列入国家鼓励类服务业的用电、用水、用气、用热价格，在与工业执行基本同价的原则下，按照价格管理权限，3 年内逐步调整到位。

6. 保障服务业项目用地。调整城市用地结构，合理确定服务业用地比例，对列入国家鼓励类的服务业在供地安排上进行倾斜。对利用存量土地建设的服务业项目，在符合土地利用总体规划和城市规划的前提下，依据有关政策优先办理建设用地、供地手续。对新建或扩建非营利性的教育、医疗卫生、公共文化、社会福利等设施用地和公益性科研机构用地，可以划拨方式提供土地使用权。划拨方式取得的土地使用权不得用于其他用途。

7. 开发区内服务业享受同等的政策。开发区内的生产性服务企业，实行与工业企业同等的政策待遇。

三、实施税费优惠

8. 鼓励城市市区企业"退二进三"。对城市市区"退二（第二产业）进三（第三产业）"企业，符合土地利用总体规划、经城市规划部门批准的改建项目，减半或免收城市基础设施配套费，符合国家规定的新办企业条件和范围的，报经税务机关批准，自开业之日起，可享受减征或免征企业所得税1年的优惠政策。

9. 鼓励服务业企业进行技术引进和技术改造。对服务业企业符合国家产业政策的技术改造项目，其项目所需国产设备投资，可按国家税收政策规定申请抵免企业所得税。

10. 支持服务产品的研发和生产。研究开发新产品、新技术、新工艺的服务业企业，所发生的技术开发费用，除按规定在实行100%扣除的基础上，允许再按当年实际发生额的50%在企业所得税前加计扣除。企业年度实际发生的技术开发费用当年不足抵扣的部分，可在以后5年内的企业所得税应纳税所得额中结转抵扣。对科研单位和大专院校通过技术成果转让、技术培训、技术咨询、技术服务、技术承包取得的技术性服务收入，暂免征收企业所得税。

11. 鼓励发展中介服务业。对新办的独立核算的从事咨询业（包括科技、法律、会计、审计、税务等咨询业）、信息业、技术服务业的企业，自开业之日起，报经主管税务机关批准，第一年至第二年免征企业所得税。对经国家发展改革委和国家税务总局审核并列入免税名单的担保机构，按照其机构所在地市级以上人民政府规定的标准取得担保和再担保业务收入，自主管税务机关办理免税手续之日起，3年内免征营业税。

四、加强引导扶持

12. 加大政府对服务业的引导和支持力度。加强服务业基础设施建设，建立和完善政府性资金对促进服务业发展的投入机制，充分发挥政府投资的引导和带动作用，切实加快服务业发展。继续安排服务业发展引导资金，逐步扩大规模，引导社会资金加大对服务业的投入。各市政府也要相应安排资金，支持服务业发展。

13. 引导和鼓励社会资本投资服务业。充分调动各种所有制经济发展服务业的积极性，鼓励社会资金投入服务业。加强与金融部门的沟通，积极向金融机构推介服务业项目，促进银企合作。积极引导和鼓励服务业企业通过资产重组、发行债券、招商引资、上市融资、实行股份制改造等方式扩大融资规模，拓宽融资渠道。鼓励有实力的企业投资服务业。

14. 鼓励服务业企业增强自主创新能力。支持和鼓励服务业企业通过技术进步和市场竞争，不断进行管理创新、服务创新、产品创新，促进规模化、品牌化、网络化经营。对新获得的驰名商标、安徽省著名商标的服务业企业，按照《安徽省人民政府关于加强商标工作的意见》（皖政〔2006〕70号）有关规定，给予扶持和奖励。

五、促进对外开放

15. 加大服务业对外开放力度。鼓励合肥和沿江等发达地区以及高等院校、科研机构比较集中、通讯网络等条件比较完善的城市，加快开放步伐，进一步实施"东向发展"战略，积极承接国际和国内发达地区产业转移。在金融、通信、商务服务等领域率先突破，鼓励承接信息管理、数据处理、财会核算、技术研发、工业设计等国际服务外包业务，具备条件的城市要根据自身优势，研究制定鼓励承接服务外包的扶持政策，加快培育一批具备国际资质的服务外包企业，形成一批外包产业基地。重视并做好服务业对外招商引资项目的策划、组织和推介等工作。

16. 鼓励服务业企业开拓国际市场。支持有能力的服务业企业到境外投资创业，扩大服务领域，通过在国外设立采购、分销、物流、金融、旅游等服务机构，为国内企业开拓国际市场提供支撑。支持省内服务业企业与世界著名大企业、大集团组建战略联盟，鼓励与国外大型连锁企业合资合作，兴办零售和批发企业；吸引国外大企业、大集团到我省设立采购中心、分销中心和物流中心等。

六、规范监督管理

17. 进一步放开服务业价格。减少服务价格的政府定价和指导价，竞争性服务业价格由市场决定，实行市场调节价。少数实行政府定价和指导价的服务价格，要完善价格形成机制，建立公开、透明的定价制度，加强监管，严格查处乱涨价、乱收费行为。

18. 强化市场监管力度。工商管理、质量监督、卫生防疫、价格等部门对市场中存在的虚假广告、质次价高、误导消费等行为要加强监管，通过新闻媒体定期公布生活服务产品质量情况，对存在的服务质量问题及时公开曝光。

19. 规范市场秩序。建立公开、平等、规范的行业监管制度，坚决查处侵犯知识产权行为，保护自主创新，维护知识产权人合法权益。严禁向服务企业乱摊派、乱收费、乱集资、乱罚款，所有检查、罚款等行为必须依照法律、法规执行，不得干扰企业正常生产经营活动。除法律、行政法规有明确规定外，工商、卫生等行政管理部门对企业抽取商品检测，必须购买样品（不进行破坏性检测并归还的除外）。

20. 加快推进服务业标准化。认真贯彻国家标准化管理委员会等六部委《关于推进服务标准化试点工作的意见》（国标委农联〔2007〕7号），抓紧制订和修订物流、运输、旅游、商贸、餐饮等行业服务标准。对新兴服务行业，鼓励地方、行业协会和龙头企业先行制订服务标准。对暂不能实行标准化的服务行业，广泛推行服务承诺、服务公约、服务规范等制度，不断提高服务质量，规范服务行为。

21. 充分发挥行业协会作用。鼓励具备条件的服务行业组建行业协会，积极发挥协会在行业自律、服务品牌整合以及对服务产品技术创新的研究、交流和推广等方面的作用。

七、加大人才培养力度

22. 大力培养服务业专业人才。在大、中专院校增设服务业相关专业，加快培养社会急需的信息咨询、金融保险、现代物流、中介服务等行业的人才。积极培养熟悉国际服务贸易规则和国家政策法规的服务业管理人才。

23. 积极发展职业教育。鼓励发展服务业职业教育，根据市场需求和就业导向及时调整职业学校专业设置。增加对农民工、下岗工人从事服务业的技能培训投入，鼓励社会力量投资兴办专业化的就业、创业培训实体。积极推进岗位培训，重视职业生涯规划，提高综合业务水平。

24. 大力引进优秀服务业人才。多渠道、多形式吸引省外、国外优秀人才。对在国外取得的学历、学位，经国家教育部门承认的，可根据本人实际专业技术水平和能力，申报评审或报考相应专业技术职务任职资格。

八、深化体制改革

25. 进一步深化服务业改革。按照国有经济布局战略性调整的要求，将服务业国有资本集中在重要公共产品和服务领域。积极推进国有服务企业改革，对竞争性领域的国有服务企业实行股份制改造，加快建立现代企业制度，促使其成为真正的市场竞争主体。国有大型服务企业要通过规范上市、中外合资、相互参股等形式，逐步实现企业股权多元化。重点培育一批具有品牌影响力、实力雄厚的服务企业。进一步放开搞活中、小国有服务企业，采取改组、改制、联合、兼并、租赁、承包经营、职工持股、出售等多种形式，进行产权制度改革和经营机制创新。积极推进服务业企业的现代企业制度建设。

26. 加强服务业分类管理。对营利性服务业，要进一步降低准入条件，加快市场化步伐；对非营利性服务业，要加强监督，完善政策，提高服务效率和质量，维护公共利益。要进一步明确教育、文化、广播电视、社会保障、医疗卫生、体育等社会事业的公共服务职能和公益性质，对能够实行市场化经营的服务业，要动员社会力量增加市场供给。按照政企分开、政事分开、事业企业分开、营利性机构与非营利性机构分开的原则，加快事业单位改革，将营利性事业单位改制为企业，并尽快建立现代企业制度。进一步促进政府机构与企业及企业化经营的事业单位彻底脱钩，禁止利用行政权力垄断社会事业单位中的营利性业务，推动社会事业和社会服务业加快发展。大力推进后勤服务社会化。

各市政府、各有关部门要结合自身实际，认真研究提出具体贯彻落实意见，并报告省政府。

安徽省人民政府

二○○七年七月二十一日

第二部分 《知识产权法》中与服务外包业相关的法规

在服务外包的协议交易和实施过程中，不可避免地会涉及知识产权问题。具体地说，服务外包的发包方企业和承接方企业在合同的约定和执行过程中，如何按照知识产权法律明确双方的权利和义务，以及在合同的履行过程中双方发生纠纷时怎样寻求法律救济，将不仅保证服务外包合同协议的顺利执行，而且也将在执行合同过程中发生争议的时候确保双方的权益。服务外包的知识产权问题，影响到服务外包的整体运行。本节将服务外包产业中可能涉及的《知识产权保护法》的内容罗列如下：

附录七：

中华人民共和国著作权法

中华人民共和国主席令（第二十六号）

第一章 总 则

第一条 为保护文学、艺术和科学作品作者的著作权，以及与著作权有关的权益，鼓励有益于社会主义精神文明、物质文明建设的作品的创作和传播，促进社会主义文化和科学事业的发展与繁荣，根据宪法制定本法。

第二条 中国公民、法人或者其他组织的作品，不论是否发表，依照本法享有著作权。

外国人、无国籍人的作品根据其作者所属国或者经常居住地国同中国签订的协议或者共同参加的国际条约享有的著作权，受本法保护。

外国人、无国籍人的作品首先在中国境内出版的，依照本法享有著作权。

未与中国签订协议或者共同参加国际条约的国家的作者以及无国籍人的作品首次在中国参加的国际条约的成员国出版的，或者在成员国和非成员国同时出版的，受本法保护。

第三条 本法所称的作品，包括以下列形式创作的文学、艺术和自然科学、社会科学、工程技术等作品：

（一）文字作品；

（二）口述作品；

（三）音乐、戏剧、曲艺、舞蹈、杂技艺术作品；

（四）美术、建筑作品；

（五）摄影作品；

（六）电影作品和以类似摄制电影的方法创作的作品；

（七）工程设计图、产品设计图、地图、示意图等图形作品和模型作品；

（八）计算机软件；

（九）法律、行政法规规定的其他作品。

第四条 依法禁止出版、传播的作品，不受本法保护。

著作权人行使著作权，不得违反宪法和法律，不得损害公共利益。

第五条 本法不适用于：

（一）法律、法规，国家机关的决议、决定、命令和其他具有立法、行政、司法性质的文件，及其官方正式译文；

（二）时事新闻；

（三）历法、通用数表、通用表格和公式。

第六条 民间文学艺术作品的著作权保护办法由国务院另行规定。

第七条 国务院著作权行政管理部门主管全国的著作权管理工作；各省、自治区、直辖市人民政府的著作权行政管理部门主管本行政区域的著作权管理工作。

第八条 著作权人和与著作权有关的权利人可以授权著作权集体管理组织行使著作权或者与著作权有关的权利。著作权集体管理组织被授权后，可以以自己的名义为著作权人和与著作权有关的权利人主张权利，并可以作为当事人进行涉及著作权或者与著作权有关的权利的诉讼、仲裁活动。

著作权集体管理组织是非营利性组织，其设立方式、权利义务、著作权许可使用费的收取和分配，以及对其监督和管理等由国务院另行规定。

第二章　著作权

第一节　著作权人及其权利

第九条 著作权人包括：

（一）作者；

（二）其他依照本法享有著作权的公民、法人或者其他组织。

第十条 著作权包括下列人身权和财产权：

（一）发表权，即决定作品是否公之于众的权利；

（二）署名权，即表明作者身份，在作品上署名的权利；

（三）修改权，即修改或者授权他人修改作品的权利；

（四）保护作品完整权，即保护作品不受歪曲、篡改的权利；

（五）复制权，即以印刷、复印、拓印、录音、录像、翻录、翻拍等方式将作品制作一份或者多份的权利；

（六）发行权，即以出售或者赠与方式向公众提供作品的原件或者复制件的权利；

（七）出租权，即有偿许可他人临时使用电影作品和以类似摄制电影的方法创作的作品、计算机软件的权利，计算机软件不是出租的主要标的的除外；

（八）展览权，即公开陈列美术作品、摄影作品的原件或者复制件的权利；

（九）表演权，即公开表演作品，以及用各种手段公开播送作品的表演的权利；

（十）放映权，即通过放映机、幻灯机等技术设备公开再现美术、摄影、电影和以类似摄制电影的方法创作的作品等的权利；

（十一）广播权，即以无线方式公开广播或者传播作品，以有线传播或者转播的方式向公众传播广播的作品，以及通过扩音器或者其他传送符号、声音、图像的类似工具向公众传播广播的作品的权利；

（十二）信息网络传播权，即以有线或者无线方式向公众提供作品，使公众可以在其个人选定的时间和地点获得作品的权利；

（十三）摄制权，即以摄制电影或者以类似摄制电影的方法将作品固定在载体上的权利；

（十四）改编权，即改变作品，创作出具有独创性的新作品的权利；

（十五）翻译权，即将作品从一种语言文字转换成另一种语言文字的权利；

（十六）汇编权，即将作品或者作品的片段通过选择或者编排，汇集成新作品的权利；

（十七）应当由著作权人享有的其他权利。

著作权人可以许可他人行使前款第（五）项至第（十七）项规定的权利，并依照约定或者本法有关规定获得报酬。

著作权人可以全部或者部分转让本条第一款第（五）项至第（十七）项规定的权利，并依照约定或者本法有关规定获得报酬。

第二节　著作权归属

第十一条　著作权属于作者，本法另有规定的除外。

创作作品的公民是作者。

由法人或者其他组织主持，代表法人或者其他组织意志创作，并由法人或者其他组织承担责任的作品，法人或者其他组织视为作者。

如无相反证明，在作品上署名的公民、法人或者其他组织为作者。

第十二条　改编、翻译、注释、整理已有作品而产生的作品，其著作权由改编、翻译、注释、整理人享有，但行使著作权时不得侵犯原作品的著作权。

第十三条　两人以上合作创作的作品，著作权由合作作者共同享有。没有参加创作的人，不能成为合作作者。

合作作品可以分割使用的，作者对各自创作的部分可以单独享有著作权，但行使著作权时不得侵犯合作作品整体的著作权。

第十四条　汇编若干作品、作品的片段或者不构成作品的数据或者其他材料，对其内容的选择或者编排体现独创性的作品，为汇编作品，其著作权由汇编人享有，但行使著作权时，不得侵犯原作品的著作权。

第十五条　电影作品和以类似摄制电影的方法创作的作品的著作权由制片者享有，但编剧、导演、摄影、作词、作曲等作者享有署名权，并有权按照与制片者签订的合同获得报酬。

电影作品和以类似摄制电影的方法创作的作品中的剧本、音乐等可以单独使用的作品的作者有权单独行使其著作权。

第十六条　公民为完成法人或者其他组织工作任务所创作的作品是职务作品，除本条第二款的规定以外，著作权由作者享有，但法人或者其他组织有权在其业务范围内优先使用。作品完成两年内，未经单位同意，作者不得许可第三人以与单位使用的相同方式使用该作品。

有下列情形之一的职务作品，作者享有署名权，著作权的其他权利由法人或者其他组织享有，法人或者其他组织可以给予作者奖励：

（一）主要是利用法人或者其他组织的物质技术条件创作，并由法人或者其他组织承担责任的工程设计图、产品设计图、地图、计算机软件等职务作品；

（二）法律、行政法规规定或者合同约定著作权由法人或者其他组织享有的职务作品。

第十七条 受委托创作的作品，著作权的归属由委托人和受托人通过合同约定。合同未作明确约定或者没有订立合同的，著作权属于受托人。

第十八条 美术等作品原件所有权的转移，不视为作品著作权的转移，但美术作品原件的展览权由原件所有人享有。

第十九条 著作权属于公民的，公民死亡后，其本法第十条第一款第（五）项至第（十七）项规定的权利在本法规定的保护期内，依照继承法的规定转移。

著作权属于法人或者其他组织的，法人或者其他组织变更、终止后，其本法第十条第一款第（五）项至第（十七）项规定的权利在本法规定的保护期内，由承受其权利义务的法人或者其他组织享有；没有承受其权利义务的法人或者其他组织的，由国家享有。

第三节　权利的保护期

第二十条 作者的署名权、修改权、保护作品完整权的保护期不受限制。

第二十一条 公民的作品，其发表权、本法第十条第一款第（五）项至第（十七）项规定的权利的保护期为作者终生及其死亡后五十年，截止于作者死亡后第五十年的 12 月 31 日；如果是合作作品，截止于最后死亡的作者死亡后第五十年的 12 月 31 日。

法人或者其他组织的作品、著作权（署名权除外）由法人或者其他组织享有的职务作品，其发表权、本法第十条第一款第（五）项至第（十七）项规定的权利的保护期为五十年，截止于作品首次发表后第五十年的 12 月 31 日，但作品自创作完成后五十年内未发表的，本法不再保护。

电影作品和以类似摄制电影的方法创作的作品、摄影作品，其发表权、本法第十条第一款第（五）项至第（十七）项规定的权利的保护期为五十年，截止于作品首次发表后第五十年的 12 月 31 日，但作品自创作完成后五十年内未发表的，本法不再保护。

第四节　权利的限制

第二十二条 在下列情况下使用作品，可以不经著作权人许可，不向其支付报酬，但应当指明作者姓名、作品名称，并且不得侵犯著作权人依照本法享有的其他权利：

（一）为个人学习、研究或者欣赏，使用他人已经发表的作品；

（二）为介绍、评论某一作品或者说明某一问题，在作品中适当引用他人已经发表的作品；

（三）为报道时事新闻，在报纸、期刊、广播电台、电视台等媒体中不可避免地再现或者引用已经发表的作品；

（四）报纸、期刊、广播电台、电视台等媒体刊登或者播放其他报纸、期刊、广播电台、电视台等媒体已经发表的关于政治、经济、宗教问题的时事性文章，但作者声明不许刊登、播放的除外；

（五）报纸、期刊、广播电台、电视台等媒体刊登或者播放在公众集会上发表的讲话，但作者声明不许刊登、播放的除外；

（六）为学校课堂教学或者科学研究，翻译或者少量复制已经发表的作品，供教学或者科研人员使用，但不得出版发行；

（七）国家机关为执行公务在合理范围内使用已经发表的作品；

（八）图书馆、档案馆、纪念馆、博物馆、美术馆等为陈列或者保存版本的需要，复制本馆收藏的作品；

（九）免费表演已经发表的作品，该表演未向公众收取费用，也未向表演者支付报酬；

（十）对设置或者陈列在室外公共场所的艺术作品进行临摹、绘画、摄影、录像；

（十一）将中国公民、法人或者其他组织已经发表的以汉语言文字创作的作品翻译成少数民族语言文字作品在国内出版发行；

（十二）将已经发表的作品改成盲文出版。

前款规定适用于对出版者、表演者、录音录像制作者、广播电台、电视台的权利的限制。

第二十三条　为实施九年制义务教育和国家教育规划而编写出版教科书，除作者事先声明不许使用的外，可以不经著作权人许可，在教科书中汇编已经发表的作品片段或者短小的文字作品、音乐作品或者单幅的美术作品、摄影作品，但应当按照规定支付报酬，指明作者姓名、作品名称，并且不得侵犯著作权人依照本法享有的其他权利。

前款规定适用于对出版者、表演者、录音录像制作者、广播电台、电视台的权利的限制。

第三章　著作权许可使用和转让合同

第二十四条　使用他人作品应当同著作权人订立许可使用合同，本法规定可以不经许可的除外。

许可使用合同包括下列主要内容：

（一）许可使用的权利种类；

（二）许可使用的权利是专有使用权或者非专有使用权；

（三）许可使用的地域范围、期间；

（四）付酬标准和办法；

（五）违约责任；

（六）双方认为需要约定的其他内容。

第二十五条　转让本法第十条第一款第（五）项至第（十七）项规定的权利，应当订立书面合同。

权利转让合同包括下列主要内容：

（一）作品的名称；

（二）转让的权利种类、地域范围；

（三）转让价金；

（四）交付转让的日期和方式；

（五）违约责任；

（六）双方认为需要约定的其他内容。

第二十六条 许可使用合同和转让合同中著作权人未明确许可、转让的权利，未经著作权人同意，另一方当事人不得行使。

第二十七条 使用作品的付酬标准可以由当事人约定，也可以按照国务院著作权行政管理部门会同有关部门制定的付酬标准支付报酬。当事人约定不明确的，按照国务院著作权行政管理部门会同有关部门制定的付酬标准支付报酬。

第二十八条 出版者、表演者、录音录像制作者、广播电台、电视台等依照本法有关规定使用他人作品的，不得侵犯作者的署名权、修改权、保护作品完整权和获得报酬的权利。

第四章　出版、表演、录音录像、播放

第一节　图书、报刊的出版

第二十九条 图书出版者出版图书应当和著作权人订立出版合同，并支付报酬。

第三十条 图书出版者对著作权人交付出版的作品，按照合同约定享有的专有出版权受法律保护，他人不得出版该作品。

第三十一条 著作权人应当按照合同约定期限交付作品。图书出版者应当按照合同约定的出版质量、期限出版图书。

图书出版者不按照合同约定期限出版，应当依照本法第五十三条的规定承担民事责任。

图书出版者重印、再版作品的，应当通知著作权人，并支付报酬。图书脱销后，图书出版者拒绝重印、再版的，著作权人有权终止合同。

第三十二条 著作权人向报社、期刊社投稿的，自稿件发出之日起十五日内未收到报社通知决定刊登的，或者自稿件发出之日起三十日内未收到期刊社通知决定刊登的，可以将同一作品向其他报社、期刊社投稿。双方另有约定的除外。

作品刊登后，除著作权人声明不得转载、摘编的外，其他报刊可以转载或者作为文摘、资料刊登，但应当按照规定向著作权人支付报酬。

第三十三条 图书出版者经作者许可，可以对作品修改、删节。

报社、期刊社可以对作品作文字性修改、删节。对内容的修改，应当经作者许可。

第三十四条 出版改编、翻译、注释、整理、汇编已有作品而产生的作品，应当取得改编、翻译、注释、整理、汇编作品的著作权人和原作品的著作权人许可，并支付报酬。

第三十五条 出版者有权许可或者禁止他人使用其出版的图书、期刊的版式设计。

前款规定的权利的保护期为十年，截止于使用该版式设计的图书、期刊首次出版后第十年的 12 月 31 日。

第二节　表　演

第三十六条 使用他人作品演出，表演者（演员、演出单位）应当取得著作权人许可，并支付报酬。演出组织者组织演出，由该组织者取得著作权人许可，并支付报酬。

使用改编、翻译、注释、整理已有作品而产生的作品进行演出，应当取得改编、翻

译、注释、整理作品的著作权人和原作品的著作权人许可，并支付报酬。

第三十七条 表演者对其表演享有下列权利：

（一）表明表演者身份；

（二）保护表演形象不受歪曲；

（三）许可他人从现场直播和公开传送其现场表演，并获得报酬；

（四）许可他人录音录像，并获得报酬；

（五）许可他人复制、发行录有其表演的录音录像制品，并获得报酬；

（六）许可他人通过信息网络向公众传播其表演，并获得报酬。

被许可人以前款第（三）项至第（六）项规定的方式使用作品，还应当取得著作权人许可，并支付报酬。

第三十八条 本法第三十七条第一款第（一）项、第（二）项规定的权利的保护期不受限制。

本法第三十七条第一款第（三）项至第（六）项规定的权利的保护期为五十年，截止于该表演发生后第五十年的 12 月 31 日。

第三节 录音录像

第三十九条 录音录像制作者使用他人作品制作录音录像制品，应当取得著作权人许可，并支付报酬。

录音录像制作者使用改编、翻译、注释、整理已有作品而产生的作品，应当取得改编、翻译、注释、整理作品的著作权人和原作品著作权人许可，并支付报酬。

录音制作者使用他人已经合法录制为录音制品的音乐作品制作录音制品，可以不经著作权人许可，但应当按照规定支付报酬；著作权人声明不许使用的不得使用。

第四十条 录音录像制作者制作录音录像制品，应当同表演者订立合同，并支付报酬。

第四十一条 录音录像制作者对其制作的录音录像制品，享有许可他人复制、发行、出租、通过信息网络向公众传播并获得报酬的权利；权利的保护期为五十年，截止于该制品首次制作完成后第五十年的 12 月 31 日。

被许可人复制、发行、通过信息网络向公众传播录音录像制品，还应当取得著作权人、表演者许可，并支付报酬。

第四节 广播电台、电视台播放

第四十二条 广播电台、电视台播放他人未发表的作品，应当取得著作权人许可，并支付报酬。

广播电台、电视台播放他人已发表的作品，可以不经著作权人许可，但应当支付报酬。

第四十三条 广播电台、电视台播放已经出版的录音制品，可以不经著作权人许可，但应当支付报酬。当事人另有约定的除外。具体办法由国务院规定。

第四十四条 广播电台、电视台有权禁止未经其许可的下列行为：

（一）将其播放的广播、电视转播；

（二）将其播放的广播、电视录制在音像载体上以及复制音像载体。

前款规定的权利的保护期为五十年，截止于该广播、电视首次播放后第五十年的 12 月 31 日。

第四十五条　电视台播放他人的电影作品和以类似摄制电影的方法创作的作品、录像制品，应当取得制片者或者录像制作者许可，并支付报酬；播放他人的录像制品，还应当取得著作权人许可，并支付报酬。

第五章　法律责任和执法措施

第四十六条　有下列侵权行为的，应当根据情况，承担停止侵害、消除影响、赔礼道歉、赔偿损失等民事责任：

（一）未经著作权人许可，发表其作品的；

（二）未经合作作者许可，将与他人合作创作的作品当作自己单独创作的作品发表的；

（三）没有参加创作，为谋取个人名利，在他人作品上署名的；

（四）歪曲、篡改他人作品的；

（五）剽窃他人作品的；

（六）未经著作权人许可，以展览、摄制电影和以类似摄制电影的方法使用作品，或者以改编、翻译、注释等方式使用作品的，本法另有规定的除外；

（七）使用他人作品，应当支付报酬而未支付的；

（八）未经电影作品和以类似摄制电影的方法创作的作品、计算机软件、录音录像制品的著作权人或者与著作权有关的权利人许可，出租其作品或者录音录像制品的，本法另有规定的除外；

（九）未经出版者许可，使用其出版的图书、期刊的版式设计的；

（十）未经表演者许可，从现场直播或者公开传送其现场表演，或者录制其表演的；

（十一）其他侵犯著作权以及与著作权有关的权益的行为。

第四十七条　有下列侵权行为的，应当根据情况，承担停止侵害、消除影响、赔礼道歉、赔偿损失等民事责任；同时损害公共利益的，可以由著作权行政管理部门责令停止侵权行为，没收违法所得，没收、销毁侵权复制品，并可处以罚款；情节严重的，著作权行政管理部门还可以没收主要用于制作侵权复制品的材料、工具、设备等；构成犯罪的，依法追究刑事责任：

（一）未经著作权人许可，复制、发行、表演、放映、广播、汇编、通过信息网络向公众传播其作品的，本法另有规定的除外；

（二）出版他人享有专有出版权的图书的；

（三）未经表演者许可，复制、发行录有其表演的录音录像制品，或者通过信息网络向公众传播其表演的，本法另有规定的除外；

（四）未经录音录像制作者许可，复制、发行、通过信息网络向公众传播其制作的录音录像制品的，本法另有规定的除外；

（五）未经许可，播放或者复制广播、电视的，本法另有规定的除外；

（六）未经著作权人或者与著作权有关的权利人许可，故意避开或者破坏权利人为其作品、录音录像制品等采取的保护著作权或者与著作权有关的权利的技术措施的，法律、行政法规另有规定的除外；

（七）未经著作权人或者与著作权有关的权利人许可，故意删除或者改变作品、录音录像制品等的权利管理电子信息的，法律、行政法规另有规定的除外；

（八）制作、出售假冒他人署名的作品的。

第四十八条　侵犯著作权或者与著作权有关的权利的，侵权人应当按照权利人的实际损失给予赔偿；实际损失难以计算的，可以按照侵权人的违法所得给予赔偿。赔偿数额还应当包括权利人为制止侵权行为所支付的合理开支。

权利人的实际损失或者侵权人的违法所得不能确定的，由人民法院根据侵权行为的情节，判决给予五十万元以下的赔偿。

第四十九条　著作权人或者与著作权有关的权利人有证据证明他人正在实施或者即将实施侵犯其权利的行为，如不及时制止将会使其合法权益受到难以弥补的损害的，可以在起诉前向人民法院申请采取责令停止有关行为和财产保全的措施。

人民法院处理前款申请，适用《中华人民共和国民事诉讼法》第九十三条至第九十六条和第九十九条的规定。

第五十条　为制止侵权行为，在证据可能灭失或者以后难以取得的情况下，著作权人或者与著作权有关的权利人可以在起诉前向人民法院申请保全证据。

人民法院接受申请后，必须在四十八小时内作出裁定；裁定采取保全措施的，应当立即开始执行。

人民法院可以责令申请人提供担保，申请人不提供担保的，驳回申请。

申请人在人民法院采取保全措施后十五日内不起诉的，人民法院应当解除保全措施。

第五十一条　人民法院审理案件，对于侵犯著作权或者与著作权有关的权利的，可以没收违法所得、侵权复制品以及进行违法活动的财物。

第五十二条　复制品的出版者、制作者不能证明其出版、制作有合法授权的，复制品的发行者或者电影作品或者以类似摄制电影的方法创作的作品、计算机软件、录音录像制品的复制品的出租者不能证明其发行、出租的复制品有合法来源的，应当承担法律责任。

第五十三条　当事人不履行合同义务或者履行合同义务不符合约定条件的，应当依照《中华人民共和国民法通则》《中华人民共和国合同法》等有关法律规定承担民事责任。

第五十四条　著作权纠纷可以调解，也可以根据当事人达成的书面仲裁协议或者著作权合同中的仲裁条款，向仲裁机构申请仲裁。

当事人没有书面仲裁协议，也没有在著作权合同中订立仲裁条款的，可以直接向人民法院起诉。

第五十五条　当事人对行政处罚不服的，可以自收到行政处罚决定书之日起三个月内向人民法院起诉，期满不起诉又不履行的，著作权行政管理部门可以申请人民法院执行。

第六章　附　则

第五十六条　本法所称的著作权即版权。

第五十七条　本法第二条所称的出版，指作品的复制、发行。

第五十八条 计算机软件、信息网络传播权的保护办法由国务院另行规定。

第五十九条 本法规定的著作权人和出版者、表演者、录音录像制作者、广播电台、电视台的权利，在本法施行之日尚未超过本法规定的保护期的，依照本法予以保护。

本法施行前发生的侵权或者违约行为，依照侵权或者违约行为发生时的有关规定和政策处理。

第六十条 本法自 1991 年 6 月 1 日起施行。

附录八：

中华人民共和国专利法

中华人民共和国主席令
第八号

（1984 年 3 月 12 日第六届全国人民代表大会常务委员会第四次会议通过　根据 1992 年 9 月 4 日第七届全国人民代表大会常务委员会第二十七次会议《关于修改〈中华人民共和国专利法〉的决定》第一次修正　根据 2000 年 8 月 25 日第九届全国人民代表大会常务委员会第十七次会议《关于修改〈中华人民共和国专利法〉的决定》第二次修正　根据 2008 年 12 月 27 日第十一届全国人民代表大会常务委员会第六次会议《关于修改〈中华人民共和国专利法〉的决定》第三次修正）

第一章　总　则

第一条 为了保护专利权人的合法权益，鼓励发明创造，推动发明创造的应用，提高创新能力，促进科学技术进步和经济社会发展，制定本法。

第二条 本法所称的发明创造是指发明、实用新型和外观设计。

发明，是指对产品、方法或者其改进所提出的新的技术方案。

实用新型，是指对产品的形状、构造或者其结合所提出的适于实用的新的技术方案。

外观设计，是指对产品的形状、图案或者其结合以及色彩与形状、图案的结合所作出的富有美感并适于工业应用的新设计。

第三条 国务院专利行政部门负责管理全国的专利工作；统一受理和审查专利申请，依法授予专利权。

省、自治区、直辖市人民政府管理专利工作的部门负责本行政区域内的专利管理工作。

第四条 申请专利的发明创造涉及国家安全或者重大利益需要保密的，按照国家有关规定办理。

第五条 对违反法律、社会公德或者妨害公共利益的发明创造，不授予专利权。

对违反法律、行政法规的规定获取或者利用遗传资源，并依赖该遗传资源完成的发明创造，不授予专利权。

第六条 执行本单位的任务或者主要是利用本单位的物质技术条件所完成的发明创造

为职务发明创造。职务发明创造申请专利的权利属于该单位；申请被批准后，该单位为专利权人。

非职务发明创造，申请专利的权利属于发明人或者设计人；申请被批准后，该发明人或者设计人为专利权人。

利用本单位的物质技术条件所完成的发明创造，单位与发明人或者设计人订有合同，对申请专利的权利和专利权的归属作出约定的，从其约定。

第七条　对发明人或者设计人的非职务发明创造专利申请，任何单位或者个人不得压制。

第八条　两个以上单位或者个人合作完成的发明创造、一个单位或者个人接受其他单位或者个人委托所完成的发明创造，除另有协议的以外，申请专利的权利属于完成或者共同完成的单位或者个人；申请被批准后，申请的单位或者个人为专利权人。

第九条　同样的发明创造只能授予一项专利权。但是，同一申请人同日对同样的发明创造既申请实用新型专利又申请发明专利，先获得的实用新型专利权尚未终止，且申请人声明放弃该实用新型专利权的，可以授予发明专利权。

两个以上的申请人分别就同样的发明创造申请专利的，专利权授予最先申请的人。

第十条　专利申请权和专利权可以转让。

中国单位或者个人向外国人、外国企业或者外国其他组织转让专利申请权或者专利权的，应当依照有关法律、行政法规的规定办理手续。

转让专利申请权或者专利权的，当事人应当订立书面合同，并向国务院专利行政部门登记，由国务院专利行政部门予以公告。专利申请权或者专利权的转让自登记之日起生效。

第十一条　发明和实用新型专利权被授予后，除本法另有规定的以外，任何单位或者个人未经专利权人许可，都不得实施其专利，即不得为生产经营目的制造、使用、许诺销售、销售、进口其专利产品，或者使用其专利方法以及使用、许诺销售、销售、进口依照该专利方法直接获得的产品。

外观设计专利权被授予后，任何单位或者个人未经专利权人许可，都不得实施其专利，即不得为生产经营目的制造、许诺销售、销售、进口其外观设计专利产品。

第十二条　任何单位或者个人实施他人专利的，应当与专利权人订立实施许可合同，向专利权人支付专利使用费。被许可人无权允许合同规定以外的任何单位或者个人实施该专利。

第十三条　发明专利申请公布后，申请人可以要求实施其发明的单位或者个人支付适当的费用。

第十四条　国有企业事业单位的发明专利，对国家利益或者公共利益具有重大意义的，国务院有关主管部门和省、自治区、直辖市人民政府报经国务院批准，可以决定在批准的范围内推广应用，允许指定的单位实施，由实施单位按照国家规定向专利权人支付使用费。

第十五条　专利申请权或者专利权的共有人对权利的行使有约定的，从其约定。没有约定的，共有人可以单独实施或者以普通许可方式许可他人实施该专利；许可他人实施该专利的，收取的使用费应当在共有人之间分配。

除前款规定的情形外，行使共有的专利申请权或者专利权应当取得全体共有人的同意。

第十六条 被授予专利权的单位应当对职务发明创造的发明人或者设计人给予奖励；发明创造专利实施后，根据其推广应用的范围和取得的经济效益，对发明人或者设计人给予合理的报酬。

第十七条 发明人或者设计人有权在专利文件中写明自己是发明人或者设计人。

专利权人有权在其专利产品或者该产品的包装上标明专利标识。

第十八条 在中国没有经常居所或者营业所的外国人、外国企业或者外国其他组织在中国申请专利的，依照其所属国同中国签订的协议或者共同参加的国际条约，或者依照互惠原则，根据本法办理。

第十九条 在中国没有经常居所或者营业所的外国人、外国企业或者外国其他组织在中国申请专利和办理其他专利事务的，应当委托依法设立的专利代理机构办理。

中国单位或者个人在国内申请专利和办理其他专利事务的，可以委托依法设立的专利代理机构办理。

专利代理机构应当遵守法律、行政法规，按照被代理人的委托办理专利申请或者其他专利事务；对被代理人发明创造的内容，除专利申请已经公布或者公告的以外，负有保密责任。专利代理机构的具体管理办法由国务院规定。

第二十条 任何单位或者个人将在中国完成的发明或者实用新型向外国申请专利的，应当事先报经国务院专利行政部门进行保密审查。保密审查的程序、期限等按照国务院的规定执行。

中国单位或者个人可以根据中华人民共和国参加的有关国际条约提出专利国际申请。申请人提出专利国际申请的，应当遵守前款规定。

国务院专利行政部门依照中华人民共和国参加的有关国际条约、本法和国务院有关规定处理专利国际申请。

对违反本条第一款规定向外国申请专利的发明或者实用新型，在中国申请专利的，不授予专利权。

第二十一条 国务院专利行政部门及其专利复审委员会应当按照客观、公正、准确、及时的要求，依法处理有关专利的申请和请求。

国务院专利行政部门应当完整、准确、及时发布专利信息，定期出版专利公报。

在专利申请公布或者公告前，国务院专利行政部门的工作人员及有关人员对其内容负有保密责任。

第二章　授予专利权的条件

第二十二条 授予专利权的发明和实用新型，应当具备新颖性、创造性和实用性。

新颖性，是指该发明或者实用新型不属于现有技术；也没有任何单位或者个人就同样的发明或者实用新型在申请日以前向国务院专利行政部门提出过申请，并记载在申请日以后公布的专利申请文件或者公告的专利文件中。

创造性，是指与现有技术相比，该发明具有突出的实质性特点和显著的进步，该实用新型具有实质性特点和进步。

实用性，是指该发明或者实用新型能够制造或者使用，并且能够产生积极效果。

本法所称现有技术，是指申请日以前在国内外为公众所知的技术。

第二十三条　授予专利权的外观设计，应当不属于现有设计；也没有任何单位或者个人就同样的外观设计在申请日以前向国务院专利行政部门提出过申请，并记载在申请日以后公告的专利文件中。

授予专利权的外观设计与现有设计或者现有设计特征的组合相比，应当具有明显区别。

授予专利权的外观设计不得与他人在申请日以前已经取得的合法权利相冲突。

本法所称现有设计，是指申请日以前在国内外为公众所知的设计。

第二十四条　申请专利的发明创造在申请日以前六个月内，有下列情形之一的，不丧失新颖性：

（一）在中国政府主办或者承认的国际展览会上首次展出的；

（二）在规定的学术会议或者技术会议上首次发表的；

（三）他人未经申请人同意而泄露其内容的。

第二十五条　对下列各项，不授予专利权：

（一）科学发现；

（二）智力活动的规则和方法；

（三）疾病的诊断和治疗方法；

（四）动物和植物品种；

（五）用原子核变换方法获得的物质；

（六）对平面印刷品的图案、色彩或者二者的结合作出的主要起标识作用的设计。

对前款第（四）项所列产品的生产方法，可以依照本法规定授予专利权。

第三章　专利的申请

第二十六条　请发明或者实用新型专利的，应当提交请求书、说明书及其摘要和权利要求书等文件。

请求书应当写明发明或者实用新型的名称，发明人的姓名，申请人姓名或者名称、地址，以及其他事项。

说明书应当对发明或者实用新型作出清楚、完整的说明，以所属技术领域的技术人员能够实现为准；必要的时候，应当有附图。摘要应当简要说明发明或者实用新型的技术要点。

权利要求书应当以说明书为依据，清楚、简要地限定要求专利保护的范围。

依赖遗传资源完成的发明创造，申请人应当在专利申请文件中说明该遗传资源的直接来源和原始来源；申请人无法说明原始来源的，应当陈述理由。

第二十七条　申请外观设计专利的，应当提交请求书、该外观设计的图片或者照片以及对该外观设计的简要说明等文件。

申请人提交的有关图片或者照片应当清楚地显示要求专利保护的产品的外观设计。

第二十八条 国务院专利行政部门收到专利申请文件之日为申请日。如果申请文件是邮寄的，以寄出的邮戳日为申请日。

第二十九条 申请人自发明或者实用新型在外国第一次提出专利申请之日起十二个月内，或者自外观设计在外国第一次提出专利申请之日起六个月内，又在中国就相同主题提出专利申请的，依照该外国同中国签订的协议或者共同参加的国际条约，或者依照相互承认优先权的原则，可以享有优先权。

申请人自发明或者实用新型在中国第一次提出专利申请之日起十二个月内，又向国务院专利行政部门就相同主题提出专利申请的，可以享有优先权。

第三十条 申请人要求优先权的，应当在申请的时候提出书面声明，并且在三个月内提交第一次提出的专利申请文件的副本；未提出书面声明或者逾期未提交专利申请文件副本的，视为未要求优先权。

第三十一条 一件发明或者实用新型专利申请应当限于一项发明或者实用新型。属于一个总的发明构思的两项以上的发明或者实用新型，可以作为一件申请提出。

一件外观设计专利申请应当限于一项外观设计。同一产品两项以上的相似外观设计，或者用于同一类别并且成套出售或者使用的产品的两项以上外观设计，可以作为一件申请提出。

第三十二条 申请人可以在被授予专利权之前随时撤回其专利申请。

第三十三条 申请人可以对其专利申请文件进行修改，但是，对发明和实用新型专利申请文件的修改不得超出原说明书和权利要求书记载的范围，对外观设计专利申请文件的修改不得超出原图片或者照片表示的范围。

第四章 专利申请的审查和批准

第三十四条 国务院专利行政部门收到发明专利申请后，经初步审查认为符合本法要求的，自申请日起满十八个月，即行公布。国务院专利行政部门可以根据申请人的请求早日公布其申请。

第三十五条 发明专利申请自申请日起三年内，国务院专利行政部门可以根据申请人随时提出的请求，对其申请进行实质审查；申请人无正当理由逾期不请求实质审查的，该申请即被视为撤回。

国务院专利行政部门认为必要的时候，可以自行对发明专利申请进行实质审查。

第三十六条 发明专利的申请人请求实质审查的时候，应当提交在申请日前与其发明有关的参考资料。

发明专利已经在外国提出过申请的，国务院专利行政部门可以要求申请人在指定期限内提交该国为审查其申请进行检索的资料或者审查结果的资料；无正当理由逾期不提交的，该申请即被视为撤回。

第三十七条 国务院专利行政部门对发明专利申请进行实质审查后，认为不符合本法规定的，应当通知申请人，要求其在指定的期限内陈述意见，或者对其申请进行修改；无正当理由逾期不答复的，该申请即被视为撤回。

第三十八条　发明专利申请经申请人陈述意见或者进行修改后，国务院专利行政部门仍然认为不符合本法规定的，应当予以驳回。

第三十九条　发明专利申请经实质审查没有发现驳回理由的，由国务院专利行政部门作出授予发明专利权的决定，发给发明专利证书，同时予以登记和公告。发明专利权自公告之日起生效。

第四十条　实用新型和外观设计专利申请经初步审查没有发现驳回理由的，由国务院专利行政部门作出授予实用新型专利权或者外观设计专利权的决定，发给相应的专利证书，同时予以登记和公告。实用新型专利权和外观设计专利权自公告之日起生效。

第四十一条　国务院专利行政部门设立专利复审委员会。专利申请人对国务院专利行政部门驳回申请的决定不服的，可以自收到通知之日起三个月内，向专利复审委员会请求复审。专利复审委员会复审后，作出决定，并通知专利申请人。

专利申请人对专利复审委员会的复审决定不服的，可以自收到通知之日起三个月内向人民法院起诉。

第五章　专利权的期限、终止和无效

第四十二条　发明专利权的期限为二十年，实用新型专利权和外观设计专利权的期限为十年，均自申请日起计算。

第四十三条　专利权人应当自被授予专利权的当年开始缴纳年费。

第四十四条　有下列情形之一的，专利权在期限届满前终止：

（一）没有按照规定缴纳年费的；

（二）专利权人以书面声明放弃其专利权的。

专利权在期限届满前终止的，由国务院专利行政部门登记和公告。

第四十五条　自国务院专利行政部门公告授予专利权之日起，任何单位或者个人认为该专利权的授予不符合本法有关规定的，可以请求专利复审委员会宣告该专利权无效。

第四十六条　专利复审委员会对宣告专利权无效的请求应当及时审查和作出决定，并通知请求人和专利权人。宣告专利权无效的决定，由国务院专利行政部门登记和公告。

对专利复审委员会宣告专利权无效或者维持专利权的决定不服的，可以自收到通知之日起三个月内向人民法院起诉。人民法院应当通知无效宣告请求程序的对方当事人作为第三人参加诉讼。

第四十七条　宣告无效的专利权视为自始即不存在。

宣告专利权无效的决定，对在宣告专利权无效前人民法院作出并已执行的专利侵权的判决、调解书，已经履行或者强制执行的专利侵权纠纷处理决定，以及已经履行的专利实施许可合同和专利权转让合同，不具有追溯力。但是因专利权人的恶意给他人造成的损失，应当给予赔偿。

依照前款规定不返还专利侵权赔偿金、专利使用费、专利权转让费，明显违反公平原则的，应当全部或者部分返还。

第六章　专利实施的强制许可

第四十八条　有下列情形之一的，国务院专利行政部门根据具备实施条件的单位或者个人的申请，可以给予实施发明专利或者实用新型专利的强制许可：

（一）专利权人自专利权被授予之日起满三年，且自提出专利申请之日起满四年，无正当理由未实施或者未充分实施其专利的；

（二）专利权人行使专利权的行为被依法认定为垄断行为，为消除或者减少该行为对竞争产生的不利影响的。

第四十九条 在国家出现紧急状态或者非常情况时，或者为了公共利益的目的，国务院专利行政部门可以给予实施发明专利或者实用新型专利的强制许可。

第五十条 为了公共健康目的，对取得专利权的药品，国务院专利行政部门可以给予制造并将其出口到符合中华人民共和国参加的有关国际条约规定的国家或者地区的强制许可。

第五十一条 一项取得专利权的发明或者实用新型比前已经取得专利权的发明或者实用新型具有显著经济意义的重大技术进步，其实施又有赖于前一发明或者实用新型的实施的，国务院专利行政部门根据后一专利权人的申请，可以给予实施前一发明或者实用新型的强制许可。

在依照前款规定给予实施强制许可的情形下，国务院专利行政部门根据前一专利权人的申请，也可以给予实施后一发明或者实用新型的强制许可。

第五十二条 强制许可涉及的发明创造为半导体技术的，其实施限于公共利益的目的和本法第四十八条第（二）项规定的情形。

第五十三条 除依照本法第四十八条第（二）项、第五十条规定给予的强制许可外，强制许可的实施应当主要为了供应国内市场。

第五十四条 依照本法第四十八条第（一）项、第五十一条规定申请强制许可的单位或者个人应当提供证据，证明其以合理的条件请求专利权人许可其实施专利，但未能在合理的时间内获得许可。

第五十五条 国务院专利行政部门作出的给予实施强制许可的决定，应当及时通知专利权人，并予以登记和公告。

给予实施强制许可的决定，应当根据强制许可的理由规定实施的范围和时间。强制许可的理由消除并不再发生时，国务院专利行政部门应当根据专利权人的请求，经审查后作出终止实施强制许可的决定。

第五十六条 取得实施强制许可的单位或者个人不享有独占的实施权，并且无权允许他人实施。

第五十七条 取得实施强制许可的单位或者个人应当付给专利权人合理的使用费，或者依照中华人民共和国参加的有关国际条约的规定处理使用费问题。付给使用费的，其数额由双方协商；双方不能达成协议的，由国务院专利行政部门裁决。

第五十八条 专利权人对国务院专利行政部门关于实施强制许可的决定不服的，专利权人和取得实施强制许可的单位或者个人对国务院专利行政部门关于实施强制许可的使用费的裁决不服的，可以自收到通知之日起三个月内向人民法院起诉。

第七章 专利权的保护

第五十九条 发明或者实用新型专利权的保护范围以其权利要求的内容为准，说明书及附图可以用于解释权利要求的内容。

外观设计专利权的保护范围以表示在图片或者照片中的该产品的外观设计为准，简要说明可以用于解释图片或者照片所表示的该产品的外观设计。

第六十条　未经专利权人许可，实施其专利，即侵犯其专利权，引起纠纷的，由当事人协商解决；不愿协商或者协商不成的，专利权人或者利害关系人可以向人民法院起诉，也可以请求管理专利工作的部门处理。管理专利工作的部门处理时，认定侵权行为成立的，可以责令侵权人立即停止侵权行为，当事人不服的，可以自收到处理通知之日起十五日内依照《中华人民共和国行政诉讼法》向人民法院起诉；侵权人期满不起诉又不停止侵权行为的，管理专利工作的部门可以申请人民法院强制执行。进行处理的管理专利工作的部门应当事人的请求，可以就侵犯专利权的赔偿数额进行调解；调解不成的，当事人可以依照《中华人民共和国民事诉讼法》向人民法院起诉。

第六十一条　专利侵权纠纷涉及新产品制造方法的发明专利的，制造同样产品的单位或者个人应当提供其产品制造方法不同于专利方法的证明。

专利侵权纠纷涉及实用新型专利或者外观设计专利的，人民法院或者管理专利工作的部门可以要求专利权人或者利害关系人出具由国务院专利行政部门对相关实用新型或者外观设计进行检索、分析和评价后作出的专利权评价报告，作为审理、处理专利侵权纠纷的证据。

第六十二条　在专利侵权纠纷中，被控侵权人有证据证明其实施的技术或者设计属于现有技术或者现有设计的，不构成侵犯专利权。

第六十三条　假冒专利的，除依法承担民事责任外，由管理专利工作的部门责令改正并予公告，没收违法所得，可以并处违法所得四倍以下的罚款；没有违法所得的，可以处二十万元以下的罚款；构成犯罪的，依法追究刑事责任。

第六十四条　管理专利工作的部门根据已经取得的证据，对涉嫌假冒专利行为进行查处时，可以询问有关当事人，调查与涉嫌违法行为有关的情况；对当事人涉嫌违法行为的场所实施现场检查；查阅、复制与涉嫌违法行为有关的合同、发票、账簿以及其他有关资料；检查与涉嫌违法行为有关的产品，对有证据证明是假冒专利的产品，可以查封或者扣押。

管理专利工作的部门依法行使前款规定的职权时，当事人应当予以协助、配合，不得拒绝、阻挠。

第六十五条　侵犯专利权的赔偿数额按照权利人因被侵权所受到的实际损失确定；实际损失难以确定的，可以按照侵权人因侵权所获得的利益确定。权利人的损失或者侵权人获得的利益难以确定的，参照该专利许可使用费的倍数合理确定。赔偿数额还应当包括权利人为制止侵权行为所支付的合理开支。

权利人的损失、侵权人获得的利益和专利许可使用费均难以确定的，人民法院可以根据专利权的类型、侵权行为的性质和情节等因素，确定给予一万元以上一百万元以下的赔偿。

第六十六条　专利权人或者利害关系人有证据证明他人正在实施或者即将实施侵犯专利权的行为，如不及时制止将会使其合法权益受到难以弥补的损害的，可以在起诉前向人民法院申请采取责令停止有关行为的措施。

申请人提出申请时，应当提供担保；不提供担保的，驳回申请。

人民法院应当自接受申请之时起四十八小时内作出裁定；有特殊情况需要延长的，可以延长四十八小时。裁定责令停止有关行为的，应当立即执行。当事人对裁定不服的，可以申请复议一次；复议期间不停止裁定的执行。

申请人自人民法院采取责令停止有关行为的措施之日起十五日内不起诉的，人民法院应当解除该措施。

申请有错误的，申请人应当赔偿被申请人因停止有关行为所遭受的损失。

第六十七条　为了制止专利侵权行为，在证据可能灭失或者以后难以取得的情况下，专利权人或者利害关系人可以在起诉前向人民法院申请保全证据。

人民法院采取保全措施，可以责令申请人提供担保；申请人不提供担保的，驳回申请。

人民法院应当自接受申请之时起四十八小时内作出裁定；裁定采取保全措施的，应当立即执行。

申请人自人民法院采取保全措施之日起十五日内不起诉的，人民法院应当解除该措施。

第六十八条　侵犯专利权的诉讼时效为二年，自专利权人或者利害关系人得知或者应当得知侵权行为之日起计算。

发明专利申请公布后至专利权授予前使用该发明未支付适当使用费的，专利权人要求支付使用费的诉讼时效为二年，自专利权人得知或者应当得知他人使用其发明之日起计算，但是，专利权人于专利权授予之日前即已得知或者应当得知的，自专利权授予之日起计算。

第六十九条　有下列情形之一的，不视为侵犯专利权：

（一）专利产品或者依照专利方法直接获得的产品，由专利权人或者经其许可的单位、个人售出后，使用、许诺销售、销售、进口该产品的；

（二）在专利申请日前已经制造相同产品、使用相同方法或者已经作好制造、使用的必要准备，并且仅在原有范围内继续制造、使用的；

（三）临时通过中国领陆、领水、领空的外国运输工具，依照其所属国同中国签订的协议或者共同参加的国际条约，或者依照互惠原则，为运输工具自身需要而在其装置和设备中使用有关专利的；

（四）专为科学研究和实验而使用有关专利的；

（五）为提供行政审批所需要的信息，制造、使用、进口专利药品或者专利医疗器械的，以及专门为其制造、进口专利药品或者专利医疗器械的。

第七十条　为生产经营目的使用、许诺销售或者销售不知道是未经专利权人许可而制造并售出的专利侵权产品，能证明该产品合法来源的，不承担赔偿责任。

第七十一条　违反本法第二十条规定向外国申请专利，泄露国家秘密的，由所在单位或者上级主管机关给予行政处分；构成犯罪的，依法追究刑事责任。

第七十二条　夺发明人或者设计人的非职务发明创造专利申请权和本法规定的其他权

益的，由所在单位或者上级主管机关给予行政处分。

第七十三条 管理专利工作的部门不得参与向社会推荐专利产品等经营活动。

管理专利工作的部门违反前款规定的，由其上级机关或者监察机关责令改正，消除影响，有违法收入的予以没收；情节严重的，对直接负责的主管人员和其他直接责任人员依法给予行政处分。

第七十四条 从事专利管理工作的国家机关工作人员以及其他有关国家机关工作人员玩忽职守、滥用职权、徇私舞弊，构成犯罪的，依法追究刑事责任；尚不构成犯罪的，依法给予行政处分。

第八章 附 则

第七十五条 向国务院专利行政部门申请专利和办理其他手续，应当按照规定缴纳费用。

第七十六条 本法自 1985 年 4 月 1 日起施行。

第三部分 《侵权责任法》和《合同法》中针对著作权和版权的相关规定

附录九：

《侵权责任法》中针对著作权和版权的相关规定

第二条 侵害民事权益，应当依照本法承担侵权责任。

本法所称民事权益，包括生命权、健康权、姓名权、名誉权、荣誉权、肖像权、隐私权、婚姻自主权、监护权、所有权、用益物权、担保物权、著作权、专利权、商标专用权、发现权、股权、继承权等人身、财产权益。

第三十六条 网络用户、网络服务提供者利用网络侵害他人民事权益的，应当承担侵权责任。

网络用户利用网络服务实施侵权行为的，被侵权人有权通知网络服务提供者采取删除、屏蔽、断开链接等必要措施。网络服务提供者接到通知后未及时采取必要措施的，对损害的扩大部分与该网络用户承担连带责任。

网络服务提供者知道网络用户利用其网络服务侵害他人民事权益，未采取必要措施的，与该网络用户承担连带责任。

附录十：

《合同法》中针对著作权和版权的规定

第一百三十七条 出卖具有知识产权的计算机软件等标的物的，除法律另有规定或者当事人另有约定的以外，该标的物的知识产权不属于买受人。

第三百二十四条 技术合同的内容由当事人约定，一般包括以下条款：

（一）项目名称；

（二）标的的内容、范围和要求；

（三）履行的计划、进度、期限、地点、地域和方式；

（四）技术情报和资料的保密；

（五）风险责任的承担；

（六）技术成果的归属和收益的分成办法；

（七）验收标准和方法；

（八）价款、报酬或者使用费及其支付方式；

（九）违约金或者损失赔偿的计算方法；

（十）解决争议的方法；

（十一）名词和术语的解释。

与履行合同有关的技术背景资料、可行性论证和技术评价报告、项目任务书和计划书、技术标准、技术规范、原始设计和工艺文件，以及其他技术文档，按照当事人的约定可以作为合同的组成部分。

技术合同涉及专利的，应当注明发明创造的名称、专利申请人和专利权人、申请日期、申请号、专利号以及专利权的有效期限。

第三百二十六条　职务技术成果的使用权、转让权属于法人或者其他组织的，法人或者其他组织可以就该项职务技术成果订立技术合同。法人或者其他组织应当从使用和转让该项职务技术成果所取得的收益中提取一定比例，对完成该项职务技术成果的个人给予奖励或者报酬。法人或者其他组织订立技术合同转让职务技术成果时，职务技术成果的完成人享有以同等条件优先受让的权利。

职务技术成果是执行法人或者其他组织的工作任务，或者主要是利用法人或者其他组织的物质技术条件所完成的技术成果。

第三百二十七条　非职务技术成果的使用权、转让权属于完成技术成果的个人，完成技术成果的个人可以就该项非职务技术成果订立技术合同。

第三百二十八条　完成技术成果的个人有在有关技术成果文件上写明自己是技术成果完成者的权利和取得荣誉证书、奖励的权利。

第三百二十九条　非法垄断技术、妨碍技术进步或者侵害他人技术成果的技术合同无效。

第三百三十九条　委托开发完成的发明创造，除当事人另有约定的以外，申请专利的权利属于研究开发人。研究开发人取得专利权的，委托人可以免费实施该专利。

研究开发人转让专利申请权的，委托人享有以同等条件优先受让的权利。

第三百四十条　合作开发完成的发明创造，除当事人另有约定的以外，申请专利的权利属于合作开发的当事人共有。当事人一方转让其共有的专利申请权的，其他各方享有以同等条件优先受让的权利。

合作开发的当事人一方声明放弃其共有的专利申请权的，可以由另一方单独申请或者由其他各方共同申请。申请人取得专利权的，放弃专利申请权的一方可以免费实施该专利。

合作开发的当事人一方不同意申请专利的，另一方或者其他各方不得申请专利。

第三百四十一条　委托开发或者合作开发完成的技术秘密成果的使用权、转让权以及利益的分配办法，由当事人约定。没有约定或者约定不明确，依照本法第六十一条的规定仍不能确定的，当事人均有使用和转让的权利，但委托开发的研究开发人不得在向委托人交付研究开发成果之前，将研究开发成果转让给第三人。

第三百四十二条　技术转让合同包括专利权转让、专利申请权转让、技术秘密转让、专利实施许可合同。

技术转让合同应当采用书面形式。

第三百四十三条　技术转让合同可以约定让与人和受让人实施专利或者使用技术秘密的范围，但不得限制技术竞争和技术发展。

第三百四十四条　专利实施许可合同只在该专利权的存续期间内有效。专利权有效期限届满或者专利权被宣布无效的，专利权人不得就该专利与他人订立专利实施许可合同。

第三百四十五条　专利实施许可合同的让与人应当按照约定许可受让人实施专利，交付实施专利有关的技术资料，提供必要的技术指导。

第三百四十六条　专利实施许可合同的受让人应当按照约定实施专利，不得许可约定以外的第三人实施该专利；并按照约定支付使用费。

第三百四十七条　技术秘密转让合同的让与人应当按照约定提供技术资料，进行技术指导，保证技术的实用性、可靠性，承担保密义务。

第三百四十八条　技术秘密转让合同的受让人应当按照约定使用技术，支付使用费，承担保密义务。

第三百四十九条　技术转让合同的让与人应当保证自己是所提供的技术的合法拥有者，并保证所提供的技术完整、无误、有效，能够达到约定的目标。

第三百五十条　技术转让合同的受让人应当按照约定的范围和期限，对让与人提供的技术中尚未公开的秘密部分，承担保密义务。

第三百五十一条　让与人未按照约定转让技术的，应当返还部分或者全部使用费，并应当承担违约责任；实施专利或者使用技术秘密超越约定的范围的，违反约定擅自许可第三人实施该项专利或者使用该项技术秘密的，应当停止违约行为，承担违约责任；违反约定的保密义务的，应当承担违约责任。

第三百五十二条　受让人未按照约定支付使用费的，应当补交使用费并按照约定支付违约金；不补交使用费或者支付违约金的，应当停止实施专利或者使用技术秘密，交还技术资料，承担违约责任；实施专利或者使用技术秘密超越约定的范围的，未经让与人同意擅自许可第三人实施该专利或者使用该技术秘密的，应当停止违约行为，承担违约责任；违反约定的保密义务的，应当承担违约责任。

第三百五十三条　受让人按照约定实施专利、使用技术秘密侵害他人合法权益的，由让与人承担责任，但当事人另有约定的除外。

第三百五十四条　当事人可以按照互利的原则，在技术转让合同中约定实施专利、使用技术秘密后续改进的技术成果的分享办法。没有约定或者约定不明确，依照本法第六十一条的规定仍不能确定的，一方后续改进的技术成果，其他各方无权分享。

第三百五十五条　法律、行政法规对技术进出口合同或者专利、专利申请合同另有规定的，依照其规定。

第四部分　信息系统安全和互联网安全的相关法律和规定

附录十一：

信息系统安全相关的法律法规

我国自上世纪 90 年代起，有关信息安全的法律法规相继出台。参见下表

与信息系统安全相关的法律法规

序号	法律法规	主要内容	制定部门	实施时间
1	《计算机信息系统安全保护条例》	公安部主管全国计算机信息系统安全保护工作	国务院	1994 年 2 月 18 日
2	《计算机信息网络国际互联网管理暂行规定》	国务院信息化工作领导小组办公室负责组织、协调有关部门制定国际联网的安全、经营、资费、服务等规定和标准的工作，并对执行情况进行检查监督	国务院	1996 年 2 月 1 日
3	《中华人民共和国计算机信息网络国际联网管理暂行规定》	国务院信息化工作领导小组负责协调、解决有关国际联网工作中的重大问题	国务院	1997 年 5 月 20 日
4	《计算机信息系统安全专用产品检测和销售许可证管理办法》	公安部计算机管理监察机构负责销售许可证的审批颁发工作和安全专用产品安全功能检测机构的审批工作	公安部	1997 年 12 月 12 日
5	《计算机信息网络国际联网安全保护管理办法》	任何单位和个人不得利用国际互联网从事违法犯罪活动等 4 项禁则和从事互联网业务的单位必须履行的 6 项安全保护责任	公安部	1997 年 12 月 30 日
6	《金融机构计算机信息系统安全保护工作暂行规定》	金融机构计算机信息系统安全保护工作实行谁主管、谁负责、预防为主、综合治理、人员防范和技术防范相结合的原则，逐级建立安全保护责任制，加强制度建设，逐步实现科学化、规范化管理	公安部中国人民银行	1998 年 8 月 31 日

续表

序号	法律法规	主要内容	制定部门	实施时间
7	《商用密码管理条例》	国家密码管理委员会及其办公室主管全国的商用密码管理工作	国务院	1999 年 10 月 7 日
8	《计算机信息系统国际联网保密管理规定》	国家保密工作部门主管全国计算机信息系统国际联网的保密工作	国家保密局	2000 年 1 月 1 日
9	《计算机病毒防治管理办法》	公安部公共信息网络安全监察部门主管全国的计算机病毒防治管理工作	公安部	2000 年 4 月 26 日
10	《全国人民代表大会常务委员会关于维护互联网安全的决定》	人民法院、人民检察院、公安机关、国家安全机关各司其职，依法严厉打击利用互联网实施的各种犯罪活动	全国人大	2000 年 12 月 28 日

附录十二：

《中华人民共和国刑法》中关于互联网安全相关的规定

（1979 年 7 月 1 日第五届全国人民代表大会第二次会议通过 1997 年 3 月 14 日第八届全国人民代表大会第五次会议修订自 1997 年 10 月 1 日起施行）

第二百八十五条 违反国家规定，侵入国家事务、国防建设、尖端科学技术领域的计算机信息系统的，处三年以下有期徒刑或者拘役。

第二百八十六条 违反国家规定，对计算机信息系统功能进行删除、修改、增加、干扰，造成计算机信息系统不能正常运行，后果严重的，处五年以下有期徒刑或者拘役；后果特别严重的，处五年以上有期徒刑。

违反国家规定，对计算机信息系统中存储、处理或者传输的数据和应用程序进行删除、修改、增加的操作，后果严重的，依照前款的规定处罚。

故意制作、传播计算机病毒等破坏性程序，影响计算机系统正常运行，后果严重的，依照第一款的规定处罚。

第二百八十七条 利用计算机实施金融诈骗、盗窃、贪污、挪用公款、窃取国家秘密或者其他犯罪的，依照本法有关规定定罪处罚。

附录十三：

《中华人民共和国治安管理处罚法》相关规定

（2005 年 8 月 28 日第十届全国人民代表大会常务委员会第十七次会议通过）

第二十九条　有下列行为之一的，处五日以下拘留；情节较重的，处五日以上十日以下拘留：

（一）违反国家规定，侵入计算机信息系统，造成危害的；

（二）违反国家规定，对计算机信息系统功能进行删除、修改、增加、干扰，造成计算机信息系统不能正常运行的；

（三）违反国家规定，对计算机信息系统中存储、处理、传输的数据和应用程序进行删除、修改、增加的；

（四）故意制作、传播计算机病毒等破坏性程序，影响计算机信息系统正常运行的。

附录十四：

《计算机病毒防治管理办法》（公安部第 51 号令）

（2000 年 3 月 30 日公安部部长办公会议通过，2000 年 4 月 26 日发布施行）

第一条　为了加强对计算机病毒的预防和治理，保护计算机信息系统安全，保障计算机的应用与发展，根据《中华人民共和国计算机信息系统安全保护条例》的规定，制定本办法。

第二条　本办法所称的计算机病毒，是指编制或者在计算机程序中插入的破坏计算机功能或者毁坏数据，影响计算机使用，并能自我复制的一组计算机指令或者程序代码。

第三条　中华人民共和国境内的计算机信息系统以及未联网计算机的计算机病毒防治管理工作，适用本办法。

第四条　公安部公共信息网络安全监察部门主管全国的计算机病毒防治管理工作。地方各级公安机关具体负责本行政区域内的计算机病毒防治管理工作。

第五条　任何单位和个人不得制作计算机病毒。

第六条　任何单位和个人不得有下列传播计算机病毒的行为：

（一）故意输入计算机病毒，危害计算机信息系统安全；

（二）向他人提供含有计算机病毒的文件、软件、媒体；

（三）销售、出租、附赠含有计算机病毒的媒体；

（四）其他传播计算机病毒的行为。

第七条　任何单位和个人不得向社会发布虚假的计算机病毒疫情。

第八条　从事计算机病毒防治产品生产的单位，应当及时向公安部公共信息网络安全监察部门批准的计算机病毒防治产品检测机构提交病毒样本。

第九条　计算机病毒防治产品检测机构应当对提交的病毒样本及时进行分析、确认，并将确认结果上报公安部公共信息网络安全监察部门。

第十条　对计算机病毒的认定工作，由公安部公共信息网络安全监察部门批准的机构承担。

第十一条　计算机信息系统的使用单位在计算机病毒防治工作中应当履行下列职责：

（一）建立本单位的计算机病毒防治管理制度；

（二）采取计算机病毒安全技术防治措施；

（三）对本单位计算机信息系统使用人员进行计算机病毒防治教育和培训；

（四）及时检测、清除计算机信息系统中的计算机病毒，并备有检测、清除的记录；

（五）使用具有计算机信息系统安全专用产品销售许可证的计算机病毒防治产品；

（六）对因计算机病毒引起的计算机信息系统瘫痪、程序和数据严重破坏等重大事故及时向公安机关报告，并保护现场。

第十二条　任何单位和个人在从计算机信息网络上下载程序、数据或者购置、维修、借入计算机设备时，应当进行计算机病毒检测。

第十三条　任何单位和个人销售、附赠的计算机病毒防治产品，应当具有计算机信息系统安全专用产品销售许可证，并贴有"销售许可"标记。

第十四条　从事计算机设备或者媒体生产、销售、出租、维修行业的单位和个人，应当对计算机设备或者媒体进行计算机病毒检测、清除工作，并备有检测、清除的记录。

第十五条　任何单位和个人应当接受公安机关对计算机病毒防治工作的监督、检查和指导。

第十六条　在非经营活动中有违反本办法第五条、第六条第二、三、四项规定行为之一的，由公安机关处以一千元以下罚款。

在经营活动中有违反本办法第五条、第六条第二、三、四项规定行为之一，没有违法所得的，由公安机关对单位处以一万元以下罚款，对个人处以五千元以下罚款；有违法所得的，处以违法所得三倍以下罚款，但是最高不得超过三万元。

违反本办法第六条第一项规定的，依照《中华人民共和国计算机信息系统安全保护条例》第二十三条的规定处罚。

第十七条　违反本办法第七条、第八条规定行为之一的，由公安机关对单位处以一千元以下罚款，对单位直接负责的主管人员和直接责任人员处以五百元以下罚款；对个人处以五百元以下罚款。

第十八条　违反本办法第九条规定的，由公安机关处以警告，并责令其限期改正；逾期不改正的，取消其计算机病毒防治产品检测机构的检测资格。

第十九条　计算机信息系统的使用单位有下列行为之一的，由公安机关处以警告，并根据情况责令其限期改正；逾期不改正的，对单位处以一千元以下罚款，对单位直接负责的主管人员和直接责任人员处以五百元以下罚款：

（一）未建立本单位计算机病毒防治管理制度的；

（二）未采取计算机病毒安全技术防治措施的；

（三）未对本单位计算机信息系统使用人员进行计算机病毒防治教育和培训的；

（四）未及时检测、清除计算机信息系统中的计算机病毒，对计算机信息系统造成危害的；

（五）未使用具有计算机信息系统安全专用产品销售许可证的计算机病毒防治产品，对计算机信息系统造成危害的。

第二十条　违反本办法第十四条规定，没有违法所得的，由公安机关对单位处以一万元以下罚款，对个人处以五千元以下罚款；有违法所得的，处以违法所得三倍以下罚款，但是最高不得超过三万元。

第二十一条　本办法所称计算机病毒疫情，是指某种计算机病毒爆发、流行的时间、范围、破坏特点、破坏后果等情况的报告或者预报。

本办法所称媒体，是指计算机软盘、硬盘、磁带、光盘等。

第二十二条　本办法自发布之日起施行。

附录十五：

全国人民代表大会常务委员会关于加强网络信息保护的决定

（2012年12月28日第十一届全国人民代表大会常务委员会第三十次会议通过）

为了保护网络信息安全，保障公民、法人和其他组织的合法权益，维护国家安全和社会公共利益，特作如下决定：

一、国家保护能够识别公民个人身份和涉及公民个人隐私的电子信息。

任何组织和个人不得窃取或者以其他非法方式获取公民个人电子信息，不得出售或者非法向他人提供公民个人电子信息。

二、网络服务提供者和其他企业事业单位在业务活动中收集、使用公民个人电子信息，应当遵循合法、正当、必要的原则，明示收集、使用信息的目的、方式和范围，并经被收集者同意，不得违反法律、法规的规定和双方的约定收集、使用信息。

网络服务提供者和其他企业事业单位收集、使用公民个人电子信息，应当公开其收集、使用规则。

三、网络服务提供者和其他企业事业单位及其工作人员对在业务活动中收集的公民个人电子信息必须严格保密，不得泄露、篡改、毁损，不得出售或者非法向他人提供。

四、网络服务提供者和其他企业事业单位应当采取技术措施和其他必要措施，确保信息安全，防止在业务活动中收集的公民个人电子信息泄露、毁损、丢失。在发生或者可能发生信息泄露、毁损、丢失的情况时，应当立即采取补救措施。

五、网络服务提供者应当加强对其用户发布的信息的管理，发现法律、法规禁止发布或者传输的信息的，应当立即停止传输该信息，采取消除等处置措施，保存有关记录，并向有关主管部门报告。

六、网络服务提供者为用户办理网站接入服务，办理固定电话、移动电话等入网手续，或者为用户提供信息发布服务，应当在与用户签订协议或者确认提供服务时，要求用户提供真实身份信息。

七、任何组织和个人未经电子信息接收者同意或者请求，或者电子信息接收者明确表示拒绝的，不得向其固定电话、移动电话或者个人电子邮箱发送商业性电子信息。

八、公民发现泄露个人身份、散布个人隐私等侵害其合法权益的网络信息，或者受到商业性电子信息侵扰的，有权要求网络服务提供者删除有关信息或者采取其他必要措施予以制止。

九、任何组织和个人对窃取或者以其他非法方式获取、出售或者非法向他人提供公民个人电子信息的违法犯罪行为以及其他网络信息违法犯罪行为，有权向有关主管部门举报、控告；接到举报、控告的部门应当依法及时处理。被侵权人可以依法提起诉讼。

十、有关主管部门应当在各自职权范围内依法履行职责，采取技术措施和其他必要措施，防范、制止和查处窃取或者以其他非法方式获取、出售或者非法向他人提供公民个人电子信息的违法犯罪行为以及其他网络信息违法犯罪行为。有关主管部门依法履行职责时，网络服务提供者应当予以配合，提供技术支持。

国家机关及其工作人员对在履行职责中知悉的公民个人电子信息应当予以保密，不得泄露、篡改、毁损，不得出售或者非法向他人提供。

十一、对有违反本决定行为的，依法给予警告、罚款、没收违法所得、吊销许可证或者取消备案、关闭网站、禁止有关责任人员从事网络服务业务等处罚，记入社会信用档案并予以公布；构成违反治安管理行为的，依法给予治安管理处罚。构成犯罪的，依法追究刑事责任。侵害他人民事权益的，依法承担民事责任。

十二、本决定自公布之日起施行。

附录十六：

《中华人民共和国计算机信息系统安全保护条例》相关规定

（国务院令第 147 号）

第二十三条 故意输入计算机病毒以及其他有害数据危害计算机信息系统安全的，或者未经许可出售计算机信息系统安全专用产品的，由公安机关处以警告或者对个人处以 5000 元以下的罚款、对单位处以 15000 元以下的罚款；有违法所得的，除予以没收外，可以处以违法所得 1 至 3 倍的罚款。

第二十八条 本条例下列用语的含义：

计算机病毒，是指编制或者在计算机程序中插入的破坏计算机功能或者毁坏数据，影响计算机使用，并能自我复制的一组计算机指令或者程序代码。

第三十条 公安部可以根据本条例制定实施办法。

第三十一条 本条例自发布之日起施行。

附录十七：

《中华人民共和国计算机信息网络国际联网
管理暂行规定实施办法》相关规定

第十八条　用户应当服从接入单位的管理，遵守用户守则；不得擅自进入未经许可的计算机系统，篡改他人信息；不得在网络上散发恶意信息，冒用他人名义发出信息，侵犯他人隐私；不得制造、传播计算机病毒及从事其他侵犯网络和他人合法权益的活动。

第二十条　互联单位、接入单位和用户应当遵守国家有关法律、行政法规，严格执行国家安全保密制度；不得利用国际联网从事危害国家安全、泄露国家秘密等违法犯罪活动，不得制作、查阅、复制和传播妨碍社会治安和淫秽色情等有害信息；发现有害信息应当及时向有关主管部门报告，并采取有效措施，不得使其扩散。

第二十三条　违反《暂行规定》及本办法，同时触犯其他有关法律、行政法规的，依照有关法律、法政法规的规定予以处罚；构成犯罪的，依法追究刑事责任。

第二十四条　与香港特别行政区和台湾、澳门地区的计算机信息网络的联网，参照本办法执行。

第二十五条　办法自颁布之日起施行。

附录十八：

《计算机信息网络国际联网安全保护管理办法》相关规定

（公安部令第 33 号）

第四条　任何单位和个人不得利用国际联网危害国家安全、泄露国家秘密，不得侵犯国家的、社会的、集体的利益和公民的合法权益，不得从事违法犯罪活动。

第六条　任何单位和个人不得从事下列危害计算机信息网络安全的活动：

（一）未经允许，进入计算机信息网络或者使用计算机信息网络资源的；

（二）未经允许，对计算机信息网络功能进行删除、修改或者增加的；

（三）未经允许，对计算机信息网络中存储、处理或者传输的数据和应用程序进行删除、修改或者增加的；

（四）故意制作、传播计算机病毒等破坏性程序的；

（五）其他危害计算机信息网络安全的。

第七条　用户的通信自由和通信秘密受法律保护。任何单位和个人不得违反法律规定，利用国际联网侵犯用户的通信自由和通信秘密。

第十九条　公安机关计算机管理监察机构应当负责追踪和查处通过计算机信息网络的违法行为和针对计算机信息网络的犯罪案件，对违反本办法第四条、第七条规定的违法犯罪行为，应当按照国家有关规定移送有关部门或者司法机关处理。

第二十二条 违反本办法第四条、第七条规定的，依照有关法律、法规予以处罚。

附录十九：

《互联网上网服务营业场所管理条例》相关规定

（国务院令第 363 号）

第十五条 互联网上网服务营业场所经营单位和上网消费者不得进行下列危害信息网络安全的活动：

（一）故意制作或者传播计算机病毒以及其他破坏性程序的；

（二）非法侵入计算机信息系统或者破坏计算机信息系统功能、数据和应用程序的；

（三）进行法律、行政法规禁止的其他活动的。

第三十七条 本条例自 2002 年 11 月 15 日起施行。2001 年 4 月 3 日信息产业部、公安部、文化部、国家工商行政管理局发布的《互联网上网服务营业场所管理办法》同时废止。

第五部分　关于服务外包行业保密相关法规

附录二十:

《关于境内企业承接服务外包业务信息保护的若干规定》

（中华人民共和国商务部、中华人民共和国工业和信息化部令 2009 年第 13 号）

第一条　为促进承接服务外包业务的中国境内企业（以下称接包方）妥善保护保密信息，维护公平竞争环境，促进我国服务外包产业的进一步发展，根据《中华人民共和国合同法》等法律、行政法规，制定本规定。

第二条　本规定所称的承接服务外包业务是指接包方通过合同向境内外的企业、机构、组织或个人（以下称发包方）提供的信息技术外包服务、技术性业务流程外包服务等服务的行为。

第三条　本规定所称保密信息是指符合以下条件的业务资料或数据：

（一）接包方在承接服务外包业务过程中从发包方所获取；

（二）发包方采取了保密措施且不为公众知悉；

（三）接包方根据合同约定应当承担保密义务。

第四条　接包方及其股东、董事、监事、经理和员工不得违反服务外包合同的约定，披露、使用或者允许他人使用其所掌握的发包方的保密信息。

第五条　接包方应成立信息保护机构或指定专职人员负责制定本企业的信息保护规章制度，对保密信息采取合理的、具体的、有效的保密措施，包括：

（一）限定涉密人员的范围；

（二）对保密信息载体及其存储场所采取技术物理控制，以避免信息被他人不当访问或获取；

（三）对保密信息的记录载体进行分级管理；

（四）对配方含量和程序步骤等重要信息加密保存或保存于受限区域；

（五）对保密信息载体使用密码；

（六）对存有保密信息的厂房、车间、办公室等场所限制来访者或者对他们提出保密要求；

（七）对存有保密信息的计算机建立有效的网络管理和数据保护措施，建立严格的身份认证和访问授权体系，采用完善的系统备份和故障恢复手段，定期进行安全补丁和病毒库的升级；

（八）接包方与发包方约定的其他措施。

第六条　接包方应通过与员工，特别是涉密人员签订保密协议、竞业禁止协议，以及与涉密的第三方人员签订保密协议等措施确保信息安全。

第七条 接包方应当加强对员工的信息安全培训，增强员工的保密意识，避免泄露保密信息事故的发生。

第八条 鼓励接包方积极借鉴国内外信息安全认证要求、行业最佳实践来制定企业内部信息安全管理体系，并获取国内、国际信息安全认证。

第九条 接包方应积极开展对内部信息安全管理体系的检查及维护，持续改进企业内部信息安全体系。

第十条 接包方违反与发包方之间的保密协议或服务外包合同中的保密条款，发包方可以根据保密协议或服务外包合同的约定提起仲裁或向有管辖权的法院起诉。

第十一条 接包方应与发包方明确约定接包方在为发包方提供服务、履行信息保密义务的过程中所产生的知识产权或技术成果的归属。

第十二条 接包方不得侵犯发包方依法享有的商标、专利、著作权等知识产权权利。

第十三条 相关行业协会等中介组织应加强行业自律管理，可根据需要定期公布接包方的信息保密工作情况。

第十四条 本规定由商务部、工业和信息化部负责解释。

第十五条 本规定自 2010 年 2 月 1 日起施行。

附录二十一：

国家工商行政管理局《关于禁止侵犯商业秘密行为的若干规定》

（国家工商行政管理局令第 86 号）

＊注：本篇法规已被《国家工商行政管理总局关于修改〈经济合同示范文本管理办法〉等 33 件规章的决定》（发布日期：1998 年 12 月 3 日 实施日期：1998 年 12 月 3 日）修改

第一条 为了制止侵犯商业秘密的行为，保护商业秘密权利人的合法权益，维护社会主义市场经济秩序，根据《中华人民共和国反不正当竞争法》（以下简称《反不正当竞争法》）的有关规定，制定本规定。

第二条 本规定所称商业秘密，是指不为公众所知悉、能为权利人带来经济利益、具有实用性并经权利人采取保密措施的技术信息和经营信息。

本规定所称不为公众所知悉，是指该信息是不能从公开渠道直接获取的。

本规定所称能为权利人带来经济利益、具有实用性，是指该信息具有确定的可应用性，能为权利人带来现实的或者潜在的经济利益或者竞争优势。

本规定所称权利人采取保密措施，包括订立保密协议，建立保密制度及采取其他合理的保密措施。

本规定所称技术信息和经营信息，包括设计、程序、产品配方、制作工艺、制作方法、管理诀窍、客户名单、货源情报、产销策略、招投标中的标底及标书内容等信息。

本规定所称权利人，是指依法对商业秘密享有所有权或者使用权的公民、法人或者其他组织。

第三条　禁止下列侵犯商业秘密行为：

（一）以盗窃、利诱、胁迫或者其他不正当手段获取权利人的商业秘密；

（二）披露、使用或者允许他人使用以前项手段获取的权利人的商业秘密；

（三）与权利人有业务关系的单位和个人违反合同约定或者违反权利人保守商业秘密的要求，披露、使用或者允许他人使用其所掌握的权利人的商业秘密；

（四）权利人的职工违反合同约定或者违反权利人保守商业秘密的要求，披露、使用或者允许他人使用其所掌握的权利人的商业秘密。

第三条　人明知或者应知前款所列违法行为，获取、使用或者披露他人的商业秘密，视为侵犯商业秘密。

第四条　侵犯商业秘密行为由县级以上工商行政管理机关认定处理。

第五条　权利人（申请人）认为其商业秘密受到侵害，向工商行政管理机关申请查处侵权行为时，应当提供商业秘密及侵权行为存在的有关证据。

被检查的单位和个人（被申请人）及利害关系人、证明人，应当如实向工商行政管理机关提供有关证据。

权利人能证明被申请人所使用的信息与自己的产业秘密具有一致性或者相同性，同时能证明被申请人有获取其商业秘密的条件，而被申请人不能提供或者拒不提供其所使用的信息是合法获得或者使用的证据的，工商行政管理机关可以根据有关证据，认定被申请人有侵权行为。

第六条　对被申请人违法披露、使用、允许他人使用商业秘密将给权利人造成不可换回的损失的，应权利人请求并由权利人出具自愿对强制措施后果承担责任的书面保证，工商行政管理机关可以采取下列措施：

（一）扣留被申请人以不正当手段获取权利人的载有商业秘密的图纸、软件及其他有关资料；

（二）责令被申请人停止销售使用权利人商业秘密生产的产品。

第七条　违反本规定第三条的，由工商行政管理机关依照《反不正当竞争法》第二十五条的规定，责令停止违法行为，并可以根据情节处以一万元以上二十万元以下的罚款。

工商行政管理机关在依照前款规定予以处罚时，对侵权物品可以作如下处理：

（一）责令并监督侵权人将载有商业秘密的图纸、软件及其他有关资料返还权利人。

（二）监督侵权人销毁使用权利人商业秘密生产的、流入市场将会造成商业秘密公开的产品。但权利人同意收购、销售等其他处理方式的除外。

第八条　对侵权人拒不执行处罚决定，继续实施本规定第三条所列行为的，视为新的违法行为，从重予以处罚。

第九条　权利人因损害赔偿问题向工商行政管理机关提出调解要求的，工商行政管理机关可以进行调解。

权利人也可以直接向人民法院起诉，请求损害赔偿。

第十条　国家机关及其公务人员在履行公务时，不得披露或者允许他人使用权利人的商业秘密。

　　工商行政管理机关的办案人员在监督检查侵犯商业秘密的不正当竞争行为时，应当对权利人的商业秘密予以保密。

　　第十一条　本规定由国家工商行政管理局负责解释。

　　第十二条　本规定自发布之日起施行。

参考文献

1. 陈日华，李瑞丽，刘纪红. 企业人力资源管理实务. 西安交通大学出版社，2010.

2. 朱庆阳，张培德，胡志民. 人力资源服务与咨询. 华东理工大学出版社，2010.

3. 阚雅玲，吴强，丁雯. 人力资源管理基础与实务. 中国人民大学出版社，2009.

4. 刘兵，郭彩云. 企业人力资源管理外包理论与方法. 中国经济出版社，2006.

5. 工业和信息化部软件与集成电路促进中心（CSIP）. 2011 年中国软件与信息服务外包产业发展报告，2011. 北京.

6. 丁丽鸽. 关于软件外包风险管理问题的探讨. 网络财富，2009.

7. 信息技术外包，商务百科（http：//baike. aliqq. cn/doc—view—46492. html）.

8. 曹纪清. CMMI 在医疗信息化外包项目中的实施与应用. 项目管理技术，2012.

9. 郑雄伟，曾松. 国际外包. 经济管理出版社. 2008.

10. 杨冬. 服务外包概论［M］. 中国人民大学出版社，2012.

11. 孔庆娟. 财务外包的中国模式发展研究［D］. 同济大学硕士论文，2008.

12. 周勇. 财务外包利弊说［J］. 商场现代化出版社，2005.

13. 朱冬琴. 财务外包：动因及其对中国企业的实践启迪［J］. 审计与经济研究，2008.

14. 王骏. 中国金融服务外包及其风险管理的研究［J］. 上海交通大学硕士论文，2009.

15. 敖翔. 简析现代企业财务外包的风险与防范措施［J］. 中国总会计师，2010.

16. 两部门发布关于加强服务外包人才培养工作意见 http：//www. gov. cn/gzdt/2009—04/10/content_1282179. htm.

17. 中国服务外包人才培养忧思录——专访国家发改委宏观经济研究院教授、中国国际服务外包"十二五"规划课题组专家王晓红，http：//mag. chnsourcing. com. cn/catelog/article/25238. html.

18. 马尔尼·卡罗塞莉. 会议游戏，上海科学技术出版社，2011.

19. 沈燕云，吕秋霞. 《国际会议规划与管理》，辽宁科学技术出版社，2001.

20. 塔歌特·E·史密斯. 《会议管理》，中国劳动社会保障出版社，2006.

21. 中国服务外z包研究中心. 中国服务外包发展报告 2010～2011［M］. 上海：上海交通大学出版社，2011.

22. 戴军. 商务谈判——原理策略禁忌 [M]. 西安：西安交通大学出版社，2011.

23. 李品媛. 商务谈判——理论实务案例实训 [M]. 北京：高等教育出版社，2010.

24. 张恩俊. 商务谈判执行 [M]. 北京：北京理工大学出版社，2009.

25. 杨雪青. 商务谈判与推销 [M]. 北京：北京交通大学出版社，2009.

26. 陈文汉. 商务谈判实务（第2版）[M]. 北京：电子工业出版社，2009.

27. 张志. 国际商务谈判（第1版）[M]. 大连：大连理工大学出版社，2008.

28. 孙绍年. 商务谈判理论与实务 [M]. 北京：清华大学出版社、北京交通大学出版社，2007.

29. 陈文汉. 商务谈判实务 [M]. 北京：电子工业出版社，2005.

30. 麦迪. 谈判的101个误区 [M]. 北京：企业管理出版社，2003.

31. 樊建廷. 商务谈判 [M]. 大连：东北财经大学出版社，2001.

32. 马红梅. 现代商务谈判语言研究 [D]. 四川师范大学硕士论文，2008.

33. 高述涛. 我国企业承接离岸服务外包风险与对策 [J]. 中国商贸，2011.

34. 胡淑琴，张其富. 商务谈判中讨价还价策略研究 [J]. 科技广场，2008.

35. 刘媛，董良峰. 论商务谈判中幽默语言的语用特征 [J]. 徐州教育学院学报，2008.

36. 周玉梅. 贸易谈判中讨价还价的策略分析 [J]. 商场现代化，2007.

37. 姜岩. 企业领导者必知的八种商务谈判技巧 [J]. 价格月刊，2002.

38. 蒲心文. 技巧是一种文化——商贸谈判文化之二 [J]. 特区企业文化，1994.

39. 兰丕武. 浅谈商务谈判中讨价还价技巧的应用 [J]. 山西财经学院学报，1992.

40. 讨价还价的技巧（商务谈判）[EB/OL]. http：//www. juzhou. cn/shenghuo/show. asp? id＝2490，2011.

41. 商务谈判开局 [EB/OL]. http：//www. yycgw. com/article/print. asp? articleid＝603，2011.

42. 物流外包谈判的心得 [EB/OL]. http：//info. 10000link. com/newsdetail. aspx? doc＝2010102090189，2010.

43. （英）麦克唐纳著，高杰等译：《策划：精于思，易于行》（第6版），电子工业出版社，2007.

44. 莱曼，温纳著，王永贵译：《学精选教材译丛—策划分析》（第6版），北京大学出版社，2008.

45. 智晟科技，http：//www. jzwss. com.

46. MBA智库，www. mbalib. com.

47. 陈建中，吕波编著：《策划文案写作指要》，中国经济出版社，2007.

48. 策划，www. kfs888. com.

49. 张文昌，曲英艳，庄玉梅. 现代管理学案例卷 [M]. 山东：山东人民出版社，2006.

50. （英）蒂勒，肖霞（译）. 管理决策 [M]. 北京：经济管理出版社，2010.

51. 徐晓梨. 管理学原理 [M]. 重庆：重庆大学出版社，2004.

52. 安德鲁. J. 杜伯林. 管理学精要 [M]. 电子：电子工业出版社，2004.

53. 海因茨. 韦里克，哈罗德. 孔茨. 管理学——全球化视角 [M]. 北京：经济科学出版社，2006.

54. 姜真. 企业管理者应具备的素质研究 [J]. 发展论坛，2001.

55. 道客巴巴. 管理者的定义与分类. http：//www. doc88. com/p － 945592972317. html.

56. 百度文库. 综合管理人员岗位职责. http：//wenku. baidu. com/view.